普通高等院校"十三五"规划教材
21世纪会计技能教学系列教材

ZHONGJI KUAIJI DIANSUANHUA SHIWU CAOZUO JIAOCHENG

中级会计电算化实务操作教程

（畅捷通T+）

蒋建俊　费金华
张　燕　胡群英　著

图书在版编目(CIP)数据

中级会计电算化实务操作教程：畅捷通 T＋/蒋建俊等著. —上海：立信会计出版社，2018.5(2020.7重印)
普通高等院校"十三五"规划教材　21 世纪会计技能教学系列教材
ISBN 978-7-5429-5823-5

Ⅰ.①中…　Ⅱ.①蒋…　Ⅲ.①会计电算化－高等学校－教材　Ⅳ.①F232

中国版本图书馆 CIP 数据核字(2018)第 131544 号

策划编辑　　陈　旻
责任编辑　　陈　旻

中级会计电算化实务操作教程(畅捷通 T＋)

Zhongji Kuaiji Diansuanhua Shiwu Caozuo Jiaocheng

出版发行	立信会计出版社		
地　　址	上海市中山西路 2230 号	邮政编码	200235
电　　话	(021)64411389	传　真	(021)64411325
网　　址	www.lixinph.com	电子邮箱	lixinaph2019@126.com
网上书店	http://lixin.jd.com		http://lxkjcbs.tmall.com
经　　销	各地新华书店		
印　　刷	江苏凤凰数码印务有限公司		
开　　本	787 毫米×1 092 毫米　　1/16		
印　　张	22		
字　　数	527 千字		
版　　次	2018 年 5 月第 1 版		
印　　次	2020 年 7 月第 2 次		
书　　号	ISBN 978-7-5429-5823-5/F		
定　　价	48.00 元		

如有印订差错，请与本社联系调换

前　言

会计电算化实务操作是目前我国会计实务工作的主要方式,也是会计专业技能教学的核心内容。但是目前我国会计学专业的会计电算化教学还停留在以功能模块为主导的内容体系上,一般设置"会计电算化"和"财务软件应用"两门课程,这种会计电算化教学的内容体系存在着明显的缺陷:一是忽视了各种不同经济业务在电算化软件系统中的具体操作流程和操作技巧。二是不能完全满足会计实际工作的需要。目前,我国会计实际工作现状是会计电算化已经普及,手工账务处理基本消失,以功能模块为主导的电算化教学内容过于粗糙,必然导致学生学得没有深度和精度,待学生踏上工作岗位后必然满足不了实际工作的需要。为此,我们认为应重新构建以功能模块为基础、经济业务为导向的会计电算化课程体系,具体可设置五门课程,即"会计电算化基础""初级会计电算化实务操作教程""中级会计电算化实务操作教程""高级会计电算化实务操作教程"和"会计电算化综合模拟实验"。

《中级会计电算化实务操作教程》是会计电算化系列教材之一,它主要依托畅捷通T+云平台,围绕企业最主要的经济业务,在初级会计电算化实务操作教程的基础上,重点讲解采购管理、销售管理、库存管理等模块。整个内容具有以下几个特点:一是以经济业务为导向,详细讲解了每一笔经济业务在系统中的具体操作流程和操作技巧。二是内容完全符合实际,全书以一个新设企业连续两个月的经济业务为例,涉及的会计工作环境、会计操作流程较完整、真实,基本经济业务较系统全面。

本教材由江苏理工学院商学院蒋建俊、费金华、张燕和胡群英同志撰写完成,在撰写过程中得到了陈国平等老师的大力支持,在此表示衷心的感谢! 由于编者水平有限,书中难免有疏漏之处,恳请广大读者和专家批评指正。

编著者
2018.6

目 录

第一章 企业基本信息会计电算化处理 ·· 1
  一、企业基本信息 ··· 1
  二、企业基本信息会计电算化处理 ··· 18

第二章 存货业务会计电算化处理（上） ·· 53
  一、材料收入业务会计电算化处理 ··· 53
  二、委托加工物资业务 ·· 157

第三章 存货业务会计电算化处理（下） ······································ 166
  一、销售业务会计电算化处理 ·· 166
  二、存货期末处理业务 ·· 232

第四章 其他资产业务会计电算化处理 ·· 247
  一、货币资金、股票债券等金融资产业务会计电算化处理 ··········· 247
  二、长期资产业务会计电算化处理 ·· 268
  三、需计提折旧/摊销长期资产业务会计电算化处理 ···················· 272

第五章 薪酬及税费业务会计电算化处理 ···································· 295
  一、薪酬发放业务会计电算化处理 ·· 295
  二、税费缴纳业务会计电算化处理 ·· 303
  三、薪酬期末计提业务会计电算化处理 ····································· 313
  四、税费期末计算业务会计电算化处理 ····································· 317

第六章 财务报表业务会计电算化处理 ·· 323
  一、期末处理业务 ·· 323
  二、财务报表编制 ·· 336

第一章　企业基本信息会计电算化处理

本教材以常州亚兴有限公司为例,对其基本信息的会计电算化处理进行操作。

一、企业基本信息

(一) 公司简介

常州亚兴有限公司成立于2007年6月2日,由常州立马股份有限公司出资1520万元设立。2009年3月12日,常州梅林有限公司出资546.1825万元,对公司进行增资,其中380万元作为新增注册资本。公司是一家主要从事X201、Y202产品的生产、销售服务为一体的企业,属于制造业中的其他制造业。公司位于江苏省常州市钟楼区。公司原使用新中大财务软件,于2019年1月1日起启用畅捷通T+12.200软件,通过软件全面管理公司的"采购""销售""库存""生产加工""出纳""资产管理"等业务和财务。

公司基本信息如下:
公司社会信用码:913204049343406114
公司住所:江苏省常州市钟楼区李智街环唯路45号
公司法定代表人(主管会计工作负责人):姜亚兴
联系电话、传真:0519-74325031
邮编:213023
公司账户:

中国建设银行常州市钟楼区支行	基本结算账户	41622124656669
	承兑保证金专户	41392887676703
	证券交易结算资金账户	2503848737

(二) 公司组织结构及人员

公司下设五个部门,包括办公室、财务部、采购部、销售部和生产车间,如表1-1-1所示。

表 1-1-1　　　　　公司各部门编码、属性、名称表

一级部门编号	一级部门名称	二级或三级部门编号	二级或三级部门名称
G	管理部门	G01	办公室
		G02	财务部
		G03	采购部
		G04	销售部
M	生产	M05	生产车间

办公室共有员工5名,有3人参与公司的业务活动,其中,总经理和仓管作为用户操作T+系统,总经理作为账套主管组用户监控全公司的运营情况;仓管作为库存组用户负责公司现有的综合库、退货库及委外代销等管理情况,如表1-1-2所示。

表1-1-2　　　　　　　　　　　　公司仓库一览表

仓库名称	代码	用途
综合库	K01	用于保管原材料、周转材料、库存商品等存货
退货库	K02	用于保管销售退回待处理的库存商品等存货
委托代销库	K03	虚拟仓库,用于核算委托代销已发出的库存商品等存货

财务部共有员工4名,均作为用户操作T+系统,其中,财务经理作为账套主管组成员负责全公司的财务管理及新软件的初始设置;存货会计钱晓明负责采购、销售、生产、库存等各种存货收发情况的会计核算及相关货币收付的会计核算;资产会计李本勇负责公司除存货会计职责外其他在总账、资产管理系统核算的资产及相应的货币收付的会计核算;出纳朱珊珊负责货币收付业务及相应的往来现金或出纳管理的记录。

采购部共有员工2名,均作为采购组用户,负责采购管理部分,包括存货的请购、采购订单、进货单和采购发票等各种采购流程的处理。截至2018年12月31日,与公司有联系的供应商资料,如表1-1-3所示。

表1-1-3　　　　　　　　　　　　供应商分类及档案一览表

分类编码	分类名称	单位名称	单位性质	开户银行(简称)	账号	纳税号	地址简称	电话	报价含税
GYS	供应商	常州金田五金制造有限公司	供应商	中国建设银行常州市钟楼区支行	41622124617515	9132040041995705636	江苏省常州市钟楼区乔一街胡燕路98号	0519-33030990	是
		常州智雅有限公司		建行常州新北支行	41622124911326	9132041189 76395697	江苏省常州市新北区刘玉街樊会路60号	0519-85998819	是
		常州供电公司		中国建设银行常州市钟楼区支行	41622124285273	9132040042176074283	江苏省常州市钟楼区杨爱街杨英路14号	0519-39822027	是
		南京宝蓝有限公司		建行南京秦淮支行	41622124246269	9132010045564217188	江苏省南京市秦淮区孟少街柳德路49号	025-14666996	是
		徐州铜山有限公司		建行徐州铜山支行	41622124051099	9132031222176074283	江苏省徐州市铜山区杨宝街蔡秀路70号	0516-39822027	是
		南京中山有限公司		建行南京白下支行	41622124592249	9132010032176074283	江苏省南京市白下区王继街安雪路83号	025-39822027	是

(续表)

分类编码	分类名称	单位名称	单位性质	开户银行（简称）	账号	纳税号	地址简称	电话	报价含税
GYS	供应商	常州飞达有限公司	供应商	建行常州戚墅堰支行	41622124111708	913204056812570534	江苏省常州市戚墅堰区王峻街于会路12号	0519-73825777	是
		南京大华有限公司		建行南京鼓楼支行	41622124650965	913201065114484777	江苏省南京市鼓楼区苏俊街肖廷路89号	025-12797914	是
		无锡太湖有限公司		建行无锡北塘支行	41622124403799	913202045704516793	江苏省无锡市北塘区许银街蒋荣路33号	0510-72228181	是
		南通通达有限公司		建行南通崇川支行	41622124866052	913206025366243281	江苏省南通市崇川区邱爱街邵素路43号	0513-60598902	是
		镇江金山有限公司		建行镇江润州支行	41622124962175	913211116007539126	江苏省镇江市润州区杨现街张广路78号	0511-74788551	是
		常州江南有限公司		建行常州天宁支行	41622124160986	913204024037323032	江苏省常州市天宁区赵想街刘玉路23号	0519-84880859	是

销售部属非专设销售机构，共有员工2名，均作为销售组用户，负责销售管理部分，包括报价单、销售订单、销货单和销售发票等各种销售流程的处理。截至2018年12月31日，与公司有联系的客户资料，如表1-1-4所示。

表1-1-4　　　　　　　　　　　客户分类及档案一览表

分类编码	分类名称	单位名称	单位性质	开户银行（简称）	账号	纳税号	地址简称	电话
KH	客户	苏州阳晨股份有限公司	客户	建行苏州相城支行	41622124193838	913205072176074283	江苏省苏州市相城区蒋荣街陈艳路24号	0512-39822027
		常州弘阳有限公司		中国建设银行常州市钟楼区支行	41622124455747	913204048951515156	江苏省常州市钟楼区彭怀街孟立路29号	0519-44942023
		常州锦丰有限公司		中国建设银行常州市钟楼区支行	41622124946118	913204049863741181	江苏省常州市钟楼区王俊街孙政路25号	0519-83814604
		常州博爱有限公司		建行常州天宁支行	41622124793993	913204029388980322	江苏省常州市天宁区李彦街傅保路13号	0519-76942965

(续表)

分类编码	分类名称	单位名称	单位性质	开户银行（简称）	账号	纳税号	地址简称	电话
KH	客户	苏州吴里有限公司	客户	建行苏州吴中支行	41622124623408	9132050613498l2153	江苏省苏州市吴中区侯金街孟珊路62号	0512-78120873
		镇江岳山有限公司		建行镇江润州支行	41622124328151	913211117171765386	江苏省镇江市润州区杨梅街张勇路33号	0511-49993520
		无锡兰芳有限公司		建行无锡南长支行	41622124582240	913202032898856603	江苏省无锡市南长区马顺街金启路09号	0510-79340930
		无锡范园有限公司		建行无锡崇安支行	41622124597256	913202026617414872	江苏省无锡市崇安区朱解街孙振路54号	0510-71746416

生产车间共有员工11名，其中，车间主任1名，车间核算1名，质监1名，以上3人作为生产组用户；生产工人8名，主要生产X201和Y202两种产品。

公司员工名单一览表，如表1-1-5所示。

表1-1-5　　　　　　　　公司员工名单一览表

工号	员工姓名	所属部门	职务	是否业务员
101001	姜亚兴	办公室	法定代表、董事长	否
101002	赵卫宇	办公室	总经理	是
101003	孙凯愉	办公室	主任	是
101004	魏东明	办公室	职员	否
101005	孙民里	办公室	仓管	是
201006	袁世民	财务部	经理	是
201007	钱晓明	财务部	存货会计	是
201008	李本勇	财务部	资产会计	是
201009	朱珊珊	财务部	出纳	是
301010	崔浩朴	采购部	经理	是
301011	邹萌红	采购部	采购员	是
401012	傅世惠	销售部	经理	是
401013	李丽洁	销售部	销售员	是
501014	柳世杰	生产车间	车间主任	是
501015	杨帆进	生产车间	核算员	是
501016	周密语	生产车间	质监	是

(续表)

工号	员工姓名	所属部门	职务	是否业务员
502017	梁初瑜	生产车间	生产工人	是
502018	王春红	生产车间	生产工人	是
502019	余凡民	生产车间	生产工人	是
502020	孙雪洁	生产车间	生产工人	是
502021	赵倩雯	生产车间	生产工人	是
502022	洪杰明	生产车间	生产工人	是
502023	周昌皓	生产车间	生产工人	是
502024	马江昆	生产车间	生产工人	是

(三) 公司主要资产情况

1. 公司存货

本公司主要生产和销售 X201、Y202 两种产品,生产时耗用 M101 和 N102 材料,在生产期间,还耗用工作服等低值易耗品;另由于生产任务紧张,公司还将 WH01 材料委托外单位加工成 WS01 产品对外销售;自产产品对外销售时每销售 10 件产品领用 1 只 1♯纸箱,周转箱主要用于出租;以上库存存货均在综合库进行管理;自产产品除对外销售外,还委托外单位代销,其代销发出的产品在虚拟的委托代销库核算;自产产品销售发生退货的,退回的产品在退货库管理。截至 2018 年 12 月 31 日公司存货如表 1-1-6 所示。

表 1-1-6   2018 年 12 月 31 日库存结存表

仓库	存货	数量	金额	入库单号	入库日期	项目
综合库	M101	2 000.00	100 000.00			
	N102	3 000.00	240 000.00			
	WH01	15 000.00	375 000.00	SL28628	2018-12-28	
	周转箱	200.00	12 000.00			
	1♯纸箱	1 000.00	20 000.00			
	X201	600.00	690 000.00			
	Y202	300.00	264 000.00			
委托代销库	Y202	500.00	440 000.00			视同买断

2. 需计提折旧或摊销的长期资产

公司固定资产中,办公使用 1♯办公楼,由办公室管理;2♯办公楼作为投资性房地产对外出租;销售部管理使用大众轿车 1 辆;生产车间管理使用厂房、生产设备。除此之外,管理部门和车间还管理使用电脑、空调等固定资产。

公司无形资产均由办公室统一管理,包括专利权、专有技术和土地使用权等。

公司投资性房地产购于 2014 年 10 月 16 日,已于 2017 年 1 月 5 日完成二次装修,此装修作为长期待摊费用处理。

截至2018年12月31日公司需计提折旧或摊销的长期资产具体情况,如表1-1-7所示。

表1-1-7　　　　　　　　2018年12月31日长期资产期初信息一览表

资产编码	资产名称	资产分类	数量	计量单位	使用状况	使用部门	增加方式	入账日期	原值	累计折旧
F01G0101	1#办公楼	房屋建筑物	1	幢	在用	办公室	投资者投入	2011-9-8	800 000.00	278 400.00
F01M0501	厂房	房屋建筑物	1	幢	在用	生产车间	购入	2011-9-2	4 000 000.00	1 392 000.00
M01M0501	设备B	生产设备	2	台	在用	生产车间	购入	2010-3-16	256 000.00	215 040.00
M01M0503	设备F	生产设备	4	台	在用	生产车间	购入	2012-3-15	1 000 000.00	648 000.00
M01M0507	设备G	生产设备	1	台	在用	生产车间	购入	2012-2-23	500 000.00	328 000.00
M01M0508	设备W	生产设备	1	台	在用	生产车间	购入	2008-12-21	200 000.00	192 000.00
Y01G0401	大众轿车	运输工具	1	辆	在用	销售部	购入	2016-9-24	180 000.00	97 200.00
E01M0501	空调T	电子设备	1	套	在用	生产车间	购入	2016-5-13	58 000.00	47 946.77
E01G0101	空调P	电子设备	1	套	在用	办公室	购入	2016-12-23	47 000.00	30 079.92
E01G0102	电脑E	电子设备	20	台	在用	多部门	购入	2016-12-28	182 000.00	116 479.92
E01M0502	电脑H	电子设备	2	台	在用	生产车间	购入	2017-4-1	18 000.00	9 600.00
T05G0101	2#办公楼	投资性房地产	1	幢	在用	办公室	购入	2014-10-16	1 500 000.00	300 000.00
L01G0101	专利权L	专利权			在用	办公室	购入	2016-1-2	154 200.00	46 260.00
S01G0101	专有技术P	专有技术			在用	办公室	购入	2017-1-8	144 000.00	28 800.00
Q01G0101	土地使用权	土地使用权			在用	办公室	购入	2010-9-11	2 106 000.00	351 000.00
C01G0101	投资性房地产装修支出	长期待摊费用			在用	办公室	支出	2017-1-5	720 000.00	288 000.00

注:多部门使用电脑E的具体情况是办公室40%,财务部30%,采购部和销售部各占15%;投资性房地产装修支出预计受益期限5年,已摊销2年。

(四) 公司会计政策说明

1. 主要会计政策

1) 会计期间

本公司的会计期间分为年度和中期,会计年度自公历1月1日起至12月31日止,中期包括月度、季度和年度。

2) 记账本位币

本公司以人民币为记账本位币。

3) 会计核算

以权责发生制为记账基础。除某些金融资产外,均以历史成本为计价原则。如果资产发生减值,则按照相关规定计提相应的减值准备。

4) 应收款项

(1) 坏账确认标准。债务人破产或死亡,以其破产财产或者遗产清偿后无法收回,或债务人逾期未履行偿债义务超过 3 年而且具有明显特征表明无法收回的应收账款,确认为坏账。

(2) 坏账损失采用备抵法核算。对应收款项(包括应收账款和其他应收款)采用余额百分比法计提坏账准备,计提率为 5%,计提的坏账准备计入当期损益。

(3) 往来单位核算科目根据业务发生的实质属性确定往来科目,而不使用双重性质科目,凭证自动生成时除货币资金、应交增值税细目、损益类科目外,其他科目方向不允许变动,其他情况根据实际业务进行调整。

5) 存货

(1) 存货分类。公司存货分为原材料、包装物、低值易耗品、在产品和库存商品等。

(2) 存货成本计算。存货按实际成本核算,共同性采购费用按存货重量比例进行分配,分配率默认;综合库一般存货出库单位成本按月末一次加权平均法计算,其中:各种存货出库的单位成本均保留 2 位小数;周转材料出库采用一次摊销法,不进入资产管理系统处理;在销售当日必须生成销售出库单;综合库中用于委托加工的 WH01 材料及加工后的 WS01 库存商品均采用先进先出法处理;委托代销已发出商品在虚拟的"委托代销库"中处理;盘盈材料按最近一次入库的进货原价处理,盘亏存货按规定发出方法计算的单位成本计价。

(3) 产品成本计算采用品种法,设置直接材料、直接人工和制造费用三个成本项目;工资及五险一金分配采用工时比例法,五险一金承担和计提比例如下:企业承担部分为养老保险金 19%,医疗保险金 8%,失业保险金 1%,工伤保险金 0.8%,生育保险金 0.5%,住房公积金 10%;个人承担部分为养老保险金 8%,医疗保险金 2% 及重大疾病保险 5 元,失业保险金 0.5%,住房公积金 10%,社保最低基数 2 900 元,最高基数 16 800 元,住房公积金最低基数 1 830 元,最高基数 18 100 元;制造费用按生产工时比例在各种产品之间分配,分配率保留 6 位小数,尾差计入 Y202 产品成本中;生产费用在完工产品与在产品之间的分配采用约当产量法(材料在生产开始时一次投入),分配率保留 2 位小数,尾差计入月末在产品成本。

(4) 存货的盘存制度。存货的盘存采用永续盘存制。

6) 固定资产

(1) 固定资产确认条件。固定资产是指为生产商品、提供劳务、出租或经营管理而持有的,使用寿命超过一个会计年度,单位价值较高的有形资产。固定资产同时满足下列条件的,才能予以确认:与该固定资产有关的经济利益很可能流入企业;该固定资产的成本能够可靠地计量。固定资产以取得时的实际成本入账,并从达到预定可使用状态的次月起,采用年限平均法计提折旧。房屋的购置成本包括买价、契税、交易手续费、工本费及印花税等。

(2) 固定资产不包括研发用固定资产,各类固定资产的折旧年限和残值率(计算折旧时月折旧率保留 6 位小数)。

(3) 投资性房地产采用成本模式计量。

7) 金融资产

(1) 涉及金融资产、股权投资的公允价值变动损益、资本公积、其他综合收益的结转均与相关业务合并做一张记账凭证。交易性金融资产、可供出售金融资产以公允价值计量,按月确认公允价值变动。

(2) 金融商品转让以盈亏相抵后的余额作为销售额,即卖出价减去买入价后的余额,卖出价和买入价均按照交割单上注明的成交数量乘以成交均价确定。

(3) 交易性金融资产、可供出售金融资产以公允价值计量,按月确认公允价值变动。

2. 主要税费

(1) 增值税。企业适用的增值税税率为16%,企业取得的增值税专用发票均已于当天在增值税发票选择确认平台办妥勾选确认;会计处理时各期确认的应交税费——应交增值税(进项税额)应当与当期增值税纳税申报表保持口径一致;按月申报。

(2) 城市维护建设税。按流转税额的7%计缴,按月申报。

(3) 教育费附加。按流转税额的5%计缴,其中,教育费附加征收率3%,地方教育费附加征收率2%,按月申报。

(4) 企业所得税。企业所得税税率为25%,按本月实际利润额计算预缴本月企业所得税,截至2018年12月31日,以前各年度应纳税所得额均大于零,不存在不征税收入、免税收入等税基类减免应纳税所得额、减免所得税额,且截至2018年12月31日无欠缴及多缴所得税情况,按月申报。

(5) 房产税。自有房屋按照房屋原值的70%为计税基数,税率为1.2%,按季申报;出租房屋按照租金收入的12%计缴,按月申报。

3. 其他说明事项

(1) 公司2019年度发生的交易均为非关联方交易。

(2) 公司每月计算提取贷款的利息支出;银行于每月20日收取其发放贷款的利息,于每季20日支付其存款利息。

(3) 损益类科目包括收入科目和支出科目,业务发生时收入科目金额必须记在贷方(若发生冲减收入业务,收入科目必须记在贷方,金额用负数填制);业务发生时支出科目金额必须记在借方(若发生冲减支出业务,支出科目必须记在借方,金额用负数填制)。

(五) 公司截至2018年12月31日的财务信息

1. 公司截至2018年12月31日的会计科目余额情况(表1-1-8)

表1-1-8　　　　　　　　2018年12月31日总账或明细科目余额表

总账科目	明细账科目	借方余额	贷方余额
库存现金		1 700.00	
银行存款	建行41622124656669	8 700 719.86	
其他货币资金	承兑保证金41392887676703	1 719 920.00	
	存出投资款——华兴证券2503848737	356 000.00	
应收票据	苏州阳晨股份有限公司	117 000.00	
	常州弘阳有限公司	585 000.00	
	常州锦丰有限公司	157 950.00	

(续表)

总账科目	明细账科目	借方余额	贷方余额
应收账款	常州博爱有限公司	1 228 500.00	
	苏州吴里有限公司	2 808 000.00	
	镇江岳山有限公司	81 900.00	
	无锡兰芳有限公司	100 000.00	
坏账准备	应收账款坏账准备		210 920.00
	其他应收款坏账准备		100.00
预付账款	常州金田有限公司	200 000.00	
	常州智雅有限公司	300 000.00	
	常州供电公司	63 700.20	
应收股利	江苏远景有限公司	216 000.00	
其他应收款	职工往来——傅世惠	2 000.00	
在途物资	M101(3 000千克)	150 000.00	
原材料	M101(2 000千克)	100 000.00	
	N102(3 000千克)	240 000.00	
	WH01(15 000千克)	375 000.00	
周转材料	包装物——周转箱(200只)	12 000.00	
	包装物——1#纸箱(1 000只)	20 000.00	
库存商品	X201(600件)	690 000.00	
	Y202(300件)	264 000.00	
发出商品	Y202(500件)	440 000.00	
可供出售金融资产	成本——宏远股份(股票3 000股)	30 035.66	
	公允价值变动——宏远股份	7 600.15	
投资性房地产		1 500 000.00	
投资性房地产累计折旧			300 000.00
固定资产		7 241 000.00	
累计折旧			3 354 746.61
无形资产		2 404 200.00	
累计摊销			426 060.00
长期股权投资	江苏远景有限公司(成本)(占40%股份)	2 400 000.00	
	江苏远景有限公司(损益调整)	144 000.00	
长期待摊费用	投资性房地产装修支出	432 000.00	

(续表)

总账科目	明细账科目	借方余额	贷方余额
应付票据	徐州铜山有限公司		500 000.00
	南京中山有限公司		351 000.00
应付账款	暂估应付账款——常州飞达有限公司		96 000.00
	供应商往来——南京大华有限公司		234 000.00
	供应商往来——无锡太湖有限公司		585 000.00
	供应商往来——南通通达有限公司		409 500.00
	供应商往来——镇江金山有限公司		30 000.00
	供应商往来——常州江南有限公司		889 200.00
预收账款	无锡范园有限公司		850 000.00
应交税费	未交增值税		387 000.00
	应交城市维护建设税		27 090.00
	应交教育费附加		11 610.00
	应交地方教育费附加		7 740.00
	应交企业所得税		203 984.09
	应交个人所得税		686.02
	应交房产税		13 680.00
	应交城镇土地使用税		53 960.00
	应交印花税		15 315.00
应付职工薪酬	工资		126 500.00
	设定提存计划——养老保险		24 035.00
	社会保险费——医疗保险		10 120.00
	设定提存计划——失业保险		1 265.00
	社会保险费——工伤保险		1 012.00
	社会保险费——生育保险		632.50
	住房公积金		12 650.00
	职工教育经费		32 802.50
	工会经费		22 242.00
其他应付款	客户往来——常州博爱有限公司		5 000.00
实收资本	常州立马股份有限公司		15 200 000.00
	常州梅林有限公司		3 800 000.00

(续表)

总账科目	明细账科目	借方余额	贷方余额
资本公积	资本溢价		1 661 825.00
其他综合收益	可供出售金融资产公允价值变动——宏远股份		7 600.15
盈余公积	法定盈余公积		226 740.00
利润分配	未分配利润		2 998 210.00

2. 公司截至2018年12月31日的财务报表

(1) 资产负债表,如表1-1-9所示。

表1-1-9　　　　　　　　　　资产负债表

会企01表

单位:常州亚兴有限公司　　　　2018年12月31日　　　　　　　　　单位:元

资　产	期末余额	年初余额	负债及所有者权益（或股东权益）	期末余额	年初余额
流动资产:		略	流动负债:		略
货币资金	10 778 339.86		短期借款		
以公允价值计量且其变动计入当期损益的金融资产			以公允价值计量且其变动计入当期损益的金融负债		
应收票据	859 950.00		应付票据	851 000.00	
应收账款	4 007 480.00		应付账款	2 243 700.00	
预付款项	563 700.20		预收款项	850 000.00	
应收利息			应付职工薪酬	231 259.00	
应收股利	216 000.00		应交税费	721 065.11	
其他应收款	1 900.00		应付利息		
存货	2 291 000.00		应付股利		
持有待售资产			其他应付款	5 000.00	
一年内到期的非流动资产			持有待售负债		
其他流动资产			一年内到期的非流动负债		
流动资产合计	18 718 370.06		其他流动负债		
非流动资产:			流动负债合计	4 902 024.11	

(续表)

资　　产	期末余额	年初余额	负债及所有者权益（或股东权益）	期末余额	年初余额
可供出售金融资产	37 635.81		非流动负债：		
持有至到期投资			长期借款		
长期应收款			应付债券		
长期股权投资	2 544 000.00		其中:优先股		
投资性房地产	1 200 000.00		永续债		
固定资产	3 886 253.39		长期应付款		
在建工程			专项应付款		
工程物资			预计负债		
固定资产清理			递延所得税负债		
生产性生物资产			其他非流动负债		
油气资产			非流动负债合计		
无形资产	1 978 140.00		负债合计	4 902 024.11	
开发支出			所有者权益(或股东权益)：		
商誉			实收资本(或股本)	19 000 000.00	
长期待摊费用	432 000.00		其他权益工具		
递延所得税资产			其中:优先股		
其他非流动资产			永续债		
非流动资产合计	10 078 029.20		资本公积	1 661 825.00	
			减:库存股		
			其他综合收益	7 600.15	
			盈余公积	226 740.00	
			未分配利润	2 998 210.00	
			所有者权益(或股东权益)合计	23 894 375.15	
资产总计	28 796 399.26		负债及所有者权益（或股东权益）总计	28 796 399.26	

公司法定代表人：姜亚兴　　　　　主管会计工作负责人：赵卫宇　　　　　会计机构负责人：袁世民

(2)利润表,如表1-1-10所示。

表 1-1-10　　　　　　　　　　　　　　利润表

会企 02 表

单位:常州亚兴有限公司　　　　2018 年　　　　　　　　　　　　　　　　单位:元

项　　目	本期数	上年同期数
一、营业收入	122 172 195.24	略
减:营业成本	111 002 520.93	
税金及附加	2 226 622.93	
销售费用	1 163 677.33	
管理费用	3 749 323.04	
财务费用	673 751.52	
资产减值损失	1 330 861.32	
加:公允价值变动收益(损失以"一"填列)		
投资收益(损失以"一"填列)	14 517.83	
其中:对联营企业和合营企业的投资收益		
资产处置收益(损失以"一"号填列)		
其他收益		
二、营业利润(亏损以"一"号填列)	2 039 956.00	
加:营业外收入		
减:营业外支出	39 956.00	
其中:非流动资产处置损失		
三、利润总额(亏损总额以"一"号填列)	2 000 000.00	
减:所得税费用	500 000.00	
四、净利润(净亏损以"一"号填列)	1 500 000.00	
(一)持续经营净利润(净亏损以"一"号填列)	1 500 000.00	
(二)终止经营净利润(净亏损以"一"号填列)		
五、其他综合收益的税后净额	3 246.40	
(一)以后不能重分类进损益的其他综合收益		
1.重新计量设定受益计划净负债或净资产的变动		
2.权益法下在被投资单位不能重分类进损益的其他综合收益中享有的份额		

(续表)

项　　目	本期数	上年同期数
（二）以后将重分类进损益的其他综合收益	3 246.40	
1. 权益法下在被投资单位以后将重分类进损益的其他综合收益中享有的份额		
2. 可供出售金融资产公允价值变动损益	3 246.40	
3. 持有至到期投资重分类为可供出售金融资产损益		
4. 现金流量套期损益的有效部分		
5. 外币财务报表折算差额		
……		
六、综合收益总额	1 503 246.40	
七、每股收益：		
（一）基本每股收益		
（二）稀释每股收益		

公司法定代表人：姜亚兴　　　　主管会计工作负责人：赵卫宇　　　　会计机构负责人：袁世民

（3）现金流量表，如表1-1-11所示。

表1-1-11　　　　　　　　　现金流量表

会企03表

单位：常州亚兴有限公司　　　2018年　　　　　　　　　　　　单位：元

项　　目	本期数	上年同期数
一、经营活动产生的现金流量：		略
销售商品、提供劳务收到的现金	119 507 038.27	
收到的税费返还		
收到其他与经营活动有关的现金	121 990.51	
经营活动现金流入小计	119 629 028.78	
购买商品、接受劳务支付的现金	110 875 406.73	
支付给职工以及为职工支付的现金	2 106 341.76	
支付的各项税费	4 155 645.01	
支付其他与经营活动有关的现金	1 016 169.00	
经营活动现金流出小计	118 153 562.50	
经营活动产生的现金流量净额	1 475 466.28	

(续表)

项　　目	本期数	上年同期数
二、投资活动产生的现金流量：		
收回投资收到的现金		
取得投资收益收到的现金		
处置固定资产、无形资产和其他长期资产收回的现金净额		
处置子公司及其他营业单位收到的现金净额		
收到其他与投资活动有关的现金		
投资活动现金流入小计		
购建固定资产、无形资产和其他长期资产所支付的现金		
投资支付的现金	156 800.00	
取得子公司及其他营业单位支付的现金净额		
支付其他与投资活动有关的现金		
投资活动现金流出小计	156 800.00	
投资活动产生的现金流量净额	−156 800.00	
三、筹资活动产生的现金流量：		
吸收投资收到的现金		
取得借款收到的现金	200 000.00	
收到其他与筹资活动有关的现金		
筹资活动现金流入小计	200 000.00	
偿还债务支付的现金	200 000.00	
分配股利、利润或偿付利息支付的现金	305 100.00	
支付其他与筹资活动有关的现金		
筹资活动现金流出小计	505 100.00	
筹资活动产生的现金流量净额	−305 100.00	
四、汇率变动对现金及现金等价物的影响		
五、现金及现金等价物净增加额	1 013 566.28	
加：期初现金及现金等价物余额	8 044 853.58	
六、期末现金及现金等价物余额	9 058 419.86	

公司法定代表人：姜亚兴　　　　主管会计工作负责人：赵卫宇　　　　会计机构负责人：袁世民

（4）所有者权益变动表，如表1-1-12所示。

表 1-1-12

所有者权益变动表

会企 04 表

单位:常州亚兴有限公司　　2018 年　　单位:元

项目	本年金额							上年金额						
	实收资本	资本公积	减:库存股	其他综合收益	盈余公积	未分配利润	所有者权益合计	实收资本	资本公积	减:库存股	其他综合收益	盈余公积	未分配利润	所有者权益合计
一、上年年末金额	19 000 000.00	1 661 825.00		3 271.62	76 740.00	1 948 210.00	22 690 046.62	略	略	略	略	略	略	略
加:会计政策变更														
前期差错更正														
其他														
二、本年年初余额	19 000 000.00	1 661 825.00		3 271.62	76 740.00	1 948 210.00	22 690 046.62							
三、本年增减变动金额(减少以“—”号填列)				4 328.53		1 050 000.00	1 204 328.53							
(一)综合收益总额				4 328.53		1 500 000.00	1 504 328.53							
(二)所有者投入和减少资本														
1. 所有者投入资本														
2. 股份支付计入所有者权益的金额														
3. 其他														
(四)利润分配					150 000.00	—450 000.00	—300 000.00							
1. 提取盈余公积					150 000.00	—150 000.00								
2. 对所有者(或股东)的分配						—300 000.00	—300 000.00							

(续表)

项 目	本年金额							上年金额						
	实收资本	资本公积	减:库存股	其他综合收益	盈余公积	未分配利润	所有者权益合计	实收资本	资本公积	减:库存股	其他综合收益	盈余公积	未分配利润	所有者权益合计
3. 其他														
(五) 所有者权益内部结转														
1. 资本公积转增资本(或股本)														
2. 盈余公积转增资本(或股本)														
3. 盈余公积弥补亏损														
4. 其他														
四、本年年末余额	19 000 000.00	1 661 825.00		7 600.15	226 740.00	2 998 210.00	23 894 375.15							

公司法定代表人:姜亚兴　　　主管会计工作负责人:赵卫宇　　　会计机构负责人:袁世民

二、企业基本信息会计电算化处理

(一) 账套管理

1. 新建账套

公司在 T+ 系统中建立账套,以系统管理员身份(见图 1-2-1)登录,在图 1-2-2 中单击"新建账套"按钮,进入新建账套导航界面,按导航步骤及公司简介资料完成新建账套工作。需要说明的是:系统管理员只能选择"系统管理员"进入 T+ 系统,其他用户只能选择"普通用户"进入 T+ 系统。日期为登录时服务器时间。

图 1-2-1 系统管理员登录界面

图 1-2-2 系统管理员操作首页界面

(1) 基本信息设置,如图1-2-3所示,账套名称录入"常州亚兴",账套路径默认,单位全称录入"常州亚兴有限公司",单位简称录入"常州亚兴",所属行业选择"制造业"——"其他制造业",商品分类选择"其他",行政区选择"江苏省"——"常州市"——"钟楼区",单位地址录入"江苏省常州市钟楼区李智街环唯路45号",纳税性质及税率默认,开通云应用的"√"取消,法人代表录入"姜亚兴",邮政编码录入"213023",联系电话及传真均录入"0519-74325031",开户银行录入"中国建设银行常州市钟楼区支行",税号录入"913204049343406114",开票账号录入"41622124656669",单击"下一步"按钮(若基本信息录入不完整,以账套主管的身份进入账套,在"系统管理——基本设置——基本信息"中进行修改)。需要说明的是:一般不勾选"开通云应用",如果勾选,在没有连通网络时,新建账套无法完成。

图1-2-3　新建账套——基本信息

(2) 会计期间设置,如图1-2-4所示,启用年度选择"2019",启用期间选择"1",年度开始日期选择"2019-01-01",其他默认,单击"下一步"按钮。

(3) 功能启用设置,如图1-2-5所示,在启用中勾选"库存核算""购销管理""自制加工""总账""T-UFO""资产管理"和"出纳管理",其中勾选"购销管理"和"库存核算"后,"往来现金"子系统自动勾选。单击"下一步"按钮。

(4) 公共选项设置,如图1-2-6所示,其中基础数据默认,数据精度中折旧率小数位选择"6",计价模式选择"按仓库+存货",计价时机选择"实时计价"。单击"下一步"按钮。

图 1-2-4 新建账套——会计期间

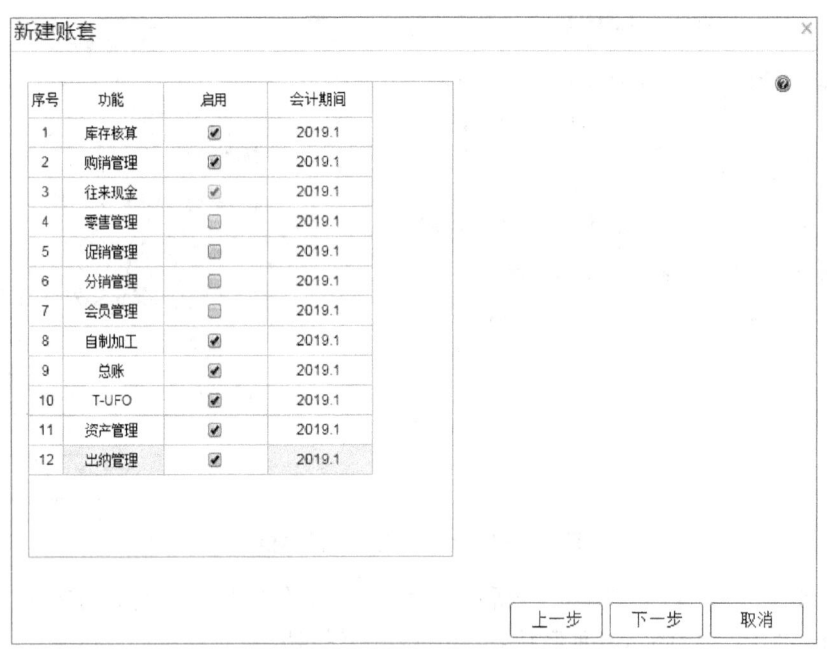

图 1-2-5 新建账套——启用子系统

（5）财务选项设置，如图 1-2-7 所示，需要手工设置的是勾选"出纳凭证必须经由出纳签字"，行业性质必须选择为"2007 年新会计准则（企业……）"，勾选按行业性质预置科目，科目编码系统前三级按行业性质已置，不允许修改，本公司科目编码预置为 5 级，第 4 和第 5 级级长录入"2"，凭证类别选择"记账凭证"。单击"下一步"按钮。

图 1-2-6　新建账套——公共选项

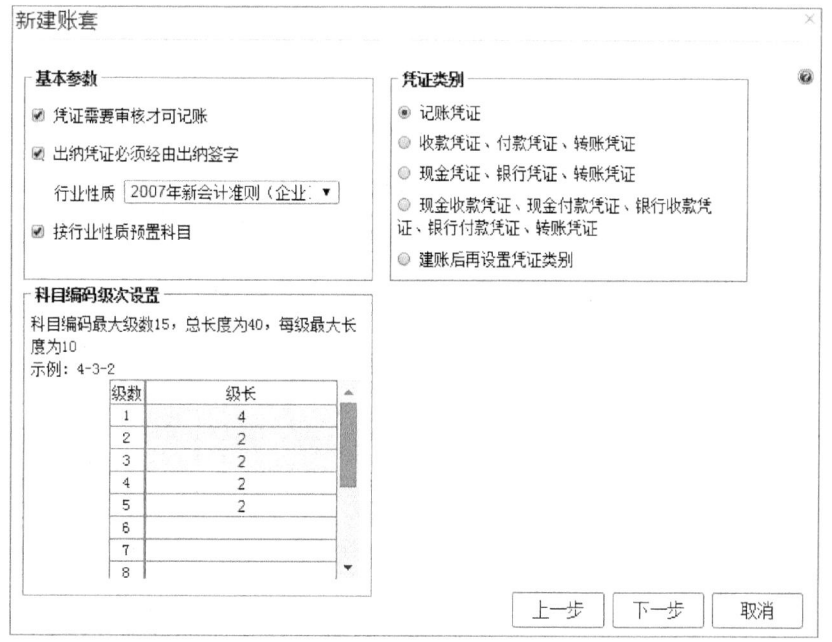

图 1-2-7　新建账套——财务选项

（6）业务流程设置，只有开通购销管理和库存核算功能才能进行业务流程设置，本公司购销业务流程设置如图 1-2-8 所示，销售和采购的立账方式分别选择"销售发票立账"和"采购发票立账"，均选择该立账方式下的第一种为默认模式，单击"下一步"按钮。

需要说明的是：业务流程的设置有多种选择，如表 1-2-1 所示。

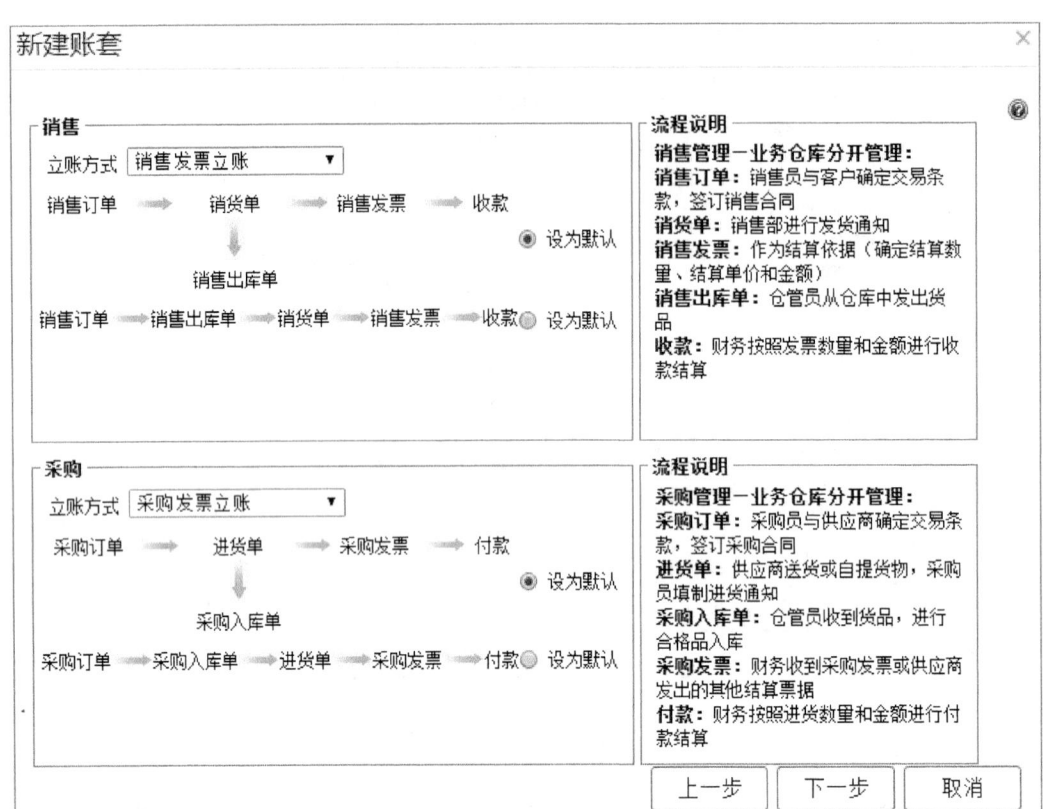

图 1-2-8　新建账套——业务流程

表 1-2-1　　　　　　　　　销售和采购业务流程模式选择表

方式	销售流程	采购流程	生成凭证依据或说明
发票立账，仓库与业务分开	销售订单——销货单，由销货单分别生成销售出库单和销售发票——在发票上收款	采购订单——进货单，由进货单分别生成采购入库单和采购发票——在发票上付款	销售:销售发票/销售出库单 采购:采购入库单/采购发票
	销售订单——销售出库单补销货单，然后由销货单生成销售发票——在发票上收款	采购订单——采购入库单，补进货单——采购发票——在发票上付款	凭证生成依据与上一条相同,但不符合销售或采购流程控制,必须根据仓库收发情况补销货单或进货单造成流程倒置
货单立账，仓库与业务分开	销售订单——销货单，由货单生成销售出库单，在销货单上收款	采购订单——进货单，由进货单分别生成采购入库单，在进货单上付款	与发票立账相比,以货单替代发票进行收付款并依此生成凭证,会计核算不规范,且没有考虑销售或采购发票的作用,会造成发票的收发随意性
	销售订单——销售出库单补销货单，在销货单上收款	采购订单——采购入库单，补进货单，在进货单上付款	除上一条问题外,流程不规范,业务流程倒置

(续表)

方式	销售流程	采购流程	生成凭证依据或说明
货单立账，仓库与业务合并	销售订单——销货单——收款	采购订单——进货单——付款	销售：销货单；采购：进货单，没有存货出入库手续，无销售出库单和采购入库单，无论是业务流程还是会计核算极不规范

（7）账套主管设置，如图1-2-9所示，账套主管账号录入"201006"，账套主管姓名录入"袁世民"，单击"完成"按钮，系统自动生成并保存账套信息，完成后如图1-2-10所示（账套编码由系统自动生成），若单击"是"，系统返回登录界面，在普通用户中，显示已预置账套主管的账号，如图1-2-12所示；若单击"否"，则返回系统管理员首页。

图1-2-9　新建账套——账套主管设置

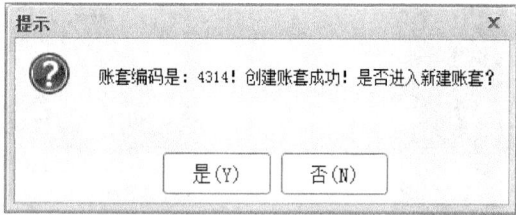

图1-2-10　账套创建成功界面

2. 账套维护

系统管理员还可以进行账套维护，在系统管理员首页，单击"账套维护"，如图1-2-11所示。账套维护功能包括新建（与新建账套功能相同）、删除、备份、恢复、升级、期间结转等，每个功能均可按其导航步骤完成。

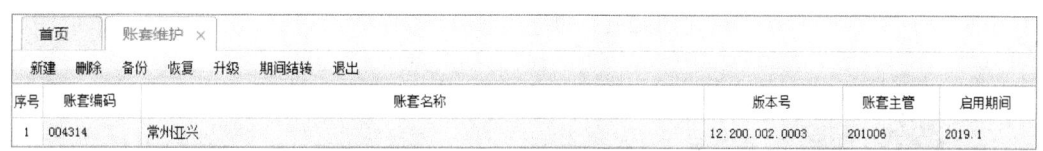

图1-2-11　账套维护界面

3. 账套基本信息、会计期间、功能启用、选项设置、业务流程等内容的修改

账套基本信息、会计期间、功能启用、选项设置、业务流程、账套主管等内容在新建账套时已设置，如果这些内容不完整，需要进行修改，一般以账套主管身份在T+系统中进行操作，其流程如下：选择普通用户，第一行录入"201006"，密码为空，选择操作日期"2019-01-01"，如图1-2-12所示，单击"登录"按钮，系统提示"首次进入修改密码"，选择"取消"→登录后进入T+软件，如图1-2-13所示，T+系统是以浏览器页面的形式出现，其中以鼠标移至页面左侧

图1-2-12　账套主管登录界面

功能项目上,会自动显示该功能项目所有功能,如图1-2-14所示。基本信息的修改在"系统管理——基本设置——基本信息"中进行,其格式如图1-2-3所示;会计期间的修改在"系统管理——基本设置——会计期间"中进行,其格式如图1-2-4所示;功能启用的修改在"系统管理——基本设置——功能启用"中进行,其格式如图1-2-5所示;选项设置在"系统管理——基本设置——选项设置"中进行,可修改"公共""采购""往来""销售""库存""核算""财务""凭证接口"8项内容的参数设置,其中公共选项的设置,如图1-2-6所示,财务选项的设置,如图1-2-7所示;业务流程的修改在"系统管理——基本设置——业务流程"中进行,其格式如图1-2-8所示。

图 1-2-13 账套主管登录后界面

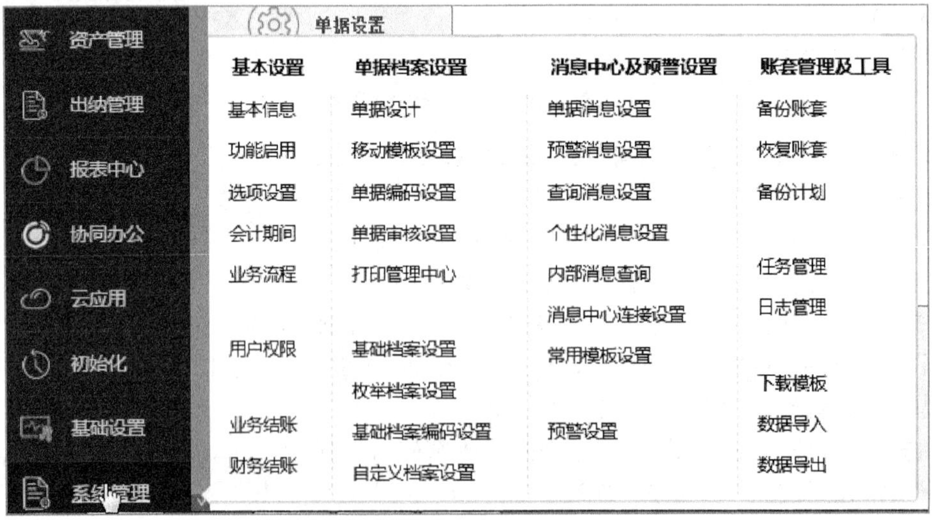

图 1-2-14 系统管理功能显示

（二）用户权限、部门及员工设置

1. 用户权限设置

公司用户权限一览表，如表1-2-2所示。其主要操作包括增加用户组别并授权、修改用户组别权限和增加用户组别中用户等。

表1-2-2 用户权限一览表

账号	用户姓名	所属组别	权限
101002	赵卫宇	账套主管组	拥有用户账套所有权限
201006	袁世民		
101005	孙民里	库存组	拥有库存核算、基础设置所有权限
201007	钱晓明	存货会计组	拥有采购管理、销售管理、库存核算、生产管理、往来现金、总账（除出纳签字外）、基础设置的所有权限
201008	李本勇	资产会计组	拥有资产管理、总账（除出纳签字外）、基础设置所有权限
201009	朱珊珊	出纳组	拥有往来现金、出纳管理、基础设置所有权限，总账中出纳签字权限
301010	崔浩朴	采购组	拥有采购管理系统、基础设置所有权限
301011	邹萌红		
401012	傅世惠	销售组	拥有销售管理、基础设置所有权限
401013	李丽洁		
501014	柳世杰	生产组	拥有生产管理、基础设置所有权限
501015	杨帆进		
501016	周密语		

1）增加用户组别

以账套主管"201006"身份于2019-01-01登录，"系统管理——基本设置"单击"用户权限"，如图1-2-15所示，在"维护用户组"中单击"新增"按钮，用户组名称录入"存货会计组"，保存。在"维护用户组"中单击"新增"按钮，用户组名称录入"资产会计组"，保存。

2）用户设置

以账套主管"201006"身份于2019-01-01登录，"系统管理——基本设置"单击"用户权限"，选择"账套主管组"，在"维护用户"中单击"新增"按钮，出现"用户管理"对话框，录入账号"101002"和用户姓名"赵卫宇"，如图1-2-16所示，单击"保存新增"按钮；根据表1-2-2，分别完成库存组、存货会计组、资产会计组、出纳组、采购组、销售组和生产组等组别用户增加的操作。

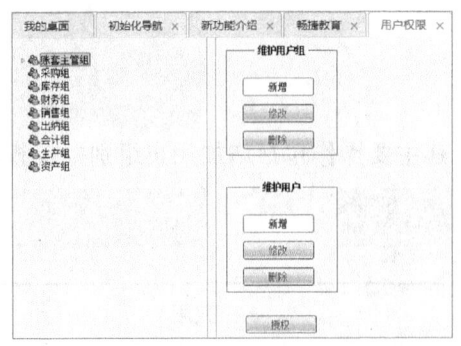
图 1-2-15 已有用户组列表

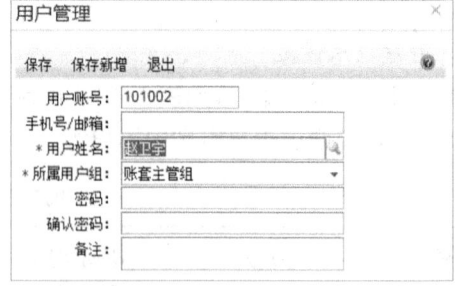
图 1-2-16 增加用户界面

需要说明的是：①用户的删除，在用户没有使用前，选择需删除用户，在"维护用户"中单击"删除"按钮，按系统提示完成。②用户的修改，在用户没有使用前，选择需修改用户，在"维护用户"中单击"修改"按钮，按系统提示完成。③增加组别时，只有"保存"按钮，单击则保存并返回用户权限页面；增加组别用户时，既有"保存"按钮，还有"保存新增"按钮，此时，单击"保存"按钮，则保存录入的用户档案，但页面还是停留在该用户档案上，若单击"保存新增"按钮，则保存录入的用户档案，新增一空白用户档案，准备录入下一个用户档案，其他系统中的"保存""保存新增"功能与之相同。④用户档案不必退出可直接录入其他用户组的用户，所需用户组可在"所属用户组"中通过选择得到。⑤用户档案一经保存，即赋予其用户组别的权限。因此，在 T+系统只对用户组别进行授权，而不能对用户个人进行授权。

3) 对组别进行授权

一般情况下，系统预置组别已预置全部或部分权限，其中账套主管组系统赋予其全部系统功能权限，其他组别则需要检查其权限是否符合表 1-2-2 的要求，如出纳组，其权限设置流程如下：

以账套主管"201006"身份于 2019-01-01 登录，选择"系统管理——基本设置——用户权限"，选择"出纳组"，单击"授权"按钮→在"产品功能"下选中"往来现金"，在右侧"授权详情"中，勾选功能点名称左侧复选框（一经勾选，系统赋予该功能下的全部权限），如图 1-2-17 所示，单击"保存"按钮，系统提示"保存成功"，单击"确定"按钮→选择"总账"，选择凭证中具体功能"出纳签字"进行勾选并保存。全部授权完成后单击"返回"按钮，返回至用户权限界面。库存组、采购组等其他组别的权限，如表 1-2-2 所示，依次检查完善其权限。

图 1-2-17 出纳往来现金授权界面

2. 部门档案设置

本公司下设五个部门，根据表 1-1-1，部门档案设置步骤如下：

以账套主管"201006"身份于 2019-01-01 登录。"基础设置"——"基本信息"，单击"部门"按钮→单击"新增"按钮，弹出"部门"对话框，录入一级部门编号"G"及名称"管理部门"，如图 1-2-18 所示;单击"保存新增"→录入二级部门编号"G01"、名称"办公室",上级部门选择"管理部门"(可录入代码 G 进行选择),如图 1-2-19 所示,单击"保存新增"→依次录入其他部门,如图 1-2-20 所示。

图 1-2-18　一级部门录入界面 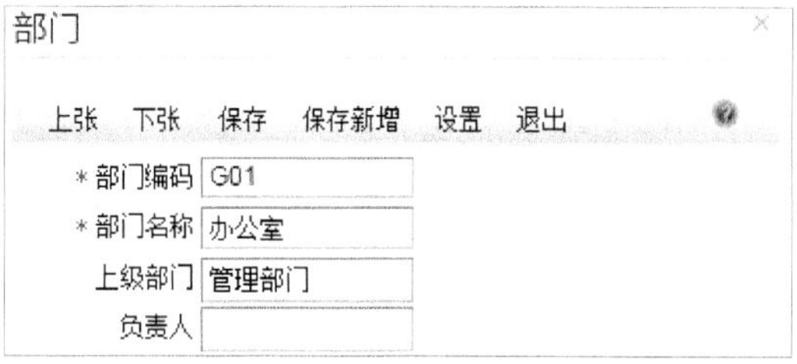　　　　图 1-2-19　二级部门录入界面

图 1-2-20　设置完成后部门界面

需要说明的是:各种档案设置的新增、修改、删除等都在同一个页面,除新增外,都需要勾选后再进行修改或删除操作;一般删除操作要求该删除的设置没有使用或自动设置过,否则造成删除操作不成功。

3. 员工档案设置

根据员工档案表 1-1-4,员工档案设置步骤如下:

以账套主管"201006"身份于 2019-01-01 登录。"基础设置"——"基本信息",单击"员工"按钮→选择员工所在部门,单击"新增"按钮,弹出"员工"对话框,在基本信息中录入员工编码"101001"、员工名称"姜亚兴";选择职务,已有职务可直接选择,职务中没有预置的,单击"增加"按钮,录入"法人/董事长",保存并选择该职务,如图 1-2-21 所示。单击"保存新增"按钮→

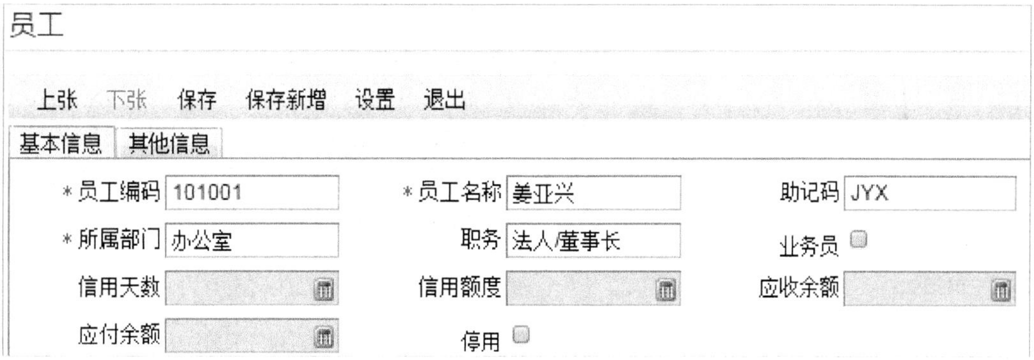

图 1-2-21　员工对话框

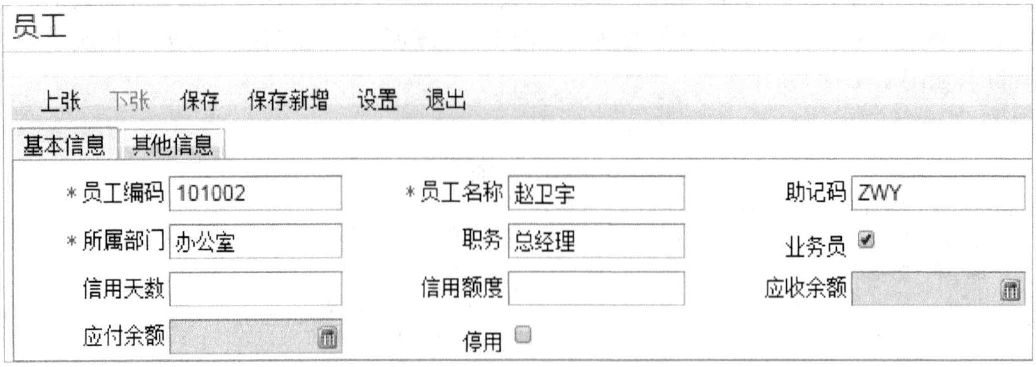

图 1-2-22　业务员员工录入界面

录入第二个员工,员工编码"101002"、员工名称"赵卫宇",职务"总经理",对"业务员"打"√",如图 1-2-22 所示,然后单击"保存新增"按钮→根据表 1-1-4 依次录入其他员工档案。

需要说明的是:凡购销存系统中的业务员必须在员工档案中勾选业务员,否则在购销存系统中无法选择该员工。

(三) 公司账号、往来单位、存货等资产及相关设置

1. 账号、结算方式设置

根据公司简介中的公司账号资料,在 T+中通过设置现金、银行账号,以便于在"往来现金""出纳管理"等系统中保证出纳工作的顺利进行,便于对货币资金收发单据的管理,便于现金、银行存款等货币资金生成日记账的记录,便于货币资金的清查、对账工作等。T+已预置现金账号,现增加基本结算户、承兑保证金专户和证券交易结算资金账户。

1) 基本结算户账号设置

以账套主管"201006"身份于 2019-01-01 登录。"基础设置"——"收付结算",单击"账号"按钮→单击"新增"按钮,弹出"账号"对话框,在账号名称中录入"基本结算户"、账号类型选择"银行";开户银行录入"建行常州钟楼支行"(简称,如果有此开户银行信息,选择;如果信息空白,则增加此开户银行档案,并选择。凡开户银行档案均以此方式完成),选择该开户银行,账号已生成信息删除,录入"41622124656669",勾选"赤字控制"及"银行对账",其他信息会自动默认处理(待取得银行对账单后再确定对账单余额方向);账号完成后,如图 1-2-23 所示,单击"保存新增"→进行其他账号的设置,设置后账号,如图 1-2-24 所示。

2) 结算方式设置

以账套主管"201006"身份于 2019-01-01 登录。"基础设置"——"收付结算",单击"结算方式"按钮,已

图 1-2-23　基本结算户账号录入界面

我的桌面 | 初始化导航 × | 畅捷教育 × | 账号 ×

新增 修改 删除 打印▾ 退出

序号	☐	账号名称	账号类型	开户银行	账号	赤字控制	银行对账	对账启用日期	对账单余额方向
1	☐	现金	现金		现金	否	否		
2	☐	承兑保证金专户	银行	建行常州钟楼支行	41392887676703	是	是	2019-01-01	借方
3	☐	基本结算户	银行	建行常州钟楼支行	41622124656669	是	是	2019-01-01	借方
4	☐	证券交易结算资金户	银行	建行常州钟楼支行	2503848737	是	是	2019-01-01	借方

图 1-2-24 账号设置完成后界面

预置部分结算方式，如现金、支票、银行汇票、银行本票、信用卡、微信及支付宝等→单击“新增”按钮，弹出“结算方式”对话框，依次录入结算方式编码“201”、结算方式名称“现金支票”、默认账号选择“基本结算户”，是否“支票管理”选择“是”。录入完成后单击“保存新增”→录入其他需增加结算方式，如图 1-2-25 所示。

我的桌面 | 初始化导航 × | 结算方式 ×

新增 修改 删除 打印▾ 退出

序号	☐	结算方式编码	结算方式名称	默认账号	支票管理	停用
1	☐	1	现金	现金	否	否
2	☐	2	支票		否	否
3	☐	201	现金支票	基本结算户	是	否
4	☐	202	转账支票	基本结算户	是	否
5	☐	3	银行汇票		否	否
6	☐	4	银行本票		否	否
7	☐	5	信用卡		否	否
8	☐	6	网银		否	否
9	☐	7	电汇		否	否
10	☐	8	银行承兑汇票		否	否
11	☐	9	其他		否	否
12	☐	998	微信		否	否
13	☐	999	支付宝		否	否

图 1-2-25 结算方式设置完成后界面

2. 往来单位分类及档案设置

公司往来单位分客户和供应商两大类，其中公司客户分类及已有档案一览表，如表 1-1-4 所示；公司供应商分类及已有档案一览表，如表 1-1-3 所示；往来单位分类及档案设置步骤如下。

1）公司往来单位分类设置

以账套主管“201006”身份于 2019-01-01 登录。“基础设置”——“基本信息”，单击“往来单位”按钮，如图 1-2-26 所示，单击左侧“增加分类”图标，如图 1-2-27 所示，弹出“往来单位分类”对话框，录入客户分类编码“KH”及名称“客户”，如图 1-2-28 所示。单击“保存新增”→录入供应商分类编码“GYS”及名称“供应商”，完成后单击“保存”按钮，并退出往来单位分类对话框。

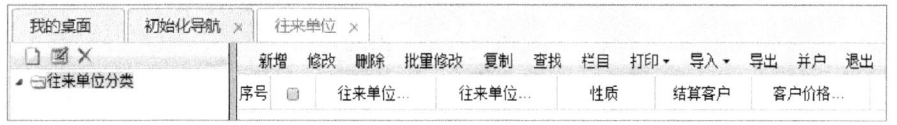

图 1-2-26 往来单位设置页面

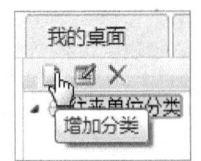 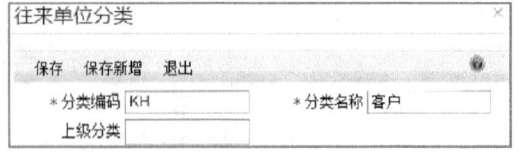

图 1-2-27　增加分类命令　　图 1-2-28　往来单位分类编辑界面

2) 往来单位档案录入

(1) 客户档案录入。以账套主管"201006"身份于 2019-01-01 登录。"基础设置"——"基本信息",单击"往来单位"按钮→在"往来单位分类"中选中"客户",单击"新增"按钮,出现"往来单位"档案对话框,单位编码自动生成,依次录入单位名称"苏州阳晨股份有限公司"、简称自动生成,改为"苏州阳晨",分管部门在业务单据中选择,设置并选择开户银行档案"建行苏州相城支行"、账号录入"41622124193838"、纳税号录入"913205072176074283"、客户地址电话录入"江苏省苏州市相城区蒋荣街陈艳路 24 号 0512-39822027",并录入联系方式对应的地址简称为"江苏省苏州市相城区蒋荣街陈艳路 24 号"和电话栏为"0512-39822027"。其他信息自动默认,单击"保存新增"→录入其他客户档案。

(2) 供应商档案录入。以账套主管"201006"身份登录。"基础设置"——"基本信息",单击"往来单位"按钮→在"往来单位分类"中选中"供应商",单击"新增"按钮,出现"往来单位"档案对话框,单位编码自动生成,依次录入单位名称"常州金田五金制造有限公司"、性质选择为"供应商"、设置并选择开户银行档案"中国建设银行常州市钟楼区支行"、账号"41622124617515"、纳税号"913204041995705636"、供应商报价含税选择"是"、在联系方式的地址简称和电话栏中分别录入"江苏省常州市钟楼区乔一街胡燕路 98 号"和"0519-33030990"。单击"保存新增"→录入其他供应商档案。

3. 存货等资产及相关设置

存货等资产包括存货资产及需计提折旧或摊销资产两大类。

1) 存货资产及相关设置

存货资产及相关设置包括仓库、存货分类及档案以及产品结构的设置工作。

(1) 公司仓库设置。公司设置的仓库信息如表 1-1-2 所示,由办公室孙民里负责管理;公司仓库档案设置步骤如下:

以账套主管"201006"身份于 2019-01-01 登录。"基础设置"——"基本信息",单击"仓库"按钮→单击"新增"按钮,出现"仓库"档案对话框,依次录入仓库编码"K01"、仓库名称"综合库"、负责人"孙民里"、取消参与可用量的勾选等。单击"保存新增"→根据表 1-1-2 录入其他仓库档案,所有仓库档案,如图 1-2-29 所示。

序号		仓库编码	仓库名称	负责人	参与可用量
1		K01	综合库	孙民里	否
2		K02	退货库	孙民里	否
3		K03	委托代销库	孙民里	否

图 1-2-29　仓库档案页面

（2）存货分类及档案设置。根据公司存货资产及会计政策,设置公司存货分类及档案,如表1-2-3所示。

表1-2-3 存货分类及档案表

存货分类				存货档案				
存货类别编号	存货类别名称	二级类别编号	二级类别名称	具体存货编号	具体存货名称	用途	计量单位	计价方法
CC	原材料			C01001	M101	外购、销售、生产耗用,税率16%	千克	全月平均法
				C01002	N102	外购、销售、生产耗用,税率16%	千克	全月平均法
				WC001	WH01	外购、生产耗用,税率16%	千克	先进先出法
ZC	周转材料	ZC01	低值易耗品	LB001	工作服	外购、生产耗用,税率16%	件	全月平均法
		ZC02	包装物	BZ001	1#纸箱	外购、销售、生产耗用,税率16%	只	全月平均法
				BZ002	周转箱	外购、销售、生产耗用,税率16%	只	全月平均法
KS	库存商品			M03001	X201	销售、自制,税率16%	件	全月平均法
				M03002	Y202	销售、自制,税率16%	件	全月平均法
				WM001	WS01	销售,税率16%	件	先进先出法

A. 存货分类设置。以账套主管"201006"身份于2019-01-01登录。"基础设置"——"基本信息",单击"存货"按钮→单击左侧增加分类图标,弹出"存货分类"对话框,根据表1-2-3录入存货分类编码及名称,如有上级存货分类则必须勾选。

B. 存货档案设置。以账套主管"201006"身份于2019-01-01登录。"基础设置"——"基本信息",单击"存货"按钮→选择存货分类为"原材料",单击"新增"按钮,弹出"存货"对话框,存货编码录入"C01001",存货名称录入"M101",计价方式选择"全月平均",税率%默认,计量方式选择"单计量",计量单位录入并选择"千克"(所有存货计量方式均为单计量,计量单位通过计量单位档案选择,录入"千克",显示"千克"信息时选择,若显示空白信息,则增加"千克"档案,再选择),勾选存货属性:外购、销售、生产耗用(材料出库单填制时的必选项),单击"保存新增"按钮→根据表1-2-3录入其他存货档案,所有存货档案设置完成后,如图1-2-30所示。

图1-2-30 存货分类及存货档案页面

(3)产品结构设置。产品结构在T+中称为"物料清单",分为父件和子件两部分,父件为本公司主要生产的X201和Y202产品,父件信息,如表1-2-4所示;子件为父件产品耗用的材料或零部件,本教材子件为原材料,如表1-2-5所示。其中"版本号"为父件产品的编码+批号,本教材产品是大批量生产,无批号,"版本号"就是产品编号。

表1-2-4　　　　　　　　公司物料清单父件信息表

父件编码	父件名称	版本号	生产数量	生产车间	预入仓库	成品率	默认BOM
M03001	X201	M03001	1.00	生产车间	综合库	100%	是
M03002	Y202	M03002	1.00	生产车间	综合库	100%	是

表1-2-5　　　　　　　　公司物料清单子件结构表

父件名称	子件名称	需用数量	损耗率	预出仓库
X201	M101	10.00	0	综合库
X201	N102	8.00	0	综合库
Y202	M101	9.00	0	综合库
Y202	N102	5.00	0	综合库

设置步骤如下:

以账套主管"201006"身份于2019-01-01登录。"基础设置"——"基本信息",单击"物料清单"按钮→单击"新增"按钮,弹出"物料清单"对话框,选择父件编码"M03001",父件名称、生产数量、默认BOM、成品率自动生成,录入版本号"M03001"、生产车间选择"生产车间",预入仓库选择"综合库"→在"子件页签"中,选择子件编码"M101"和"N102",分别录入需用数量"10"和"8",预出仓库均选择"综合库",完成后单击"保存"按钮→单击"审核"按钮如图1-2-31所示→根据表1-2-4和表1-2-5,完成所有物料清单的设置工作。

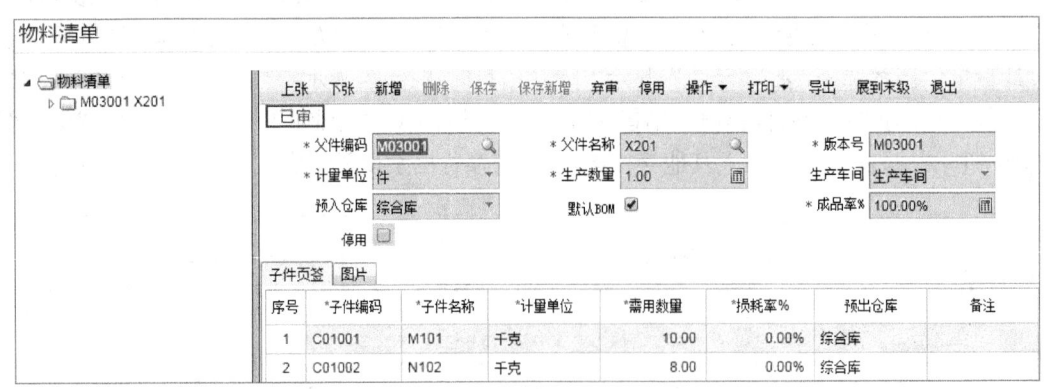

图1-2-31　X201物料清单设置页面

2)需要计提折旧或摊销的资产设置

公司需要计提折旧或摊销的资产包括投资性房地产、固定资产、无形资产、长期待摊费用等,本公司相关的资产属性与分类,如表1-2-6所示。

表 1-2-6　　　　　公司拥有需计提折旧/摊销资产属性及分类一览表

资产属性编码	资产属性名称	资产分类编码	资产分类名称	预计使用年限	摊销方法	净残值率	默认税率	卡片样式
01	固定资产	01	房屋建筑物	20	年限平均法	4%	10%	折旧通用
		02	生产设备	10			16%	
		03	器具工具家具	5			16%	
		04	运输工具	4			16%	
		05	电子设备	3			16%	
03	无形资产	31	专利权	10		0	6%	摊销通用
		32	专有技术	10		0	6%	
		33	土地使用权	50	年限平均法	0		
05	投资性房地产	51	投资性房地产	20		4%	10%	折旧通用
11	长期待摊费用	61	长期待摊费用			0		摊销通用

资产设置包括属性设置和资产分类设置两个步骤。其中，资产属性是资产大类，如固定资产类、无形资产类等。资产分类是资产大类下的具体分类，如固定资产大类下分房屋建筑物、生产设备。

(1) 资产属性设置。以账套主管“201006”身份于 2019-01-01 登录。“基础设置”——“财务信息”，单击“资产属性”按钮→单击“新增”按钮，增加一空白行，资产属性编码录入“05”，资产属性名称录入“投资性房地产”，计提方式选择“增加次月开始计提”，勾选默认折旧/摊销→保存并退出。

(2) 资产分类设置。以账套主管“201006”身份于 2019-01-01 登录。对已有资产分类根据表 1-2-6 修改，“基础设置”——“财务信息”，单击“资产分类”按钮→在资产分类“01”复选框中打“√”，单击“修改”按钮，默认净残值率改为“4%”，勾选“默认抵扣进项税”，默认税率改为“10%”，保存并退出→对其他已存在资产分类根据表 1-2-6 分别修改→单击“保存新增”按钮，参照表 1-2-6 资料对未预置资产分类逐项录入，每完成一项单击“保存新增”，完成所有资产分类后，如图 1-2-32 所示。

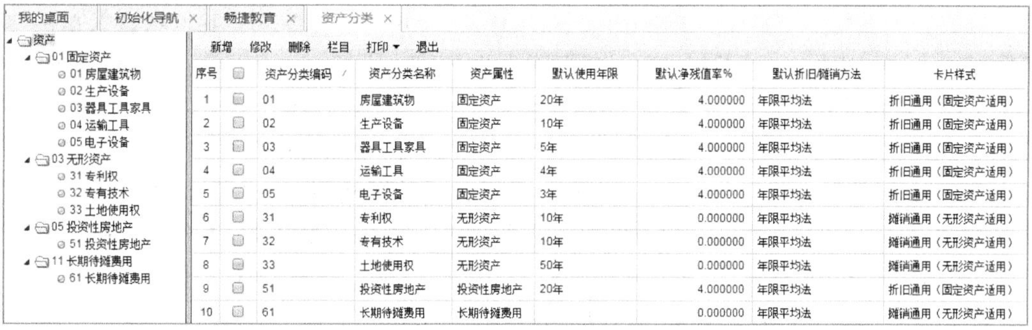

序号	资产分类编码	资产分类名称	资产属性	默认使用年限	默认净残值率%	默认折旧/摊销方法	卡片样式
1	01	房屋建筑物	固定资产	20年	4.000000	年限平均法	折旧通用（固定资产适用）
2	02	生产设备	固定资产	10年	4.000000	年限平均法	折旧通用（固定资产适用）
3	03	器具工具家具	固定资产	5年	4.000000	年限平均法	折旧通用（固定资产适用）
4	04	运输工具	固定资产	4年	4.000000	年限平均法	折旧通用（固定资产适用）
5	05	电子设备	固定资产	3年	4.000000	年限平均法	折旧通用（固定资产适用）
6	31	专利权	无形资产	10年	0.000000	年限平均法	摊销通用（无形资产适用）
7	32	专有技术	无形资产	10年	0.000000	年限平均法	摊销通用（无形资产适用）
8	33	土地使用权	无形资产	50年	0.000000	年限平均法	摊销通用（无形资产适用）
9	51	投资性房地产	投资性房地产	20年	4.000000	年限平均法	折旧通用（固定资产适用）
10	61	长期待摊费用	长期待摊费用		0.000000	年限平均法	摊销通用（无形资产适用）

图 1-2-32　资产分类页面

(四) 公司业务财务相关设置及初始化

1. 项目设置

在 T+系统中,项目设置的作用包括:

(1) 可作为科目中辅助核算的组成部分,在科目数量不变的情况下,可以增加具体项目,增强明细核算。

(2) 可不作为科目辅助核算的组成部分,但设置完善的项目体系,可以在业务单据中处理,并在科目设置中根据项目对应具体的科目,这样处理,系统在"单据生凭证"时直接生成正确的凭证。是否作为科目辅助核算的组成部分,在科目列表中标注,本教材设置的项目包括金融资产及股权投资、往来单位项目、存货业务项目等,其他科目标注为项目核算的,在业务发生时具体处理。

1) 金融资产项目设置

本公司金融资产项目分类及期初具体项目,如表 1-2-7 所示。需要说明的是:金融资产及股权投资项目的设置与金融资产及股权投资科目设置的结构一致。一方面,这些项目构成了这些科目的辅助核算(科目可选择其中具体的项目分类);另一方面,这些单据将在业务发生时在相关单据中进行项目的选择,可以进行详细的科目设置,使生成的凭证尽量少地人工更改;该表只列示期初资料中分类结构及有期初数据的项目,相关业务发生时还需要及时增加具体项目。

表 1-2-7　　　　　　金融资产及股权投资项目设置一览表

一级分类		二级分类		三级分类		项目	
X1	金融资产及股权	X101	交易性金融资产				
		X102	持有至到期投资				
		X103	可供出售金融资产	X10301	股票	X1030101	宏远股份
				X10302	债券		
				X10303	股权		
		X104	长期股权投资			X1040001	江苏远景有限公司

其项目设置一般步骤是:

以账套主管"201006"身份于 2019-01-01 登录。"基础设置"——"基本信息",单击"项目"按钮→单击"增加分类"图标,弹出"项目分类"对话框,设置一级分类,在分类编码处录入"X1",分类名称录入"金融资产",单击"保存新增"→进行二级分类设置,在分类编码处录入"X101",分类名称录入"交易性金融资产",上级分类选择"金融资产",单击"保存新增"→完成全部二级分类,进行三级分类设置,方法与二级分类设置相同→进行具体项目设置:在左侧"项目分类"中选中"X1030101 股票",单击"新增"按钮,在右侧出现空白行,分别录入编码"X1030101",名称"宏远股份",所属类别自动出现"股票",然后单击"保存"按钮→选择"X104"分类,完成"江苏远景有限公司"项目的录入工作。

需要说明的是:其他项目分类及项目的设置方法与上述步骤相同。

2) 往来单位项目设置

往来单位划分为客户和供应商,为区别应收票据与应收账款、应付票据与应付账款,设置"商业汇票"项目,如表1-2-8所示。

表1-2-8　　　　　　　　　　商业汇票项目一览表

项目分类		项　　目	
X2	商业汇票	X201	银行承兑汇票
		X202	商业承兑汇票

3) 存货业务项目设置

一般为区别核算存货特殊业务以及发生费用的用途,设置相关项目,用于业务中自动生成凭证时科目的确认,项目一览表,如表1-2-9所示。

表1-2-9　　　　　　　　　　存货相关项目一览表

项目分类		项　　目	
X3	委托加工		
X4	委托代销	X401	视同买断
X5	费用用途	X501	部门耗用
		X502	销售领用
X6	成本计算	X601	X201产品
		X602	Y202产品

2. 科目设置

科目的设置包括科目的增加、科目的修改和科目的删除,其中科目增加或修改的内容相同,包括科目编码和科目名称的编辑、现金/银行/现金等价物等科目的勾选、数量核算的勾选及计量单位的选择、科目停用的选择、是否选择填制凭证时录入结算信息、是否选择受控类别,以及辅助核算的勾选,辅助核算还包括部门、个人、往来单位、存货及项目的选择。科目的修改和删除将在新增第一个科目时补充说明其操作,至于科目设置的内容根据具体的分类进行说明。

1) 货币资金科目的设置

货币资金科目包括"库存现金""银行存款"及"其他货币资金"科目中总账及明细科目,其中总账科目已预置,需要新增的明细科目,如表1-2-10所示。具体设置步骤如下:

表1-2-10　　　　　　　　　　货币资金增设科目一览表

科目代码	一级科目	二级科目	三级科目	科目属性
100201	银行存款	建行41622124656669		银行科目
101201	其他货币资金	承兑保证金41392887676703		银行科目
101202		存出投资款	10120201 华兴证券 2503848737	银行科目

以账套主管"201006"身份于2019-01-01登录。"基础设置"选择"财务信息",单击"科

目"按钮→单击"新增"按钮,弹出"科目"对话框,在科目编码处录入"100201",科目名称录入"建行 41622124656669",在银行科目和填制凭证时录入结算信息复选框处分别打"√",如图 1-2-33 所示。单击"保存新增"→在"科目"对话框中录入"其他货币资金"科目的两个子科目"101201 承兑保证金 41392887676703""101202 存出投资款"及所属明细科目"10120201 华兴证券 2503848737",且科目均设置为"银行科目"。

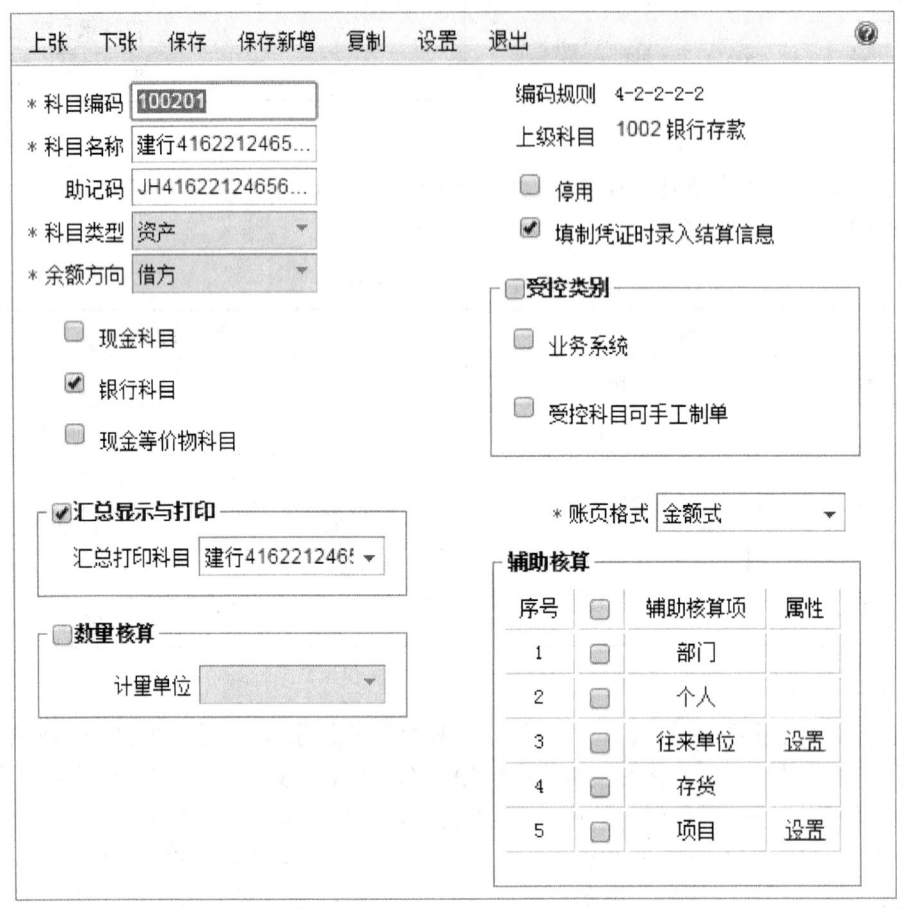

图 1-2-33　会计科目编辑页面

需要说明的是:

(1) 科目没有使用或在其他系统设置前可以删除,以账套主管"201006"身份于 2019-01-01 登录。"基础设置"选择"财务信息",单击"科目"按钮,勾选需要删除的科目,单击"删除"按钮,根据系统提示完成;如果有明细科目的,不能直接删除上级科目,必须先删除其明细科目。

(2) 科目可以修改,以账套主管"201006"身份于 2019-01-01 登录。"基础设置"选择"财务信息",单击"科目"按钮,勾选需要修改的科目,单击"修改"按钮,对科目进行修改,保存。

(3) 系统自动将"库存现金"科目设为"现金科目",新增科目时将"银行存款"及"其他货币资金"明细科目均勾选"银行科目",其目的有两个:一个是在生成或填制凭证时,可以核算这些货币资金科目的增减变化及相应的结算情况,最终达到总账与日记账进行核对;另一个是在凭证中可以手工分配确定这些科目的现金流量项目及金额(也可通过凭证管理,对已存在凭证集中确定现金流量项目及金额),最终生成现金流量表。

2) 金融资产、股权投资及相关科目设置

在教材中该公司主要涉及需设置的金融资产、股权与其收益及相关明细科目,如表1-2-11所示。以"交易发生金融资产——股票成本"为例说明含项目明细分类科目的设置步骤。

表1-2-11　　　　　　金融资产、收益及相关明细科目一览表

科目代码	一级科目	二级科目	三级科目	数量核算	项目分类
110101	交易性金融资产	股票成本		股	交易性金融资产
110102		债券成本		份	
110103		公允价值变动			
1131	应收股利				金融资产及股权
1132	应收利息				金融资产及股权
150101	持有至到期投资	债券成本		份	持有至到期投资
150102		利息调整			
150103		应计利息			
150301	可供出售金融资产	股票成本		股	股票
150302		债券成本		份	债券
150303		股权成本		股权比	股权
150304		利息调整			债券
150305		应计利息			
150306		公允价值变动			可供出售金融资产
151101	长期股权投资	成本		股权比	长期股权投资
151102		损益调整			
151103		其他权益变动			
151104		其他综合收益			
400301	其他综合收益	可供出售金融资产公允价值变动			可供出售金融资产
610101	公允价值变动损益	交易性金融资产公允价值变动			
611101	投资收益	交易手续费			
611102		股利收入			
611103		利息收入			
61110401		出售金融资产收益	出售金融商品收益		

(续表)

科目代码	一级科目	二级科目	三级科目	数量核算	项目分类
61110402	投资收益	出售金融资产收益	出售股权收益		
611105		出售长期股权投资收益			
611106		被投资单位损益调整			

以账套主管"201006"身份于 2019-01-01 登录。"基础设置"——"财务信息",单击"科目"按钮→单击"新增"按钮,科目编码录入"110101",科目名称录入"股票成本",在数量核算复选框处打"√",选择数量单位为"股"(设置计量单位"股"档案并选择),在辅助核算——项目复选框中打"√",并单击"设置",弹出"科目辅助属性设置"对话框,在项目分类中选择"交易性金融资产",并在复选框中打"√",单击"确定"按钮,返回科目编辑页面,单击"保存新增"→根据表 1-2-11 进行下一个科目的增加设置。含项目的科目设置步骤及方法均相同。

需要说明的是:勾选数量核算还要选择计量单位,其计量单位的选择操作与存货档案设置时的操作相同;勾选项目时必须根据表 1-2-11 所示,将其项目定位至具体的项目分类,便于业务核算;辅助核算中的部门、个人、往来单位、存货、项目等各内容可根据需要复合勾选,没有限制。

3) 往来科目设置

往来科目包括往来单位及个人所涉及的资产负债科目,在本教材中主要涉及的往来科目,如表 1-2-12 所示。以"应收票据"为例进行已有科目的修改操作,其操作步骤如下:

表 1-2-12　　　　　　　　　往来科目一览表

科目编码	一级科目	二级科目	三级科目	辅助核算	项目核算
1121	应收票据			往来单位——客户	商业汇票
1122	应收账款			往来单位——客户	
112301	预付账款	供应商		往来单位——供应商	
112302		财产保险费			
112303		汽车保险费			
112304		报刊费			
122101	其他应收款	职工往来		个人	
122102		其他单位		往来单位——供应商	
123101	坏账准备	应收账款坏账准备			
123102		其他应收款坏账准备			
2201	应付票据			往来单位——供应商	商业汇票
220201	应付账款	暂估应付账款		往来单位——供应商	
220202		供应商		往来单位——供应商	

(续表)

科目编码	一级科目	二级科目	三级科目	辅助核算	项目核算
2203	预收账款			往来单位——客户	
22410101	其他应付款	设定提存计划	养老保险		
22410102			失业保险		
22410201		社会保险费	医疗保险		
224103			住房公积金		
224104			其他单位	往来单位——客户	

以账套主管"201006"身份于 2019-01-01 登录。"基础设置"——"财务信息",单击"科目"按钮→勾选"应收票据"科目,单击"修改"按钮,勾选辅助核算中的"往来单位",并单击"设置",在往来单位属性中选择"客户";勾选辅助核算——"项目",并单击"设置",在项目分类中勾选"商业汇票",单击"确定"按钮,返回科目编辑页面,单击"保存"。

需要说明的是:勾选往来单位的,需要根据表 1-2-12 选择适当的单位属性,往来单位的科目是否受控于"业务系统",在本教材往来单位的科目可用于资产管理等其他系统、在总账系统中直接填制凭证,在往来单位的科目中不再勾选"受控类别"或其子项;辅助核算中各内容可复合选择,如"应收票据"或"应付票据"科目既勾选往来单位,又勾选项目;对于内部职工的,系统中已录入员工档案,因此其科目勾选"个人"。

4) 存货及相关科目设置

在本教材中主要涉及的存货及相关科目,如表 1-2-13 所示。

表 1-2-13　　　　　　　　　存货及相关科目一览表

科目编码	一级科目	二级科目	三级科目	存货核算	项目分类
1402	在途物资				
1403	原材料			存货	
1405	库存商品			存货	
1406	发出商品			存货	委托代销
1408	委托加工物资				委托加工
141101	周转材料	低值易耗品		存货	
141102		包装物		存货	
190101	待处理财产损溢	待处理流动资产损溢			
190102		待处理固定资产损溢			
50010101	生产成本	基本生产成本	直接材料		成本计算
50010102			直接人工		成本计算
50010103			制造费用		成本计算

(续表)

科目编码	一级科目	二级科目	三级科目	存货核算	项目分类
510101	制造费用	办公费			
510102		财产保险费			
510103		水电费			
510104		差旅费			
510105		工资			
510106		五险一金			
510107		工会经费			
510108		职工教育经费			
510109		职工福利费			
510110		机物料消耗			
510111		低值易耗品摊销			
510112		折旧费			
6001	主营业务收入			存货	
605101	其他业务收入	出租固定资产			
605102		材料销售		存货	
605103		没收押金收入			
6401	主营业务成本			存货	
640201	其他业务成本	出租固定资产			
640202		材料销售		存货	
640203		投资性房地产装修支出			

需要说明的是：存货核算中的"存货"指的是存货的档案，可作为"项目"的一种，使用存货的科目一般是库存存货及相应的销售、结转销售成本科目，如表1-2-13所示。选择存货辅助核算的，其计量单位与存货档案中的一致，在科目中不允许选择，本教材存货通过采购管理、销售管理及存货核算等子系统进行详细的业务处理，对于存货类科目不再进行数量核算；项目中与存货相关的，主要按存货的用途设置，如表1-2-9所示。除"生产成本——基本生产成本"各明细科目需选择"成本计算"具体分类外，其他设置的项目用于业务，并以此确定具体的科目，并不需要在科目中勾选。

5) 长期资产相关科目设置

公司长期资产包括投资性房地产、固定资产、无形资产、长期待摊费用等，在教材中主要涉及的长期资产类科目设置，如表1-2-14所示。

表 1-2-14　　　　　　　　　　　长期资产科目一览表

科目编码	一级科目	二级科目	余额方向	项目核算
1521	投资性房地产		借	
1522	投资性房地产累计折旧		贷	
1601	固定资产		借	
1602	累计折旧		贷	
1606	固定资产清理		借	是
1701	无形资产		借	
1702	累计摊销		贷	
180101	长期待摊费用	投资性房地产装修支出	借	

6）其他科目设置

除上述五类科目设置外，其他需要设置的总账或明细科目，如表 1-2-15 所示。

表 1-2-15　　　　　　　　　　　其他科目一览表

科目编码	一级科目	二级科目	三级科目	余额方向
221101	应付职工薪酬	工资		贷
22110201		设定提存计划	养老保险	贷
22110202			失业保险	贷
22110301		社会保险费	医疗保险	贷
22110302			生育保险	贷
22110303			工伤保险	贷
221104		住房公积金		贷
221105		非货币性福利		贷
221106		职工福利费		贷
221107		职工教育经费		贷
221108		工会经费		贷
22210101	应交税费	应交增值税	进项税额	贷
22210102			销项税额	贷
22210103			出口退税	贷
22210104			进项税额转出	贷
22210105			已交税金	贷
22210106			转出未交增值税	贷
222102		应交城市维护建设税		贷
222103		应交教育费附加		贷

(续表)

科目编码	一级科目	二级科目	三级科目	余额方向
222104		应交车船税		贷
222105		应交房产税		贷
222106		应交城镇土地使用税		贷
222107		应交资源税		贷
222108		应交矿产资源税		贷
222109		应交企业所得税		贷
222110		应交个人所得税		贷
222111		应交地方教育费附加		贷
222112		简易计税		贷
222113		待抵扣进项税额		贷
222114		转让金融商品应交增值税		贷
222115		应交印花税		贷
222116		未交增值税		贷
400101	实收资本	常州立马股份有限公司		贷
400102		常州梅林有限公司		贷
400201	资本公积	资本溢价		贷
410101	盈余公积	法定盈余公积		贷
410401	利润分配	提取法定盈余公积		贷
410402		提取任意盈余公积		贷
410403		应付现金股利		贷
410404		应付利润		贷
410405		未分配利润		贷
630101	营业外收入	非流动资产处置利得		贷
630102		盘盈利得		贷
630103		捐赠利得		贷
630104		违约金收入		贷
630105		罚款收入		贷
630106		无法偿付的应付款项		贷
630107		其他		贷
630201	资产处置损益	非流动资产处置利得		贷
630202		非流动资产处置损失		贷
640301	税金及附加	城市维护建设税		借

(续表)

科目编码	一级科目	二级科目	三级科目	余额方向
640302		教育费附加		借
640303		地方教育费附加		借
640304		房产税		借
640305		车船税		借
640306		印花税		借
640307		城镇土地使用税		借
660101	销售费用	包装费		借
660102		广告宣传费		借
660103		商品维修费		借
660104		预计商品质量保证损失		借
660105		运输装卸费		借
660106		商品保险费		借
660201	管理费用	咨询服务费		借
660202		技术转让费		借
660203		业务招待费		借
660204		低耗品摊销		借
660205		无形资产摊销费		借
660206		工资		借
660207		职工福利费		借
660208		五险一金		借
660209		住房公积金		借
660210		工会经费		借
660211		职工教育经费		借
660212		办公费		借
660213		水电费		借
660214		差旅费		借
660215		折旧费		借
660216		财产保险费		借
660217		汽车费用		借
660218		盘盈利得		借
660219		盘亏损失		借
660220		机物料消耗		借
660301	财务费用	利息支出		借

(续表)

科目编码	一级科目	二级科目	三级科目	余额方向
660302		利息收入		借
660303		工本及手续费		借
660304		现金折扣		借
670101	资产减值损失	坏账损失		借
670102		可供出售金融资产减值损失		借
671101	营业外支出	非流动资产处置损失		借
671102		捐赠支出		借
671103		非常损失		借
671104		盘亏损失		借
671105		罚款支出		借
671106		违约金支出		借
671107		滞纳金		借
680101	所得税费用	当期所得税费用		借

需要说明的是:辅助核算中的部门在本教材各科目中没有使用,并不代表部门没有使用,而是用于业务系统的单据中,业务操作和会计核算通过"科目设置"建立对应关系。

3. 期初数据初始化

期初数据初始化均通过"初始化"功能模块处理,包括现金银行期初余额录入、往来单位期初余额录入、库存期初数据录入、期初资产卡片录入和科目期初余额录入等,其中,现金银行期初余额录入、往来单位期初余额录入、库存期初数据录入、期初资产卡片录入等可作为业务期初数据的录入,而科目期初余额录入为会计核算初始数据的录入,一般是在业务期初数据录入后,通过"科目设置"建立业务与会计核算的对应关系,并通过"期初同步"转入科目期初余额后,再对未录入的期初余额进行输入及试算平衡工作。

1)"现金银行期初余额"录入

"现金银行期初余额"录入即出纳管理期初数据的录入,其具体操作流程如下:

以账套主管"201006"身份于 2019-01-01 登录。"初始化"——"期初余额",单击"现金银行期初余额"按钮→录入现金期初余额"1 700.00"→根据表 1-1-8,录入其他账号期初余额,保存,如图 1-2-34 所示。

序号	账号	账号名称	余额
1	现金	现金	1,700.00
2	41622124656669	基本结算户	8,700,719.86
3	41392887676703	承兑保证金专户	1,719,920.00
4	2503848737	证券交易结算资金户	356,000.00

图 1-2-34 现金银行期初余额页面

2）往来单位期初余额录入

本公司期初往来如表 1-2-16 所示，主要是客户或供应商在销售管理或采购管理业务中的期初数据。其具体操作流程如下：

表 1-2-16　　　　往来期初一览表

日　期	往来单位	项目	应收账款	预收账款	应付账款	预付账款	业务员
2018 年 11 月 15 日	苏州阳晨股份有限公司	银行承兑汇票	117 000.00				傅世惠
2018 年 12 月 27 日	常州弘阳有限公司	银行承兑汇票	585 000.00				傅世惠
2018 年 11 月 2 日	常州锦丰有限公司	银行承兑汇票	157 950.00				傅世惠
2018 年 12 月 12 日	常州博爱有限公司		1 228 500.00				李丽洁
2018 年 12 月 30 日	苏州吴里有限公司		2 808 000.00				傅世惠
2014 年 4 月 26 日	镇江岳山有限公司		81 900.00				李丽洁
2018 年 12 月 18 日	无锡兰芳有限公司		100 000.00				李丽洁
2018 年 12 月 22 日	无锡范园有限公司			850 000.00			李丽洁
2018 年 11 月 25 日	徐州铜山有限公司	银行承兑汇票			500 000.00		崔浩朴
2018 年 10 月 04 日	南京中山有限公司	银行承兑汇票			351 000.00		崔浩朴
2018 年 12 月 15 日	南京大华有限公司				234 000.00		邹萌红
2018 年 11 月 26 日	无锡太湖有限公司				585 000.00		崔浩朴
2018 年 12 月 25 日	南通通达有限公司				409 500.00		崔浩朴
2013 年 12 月 04 日	镇江金山有限公司				30 000.00		邹萌红
2018 年 12 月 20 日	常州江南有限公司				889 200.00		崔浩朴
2018 年 11 月 23 日	常州供电公司					63 700.20	孙凯愉
2018 年 12 月 28 日	常州金田有限公司					200 000.00	崔浩朴
2018 年 12 月 29 日	常州智雅有限公司					300 000.00	邹萌红

以账套主管“201006”身份于 2019-01-01 登录。“初始化”——“期初余额”，单击“往来期初余额”按钮→日期选择“2018-11-15”，客户选择“苏州阳晨股份有限公司”，应收账款录入“117 000.00”，项目选择“银行承兑汇票”（若项目栏不显示，在录入期初余额前通过“设置”命令对应收明细和应付明细勾选项目进行处理），到期日选择“2019-02-15”（银行承兑汇票期限均为 3 个月）→根据表 1-2-15 资料，录入客户期初余额，保存，如图 1-2-35 所示。单击“应付期初”，根据表 1-2-15 资料，录入供应商期初余额，保存，如图 1-2-36 所示。

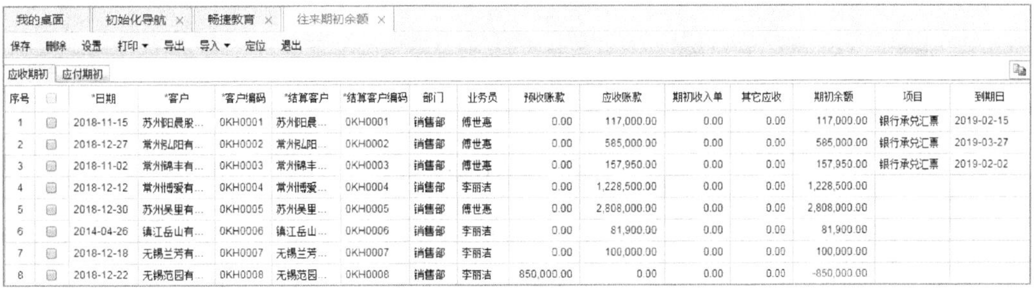

序号		*日期	*客户	*客户编码	*结算客户	*结算客户编码	部门	业务员	预收账款	应收账款	期初收入单	其它应收	期初余额	项目	到期日
1		2018-11-15	苏州阳晨股...	0KH0001	苏州阳晨...	0KH0001	销售部	傅世惠	0.00	117,000.00	0.00	0.00	117,000.00	银行承兑汇票	2019-02-15
2		2018-12-27	常州弘阳有...	0KH0002	常州弘阳...	0KH0002	销售部	傅世惠	0.00	585,000.00	0.00	0.00	585,000.00	银行承兑汇票	2019-03-27
3		2018-11-02	常州锦丰有...	0KH0003	常州锦丰...	0KH0003	销售部	傅世惠	0.00	157,950.00	0.00	0.00	157,950.00	银行承兑汇票	2019-02-02
4		2018-12-12	常州博爱有...	0KH0004	常州博爱...	0KH0004	销售部	李丽洁	0.00	1,228,500.00	0.00	0.00	1,228,500.00		
5		2018-12-30	苏州吴里有...	0KH0005	苏州吴里...	0KH0005	销售部	傅世惠	0.00	2,808,000.00	0.00	0.00	2,808,000.00		
6		2014-04-26	镇江岳山有...	0KH0006	镇江岳山...	0KH0006	销售部	李丽洁	0.00	81,900.00	0.00	0.00	81,900.00		
7		2018-12-18	无锡兰芳有...	0KH0007	无锡兰芳...	0KH0007	销售部	李丽洁	0.00	100,000.00	0.00	0.00	100,000.00		
8		2018-12-22	无锡范园有...	0KH0008	无锡范园...	0KH0008	销售部	李丽洁	850,000.00	0.00	0.00	0.00	-850,000.00		

图 1-2-35　应收期初页面

序号	*日期	*供应商	*供应商编码	部门	业务员	预付账款	应付账款	期初费用单	其它应付	期初余额	项目	到期日
1	2018-11-25	徐州钢山…	GYS0005	采购部	董浩朴	0.00	500,000.00	0.00	0.00	500,000.00	银行承兑汇票	2019-02-25
2	2018-10-04	南京中山…	GYS0006	采购部	董浩朴	0.00	351,000.00	0.00	0.00	351,000.00	银行承兑汇票	2019-01-04
3	2018-12-15	南京大华…	GYS0008	采购部	邹萌红	0.00	234,000.00	0.00	0.00	234,000.00		
4	2018-11-26	无锡太湖…	GYS0009	采购部	董浩朴	0.00	585,000.00	0.00	0.00	585,000.00		
5	2018-12-25	南通远达…	GYS0010	采购部	董浩朴	0.00	409,500.00	0.00	0.00	409,500.00		
6	2013-12-04	镇江金山…	GYS0011	采购部	邹萌红	0.00	30,000.00	0.00	0.00	30,000.00		
7	2018-12-20	常州江南…	GYS0012	采购部	董浩朴	0.00	889,200.00	0.00	0.00	889,200.00		
8	2018-11-23	常州供电…	GYS0003	办公室	孙凯倩	63,700.20	0.00	0.00	0.00	-63,700.20		
9	2018-12-28	常州金田…	GYS0001	采购部	董浩朴	200,000.00	0.00	0.00	0.00	-200,000.00		
10	2018-12-29	常州智雅…	GYS0002	采购部	邹萌红	300,000.00	0.00	0.00	0.00	-300,000.00		

图 1-2-36 应付期初页面

需要说明的是：应收明细中期初余额默认是借方，但预收账款余额在贷方，因而在期初余额栏中，预收账款余额以负数＋红字显示，其中红字在账簿或单据中是提示或提醒"该数量或金额是负数"，并无实质意义；但记账凭证中红字金额则表示"负数金额"（负数金额在记账凭证中用红字正数金额表示）。

3）存货期初录入

存货期初录入包括库存期初数据、上月暂估入库材料数据和期初在途物资的录入。

（1）库存期初数据的录入。公司 2018 年 12 月 31 日库存期初数据如表 1-1-6 所示，其数据录入步骤如下：

以账套主管"201006"身份于 2019-01-01 登录。"初始化"——"期初余额"，单击"库存期初余额"按钮→选择仓库"综合库"，存货名称选择"M101"，数量录入"2 000.00"，金额录入"100 000.00"→根据表 1-1-6 资料，录入综合库其他存货数据，全选记录，单击"全审"按钮，如图 1-2-37 所示。选择仓库"委托代销库"，根据表 1-1-6 资料，录入委托代销库存货数据，选择记录，单击"审核"按钮。

序号	*存货名称	*计量单位	*数量	主单价	金额	入库单号	入库日期	制单人	审核人
1	M101	千克	2,000.00	50.00	100,000.00			袁世民	袁世民
2	N102	千克	3,000.00	80.00	240,000.00			袁世民	袁世民
3	WH01	千克	15,000.00	25.00	375,000.00	SL28628	2018-12-28	袁世民	袁世民
4	周转箱	只	200.00	60.00	12,000.00			袁世民	袁世民
5	1#纸箱	只	1,000.00	20.00	20,000.00			袁世民	袁世民
6	X201	件	600.00	1,150.00	690,000.00			袁世民	袁世民
7	Y202	件	300.00	880.00	264,000.00			袁世民	袁世民

图 1-2-37 综合库期初页面

（2）上月暂估入库材料数据的录入。主要录入的是供应商暂估应付账款的期初数据，其录入的步骤如下：

以账套主管"201006"身份于 2019-01-01 登录。"初始化"——"期初单据"，单击"期初暂估入库单"按钮→表头填制:单据日期录入"2018-12-31",单据编号录入"SL28629",业务类型默认,供应商选择"常州飞达有限公司",经手人选择"邹萌红",仓库选择"综合库"→明细数据填制:选择仓库"综合库",存货名称选择"N102",计量单位默认,实收数量录入"1 200.00",单价录入"80.00",自动生成金额"96 000.00",保存并审核,如图1-2-38所示。

图1-2-38 期初暂估入库单录入页面

(3)期初在途物资的录入。主要录入期初进货单的数据,其操作步骤如下:

以账套主管"201006"身份于2019-01-01登录。"初始化"——"期初单据",单击"期初进货单"按钮→表头填制:单据日期录入"2018-12-27",单据编号自动生成,业务类型及票据类型均默认,供应商选择"南京宝蓝有限公司",经手人选择"崔浩朴",付款方式选择"全额现结",付款到期日默认→明细数据填制:存货名称选择"M101",数量录入"3 000.00",单价录入"50.00",含税单价、金额、含税金额均自动生成,保存并审核,如图1-2-39所示。

图1-2-39 期初进货单录入页面

需要说明的是:期初进货单的数据并不是会计科目"在途物资"的入账单据,仅仅在采购管理业务中进行了相关在途物资事项的记录,其具体业务流程,将在第二章予以说明。

4)长期资产期初录入

长期资产期初录入包括需计提折旧/摊销资产相关信息的录入,公司长期资产期初资料,如表1-1-7所示。其设置步骤如下:

以账套主管"201006"身份于2019-01-01登录。"初始化"——"期初余额",单击"期初资产卡片"按钮,进入"期初资产卡片"导航界面,单击"房屋建筑物"图标→资产编码录入"F01G0101",资产名称录入"1#办公楼",资产分类编码、资产分类名称、资产属性自动生成,录入数量"1",计量单位选择"幢",使用状况选择"在用",使用部门选择"办公室",增加方式选择"投资者投入",入账日期录入"2011-09-08",卡片日期自动调整日期,预计使用年限、已计提年限自动生成;录入原值"800 000.00",保存按钮,如图1-2-40所示。根据表1-1-7录入其他

图 1-2-40 资产卡片录入页面

资产卡片。

5）期初同步

期初同步是指用户同时启用业务模块和财务模块时，采购、销售、库存、往来现金、出纳管理、资产管理等业务模块和总账模块是相互独立的，两者通过"科目设置"建立对应关系。科目设置包括应收科目设置、应付科目设置、预收科目设置、预付科目设置、现金科目设置、银行科目设置、存货科目设置、销售科目、收入科目、费用科目，以及相应的扩展设置等。科目设置后，首先，可以将已录入的业务期初数据，同步到总账会计科目的期初余额中，减轻科目期初余额录入的工作量；其次，可以将业务中的单据自动生成凭证，这个工作将在以后的章节中说明。

科目设置操作流程如下：

以账套主管"201006"身份于 2019-01-01 登录。"总账"——"日常业务"，单击"科目设置"按钮，进入"科目设置"界面，当会计科目已根据公司实际情况设置后，科目设置会自动预设各类别科目，但其中很多科目不符合本公司设置要求。例如"采购科目""采购费用科目"，已预置的科目是"材料采购"，而本公司存货按实际成本计价，均应改为"在途物资"科目，修改后必须单击"保存"按钮。如图 1-2-41 所示，检查存货科目，存货按分类进行科目设置的，并且要求分仓库及项目设置科目，必须进行科目的扩展设置。将存货科目"1403"删除，保存，单击存货科目对应的扩展设置栏目中的"设置"，进入后单击"选项设置"勾选"项目分类"，单击"确定"按钮，选择存货分类"原材料"、仓库选择"综合库"、科目录入"1403"，科目名称自动显示"原材料"，回车，自动增加一行，进行第二行的科目设置，全部设置完成，如图 1-2-42 所示，单击"保存"按钮；保存后单击"退出"按钮→返回科目设置页面，单击"保存"按钮→销售科目设置，把 6001 科目删除（存货除了有库存商品销售外，还有材料销售，不能单独设置一个科目)，进入其科目扩展设置，增行，选择存货分类“原材料”类别，销售科目录入“605102”，增行，选择存货分类“库存商品”类别，销售科目录入“6001”，保存并退出(若有包装物销售，根据业务另行设置)。检查应付/预付、应收/预收科目，应付/预付科目设置，如表1-2-17所示。本公司选择的会计政策是不允许设置双重性质科目。其中，应付科目和应收科目需要进行科目扩展设置，首先设置应付或应收科目，然后设置按项目分类设置的科目，其中应付科目按“商业汇票”项目分类设置科目为“应付票据”、应收科目按“商业汇票”项目分类设置科目为“应收票据”。检查现金银行科目，现金科目对应“1001”科目，银行科目一般按银行账号进行对应的科目设置，取消银行科目对应的“1002”科目，在其科目扩展设置中进行详细设置，如图1-2-43所示。检查资产及累计折旧/摊销科目，公司资产科目包括固定资产、无形资产、投资性房地产及长期待摊费用等，资产科目扩展设置，如图1-2-44所示；累计折旧/累计摊销科目的设置必须考虑这四种资产，其扩展设置，如图1-2-45所示。其他需要修改的科目设置将在业务发生时说明。

我的桌面　初始化导航 ×　畅捷教育 ×　科目设置 ×

退出　保存

分组：供应链

序号	类别	科目编码	科目名称	扩展设置
1	存货科目			设置
2	存货对方科目			设置
3	采购科目	1402	在途物资	设置
4	采购费用科目	1402	在途物资	设置

图1-2-41　科目设置页面

存货科目扩展设置

序号	存货分类	仓库	项目分类	科目编码	科目名称
1	原材料	综合库		1403	原材料
2	库存商品	综合库		1405	库存商品
3	低值易耗品	综合库		141101	低值易耗品
4	包装物	综合库		141102	包装物
5	库存商品	委托代销库	委托代销	1406	发出商品
6			委托加工	1408	委托加工物资

图1-2-42　存货科目扩展设置

银行科目扩展设置

序号	账号名称	科目编码	科目名称
1	证券交易结算资金	10120201	华兴证券2503848737
2	承兑保证金专户	101201	承兑保证金41392887676703
3	基本结算户	100201	建行41622124656669

图1-2-43　银行科目扩展设置

资产科目扩展设置

序号	资产属性	科目编码	科目名称
1	固定资产	1601	固定资产
2	无形资产	1701	无形资产
3	长期待摊费用	180101	投资性房地产装修支出
4	投资性房地产	1521	投资性房地产

图 1-2-44　资产科目扩展设置

累计折旧/摊销科目扩展设置

序号	资产属性	科目编码	科目名称
1	固定资产	1602	累计折旧
2	无形资产	1702	累计摊销
3	长期待摊费用	180101	投资性房地产装修支出
4	投资性房地产	1522	投资性房地产累计折旧

图 1-2-45　累计折旧/摊销科目扩展设置

表 1-2-17　　　　　　　不同会计政策下往来科目设置一览表

企业会计政策要求	应付科目	预付科目	应收科目	预收科目
可设置双重性质科目	需按具体供应商设置		需按具体客户设置	
初始判断是负债	应付账款——供应商	应付账款——供应商	预收账款	预收账款
初始判断是资产	预付账款——供应商	预付账款——供应商	应收账款	应收账款
含商业汇票项目	应付票据		应收票据	
不允许设置双重性质科目	应付账款——供应商	预付账款——供应商	应收账款	预收账款
含商业汇票项目	应付票据		应收票据	

期初同步。以账套主管"201006"身份于 2019-01-01 登录。"初始化"——"初始化",单击"期初同步"按钮,进入"期初同步"页面,如图 1-2-46 所示;单击"下一步"→进入第二步,显示"验证成功,请点击下一步",单击"下一步",显示期初同步信息列表,如图 1-2-47 所示。然后单击"同步到财务"按钮,显示"同步成功",其同步成功的数据全部自动录入科目期初余额中。

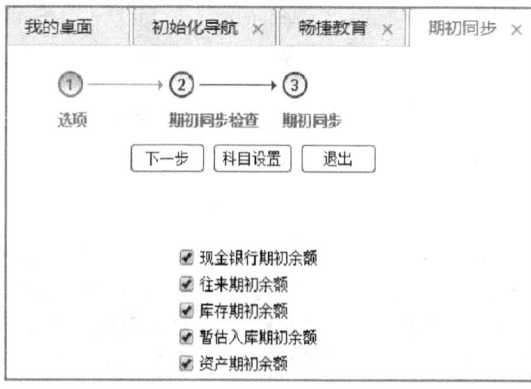

图 1-2-46　期初同步页面

图 1-2-47 期初同步信息列表

需要说明的是:同步不成功主要是科目设置错误的问题,可以先勾选"现金银行期初余额",验证无误后,再返回勾选下一项,分别验证,全部成功再同步到财务。

6) 科目期初余额录入

以账套主管"201006"身份于 2019-01-01 登录。"初始化"——"期初余额",单击"科目期初余额"按钮,余额表很大,其中"金额"栏录入各币种金额,"本币"是记账本位币金额,本教材只进行人民币核算,因此,在"设置"中取消其他勾选,只需要留下"期初余额"中的"本币"金额栏。根据表 1-1-8 参考录入,对于只有总账科目有期初余额的,直接在期初余额处录入金额,对于明细科目有期初余额的,直接在其明细科目期初余额处录入金额,其上级总账科目金额自动生成,如"坏账准备——应收账款坏账准备"科目,在期初余额栏中录入"210 920.00",单击"保存"按钮(同一页面下录入金额,可录入后再保存,转入其他页面前必须先保存);对于有数量或项目等辅助核算的,如"应收股利"科目,双击该科目"期初余额"处,弹出"辅助核算期初"对话框,选择项目"江苏远景有限公司",录入期初余额"216 000.00",单击"保存"按钮,并退出录入界面;对于往来科目,如"其他应收款——职工往来",双击其科目"期初余额"处,弹出"辅助核算期初"对话框,单击"明细"按钮,制单日期选择"2018-12-31",摘要录入"预借差旅费",个人选择"傅世惠",方向选择"借方",金额录入"2 000.00",单击"汇总并退出"按钮,单击"保存"按钮→"退出"按钮。往来科目详细信息如表1-2-18和表1-2-19所示。所有科目期初余额录入完成,单击"试算平衡",显示试算平衡。

表1-2-18　　　　　　　　　其他应收款——职工往来明细信息

制单日期	摘要	个人	所属部门	方向	金额	业务单号	业务日期
2018-12-31	预借差旅费	傅世惠	销售部	借方	2 000	56871429	2018-12-31

表1-2-19　　　　　　　　　　单位往来明细信息

制单日期	往来单位	方向	金额	业务员	业务日期	到期日	科目编码	摘要
2018-10-13	常州博爱有限公司	贷方	5 000.00	李丽洁	2018-10-13	2019-01-12	224104	押金

7)期初对账

以账套主管"201006"身份于2019-01-01登录。"初始化"——"初始化",单击"期初对账"按钮,进入"期初对账"页面,包括"现金银行对账""业务往来对账""库存期初对账""暂估入库对账"和"资产期初对账"等内容,其中有差异的有:库存期初对账有数量差异,是会计科目不设置数量核算造成的;资产期初对账中"长期待摊费用"资产与科目余额不符,是长期待摊费用均在"长期待摊费用"科目核算造成的。

第二章 存货业务会计电算化处理(上)

一、材料收入业务会计电算化处理

(一) 采购材料,单、料同到业务

【业务 2-1】 1月2日,取得原始凭证5张,采购经办人:邹萌红。

表 2-1-1 是购销合同复印件。该原始凭证注明,"购方"是本公司,"销方"是常州智慧有限公司,"产品名称"是 M101,"金额"是 116 000.00 元,合同签订日期是 2018 年 12 月 29 日,交货日期是 2019 年 01 月 02 日。这表明本公司和常州智慧有限公司签订了购买 M101 材料的购销合同。

表 2-1-1(此为复印件)

购销合同

购方:常州亚兴有限公司　　　　　　合同编号:2019014
销方:常州智慧有限公司　　　　　　签订地点:常州市

供、需双方本着互利互惠、长期合作的原则,根据《中华人民共和国合同法》及双方的实际情况,就需方向供方采购事宜,订立本合同,以使双方在合同履行中共同遵守。

一、产品名称、数量、单价、金额:

产品名称	规格型号	计量单位	数量	单价	金额	备注
M101		千克	2000	58.00	116000.00	含税
合计					¥116000.00	

合计人民币(大写):壹拾壹万陆仟元整

二、质量要求、技术标准、供方对质量负责的条件和期限:按合同企业标准。

三、(1) 交(提)货地点、方式:江苏省常州市钟楼区李智街环唯路45号。

　　(2) 交货日期:2019-01-02。

四、付款时间与付款方式:货到验收入库后付款。

五、运输方式及到站、港和费用负担：
销售方承担

六、合理损耗及计算方法：以实际数量验收。

七、包装标准、包装物的供应与回收：普通包装，不回收包装物。

八、验收标准、方法及提出异议期限：货到需方 7 天内提出质量异议，不包括运输过程中造成的质量问题。

九、违约责任：按《合同法》。

十、解决合同纠纷的方式：双方协商解决。

十一、其他约定事项：本合同一式两份，需、供双方各一份，经双方盖章后即生效。

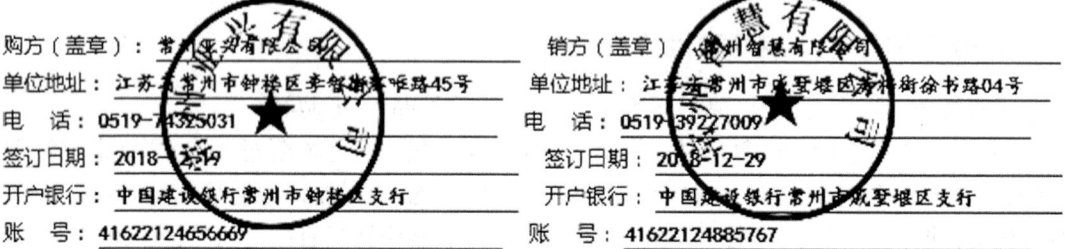

表 2-1-2 是江苏增值税专用发票的第二联抵扣联，此联应作为购买方抵扣进项税额的依据。该抵扣联不能作为记账凭证的附件，专门用于在规定期限内到税务机关办理认证或在平台办理勾选确认，并在认证通过或勾选确认的次月申报期内，向主管税务机关申报抵扣进项税额。

表 2-1-2

表 2-1-3 是江苏增值税专用发票的第三联发票联，此联应作为购买方的记账依据。该原始凭证注明，"购买方"是本公司，"销售方"是常州智慧有限公司，"货物或应税劳务、服务

名称"是 M101,这表明本公司从常州智慧有限公司购买了材料 M101。

表 2-1-3

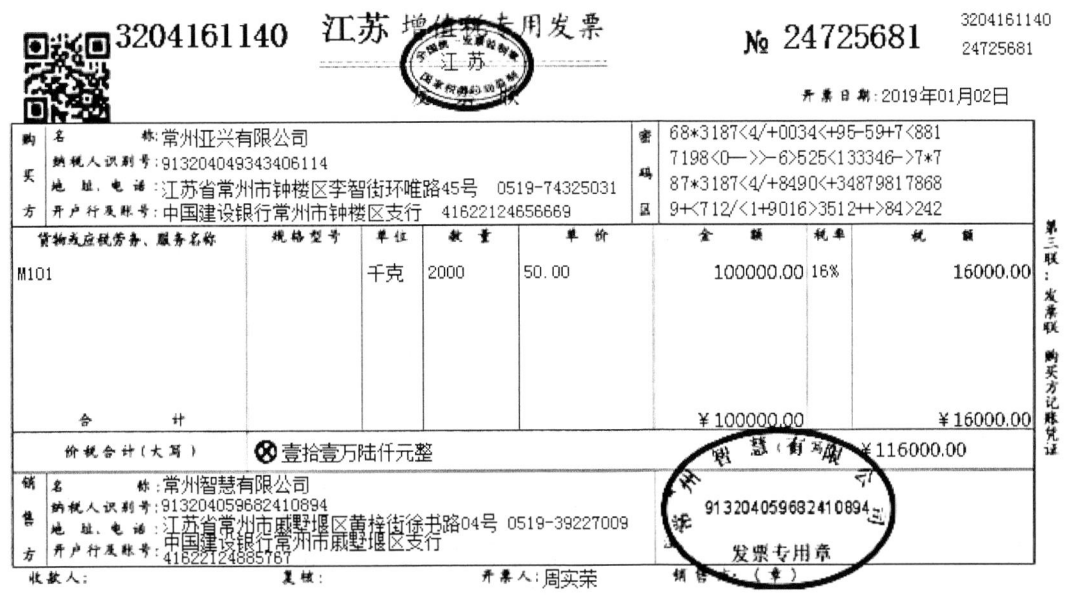

表 2-1-4 是收料单的第二联记账联,此联应作为收到材料的记账依据。该原始凭证注明,"供应单位"是常州智慧有限公司,"名称"是 M101,"数量应收"和"数量实收"均为 2 000 千克,这表明本公司向常州智慧有限公司购买的原材料 M101 已经全部验收入库。进行会计核算时,根据表 2-1-3 和表 2-1-4,"金额"100 000.00 元应记入"原材料——M101"科目的借方,"税额"16 000.00 元应记入"应交税费——应交增值税——进项税额"科目的借方。

表 2-1-4

收 料 单

供应单位:常州智慧有限公司					2019 年 01 月 02 日					编号 SL28630
材料编号	名称	单位	规格	数量		实际成本				
				应收	实收	单价	发票价格	运杂费	总价	
C01001	M101	千克		2000	2000					
备注:										

收料人:孙民里　　　　　　　　　　交料人:王峻

表 2-1-5 是中国建设银行转账支票存根,此联应作为付款方支付货款的记账依据。该原始凭证注明,"付款行账号"是 41622124656669,"收款人"是常州智慧有限公司,"用途"是支付货款,这表明本公司已通过账号为 41622124656669 的基本户向常州智慧有限公司支付了货款。进行会计核算时,"金额"116 000.00 元应记入"银行存款——建行 41622124656669"科目的贷方。

根据上述分析,该笔业务在 T+系统中的操作流程如下:

表 2-1-5

(1) 增加供应商档案：由于本期使用 T＋系统，期初供应商档案仅录入期初有应付或预付款余额的供应商档案，本期新增的供应商档案需要在业务发生时录入。以账套主管袁世民"201006"的身份于 2019-01-02 登录。根据表 2-1-3 所示资料在"基础设置——往来单位"中增加供应商档案。

(2) 录入采购订单：以采购主管崔浩朴"301010"的身份于 2019-01-02 登录。"采购管理"——"单据"，单击"采购订单"，根据表 2-1-1 采购合同，录入采购订单，其中，单据日期为"2018-12-29"，单据编号为"2018014"，供应商勾选"常州智慧有限公司"，业务员勾选"邹萌红"，预计到货日期为"2019-01-02"，付款方式选择"全额现结"，存货名称选择"M101"，数量录入"2 000"，单价录入"50.00"，其他信息自动生成，保存并审核，如图 2-1-1 所示。

图 2-1-1 ［业务 2-1］采购订单页面

需要说明的是:在一般情况下,采购订单不作为会计核算的记账依据。某些不需要填写的项目可通过"操作——设置"进行勾选,如明细中的"规格型号""可用量说明"等,其他单据的格式设置方法相同。

(3) 生成进货单,以采购主管崔浩朴"301010"的身份于2019-01-02登录,有两种方法:第一种方法是,在已审的采购订单上选择"生单"命令,单击"生成进货单";第二种方法是选单生成,"采购管理"——"单据",单击"进货单",选择"选单"单击"选采购订单",出现对话框后,单击"查询",勾选采购订单记录,单击"确定"按钮,自动生成进货单。生成进货单后,已有信息不需要修改,对进货单进行保存并审核,如图2-1-2所示。

图2-1-2 [业务2-1]进货单页面

(4) 生成采购发票:以采购主管崔浩朴"301010"的身份于2019-01-02登录,采购发票生成的方法有两种:第一种方法是由已审的进货单"生单"完成;第二种方法是在采购发票页面上采用选单方法,"采购管理"——"单据",单击"采购发票",选择"选单"单击"选进货单",出现对话框后,单击"查询",勾选进货单记录,单击"确定"按钮,自动生成采购发票。采购发票生成后,根据表2-1-3,发票号录入"24725681",修改现结金额信息,单击现结金额右侧图标"▦",出现现结对话框,结算方式勾选"转账支票",账号名称和金额自动生成,票据号录入"17025801"(注:票据号有多位的,本教材一律录入后8位),如图2-1-3所示,单击"确定"按钮。然后对采购发票进行保存并审核,如图2-1-4所示。

(5) 生成采购入库单。以仓管员孙民里"101005"身份于2019-01-02登录,"库存核算"——"单据"单击"采购入库单",在"选单"处单击"选进货单",出现两条记录,选择"常州智慧有限公司"记录——"确定",生成采购入库单,根据表2-1-4录入收料单信息,单据编号录入"SL28630",仓库选择"综合库",并检查实收数量是否与表2-1-4中的数量一致,

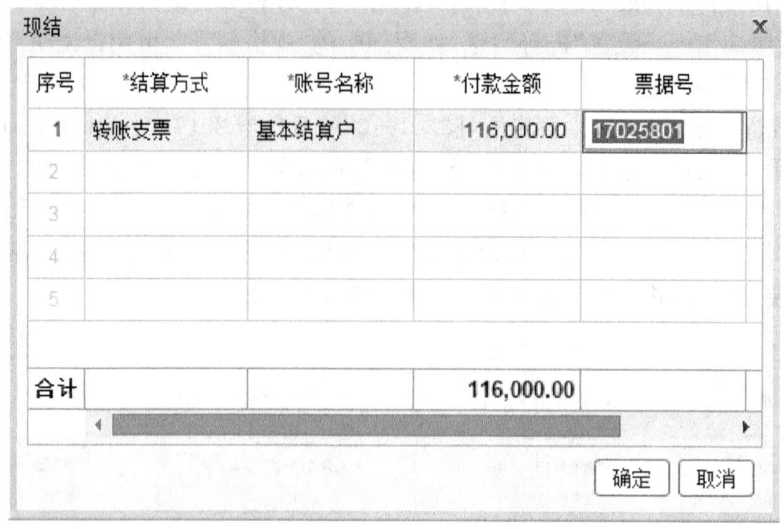

图 2-1-3 [业务 2-1]采购发票现结编辑界面

图 2-1-4 [业务 2-1]采购发票页面

M101 材料的单价、金额是采购入库单与同一进货单生成的采购发票配比后自动计算,保存并审核,如图 2-1-5 所示。

需要说明的是:由同一进货单生成采购发票及采购入库单并审核后,系统根据采购入库单的实收数量及采购发票上的单价,自动计算入库材料的实际采购成本,采购发票和采购入库单上均有"已核算"字样。

图 2-1-5 [业务 2-1]采购入库单页面

(6)生成凭证:以存货会计钱晓明"201007"身份于 2019-01-02 登录,"总账"——"日常业务"单击"单据生成凭证",单据选择"采购入库单"和"采购发票",如图 2-1-6 所示。单击"下一步",进入"选择查询条件"页面,默认,单击"下一步",得到"查询结果",如图 2-1-7 所示。生成记账凭证有两种方法:第一种方法是采用合并原始单据生成一张凭证的方法。在"查询结果"页面"按合并规则设置合并号"复选框处打"√",合并号均录入"1"(每一行合并号必须保持一致),如图 2-1-8 所示,合并规则中,一般勾选"相同科目"条件,其他勾选取消,单击"生成凭证"按钮,生成一张记账凭证,附单据数改为"3"(采购合同不作为附件处理,是用来说明采购流程),摘要改为"普通采购/现购材料",对"银行存款"科目,单击"流量"按钮,勾选"手工分配现金流量",选择现金流量项目"04 购买商品/接受劳务支付的现金",单击"确定"按钮,保存,如图 2-1-9 所示。本教材采用合并制单方式生成凭证。

图 2-1-6 [业务 2-1]来源单据勾选页面

第二种方法,在存货会计根据单据生成凭证时,分别原始单据生成记账凭证,具体操作流程是:不勾选合并生成凭证,单击"生成凭证"按钮,系统自动根据"采购入库单"生成入库记账凭证,如图 2-1-10 所示。根据采购发票自动生成采购凭证,选择"银行存款"科目,单击"流量"按钮,勾选"手工分配现金流量",流量项目选择"04",如图 2-1-11 所示。

图 2-1-7 [业务 2-1]查询结果页面

图 2-1-8 [业务 2-1]第一种方法下合并生成凭证条件页面

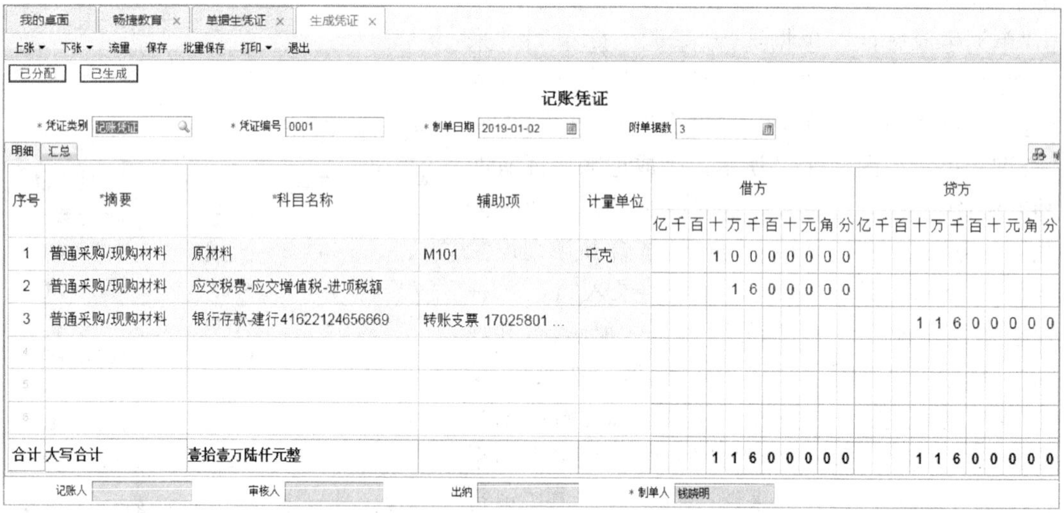

图 2-1-9 [业务 2-1]第一种方法下合并生成凭证保存后页面

需要说明的是：①生成凭证后发现凭证有错误的，直接在生成的凭证中进行修改，然后保存；若保存后发现凭证存在错误，则由原操作人在"总账——日常业务——填制凭证"中找到该张凭证，直接在凭证中修改，然后保存；若凭证中科目错误是由于科目设置错误造成，则在凭证中把错误科目改成正确科目，同时在"总账——日常业务"的"科目设置"中，把设置错误的科目改成正确的科目（用于同类型后续业务生成凭证）。对于填制或生成的凭证不需要

我的桌面
畅捷教育
单据生凭证
生成凭证
上张 下张 流量 保存 批量保存 打印 退出
记账凭证
*凭证类别 记账凭证
*凭证编号 0001
*制单日期 2019-01-02
附单据数 1
明细 汇总
序号
*摘要
*科目名称
辅助项
计量单位
借方
贷方
亿 千 百 十 万 千 百 十 元 角 分
1 普通采购/常州智… 原材料 M101 千克 10000000
2 普通采购/常州智… 在途物资 10000000

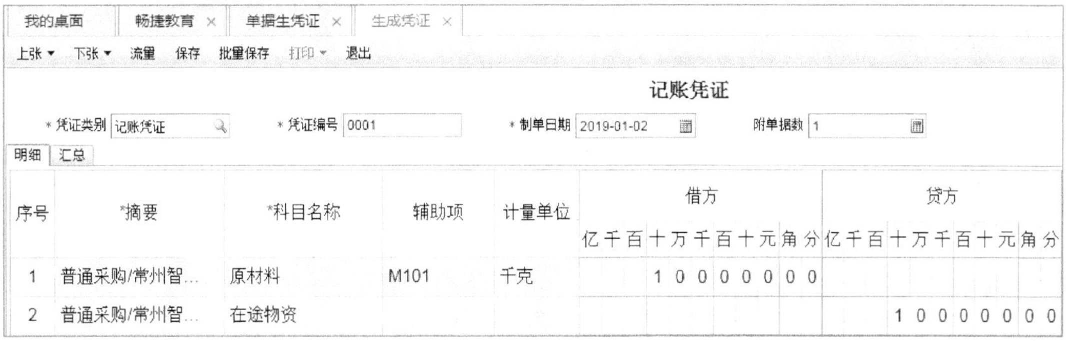

图 2-1-10　[业务 2-1]第二种方法下材料入库记账凭证

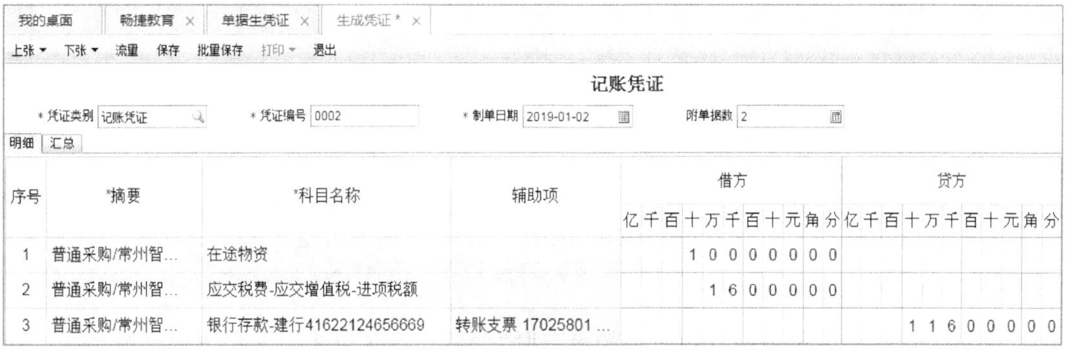

我的桌面
畅捷教育
单据生凭证
生成凭证 *
上张 下张 流量 保存 批量保存 打印 退出
记账凭证
*凭证类别 记账凭证
*凭证编号 0002
*制单日期 2019-01-02
附单据数 2
明细 汇总
序号
*摘要
*科目名称
辅助项
借方
贷方
亿 千 百 十 万 千 百 十 元 角 分
1 普通采购/常州智… 在途物资 10000000
2 普通采购/常州智… 应交税费-应交增值税-进项税额 1600000
3 普通采购/常州智… 银行存款-建行41622124656669 转账支票 17025801 … 11600000

图 2-1-11　[业务 2-1]第二种方法下采购材料记账凭证

的，在保存前可直接进行“操作——放弃”操作；在凭证保存后，则需要由原操作人在“总账——日常业务——填制凭证”中找到该张凭证，进行“操作——删除”处理。②生成凭证时，“银行存款”科目的结算方式、票据号等辅助核算内容已根据单据自动生成，但是，只有在结算方式中(凭证中单击“”)，选择结算日期，确定后才能在凭证中显示票据号等具体信息。③生成凭证保存后发现销售订单错误，造成记账凭证错误，则采用倒序的方式依次删除记账凭证(由存货会计在“总账——日常业务——填制凭证”中选择该记账凭证，单击“删除”按钮)→删除采购入库单(由仓管在“库存核算”——“单据”单击“采购入库单”，选中需删除采购入库单，弃审，删除)→删除采购发票(由采购主管在“采购管理”——“单据”，单击“采购发票”，选择需删除采购发票，弃审，删除)→删除进货单(由采购主管在“采购管理”——“单据”，单击“进货单”，选择需删除进货单，弃审，删除)→修改采购订单(由采购主管在“采购管理”——“单据”，单击“采购订单”，选择需修改采购订单，弃审，修改)→按正常流程完成进货单→完成采购发票→完成采购入库单→生成凭证。任何一个单据造成的错误，首先将由该单据生成的后续单据或凭证全部删除，将该单据上的错误修改后，再生成后续的单据及凭证，本教材各流程出现上述错误，均按此方法进行修改。④从[业务 2-2]起，采购管理系统流程简化为“进货单”→“采购发票”，其他流程不变。

【业务 2-2】　1 月 2 日，取得原始凭证 4 张，采购经办人:邹萌红。

表 2-2-1 是江苏增值税专用发票的第二联抵扣联，此联应作为购买方抵扣进项税额的依据。该抵扣联不能作为记账凭证的附件，专门用于在规定期限内到税务机关办理认证或

在平台办理勾选确认,并在认证通过或勾选确认的次月申报期内,向主管税务机关申报抵扣进项税额。

表 2-2-1

表 2-2-2 是江苏增值税专用发票的第三联发票联,此联应作为购买方的记账依据。该原始凭证注明,"购买方"是本公司,"销售方"是常州恒利有限公司,"货物或应税劳务、服务名称"是工作服,这表明本公司从常州恒利有限公司购买了低值易耗品工作服。

表 2-2-2

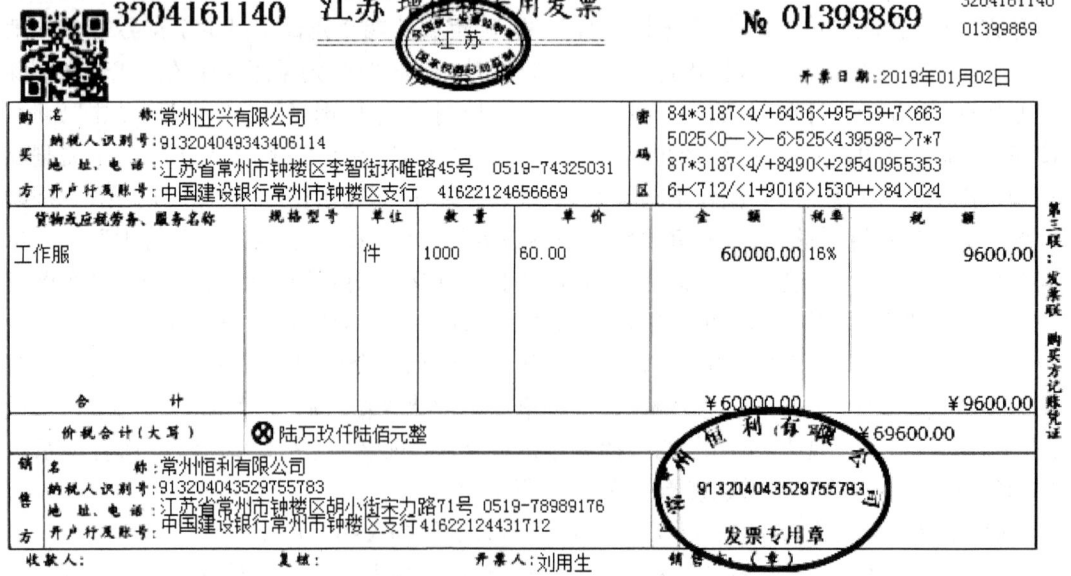

表 2-2-3 是收料单的第二联记账联,此联应作为收到低值易耗品工作服的记账依据。该原始凭证注明,"供应单位"是常州恒利有限公司,"名称"是工作服,"数量应收"和"数量实收"均为 1 000 件,这表明本公司向常州恒利有限公司购买的工作服已经全部验收入库。进行会计核算时,根据表 2-2-2 和表 2-2-3,"金额"60 000.00 元应记入"周转材料——低值易耗品——工作服"科目的借方,"税额"9 600.00 元应记入"应交税费——应交增值税——进项税额"科目的借方。

表 2-2-3

收 料 单

供应单位:常州恒利有限公司				2019 年 01 月 02 日					编号 SL28631	
材料编号	名 称	单 位	规 格	数 量		实际成本				
				应 收	实 收	单 价	发票价格	运杂费	总 价	
LB001	工作服	件		1000	1000					
备注:										
		收料人:孙民里				交料人:周浩然				

表 2-2-4 是中国建设银行客户专用回单的第一联借方回单,此联应作为付款方支付货款的记账依据。该原始凭证注明,"付款人"是本公司,"付款人账号"是 41622124656669,"收款人"是常州恒利有限公司,"凭证种类"是网银,"用途"是支付货款,这表明本公司已通过账号为 41622124656669 的基本户以网银方式向常州恒利有限公司支付了货款。进行会计核算时,"金额"69 600.00 元应记入"银行存款——建行 41622124656669"科目的贷方。

表 2-2-4

中国建设银行客户专用回单

根据上述分析,该笔业务在 T+系统中的操作流程如下:

(1) 增加供应商档案:以账套主管袁世民"201006"身份于 2019-01-02 登录。根据表 2-2-2 所示,在基础设置——往来单位中增加供应商档案。

(2) 填制进货单：以采购主管崔浩朴"301010"身份于 2019-01-02 登录。"采购管理"——"单据"，单击"进货单"，根据表 2-2-2，勾选供应商为"常州恒利有限公司"，业务员为"邹萌红"，付款方式为"全额现结"，存货名称为"工作服"；数量录入"1 000"，单价录入"60.00"，其他均自动生成，保存并审核，如图 2-2-1 所示。

图 2-2-1　[业务 2-2]进货单页面

(3) 生成采购发票：以采购主管崔浩朴"301010"身份于 2019-01-02 登录，在已审的进货单生成，单击"生单"中的"生成采购发票(普通采购)"。采购发票生成后，根据表 2-2-2，发票号录入"01399869"，根据表 2-2-4，单击现结金额右侧图标，出现现结对话框，结算方式勾选为"网银"，账号名称选择"基本结算户"，票据号录入"00810019"，如图 2-2-2 所示；单击"确定"按钮。对采购发票进行保存并审核，如图 2-2-3 所示。

图 2-2-2　[业务 2-2]结算方式界面

图 2-2-3　[业务 2-2]采购发票页面

(4) 生成采购入库单。以仓管员孙民里"101005"身份于 2019-01-02 登录，"库存核算"——"单据"单击"采购入库单"，根据表 2-2-3，单据编号录入"SL28631"，仓库选择"综合库"，保存并审核，如图 2-2-4 所示。

(5) 生成凭证：以存货会计钱晓明"201007"身份于 2019-01-02 登录，"总账"——"日常业务"单击"单据生成凭证"，单据选择"采购入库单"和"采购发票"，单击"下一步"，进入"选择查询条件"页面，默认，单击"下一步"，得到"查询结果"，在"按合并规则设置合并号"复选框处打"√"，合并号均录入"1"(注：以后业务合并时步骤相同，简称为"采用合并生成凭证方

图 2-2-4 [业务 2-2]采购入库单页面

式"),单击"生成凭证"按钮,生成一张记账凭证,附单据数录入"3",摘要改为"普通采购/现购工作服",对银行存款科目选择现金流量项目"04",保存,如图 2-2-5 所示。

图 2-2-5 [业务 2-2]记账凭证页面

【业务 2-3】 1月3日,取得原始凭证6张,采购经办人:崔浩朴。

表 2-3-1 和表 2-3-3 均是江苏增值税专用发票的第二联抵扣联,此联应作为购买方抵扣进项税额的依据。该抵扣联不能作为记账凭证的附件,专门用于在规定期限内到税务机关办理认证或在平台办理勾选确认,并在认证通过或勾选确认的次月申报期内,向主管税务机关申报抵扣进项税额。

表 2-3-1

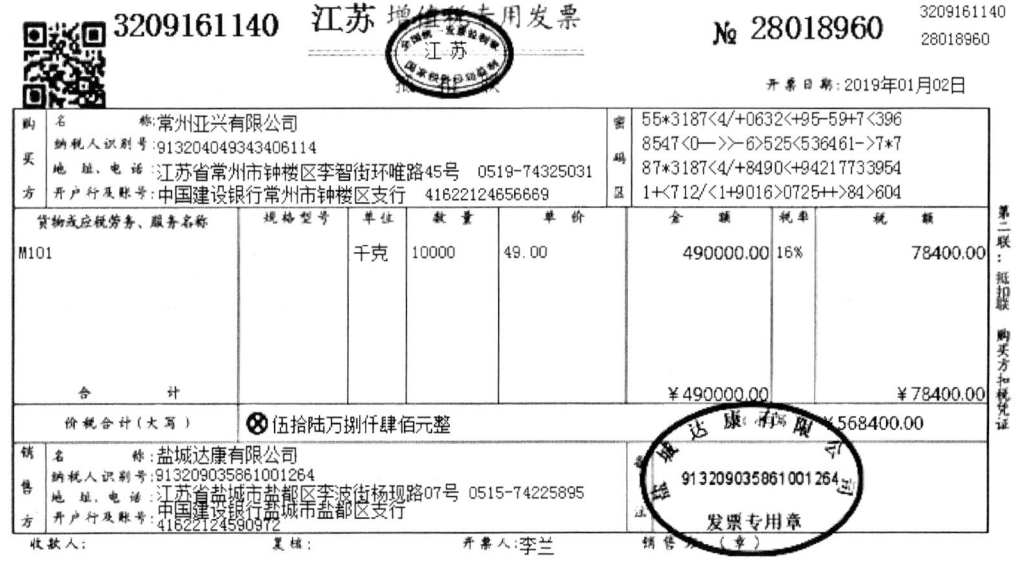

表 2-3-2 是江苏增值税专用发票的第三联发票联,此联应作为购买方的记账依据。该原始凭证注明,"购买方"是本公司,"销售方"是盐城达康有限公司,"货物或应税劳务、服务名称"是材料 M101,这表明本公司从盐城达康有限公司购买了材料 M101。

表 2-3-2

表 2-3-3

表 2-3-4 是江苏增值税专用发票的第三联发票联,此联应作为购买方的记账依据。该原始凭证注明,"购买方"是本公司,"销售方"是盐城捷运物流有限公司,"货物或应税劳务、服务名称"是运费,"单价"为 10 000.00 元,并盖有"供应商垫付"的印章,这表明本公司从盐

城捷运物流有限公司接受了运输服务,但运费 10 000.00 元及增值税额 1 000.00 元已由盐城达康有限公司垫付。

表 2-3-4

表 2-3-5 是收料单的第二联记账联,此联应作为收到材料的记账依据。该原始凭证注明,"供应单位"是盐城达康有限公司,"名称"是 M101,"数量应收"和"数量实收"均为 10 000 千克,这表明本公司向盐城达康有限公司购买的 M101 材料已经全部验收入库。进行会计核算时,根据表 2-3-2 和表 2-3-4,"金额"490 000.00 元和 10 000.00 元的合计 500 000.00 元,应记入"原材料——M101"科目的借方,"税额"78 400.00 元和 1 000.00 元的合计 79 400.000 元,应记入"应交税费——应交增值税——进项税额"科目的借方。

表 2-3-5

收　料　单

供应单位:盐城达康有限公司　　　　2019 年 01 月 03 日　　　　编号 SL28632

材料编号	名称	单位	规格	数量		实际成本			
				应收	实收	单价	发票价格	运杂费	总价
C01001	M101	千克		10000	10000				

备注:
收料人:孙民里　　　　　　　　　　　　　　　　交料人:杨梅英

表 2-3-6 是中国建设银行电汇凭证的第二联客户回单联,此联应作为付款方支付货款的记账依据。该原始凭证注明,"汇款人"是本公司,"汇款人账号"是 41622124656669,"收款人"是盐城达康有限公司,"附加信息及用途"是支付货款及代垫运费。这表明本公司已通过账号为 41622124656669 的基本户以电汇方式向盐城达康有

限公司支付了货款及运费等款项。进行会计核算时,"金额"579 400.00 元应记入"银行存款——建行 41622124656669"科目的贷方。

表 2-3-6

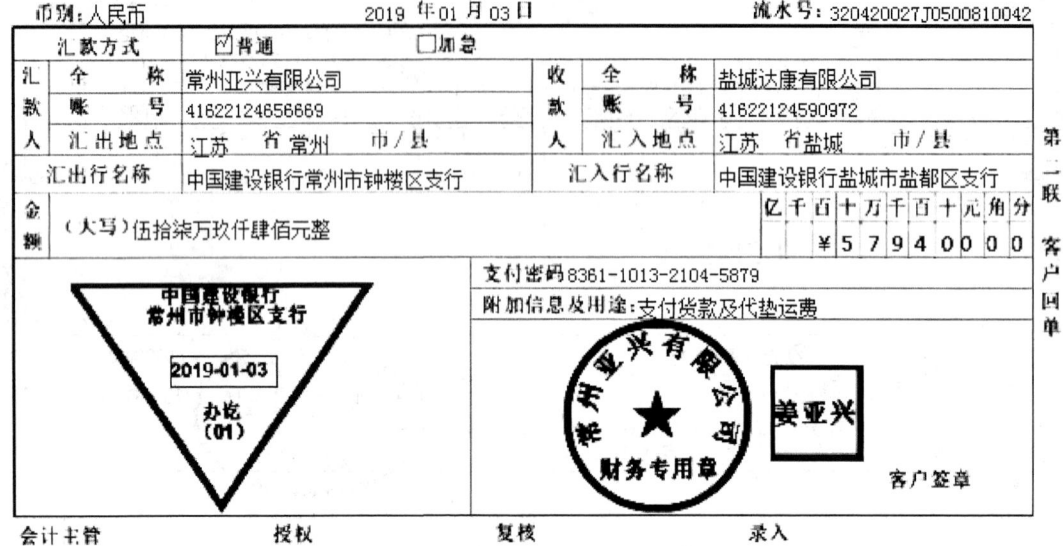

根据上述分析,该笔业务在 T+系统中的操作流程如下:

(1) 增加供应商档案:以账套主管袁世民"201006"的身份于 2019-01-03 登录。根据表 2-3-2 及表 2-3-4 所示在基础设置→往来单位中增加供应商档案。

(2) 填制进货单:以采购主管崔浩朴"301010"身份于 2019-01-03 登录,"采购管理"——"单据",单击"进货单",勾选供应商为"盐城达康有限公司",业务员为"崔浩朴",付款方式为"全额现结",存货名称为"M101";数量录入"10 000",单价录入"49.00",其他均自动生成,保存并审核,如图 2-3-1 所示。

图 2-3-1 [业务 2-3]进货单页面

需要说明的是:进货单及采购发票等单据,均以收到日期(即系统登录日期)为准录入系统,特别是本月以前的发票当月收到,必须以收到日期处理,否则以上月日期填制,本系统可以记录,但不能生成凭证。

(3) 生成采购发票:以采购主管崔浩朴"301010"身份于 2019-01-03 登录,在已审的进货单生成,单击"生单"中的"生成采购发票(普通采购)"。根据表 2-3-2,发票号录入"28018960",根据表 2-3-6 修改现结信息,"现结金额"中修改结算方式为"电汇",选择"基本结算户",票据号录入"00810042",保存并审核,如图 2-3-2 所示。

图 2-3-2 [业务 2-3]采购发票页面

(4) 设置费用项目:以出纳朱珊珊"201009"身份于 2019-01-03 登录,在"基础设置——收付结算"中单击"费用",在"费用"页面单击"新增"按钮,弹出"费用"对话框,录入采购运费信息,其中"费用编码"录入"01","费用名称"录入"采购运费","费用类型"选为"采购费用",勾选"进行分摊""分摊方式"按本公司会计政策选择为"按数量",如图 2-3-3 所示。

图 2-3-3 [业务 2-3]采购运费设置界面

需要说明的是:

(1) 进行分摊是指费用单中采购费用的分摊方法,包含两层含义,第一,采购运费作为采购费用,应该计入相应的采购入库材料成本。第二,在计入对应材料时,应选择合理的分配标准,以保证各材料应负担的共同性采购费用计算正确。

(2) 在本教材,费用设置时,"采购运费"的费用类型属于"采购费用",设置的其他费用,费用类型均选择"其他费用"且不进行分摊。

(5) 填制费用单:以出纳朱珊珊"201009"身份于 2019-01-03 登录,"往来现金——单据"单击"费用单",打开"费用单"页面,根据表 2-3-4 录入相关信息,其中:单据编号根据表 2-3-4 录入"13511117","往来单位"勾选垫付款单位"盐城达康有限公司"(根据实际付款单位填制费用单),"部门"勾选"采购部",业务员勾选"崔浩朴""费用名称"选择"采购运费""现结金额"录入表 2-3-6 信息,其中结算方式为"电汇""账号"选择"基本结算户",金额录入"11 100.00",票据号录入"00810042";费用单必须保存并审核,如图 2-3-4 所示。

需要说明的是:①费用单中的业务类型有"往来费用"和"现金费用"两种,其中"现金费用",必须全额现结,而"往来费用",可以进行预付、应付或部分付款等各种款项结算;一般往来单位有档案的,两种类型均可选择,若无往来单位档案,则只能选择"现金费用"类型;在本

图 2-3-4 [业务 2-3]费用单录入页面

教材中,费用类型属于采购费用的,要求选择"往来费用"类型,除此之外的,则要求选择"现金费用"类型。②往来单位的选择,应以最终货款支付的对象为准,[业务 2-3]运输费由供应商盐城达康有限公司垫付,最终应支付给供应商盐城达康运费,因而往来单位选择盐城达康有限公司。

(6)生成采购入库单:以仓管员孙民里"101005"身份于 2019-01-03 登录,"库存核算"——"单据"单击"采购入库单",单据编号录入"SL28632",仓库选择"综合库",如图 2-3-5 所示。

图 2-3-5 [业务 2-3]采购入库单页面

(7)采购运费分摊:以存货会计钱晓明"201007"身份于 2019-01-03 登录,单击"采购管理",如图 2-3-6 所示。"相关单据"中单击"费用分摊单",出现"费用单选单页面"对话框(若只有一张费用单,系统会自动选单),选中"盐城达康有限公司"记录,单击"确定"按钮,在费用单明细出现一条记录;在"选单"命令中单击"选采购入库单",选择"盐城达康"记录,单击"确定"按钮,在"采购入库单明细"中出现一条记录,分摊方式选择"按费用档案",单击"分摊"命令→单击"保存"命令,如图 2-3-7 所示。

(8)生成凭证:以存货会计钱晓明"201007"身份于 2019-01-03 登录,"总账"——"日常业务"单击"单据生成凭证",单据选择"采购入库单""采购发票"和"费用单",单击"下一步",进入"选择查询条件"页面,默认,单击"下一步",得到"查询结果",以合并生成凭证方式,生成一张记账凭证,附单据数录入"4",对银行存款科目选择现金流量项目"04",保存,如图 2-3-8 所示。

需要说明的是,根据单据生成凭证的方式,除全部单据合并生成凭证外,还有分别单据生成凭证方式及生成两张凭证方式。生成凭证的方式,如表 2-3-7 所示。

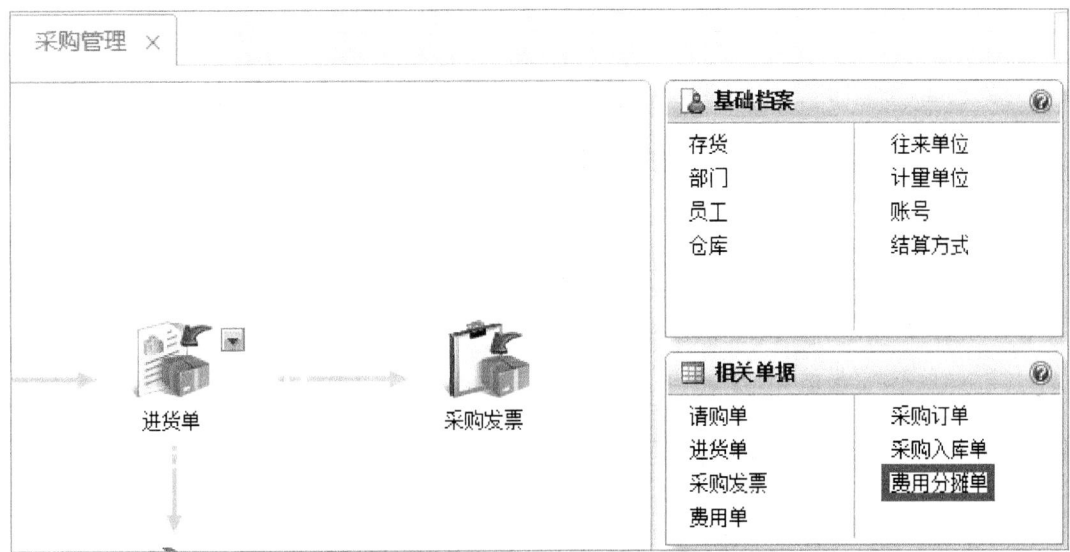

图 2-3-6 [业务 2-3]费用分摊单选择路径

序号	单据日期	单据编号	供应商	部门	业务员	费用名称	费用金额
1	2019-01-03	BE-2019-01-0001	盐城达康有限…	采购部	崔浩朴	采购运费	10,000.00
2							
3							
合计							10,000.00

序号	单据日期	单据编号	*存货名称	*存货编码	规格型号	计量单位	数量	金额	费用分摊金额
1	2019-01-03	SL28632	M101	C01001		千克	10,000.00	490,000.00	10,000.00

图 2-3-7 [业务 2-3]费用分摊单页面

序号	*摘要	*科目名称	辅助项	计量单位	借方（亿千百十万千百十元角分）	贷方（亿千百十万千百十元角分）
1	普通采购/现购材料	原材料	M101	千克	5 0 0 0 0 0 0 0	
2	普通采购/现购材料	应交税费-应交增值税-进项税额			7 9 4 0 0 0 0	
3	普通采购/现购材料	银行存款-建行41622124656669	电汇 00810042 …			5 7 9 4 0 0 0 0

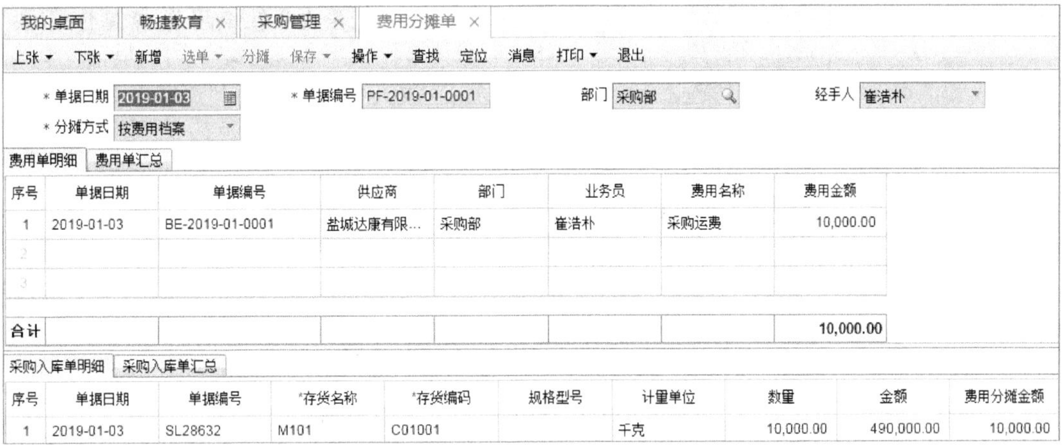

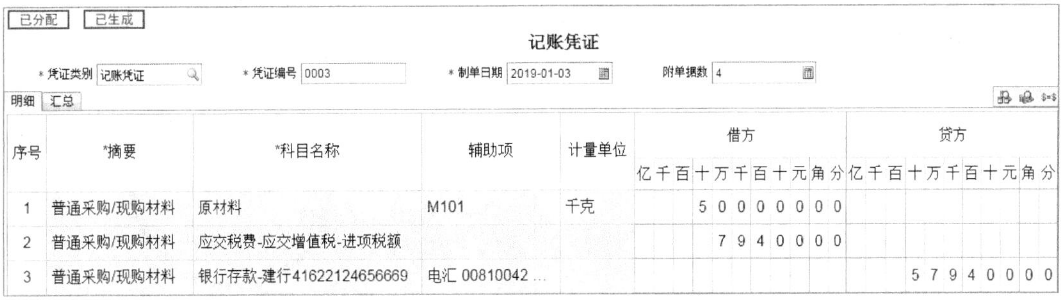

图 2-3-8 [业务 2-3]记账凭证页面

表 2-3-7　　　　　　　　单料同日到记账凭证生成方式一览表

采购方式	生成凭证方法一:全部单据合并方式	
	记账凭证	原始凭证
	借:原材料 借:应交税费——应交增值税——进项税额 贷:银行存款	采购入库单/采购发票/ 费用单(合并)
	生成凭证方法二:分别单据生成凭证方式	
	记账凭证	原始凭证
单/料同到—— 现购(含运费)	借:在途物资 借:应交税费——应交增值税——进项税额 贷:银行存款	采购发票
	借:在途物资 借:应交税费——应交增值税——进项税额 贷:银行存款	费用单
	借:原材料 贷:在途物资	采购入库单
	生成凭证方法三:两张凭证方式	
	记账凭证	原始凭证
	借:在途物资 借:应交税费——应交增值税——进项税额 贷:银行存款	采购发票/费用单(常见合并,要求通过在途物资科目过渡,通常用于单先到,料后到业务)
	借:原材料 贷:在途物资	采购入库单

【业务 2-4】　1月3日,取得原始凭证1张,业务经办人崔浩朴。

表 2-4-1

中国建设银行客户专用回单

币别:人民币　　　　　　　2019 年 01 月 03 日　　　流水号 320420027J0500810071

付款人	全称	常州亚兴有限公司	收款人	全称	常州维达有限公司
	账号	41622124656669		账号	41622124554497
	开户行	中国建设银行常州市钟楼区支行		开户行	中国建设银行常州市新北区支行
金额	(大写)人民币 伍拾万元整			(小写)￥500000.00	
凭证种类	网银		凭证号码		
结算方式	转账		用途	预付款	

打印柜员:320425584258
打印机构:中国建设银行常州市钟楼区支行
打印卡号:41622124656669

(中国建设银行专用章)

第一联借方(回单)

打印时间:2019-01-03　　交易柜员:320425584268　　交易机构:3204105005411111696

表 2-4-1 是中国建设银行客户专用回单的第一联借方回单,此联应作为付款方支付款

项的记账依据。该原始凭证注明,"付款人"是本公司,"付款人账号"是 41622124656669,"收款人"是常州维达有限公司,"凭证种类"是网银,"用途"是预付款,这表明本公司已通过账号为 41622124656669 的基本户以网银方式向常州维达有限公司预付了货款。进行会计核算时,"金额"500 000.00 元应分别记入"预付账款——供应商——常州维达有限公司"科目的借方和"银行存款——建行 41622124656669"科目的贷方。

根据上述分析,该笔业务在 T+系统中的操作流程如下:

(1) 增加供应商档案:以账套主管袁世民"201006"身份于 2019-01-03 登录,在"基础设置——基本信息"单击"往来单位",新增供应商"常州维达有限公司"(其社会信用代码:913204119410057595,地址:江苏省常州市新北区肖肃街方振路 38 号,电话:0519-65975295)。

(2) 填制付款单:以出纳朱珊珊"201009"身份于 2019-01-03 登录,在"往来现金——单据"中单击"付款单",单据日期、单据编号均默认,业务类型选择"预付款",供应商选择"常州维达有限公司""部门"选择"采购部",业务员选择"崔浩朴",结算方式选择"网银",账号名称选择"基本结算户""付款金额"录入"500 000.00",票据号录入"00810071",单击"保存"按钮,如图 2-4-1 所示。

图 2-4-1 [业务 2-4]预付款录入页面

(3) 生成凭证:以存货会计钱晓明"201007"身份于 2019-01-03 登录,"总账"——"日常业务"单击"单据生成凭证",单据选择"付款单",单击"下一步",进入"选择查询条件"页面,默认,单击"下一步",得到"查询结果",单击"生成凭证"按钮,生成一张记账凭证,附单据数录入"1",对银行存款科目选择现金流量项目"04",保存,如图 2-4-2 所示。

序号	*摘要	科目名称	辅助项	借方	贷方
				亿千百十万千百十元角分	亿千百十万千百十元角分
1	预付款	预付账款-供应商	常州维达有限公司	5 0 0 0 0 0 0 0	
2	预付款	银行存款-建行41622124656669	网银 00810071 …		5 0 0 0 0 0 0 0

图 2-4-2 [业务 2-4]凭证生成页面

【业务 2-5】 1 月 3 日,取得原始凭证 3 张,业务经办人崔浩朴。

表 2-5-1 是江苏增值税专用发票的第二联抵扣联,此联应作为购买方抵扣进项税额的

依据。该抵扣联不能作为记账凭证的附件，专门用于在规定期限内到税务机关办理认证或在平台办理勾选确认，并在认证通过或勾选确认的次月申报期内，向主管税务机关申报抵扣进项税额。

表 2-5-1

表2-5-2是江苏增值税专用发票的第三联发票联，此联应作为购买方的记账依据。该原始凭证注明，"购买方"是本公司，"销售方"是常州金田五金制造有限公司，"货物或应税劳务、服务名称"是M101，这表明本公司从常州金田五金制造有限公司购买了材料M101。

表 2-5-2

表 2-5-3 是收料单的第二联记账联,此联应作为收到材料的记账依据。该原始凭证注明,"供应单位"是常州金田五金制造有限公司,"名称"是 M101,"数量应收"和"数量实收"均为 10 000 千克,这表明本公司向常州金田五金制造有限公司购买的 M101 已经全部验收入库。进行会计核算时,根据表 2-5-2 和表 2-5-3,"金额"500 000.00 元,应记入"原材料——M101"科目的借方,"税额"80 000.00 元,应记入"应交税费——应交增值税——进项税额"科目的借方。

通过查询"初始化——往来期初余额",查明常州金田五金制造有限公司期初存在预付账款 200 000.00 元。进行会计核算时,"预付账款——供应商——常州金田五金制造有限公司"科目贷方记入金额 200 000.00 元,余下的 380 000.00 元则记入"应付账款——供应商——常州金田五金制造有限公司"科目的贷方。

表 2-5-3

收　料　单

供应单位:常州金田五金制造有限公司				2019 年 01 月 03 日					编号 SL28633
材料编号	名称	单位	规格	数量		实际成本			
				应收	实收	单价	发票价格	运杂费	总价
C01001	M101	千克		10000	10000				
备注:									

收料人:孙民里　　　　　　　　　　　　　　　交料人:刘青端

根据上述分析,该笔业务在 T+系统中的操作流程如下:

(1) 填制进货单:以采购主管崔浩朴"301010"的身份于 2019-01-03 登录。"采购管理"——"单据",单击"进货单",根据表 2-5-2,供应商勾选"常州金田五金制造有限公司",业务员勾选"崔浩朴",付款方式勾选"其他",存货名称勾选"M101",数量录入"10 000",单价录入"50.00",其他信息自动生成,保存并审核,如图 2-5-1 所示。

图 2-5-1　[业务 2-5]进货单页面

(2) 生成采购发票:以采购主管崔浩朴"301010"的身份于 2019-01-03 登录。在已审的进货单生成,单击"生单"中的"生成采购发票(普通采购)",录入发票号为"26925563",单击在"使用预付"右侧计算图标,出现期初预付款记录,在"核销金额"填入"200 000.00"(完成预付冲应付手续),保存并审核,如图 2-5-2 所示。

图 2-5-2 [业务 2-5]采购发票页面

(3) 生成采购入库单:以仓管孙民里"101005"身份于 2019-01-03 登录,"库存核算"——"单据"单击"采购入库单",单据编号录入"SL28633",仓库勾选"综合库",保存并审核,如图 2-5-3 所示。

图 2-5-3 [业务 2-5]采购入库单页面

(4) 生成凭证:以存货会计钱晓明"201007"身份于 2019-01-03 登录,"总账"——"日常业务"单击"单据生成凭证",单据选择"采购入库单""采购发票"和"预付冲应付",单击"下一步",进入"选择查询条件"页面,默认,单击"下一步",得到"查询结果",勾选合并生成凭证,合并号均一致,单击"生成凭证"按钮,生成一张记账凭证,附单据数录入"2",如图 2-5-4 所示,然后单击"保存"按钮。

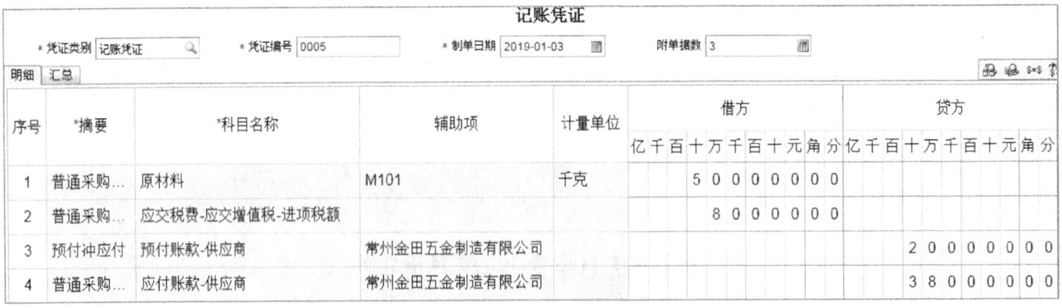

图 2-5-4 [业务 2-5]记账凭证生成界面

需要注意的是:本公司按往来款项的实质确认会计科目,如果对往来单位设置双重性质科目进行会计核算,则生成的凭证不一致,如表 2-5-4 所示。

表 2-5-4　　　　　　　　　　　不同会计政策下记账凭证生成方式一览表

	生成凭证方法一：合并方式	
	记账凭证	原始凭证
	借：原材料	采购入库单/采购发票/预付冲应付（合并）
	借：应交税费——应交增值税——进项税额	
	贷：预付账款	
	贷：应付账款	
预付部分款——往来科目按款项实质属性确认	生成凭证方法二：分别单据生成凭证方式	
	记账凭证	原始凭证
	借：在途物资	采购发票
	借：应交税费——应交增值税——进项税额	
	贷：应付账款	
	借：应付账款	预付冲应付
	贷：预付账款	
	借：原材料	采购入库单
	贷：在途物资	
	生成凭证方法三：两张凭证方式	
	记账凭证	原始凭证
	借：在途物资	采购入库单/预付冲应付（常见合并，要求通过在途物资科目过渡，通常用于单先到，料后到业务）
	借：应交税费——应交增值税——进项税额	
	贷：预付账款	
	贷：应付账款	
	借：原材料	采购入库单
	贷：在途物资	
预付部分款——往来科目可设双重性质科目，同一单位只设一个科目，按期初或业务时发生确认为预付账款或应付账款	生成凭证方法一：合并方式	
	记账凭证	原始凭证
	借：原材料	采购入库单/采购发票/预付冲应付（合并）
	借：应交税费——应交增值税——进项税额	
	贷：预付账款（或应付账款）	
	生成凭证方法二：分别单据生成凭证方式	
	记账凭证	原始凭证
	借：在途物资	采购发票
	借：应交税费——应交增值税——进项税额	
	贷：预付账款（或应付账款）	

(续表)

预付部分款——往来科目可设双重性质科目,同一单位只设一个科目,按期初或业务时发生确认为预付账款或应付账款	由于设置双重性质科目,该单位应付或预付性质的款均纳入"预付账款(或应付账款)"科目,本业务无法生成记账凭证	预付冲应付
	借:原材料 贷:在途物资	采购入库单
	生成凭证方法三:两张凭证方式	
	记账凭证	原始凭证
	借:在途物资 借:应交税费——应交增值税——进项税额 贷:预付账款(或应付账款)	采购入库单/预付冲应付 (常见合并,要求通过在途物资科目过渡,通常用于单先到,料后到业务)
	借:原材料 贷:在途物资	采购入库单

【业务 2-6】 1月3日,取得原始凭证1张,业务经办人崔浩朴。

表 2-6-1 是中国建设银行客户专用回单的第一联借方回单,此联应作为付款方支付款项的记账依据。该原始凭证注明,"付款人"是本公司,"付款人账号"是 41622124656669,"收款人"是常州金田五金制造有限公司,"凭证种类"是网银,"用途"是货款,结合[业务2-5],这表明本公司已通过账号为 41622124656669 的基本户以网银方式向常州金田五金制造有限公司补付了货款。进行会计核算时,"金额"380 000.00 元应分别记入"应付账款——供应商——常州金田五金制造有限公司"科目的借方和"银行存款——建行41622124656669"科目的贷方。

表 2-6-1

中国建设银行客户专用回单

币别:人民币　　2019 年 01 月 03 日　　流水号 320420027J0500810088

付款人	全称	常州亚兴有限公司	收款人	全称	常州金田五金制造有限公司
	账号	41622124656669		账号	41622124617515
	开户行	中国建设银行常州市钟楼区支行		开户行	中国建设银行常州市钟楼区支行
金额	(大写)人民币 叁拾捌万元整			(小写)¥380000.00	
凭证种类	网银		凭证号码		
结算方式	网银		用途	货款	

汇划日期:2019-01-03　　汇划款项编号:15742312　　打印柜员:320425584257
报文顺序号:37425465　　汇出行行号:105005411116　　打印机构:中国建设银行常州市钟楼区支行
汇出行行名:中国建设银行常州市钟楼区支行　　打印卡号:105118313785
业务类型:0060　　原凭证金额:385000.00
原凭证种类:0703　　原凭证号码:
附言:

打印时间:2019-01-03　　交易柜员:320425584268　　交易机构:320463553

第一联借方(回单)

中国建设银行回单专用章

根据上述分析,该笔业务在 T+系统中的操作流程如下:

(1) 填制付款单并核销:以出纳朱珊珊"201009"身份于 2019-01-03 登录,在"往来现金——单据"中单击"付款单",在"付款单"页面根据表 2-6-1 录入相关信息,其中:单据日期、单据编号均默认,"业务类型"选择普通付款,供应商选择"常州金田五金制造有限公司","部门"选择"采购部",业务员选择"崔浩朴",结算方式选择"网银",账号名称选择"基本结算户","付款金额"录入"380 000.00",票据号录入"00810088";单击"选单",出现对话框及一条记录,选中,单击"确定"按钮,"核销明细"出现一条记录,单击"分摊"命令,然后保存付款单,如图 2-6-1 所示。

图 2-6-1 [业务 2-6]补付款及核销页面

需要说明的是:付款单中的分摊,指的是应付供应商货款与支付货款之间的勾对核销,填制普通付款单必须进行核销工作,否则,系统自动默认为预付款处理。

(2) 生成凭证:以存货会计钱晓明"201007"身份于 2019-01-03 登录,"总账"——"日常业务"单击"单据生成凭证",单据选择"付款单",单击"下一步",进入"选择查询条件"页面,默认,单击"下一步",得到"查询结果",单击"生成凭证"按钮,生成一张记账凭证,附单据数录入"1",对银行存款科目选择现金流量项目"04",保存,如图 2-6-2 所示。

图 2-6-2 [业务 2-6]凭证生成页面

[业务 2-5]和[业务 2-6]取得原始凭证均是在 2019 年 1 月 3 日,且属同一供应商,对于同一供应商同日取得的单据还有一种核算方法,即将取得的单据全部合并,生成一张凭证,

其具体的操作流程基本与[业务 2-5]相同，但在采购主管生成采购发票时，除需要记录使用预付外，还需要在现结金额中记录实际补付款“385 000.00”及结算方式、账号和票据号等，以替代[业务 2-6]中出纳填制付款单的业务流程，如图 2-6-3 所示；然后存货会计将所有单据(“采购入库单”“采购发票”和“预付冲应付”)合并生成凭证，如图 2-6-4 所示。

我的桌面 | 初始化导航 × | 畅捷教育 × | 采购发票 ×

上张▾　下张▾　新增　选单▾　保存▾　弃审　操作▾　查找　定位　工具▾　联查▾　消息　打印▾　退出

已结清　已核算　已审

*单据日期 2019-01-03　*单据编号 PB-2019-01-0004　*发票类型 专用发票　发票号 26925563

*供应商 常州金田五金制造　业务员 崔浩朴　付款方式 其他　付款到期日

使用预付 200,000.00　现结金额 380,000.00

明细 | 汇总

序号	*存货名称	*采购单位	*数量	*单价	*税率%	*含税单价	*金额	*含税金额
1	M101	千克	10,000.00	50.00	16.00%	58.00	500,000.00	580,000.00

图 2-6-3　[业务 2-6]整合使用预付及现结金额的采购发票界面

已分配　已生成

记账凭证

*凭证类别 记账凭证　*凭证编号 0005　*制单日期 2019-01-03　附单据数 3

明细 | 汇总

序号	*摘要	*科目名称	辅助项	计量单位	借方（亿千百十万千百十元角分）	贷方（亿千百十万千百十元角分）
1	预付购料并补付款	原材料	M101	千克	50000000	
2	预付购料并补付款	应交税费-应交增值税-进项税额			8000000	
3	预付购料并补付款	银行存款-建行41622124656669	网银 00810088 2019-01-03			38000000
4	预付购料并补付款	预付账款-供应商	常州金田五金制造有限公司			20000000

图 2-6-4　整合[业务 2-5][业务 2-6]合并生成的凭证页面

【业务 2-7】　1 月 3 日，取得原始凭证 3 张，业务经办人邹萌红。

表 2-7-1

3204161140　江苏增值税专用发票　№ 19389003　3204161140　19389003

抵扣联

开票日期：2019年01月03日

购买方　名称：常州亚兴有限公司
纳税人识别号：913204049343406114
地址、电话：江苏省常州市钟楼区李智街环唯路45号　0519-74325031
开户行及账号：中国建设银行常州市钟楼区支行　41622124656669

密码区：63*3187<4/+8284<+95-59+7<597
2838<0-->>-6>525<741767->7*7
87*3187<4/+8490<+90644141350
8+<712/<1+9016>5981++>84>702

货物或应税劳务、服务名称	规格型号	单位	数量	单价	金额	税率	税额
M101		千克	5000	50.00	250000.00	16%	40000.00
合计					¥250000.00		¥40000.00
价税合计(大写)	⊗贰拾玖万元整				(小写)¥290000.00		

销售方　名称：常州智雅有限公司
纳税人识别号：913204118976395697
地址、电话：江苏省常州市新北区刘玉街樊会路60号　0519-85998819
开户行及账号：中国建设银行常州市新北区支行　41622124911326

备注：（常州智雅有限公司 913204118976395697 发票专用章）

收款人：　复核：　开票人：刘海峰　销售方：（章）

第二联：抵扣联　购买方扣税凭证

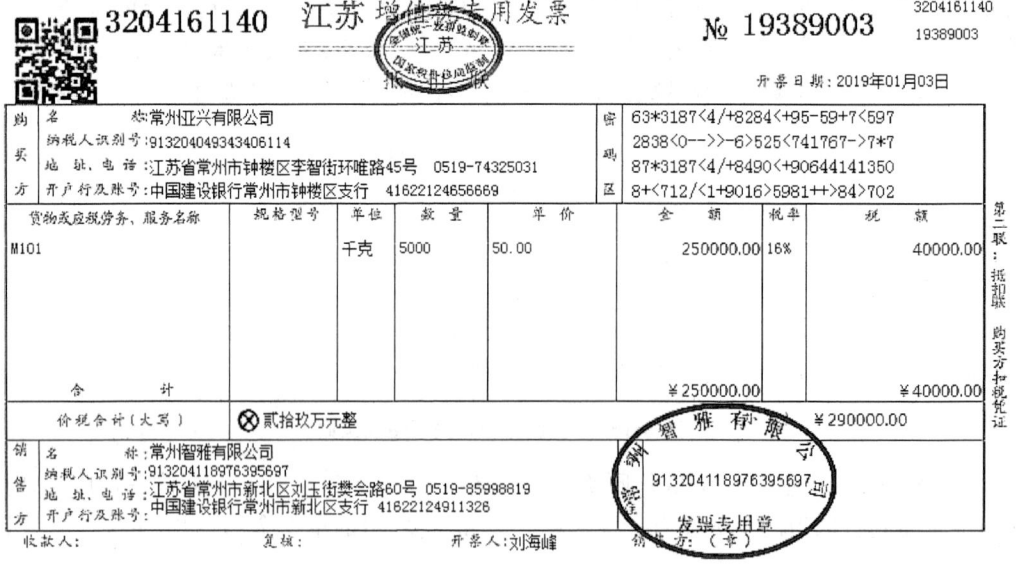

表 2-7-1 是江苏增值税专用发票的第二联抵扣联,此联应作为购买方抵扣进项税额的依据。该抵扣联不能作为记账凭证的附件,专门用于在规定期限内到税务机关办理认证或在平台办理勾选确认,并在认证通过或勾选确认的次月申报期内,向主管税务机关申报抵扣进项税额。

表 2-7-2 是江苏增值税专用发票的第三联发票联,此联应作为购买方的记账依据。该原始凭证注明,"购买方"是本公司,"销售方"是常州智雅有限公司,"货物或应税劳务、服务名称"是 M101,这表明本公司从常州智雅有限公司购买了材料 M101。

表 2-7-2

表 2-7-3 是收料单的第二联记账联,此联应作为收到材料的记账依据。该原始凭证注明,"供应单位"是常州智雅有限公司,"名称"是 M101,"数量应收"和"数量实收"均为 5 000 千克,这表明本公司向常州智雅有限公司购买的 M101 已经全部验收入库。进行会计核算时,根据表 2-7-2 和表 2-7-3,"金额"250 000.00 元应记入"原材料——M101"科目的借方,"税额"40 000.00 元应记入"应交税费——应交增值税——进项税额"科目的借方。

表 2-7-3

收 料 单

供应单位:常州智雅有限公司　　　　2019 年 01 月 03 日　　　　编号 SL28634

材料编号	名称	单位	规格	数量		实际成本			
				应收	实收	单价	发票价格	运杂费	总价
C01001	M101	千克		5000	5000				
备注:									

收料人:孙民里　　　　　　　　　　　　　　　　　　交料人:张国华

通过查询"初始化——往来期初余额",查明常州智雅有限公司期初存在预付账款300 000.00元,超过表2-7-2中"价税合计"290 000.00元。进行会计核算时,"价税合计"290 000.00元应记入"预付账款——常州智雅有限公司"科目的贷方。

根据上述分析,该笔业务在T+系统中的操作流程如下:

(1)填制进货单:以采购主管崔浩朴"301010"的身份于2019-01-03登录。"采购管理"——"单据",单击"进货单",根据表2-7-2采购发票,供应商选择"常州智雅有限公司",业务员选择"邹萌红",付款方式选择"其他",存货名称选择"M101",数量录入"5 000",单价录入"50.00",其他自动生成,保存并审核,如图2-7-1所示。

图2-7-1 [业务2-7]进货单页面

(2)生成采购发票:以采购主管崔浩朴"301010"的身份于2019-01-03登录。在已审的进货单生成,单击"生单"中的"生成采购发票(普通采购)"。以取得发票的日期作为单据日期处理;采购发票生成后,根据表2-7-2,发票号录入"19389003",单击在"使用预付"右侧计算图标,出现期初预付款记录,在核销金额栏填入"292 500.00"(发票中核销金额不能超过发票价税总金额),对采购发票进行保存并审核,如图2-7-2所示。

图2-7-2 [业务2-7]采购发票页面

(3)生成采购入库单。以仓管孙民里"101005"身份于2019-01-03登录,"库存核算"——"单据"单击"采购入库单",选进货单生成采购入库单,单据编号录入"SL28634",仓库选择"综合库",保存并审核,如图2-7-3所示。

(4)生成凭证:以存货会计钱晓明"201007"身份于2019-01-03登录,"总账"——"日常业务"单击"单据生成凭证",单据选择"采购入库单""采购发票"和"预付冲应付",单击"下一步",进入"选择查询条件"页面,默认,单击"下一步",得到"查询结果",勾选合并生成凭证,

图 2-7-3 [业务 2-7]采购入库单页面

合并号均一致,单击"生成凭证"按钮,附单据数录入"2",保存,如图 2-7-4 所示。

图 2-7-4 [业务 2-7]生成记账凭证页面

【业务 2-8】 1月3日,取得原始凭证1张,业务经办人邹萌红。

表 2-8-1 是中国建设银行客户专用回单的第二联贷方回单,此联应作为收款方收到款项的记账依据。该原始凭证注明,"收款人"是本公司,"收款人账号"是 41622124656669,"付款人"是常州智雅有限公司,"用途"是预付货款退回,结合[业务 2-7],这表明本公司账号为 41622124656669 的基本户上收到了常州智雅有限公司退回的本公司多付的货款

表 2-8-1

中国建设银行客户专用回单

7 500.00 元。进行会计核算时,"金额"7 500.00 元应分别记入"预付账款——供应商——常州智雅有限公司"和"银行存款——建行 41622124656669"科目的借方(其中"预付账款"科目生成在借方,金额用"－7 500.00")。

根据上述分析,该笔业务在 T＋系统中的操作流程如下:

(1) 填制红字付款单:以出纳朱珊珊"201009"身份于 2019-01-03 登录,在"往来现金——单据"中单击"付款单",根据表 2-8-1 录入相关信息,其中:单据日期、单据编号均默认,业务类型选择"预付款",结算方式选择"电汇",账号名称选择"基本结算户","付款金额"录入"－10 000.00"(表示退回预付款,且在单据中,数量或金额为负数时自动以红字显示),票据号录入"00810096",然后保存付款单,如图 2-8-1 所示。

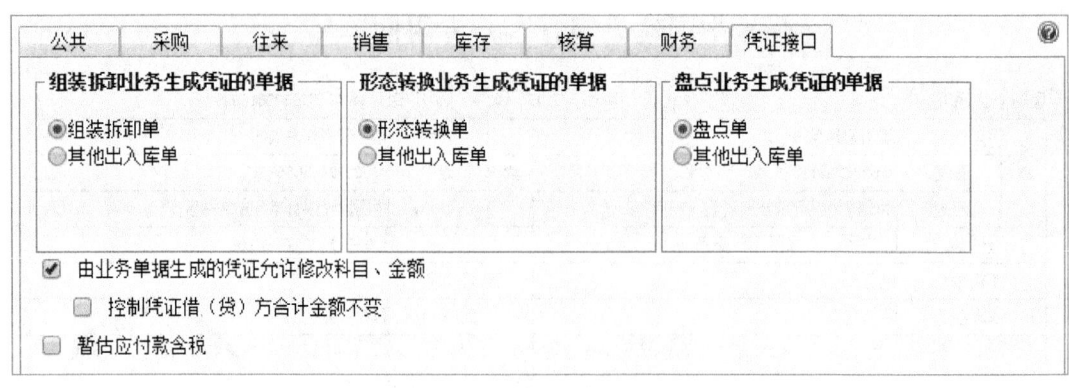

注:框代表红字。

图 2-8-1 [业务 2-8]付款单录入界面

(2) 生成凭证:以存货会计钱晓明"201007"身份于 2019-01-03 登录,"系统管理——选项"选择"凭证接口",把"控制凭证借(贷)方合计金额不变"复选框前的"√"取消(生成凭证中的"银行存款"科目金额方向改为借方,改变凭证借(贷)合计金额不变的选项),如图 2-8-2 所示;"总账"——"日常业务"单击"单据生成凭证",单据选择"付款单",单击"下一步",进入"选择查询条件"页面,默认,单击"下一步",得到"查询结果",单击"生成凭证"按钮,生成一张记账凭证,附单据数录入"1",摘要改为"收到退回预付款",对"银行存款"科目红字贷方改成借方蓝字,并录入现金流量项目"03 其他经营活动增加的现金",然后单击"保存"按钮,如图 2-8-3 所示。

图 2-8-2 [业务 2-8]凭证接口选项设置界面

需要说明的是:本教材中凭证金额为负数的,在 T＋系统中凭证显示的是红色正数金额(两者是等同的,在 T＋系统凭证中根据负数金额生成或填制负数金额时,自动显示红色正数金额)。

第二章 存货业务会计电算化处理(上)

记账凭证

序号	摘要	科目名称	辅助项	借方	贷方
1	收到退回预付款	预付账款-供应商	常州智雅有限公司	10000.00	
2	收到退回预付款	银行存款-建行41622124656669	电汇 00810096 2019-01-03		10000.00

注:加框表示红字。

图 2-8-3 [业务 2-8]生成凭证界面

[业务 2-7]和[业务 2-8]取得的原始凭证均在 2019 年 1 月 3 日,且属同一供应商,对于同一供应商同日取得的单据还有一种核算方法,即将取得的单据全部合并,生成一张凭证,其业务流程与[业务 2-7]和[业务 2-8]相同,但在存货会计根据单据生成凭证时,须选择所有单据("采购入库单""采购发票""预付冲应付"和"付款单"),合并生成凭证,如图 2-8-4 所示。

记账凭证

序号	摘要	科目名称	辅助项	计量单位	借方	贷方
1	预付购料并收到多付款	原材料	M101	千克	25000.00	
2	预付购料并收到多付款	应交税费-应交增值税-进项税额			4000.00	
3	预付购料并收到多付款	银行存款-建行41622124656669	电汇 00810096 2019-01-03		10000.00	
4	预付购料并收到多付款	预付账款-供应商	常州智雅有限公司			30000.00

图 2-8-4 [业务 2-7][业务 2-8]所有单据合并生成凭证界面

一般单料同日到、预付款超过货款且当日退回货款业务常见生成凭证的方式,如表 2-8-2 所示。

表 2-8-2 预付款超货款全部业务同日完成时记账凭证生成方式一览表

	生成凭证方法一:合并方式	
	记账凭证	原始凭证
多付预付款含退款业务——往来科目按款项实质属性确认	借:原材料	采购入库单/采购发票/预付冲应付/付款单(全部合并)
	借:应交税费——应交增值税——进项税额	
	借:银行存款	
	贷:预付账款	
	生成凭证方法二:分别单据生成凭证	
	记账凭证	原始凭证
	借:在途物资	采购发票
	借:应交税费——应交增值税——进项税额	
	贷:应付账款	

(续表)

	借:应付账款	预付冲应付
多付预付款含退款业务——往来科目按款项实质属性确认	贷:预付账款	
	借:原材料	采购入库单
	贷:在途物资	
	借:预付账款(红字金额)	红字付款单
	借:银行存款	

【业务 2-9】 1月4日,取得原始凭证3张,业务经办人朱珊珊。

表 2-9-1 是中国建设银行转账支票存根,应作为付款方支付款项的记账依据。该原始凭证注明,"付款行账号"是 41622124656669,"收款人"是本公司,"用途"是支付承兑保证金,这表明本公司已从账号为 41622124656669 的基本户上支付了承兑保证金。

表 2-9-1

表 2-9-2 是中国建设银行进账单的第一联回单联,此联也应作为付款方支付款项的记账依据。该原始凭证注明,"出票人"和"收款人"均为本公司,"出票人账号"为 41622124656669,"收款人账号"为 41392887676703,是本公司的银行承兑保证金户,"金额"为 409 500.00 元,这表明本公司已通过账号为 41622124656669 的基本户向账号为 41392887676703 的银行承兑保证金户划款 409 500.00 元。

表 2-9-3 是中国建设银行进账单的第三联收款通知联,此联应作为收款人收到款项的记账依据。该原始凭证注明,"出票人"和"收款人"均为本公司,"出票人账号"为 41622124656669,"收款人账号"为 41392887676703,是本公司的银行承兑保证金户,这表明本公司账号为 41392887676703 的银行承兑保证金户上已收到账号为 41622124656669 的基本

户转入的保证金。进行会计核算时,根据表2-9-1、表2-9-2和表2-9-3,"金额"409 500.00元分别记入"其他货币资金——承兑保证金41392887676703"科目的借方和"银行存款——建行41622124656669"科目的贷方。

表2-9-2

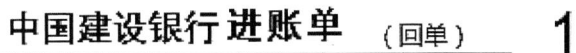

表2-9-3

根据上述分析,该笔业务在T+系统中的操作流程如下:

(1) 填制银行存取款单:以出纳朱珊珊"201009"身份于2019-01-04登录,在"往来现金——单据"中单击"银行存取款单",在"银行存取款单"页面根据表2-9-1录入相关信息,其中:单据日期、单据编号均默认,"业务类型"选择"转账""转出结算方式"选择"转账支票""转出账号"选择"基本结算户""转出金额"录入"409 500.00""转入结算方式"选择"转账支票""转入账号"选择"承兑保证金专户",票据号录入"17025802""经手人"选择"朱珊珊""备注"录入"支付承兑保证金",然后单击"保存"→"审核",如图2-9-1所示。

图 2-9-1 [业务 2-9]银行存取款单页面

需要说明的是:不同现金银行账号之间相互划转的业务,在 T+系统中全部通过"银行存取款单"处理。

(2)生成凭证:以存货会计钱晓明"201007"身份于 2019-01-04 登录,"总账"——"日常业务"单击"单据生成凭证",单据选择"银行存取款单",单击"下一步",进入"选择查询条件"页面,默认,单击"下一步",得到"查询结果",单击"生成凭证"按钮,"附单据数"改为"3",对"其他货币资金"科目录入现金流量项目"不影响现金流量的项目",借方是"流入",对银行存款科目录入现金流量项目是"22 支付其他与筹资活动有关的现金",保存,如图 2-9-2 所示。

图 2-9-2 [业务 2-9]记账凭证页面

【业务 2-10】 1月4日,取得原始凭证1张,业务经办人崔浩朴。

表 2-10-1 是银行承兑汇票第三联(存根)联,此联应作为付款方支付货款的记账依据。该原始凭证注明,"出票人全称"是本公司,"收款人"是南通通达有限公司,"出票日期"是贰零壹玖年零壹月零肆日,"汇票到期日"是贰零壹玖年零肆月零肆日,"出票金额"是 409 500.00 元;通过查询"应付账款——南通通达有限公司",得到期初余额为 409 500.00 元;这表明本公司向南通通达有限公司开出了一张期限为 3 个月、金额为 409 500.00 元的银行承兑汇票用于支付期初前欠货款。进行会计核算时,"出票金额"409 500.00 元应分别记入"应付账款——供应商——南通通达有限公司"科目的借方和"应付票据——南通通达有限公司"科目的贷方。

根据上述分析,该笔业务在 T+系统中的操作流程如下:

(1)填制其他应付单:以存货会计钱晓明"201007"身份于 2019-01-04 登录,在"往来现金——单据"中单击"其他应付单",在"其他应付单"页面根据表 2-10-1 录入相关信息,其中:单据日期、单据编号均默认,"业务类型"选择"其他应付""往来单位"选择"南通通达有限公司""部门"选择"采购部",业务员选择"崔浩朴""付款到期日"选择"2019-04-04""项目"选择"银行承兑汇票",摘要录入"抵付前欠货款",金额录入"409 500.00",保存并审核,如图

2-10-1所示。

表 2-10-1

图 2-10-1 [业务 2-10]其他应付单页面

(2) 应付冲应付:以存货会计钱晓明"201007"身份于 2019-01-04 登录,在"往来现金——往来冲销"中单击"应付冲应付",在"应付冲应付"页面根据表 2-10-1 录入相关信息,其中:单据日期、单据编号均默认,"业务类型"选择"应付冲应付""转出供应商"和"转入供应商"均选择"南通通达有限公司",然后单击"选单"命令,选择"期初应付"记录,"转入项目"选择"银行承兑汇票""冲销金额合计"录入"409 500.00",单击"分摊"命令,保存并审核,如图 2-10-2 所示。

(3) 科目设置:以存货会计钱晓明"201007"身份于 2019-01-04 登录,"总账"——"日常业务"单击"科目设置",对其他应付科目和其他应付对方科目进行扩展设置,其他应付科目项目为"商业汇票"的供应商,设置科目为"应付票据";其他应付对方科目增设往来单位为供应商的科目为"应付账款——供应商"。科目设置也可在生成凭证时根据系统提示设置。

(4) 生成凭证:以存货会计钱晓明"201007"身份于 2019-01-04 登录,"总账"——"日常

图 2-10-2 [业务 2-10]应付冲应付页面

业务"单击"单据生成凭证",单据选择"其他应付单"和"应付冲应付",单击"下一步",进入"选择查询条件"页面,默认,单击"下一步",得到"查询结果",选择合并方式,单击"生成凭证"按钮,"附单据数"改为"1","摘要"改为"其他应付单/签发票据抵付货款",单击"保存"按钮,如图 2-10-3 所示。

图 2-10-3 [业务 2-10]记账凭证页面

【业务 2-11】 1月4日,取得原始凭证4张,业务经办人崔浩朴。

表 2-11-1

3203161140	3203161140
	27236512

江苏增值税专用发票 № 27236512

开票日期：2019年01月03日

| 购买方 | 名称：常州亚兴有限公司
纳税人识别号：913204049343406114
地址、电话：江苏省常州市钟楼区李智街环唯路45号 0519-74325031
开户行及账号：中国建设银行常州市钟楼区支行 41622124656669 | 密码区 | 25*3187<4/+2841<+95-59+7<248
0605<0-->-6>525<402808->7*7
87*3187<4/+8490<+54281282564
8+<712/<1+9016<4866++>84>431 |

货物或应税劳务、服务名称	规格型号	单位	数量	单价	金额	税率	税额
M101		千克	15000	48.80	732000.00	16%	117120.00
合 计					¥732000.00		¥117120.00

价税合计(大写) 捌拾肆万玖仟壹佰贰拾元整 ¥849120.00

| 销售方 | 名称：徐州云龙有限公司
纳税人识别号：913203052847374878
地址、电话：江苏省徐州市贾汪区陈军街薛文路68号 0516-22887910
开户行及账号：中国建设银行徐州市贾汪区支行 41622124289211 |

收款人： 复核： 开票人：贾立国 销售方：(章)

(徐州云龙有限公司 913203052847374878 发票专用章)

第二联：抵扣联 购买方抵扣凭证

表2-11-1和表2-11-3均是江苏增值税专用发票的第二联抵扣联,此联应作为购买方抵扣进项税额的依据。该抵扣联不能作为记账凭证的附件,专门用于在规定期限内到税务机关办理认证或在平台办理勾选确认,并在认证通过或勾选确认的次月申报期内,向主管税务机关申报抵扣进项税额。

表2-11-2是江苏增值税专用发票的第三联发票联,此联应作为购买方的记账依据。该原始凭证注明,"购买方"是本公司,"销售方"是徐州云龙有限公司,"货物或应税劳务、服务名称"是材料M101,这表明本公司从徐州云龙有限公司购买了材料M101。

表2-11-2

表2-11-3

表2-11-4是江苏增值税专用发票的第三联发票联,此联应作为购买方的记账依据。该原始凭证注明,"购买方"是本公司,"销售方"是徐州圆通物流有限公司,"货物或应税劳务、服务名称"是运费,"金额"为18 000.00元,"税额"是1 800.00元,票面上有"供应商垫付"印章,这表明本公司从徐州圆通物流有限公司接受了运输服务,运费由徐州云龙有限公司垫付。

表2-11-4

表2-11-5是收料单的第二联记账联,此联应作为收到材料的记账依据。该原始凭证注明,"供应单位"是徐州云龙有限公司,"名称"是M101,"数量应收"和"数量实收"均为15 000千克,这表明本公司向徐州云龙有限公司购买的M101材料已经全部验收入库。进行会计核算时,根据表2-11-2、表2-11-4和表2-11-5,"金额"合计750 000.00元(732 000.00+18 000.00)应记入"原材料——M101"科目的借方,"税额"合计118 920.00元应记入"应交税费——应交增值税——进项税额"科目的借方。

表2-11-5

收 料 单

供应单位:徐州云龙有限公司					2019年01月04日					编号 SL28635	
材料编号	名称	单位	规格	数量		实际成本					
				应收	实收	单价	发票价格	运杂费	总价		
C01001	M101	千克		15000	15000						
备注:											

收料人:孙民里　　　　　　　　　　　　交料人:常彦忠

表2-11-6是银行承兑汇票第三联(存根)联,此联应作为付款方支付货款的记账依据。该原始凭证注明,"出票人全称"是本公司,"收款人"是徐州云龙有限公司,"出票日期"是贰零壹

玖年零壹月零肆日,"汇票到期日"是贰零壹玖年零肆月零肆日,"出票金额"是 868 920.00 元,这表明本公司向徐州云龙有限公司开出了一张期限为 3 个月、金额为 868 920.00 元的银行承兑汇票用于支付货款及运费。进行会计核算时,"出票金额"868 920.00 元应记入"应付票据——徐州云龙有限公司"科目的贷方。

表 2-11-6

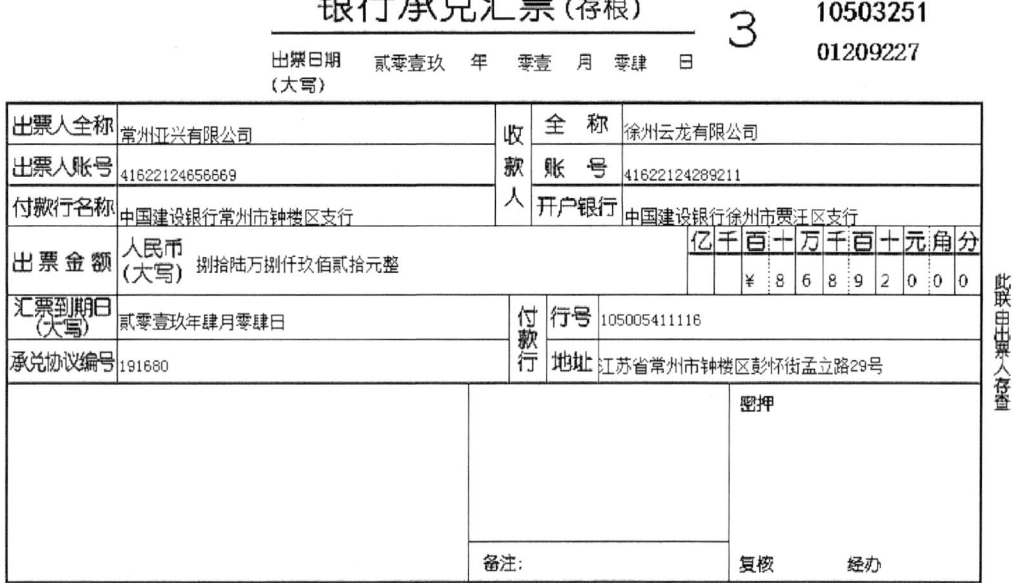

根据上述分析,该笔业务在 T+系统中的操作流程如下:

(1) 录入供应商档案:以账套主管袁世民"201006"的身份于"2019-01-04"登录。根据表 2-11-2 及表 2-11-4 所示在基础设置→往来单位中增加供应商徐州云龙有限公司和运输供应商徐州圆通物流有限公司档案。

(2) 填制进货单:以采购主管崔浩朴"301010"的身份于"2019-01-04"登录。"采购管理"——"单据",单击"进货单",根据表 2-11-2 采购发票,供应商选择"徐州云龙有限公司",业务员选择"崔浩朴""项目"选择"银行承兑汇票",付款方式选择"其他","付款到期日"选择"2018-04-04",存货名称选择"M101",数量录入"15 000",单价录入"48.80",其他信息自动生成,保存并审核,如图 2-11-1 所示。

图 2-11-1 [业务 2-11]进货单录入页面

(3) 生成采购发票：以采购主管崔浩朴"301010"的身份于"2019-01-04"登录。在已审的进货单生成，单击"生单"中的"生成采购发票（普通采购）"。以取得发票的日期作为单据日期处理；采购发票生成后，根据表2-11-2，发票号录入"27236512"，其他信息默认，对采购发票进行保存并审核，如图2-11-2所示。

图2-11-2 ［业务2-11］采购发票页面

(4) 生成采购入库单：以仓管孙民里"101005"身份于2019-01-04登录，"库存核算"——"单据"单击"采购入库单"，采用选"进货单"方式生成采购入库单，单据编号录入"SL28635"，仓库选择"综合库"，保存并审核，如图2-11-3所示。

图2-11-3 ［业务2-11］采购入库单界面

(5) 填制费用单：以存货会计钱晓明"201007"身份于2019-01-04登录，在"采购管理——相关单据"中单击"费用单"，根据表2-11-4录入相关信息，其中："往来单位"以垫付款单位为准，选择"徐州云龙有限公司"，单据编号录入"22540500""部门"选择"采购部"，业务员选择"崔浩朴""项目"选择"银行承兑汇票""费用名称"选择"采购运费"，金额录入"18 000.00"，其他信息自动生成，保存并审核，如图2-11-4所示。

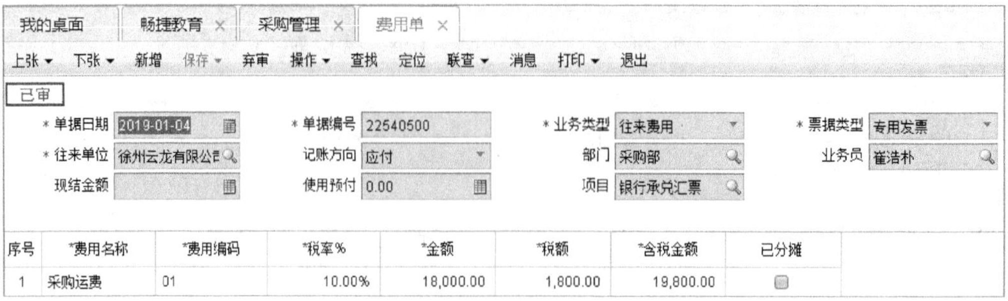

图2-11-4 ［业务2-11］费用单录入页面

(6) 采购运费分摊:以存货会计钱晓明"201007"身份于 2019-01-04 登录,在"采购管理"——"相关单据"单击"费用分摊单",出现"费用单选单页面"对话框,选中"徐州云龙有限公司"记录,单击"确定"按钮,在费用单明细出现一条记录;在"选单"命令中单击"选采购入库单",选择"徐州云龙"记录,单击"确定"按钮,在"采购入库单明细"中出现一条记录,"分摊方式"选择按费用档案,单击"分摊"命令→单击"保存"命令,如图 2-11-5 所示。

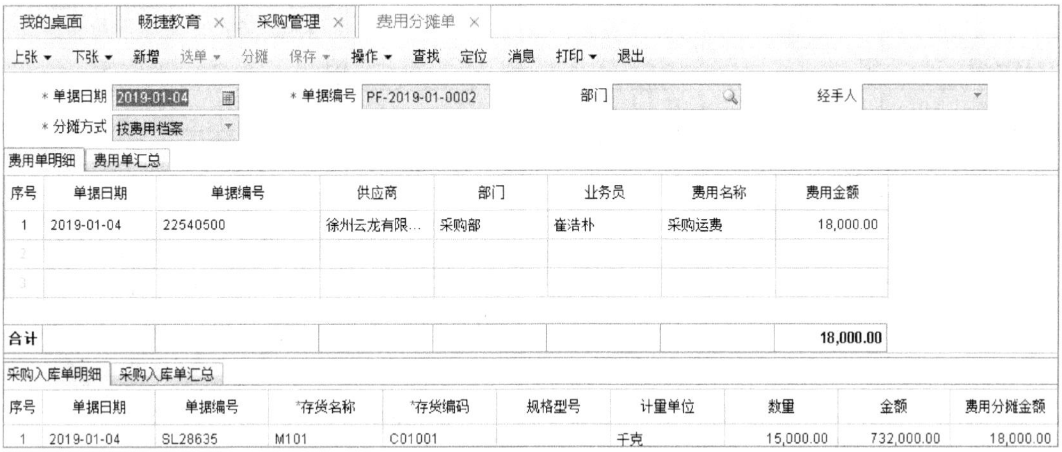

序号	单据日期	单据编号	供应商	部门	业务员	费用名称	费用金额
1	2019-01-04	22540500	徐州云龙有限…	采购部	崔浩朴	采购运费	18,000.00
2							
3							
合计							18,000.00

序号	单据日期	单据编号	*存货名称	*存货编码	规格型号	计量单位	数量	金额	费用分摊金额
1	2019-01-04	SL28635	M101	C01001		千克	15,000.00	732,000.00	18,000.00

图 2-11-5　[业务 2-11]费用分摊单页面

(7) 生成凭证:以存货会计钱晓明"201007"身份于 2019-01-04 登录,"总账"——"日常业务"单击"单据生成凭证",单据选择"采购入库单""采购发票"和"费用单",单击"下一步",进入"选择查询条件"页面,默认,单击"下一步",得到"查询结果",在"按合并规则设置合并号"复选框处打"√",合并号均录入"1",单击"生成凭证"按钮,"附单据数"改为"4","摘要"改为"赊购材料,签发票据",单击"保存"按钮,如图 2-11-6 所示。

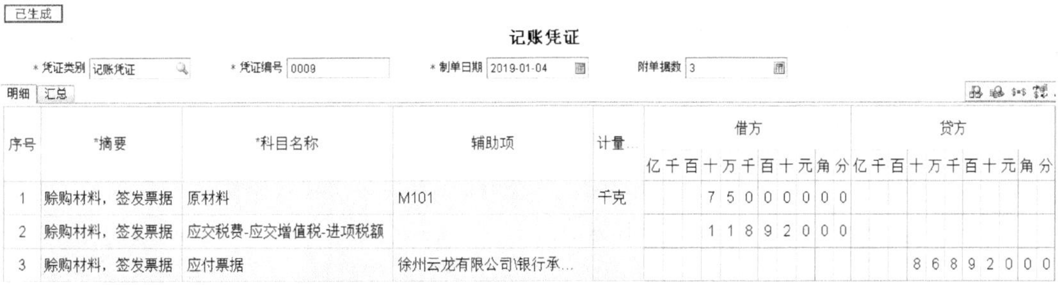

序号	*摘要	*科目名称	辅助项	计量…	借方	贷方
1	赊购材料,签发票据	原材料	M101	千克	75000000	
2	赊购材料,签发票据	应交税费-应交增值税-进项税额			11892000	
3	赊购材料,签发票据	应付票据	徐州云龙有限公司\银行承…			86892000

图 2-11-6　[业务 2-11]合并生成记账凭证页面

【业务 2-12】　1 月 4 日,取得原始凭证 1 张。

表 2-12-1 是中国建设银行客户专用回单,此单作为收款方收取款项的记账依据。该原始凭证注明,"户名"是本公司,"账号"是 41392887676703,是承兑保证金户,"计息项目"是存款利息,这表明本公司账号为 41392887676703 的承兑保证金户收到了承兑保证金的存款利息。进行会计核算时,"利息金额"965.25 元分别记入"其他货币资金——承兑保证金 41392887676703"科目和"财务费用——利息收入"科目的借方(注:利息收入一般在会计电

算化中记在"财务费用——利息收入"科目的借方,金额用负数填列)。

表 2-12-1

中国建设银行客户专用回单

币别:人民币　　　　2019 年01 月04 日　　　流水号:453435

户名:常州亚兴有限公司			账号:41392887676703		
计息项目	起息日	结息日	本金/积数	利率(%)	利息金额
存款利息	略	略	略	略	965.25
合计金额	(大写)玖佰陆拾伍元贰角伍分			￥965.25	
上列存款利息,已照收你单位41392887676703账户			打印柜员:320425584257		
			打印机构:中国建设银行常州市钟楼区支行		
			打印卡号:41392887676703		

打印时间:2019-01-04　　　交易柜员:320425584268　　　交易机构:320410503

根据上述分析,该笔业务在 T+系统中的操作流程如下:

(1)录入收入项目:以出纳朱珊珊"201009"身份于 2019-01-04 登录,在"基础设置——收付结算"中单击"收入",在"收入"页面单击"新增""收入编码"录入"01""收入名称"录入"利息收入"。

(2)填制收入单:以出纳朱珊珊"201009"身份于 2019-01-04 登录,在"往来现金——单据"单击"收入单",单据日期和单据编号默认,业务类型选择"现金收入",票据类型"收据"(不涉及增值税),根据表 2-12-1,在表体中选择收入名称"利息收入",金额录入"965.25",单击现结金额栏右侧图标,已弹出的"现结"对话框中选择结算方式为"其他",账号名称为"承兑保证金专户",收款金额"965.25",单击"确定",保存并审核,如图 2-12-1 所示。

图 2-12-1　[业务 2-12]收入单页面

需要说明的是:①收入单中的业务类型有"往来收入"和"现金收入"两种,其中"现金收入",必须全额现结,而"往来收入",可以进行预收、应收或部分收款等各种款项结算;一般往来单位有档案的,两种类型均可选择,若无往来单位档案,则只能选择"现金收入"类型;在本教材中,对于有往来单位档案且用于涉及采购或销售业务的,要求选择"往来收入"类型,用于其他业务的,则要求选择"现金收入"类型。②票据类型包括专用发票、普通发票和收据三种,无增值税额的,一般使用收据。

(3)科目设置:以存货会计钱晓明"201007"身份于2019-01-04登录,"总账"——"日常业务"单击"科目设置",对已存在收入科目删除,然后进入收入科目扩展设置,选择收入为"利息收入",录入科目"财务费用——利息收入",保存退出。

(4)生成凭证:以存货会计钱晓明"201007"身份于2019-01-04登录,"总账"——"日常业务"单击"单据生成凭证",单据选择"收入单",单击"下一步",进入"选择查询条件"页面,默认,单击"下一步",得到"查询结果",单击"生成凭证"按钮,生成一张记账凭证,摘要改为"利息收入",财务费用贷方科目改到借方,金额改为"-965.25",并设置其他货币资金科目的流量项目为"25",单击"保存"按钮,如图2-12-2所示。

图2-12-2 [业务2-12]记账凭证页面

【业务2-13】 1月4日,取得原始凭证1张。

表2-13-1是中国建设银行客户专用回单的第二联贷方回单,此联应作为收款方收取款项的记账依据。该原始凭证注明,"付款人"和"收款人"均为本公司,"付款人账号"为41392887676703,是承兑保证金户,"收款人账号"为41622124656669,"金额"为351 965.25

表2-13-1

中国建设银行客户专用回单

元,这表明银行已将款项351 965.25元从账号为41392887676703的承兑保证金户划出,转入账号为41622124656669的基本户。进行会计核算时,"金额"351 965.25元应分别记入"银行存款——建行41622124656669"科目的借方和"其他货币资金——承兑保证金41392887676703"科目的贷方。

根据上述分析,该笔业务在T+系统中的操作流程如下:

(1)填制银行存取款单:以出纳朱珊珊"201009"身份于2019-01-04登录,在"往来现金——单据"中单击"银行存取款单",在"银行存取款单"页面根据表2-13-1录入相关信息,其中:单据日期、单据编号均默认,"业务类型"选择"转账""转出结算方式"为"其他""转出账号名称"为"承兑保证金专户""转出金额"录入"351 965.25""转入结算方式"为"其他""转入账号名称"选择"基本结算户",票据号录入"00810147""经手人"选择"朱珊珊""备注"录入"承兑保证金转基本户",然后单击"保存"→单击"审核",如图2-13-1所示。

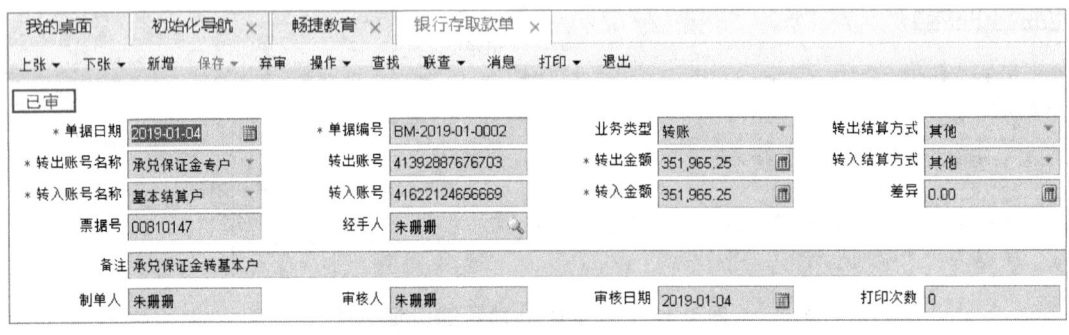

图2-13-1 [业务2-13]银行存取款单页面

(2)生成凭证:以存货会计钱晓明"201007"身份于2019-01-04登录,"总账"——"日常业务"单击"单据生成凭证",单据选择"银行存取款单",单击"下一步",进入"选择查询条件"页面,默认,单击"下一步",得到"查询结果",单击"生成凭证"按钮,对"其他货币资金"科目录入现金流量项目"26目",对"银行存款"科目金额为"351 000.00"录入现金流量项目为"19",在中间插行,录入"100201"科目,结算辅助方式与图2-13-1所示一致,金额为"965.25",流量项目为"12",保存,如图2-13-2所示。

序号	摘要	科目名称	辅助项	借方	贷方
				亿千百十万千百十元角分	亿千百十万千百十元角分
1	转账/承兑保证…	银行存款-建行41622124656669	其他 00810147 20…	3 5 1 0 0 0 0 0	
2	转账/承兑保证…	银行存款-建行41622124656669	其他 00810147 20…	9 6 5 2 5	
3	转账/承兑保证…	其他货币资金-承兑保证金4139288…	其他 00810147 20…		3 5 1 9 6 5 2 5

图2-13-2 [业务2-13]记账凭证页面

需要说明的是:承兑保证金专户是定期存款户,不直接支付到期票据款,因而"其他货币资金——承兑保证金41392887676703"科目对应的流量项目均为不影响现金流量的项目,而其利息收入"965.25"元的流量项目与保证金是不一致的,为保证现金流量项目的正确,故对于"100201"存款科目根据流量项目分行核算,分别设置现金流量项目。

【业务 2-14】 1 月 4 日,取得原始凭证 1 张,业务经办人崔浩朴。

表 2-14-1 是中国建设银行客户专用回单的第一联借方回单,此联应作为付款方支付款项的记账依据。该原始凭证注明,"付款人"为本公司,"付款人账号"为 41622124656669,"收款人"为银行承兑汇票到期收款户,"凭证种类"为银行承兑汇票,"金额"为 351 000.00 元,从期初余额得知,应付供应商南京中山有限公司的银行承兑汇票 351 000.00 元到期,这表明银行已将款项从账号为 41622124656669 的基本户中划出,用以支付到期票据款 351 000.00 元。进行会计核算时,"金额"351 000.00 元应分别记入"应付票据——南京中山有限公司"科目的借方和"银行存款——建行 41622124656669"科目的贷方。

表 2-14-1

中国建设银行客户专用回单

币别：人民币		2019 年 01 月 04 日	流水号 320420027J0500810183	
付款人	全称	常州亚兴有限公司	收款人	全称	银行承兑汇票到期收款户
	账号	41622124656669		账号	10132062883626101 40937
	开户行	中国建设银行常州市钟楼区支行		开户行	中国建设银行常州市钟楼区支行
金额	（大写）人民币 叁拾伍万壹仟元整		（小写）¥351000.00	
凭证种类	银行承兑汇票		凭证号码	1087655655104163
结算方式	转账		用途	转账支取
			打印柜员：320425584257 打印机构：中国建设银行常州市钟楼区支行 打印卡号：413928876767038	

打印时间：2019-01-04 交易柜员：320425584268 交易机构：320410522

根据上述分析,该笔业务在 T+ 系统中的操作流程如下:

(1) 填制付款单并核销:以出纳朱珊珊"201009"身份于 2019-01-04 登录,在"往来现金——单据"中单击"付款单",在"付款单"页面录入相关信息,其中:单据日期、单据编号均默认,业务类型选择"普通付款",供应商选择"南京中山有限公司","部门"选择"采购部",业务员选择"崔浩朴";结算方式选择"其他",账号名称选择"基本结算户","付款金额"录入"351 000.00",票据号录入"00810183",单击"选单",选取"期初应付",然后单击"分摊"→单击"保存",如图 2-14-1 所示。

(2) 生成凭证:以存货会计钱晓明"201007"身份于 2019-01-04 登录,"总账"——"日常业务"单击"单据生成凭证",单据选择"付款单",单击"下一步",进入"选择查询条件"页面,默认,单击"下一步",得到"查询结果",单击"生成凭证"按钮,"摘要"改为"支付到期票据款",对银行存款科目选择现金流量项目"04",保存,如图 2-14-2 所示。

图 2-14-1 [业务 2-14]付款单页面

图 2-14-2 [业务 2-14]记账凭证页面

【业务 2-15】 1月5日,取得原始凭证3张,业务经办人崔浩朴。

表2-15-1是江苏增值税专用发票的第二联抵扣联,此联应作为购买方抵扣进项税额的依据。该抵扣联不能作为记账凭证的附件,专门用于在规定期限内到税务机关办理认证或在平台办理勾选确认,并在认证通过或勾选确认的次月申报期内,向主管税务机关申报抵扣进项税额。

表 2-15-1

表 2-15-2 是江苏增值税专用发票的第三联发票联,此联应作为购买方的记账依据。该原始凭证注明,"购买方"是本公司,"销售方"是泰州维扬有限公司,"货物或应税劳务、服务名称"是 M101,这表明本公司从泰州维扬有限公司购买了材料 M101。

表 2-15-2

购买方								
名称：常州亚兴有限公司								
纳税人识别号：913204049343406114								
地址、电话：江苏省常州市钟楼区李智街环唯路45号 0519-74325031								
开户行及账号：中国建设银行常州市钟楼区支行 41622124656669								

发票号码：15971904
开票日期：2019年01月05日

货物或应税劳务、服务名称	规格型号	单位	数量	单价	金额	税率	税额
M101		千克	5000	50.00	250000.00	16%	40000.00
合　　计					¥250000.00		¥40000.00
价税合计(大写) ⊗ 贰拾玖万元整							¥290000.00

销售方	
名称：泰州维扬有限公司	
纳税人识别号：913212032581931494	
地址、电话：江苏省泰州市高港区李彦街车福路07号 0523-59147416	
开户行及账号：中国建设银行泰州市高港区支行 41622124798828	

表 2-15-3 是收料单的第二联记账联,此联应作为收到材料的记账依据。该原始凭证注明,"供应单位"是泰州维扬有限公司,"名称"是 M101,"数量应收"和"数量实收"均为 5 000 千克,这表明本公司向泰州维扬有限公司购买的 M101 已经全部验收入库。进行会计核算时,根据表 2-15-2 和表 2-15-3,"金额"250 000.00 元应记入"原材料——M101"科目的借方,"税额"40 000.00 元应记入"应交税费——应交增值税——进项税额"科目的借方。由于该笔采购业务中没有相关付款的原始凭证,同时在此之前也没有发生相关的预付款业务,这表明本公司的该笔采购业务为赊购,进行会计核算时,"价税合计"290 000.00 元应记入"应付账款——供应商——泰州维扬有限公司"科目的贷方。

表 2-15-3

收 料 单

供应单位：泰州维扬有限公司　　　　2019 年 01 月 05 日　　　　编号 SL28636

材料编号	名称	单位	规格	数量		实际成本			
				应收	实收	单价	发票价格	运杂费	总价
C01001	M101	千克		5000	5000				

备注：

根据上述分析,该笔业务在 T+系统中的操作流程如下:

(1) 增加供应商档案：以账套主管袁世民"201006"身份于 2019-01-05 登录，在"基础设置——基本信息"单击"往来单位"→根据表 2-15-2 录入供应商信息。

(2) 填制进货单：以采购主管崔浩朴"301010"的身份于 2019-01-05 登录。在"采购管理"——"单据"，单击"进货单"→根据表 2-15-2，供应商选择"泰州维扬有限公司"，业务员选择"崔浩朴"，付款方式选择"其他"，存货名称选择"M101"，数量录入"5 000"，单价录入"50.00"，其他自动生成，保存并审核，如图 2-15-1 所示。

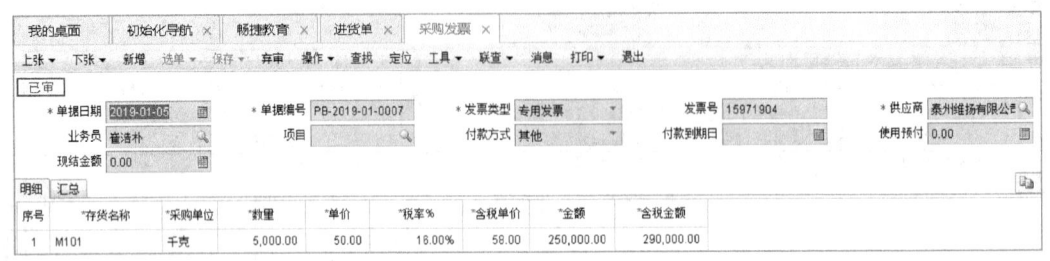

图 2-15-1　[业务 2-15]进货单页面

(3) 生成采购发票：以采购主管崔浩朴"301010"的身份于 2019-01-05 登录。在已审的进货单生成，单击"生单"中的"生成采购发票（普通采购）"。发票号录入"15971904"，保存并审核，如图 2-15-2 所示。

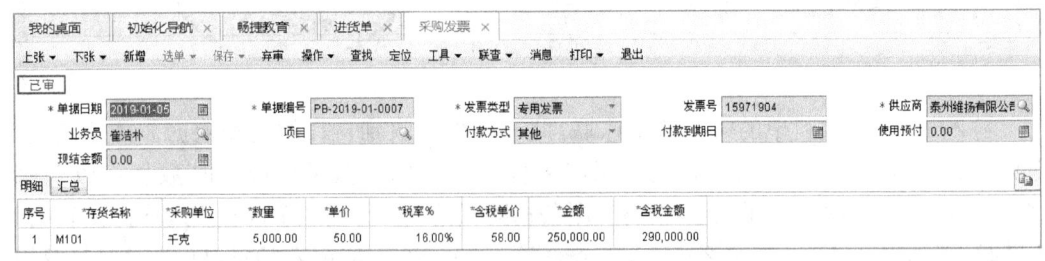

图 2-15-2　[业务 2-15]采购发票页面

(4) 生成采购入库单。以仓管孙民里"101005"身份于 2019-01-05 登录，"库存核算"——"单据"单击"采购入库单"，根据表 2-15-3，单据编号录入"SL28636"，仓库选择"综合库"，保存并审核，如图 2-15-3 所示。

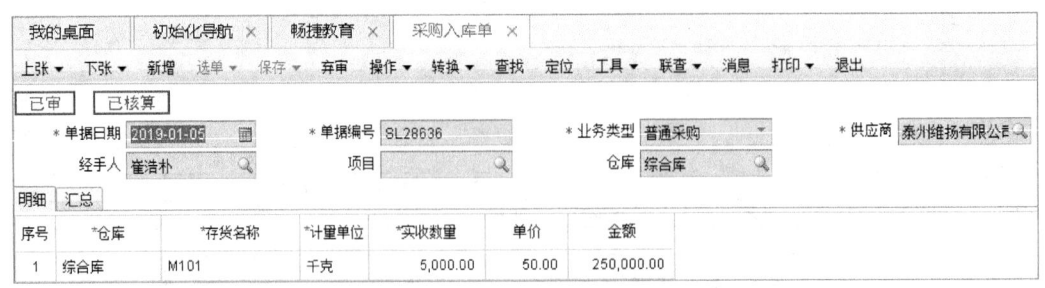

图 2-15-3　[业务 2-15]采购入库单页面

(4) 生成凭证：以存货会计钱晓明"201007"身份于 2019-01-05 登录，"总账"——"日常业务"单击"单据生成凭证"，单据选择"采购入库单""采购发票"，单击"下一步"，进入

"选择查询条件"页面,默认,单击"下一步",得到"查询结果",勾选合并生成凭证,合并号均为"1",单击"生成凭证"按钮,附单据数录入"2""摘要"改为"/赊购材料",保存,如图2-15-4所示。

序号	摘要	科目名称	辅助项	计量	借方	贷方
1	赊购材料	原材料	M101	千克	250 000.00	
2	赊购材料	应交税费-应交增值税-进项税额			40 000.00	
3	赊购材料	应付账款-供应商	泰州维扬有限公司			290 000.00

图 2-15-4 [业务 2-15]记账凭证生成界面

【业务 2-16】 1 月 5 日,取得原始凭证 1 张,业务经办人邹萌红。

表 2-16-1 是中国建设银行客户专用回单的第一联借方回单,此联应作为付款方支付款项的记账依据。该原始凭证注明,"付款人"为本公司,"付款人账号"为 41622124656669,"收款人"为南京大华有限公司,"凭证种类"是网银,"用途"是支付货款,同时,2018 年 12 月 31 日"应付账款——供应商——南京大华有限公司"贷方余额为 234 000.00 元,表明本公司已通过账号为 41622124656669 的基本户以网银方式向南京大华有限公司支付了货款。进行会计核算时,"金额"234 000.00 元应分别记入"应付账款——供应商——南京大华有限公司"科目的借方和"银行存款——建行 41622124656669"科目的贷方。

表 2-16-1

根据上述分析,该笔业务在 T+系统中的操作流程如下:

(1) 填制付款单并核销:以出纳朱珊珊"201009"身份于 2019-01-05 登录,在"往来现金——单据"中单击"付款单",根据表 2-16-1,"业务类型"选择"普通付款",供应商选择"南京大华有限公司","部门"选择"采购部",业务员选择"邹萌红";结算方式选择"网银",账号名称选择"基本结算户","付款金额"录入"234 000.00",票据号录入"00810214"→单击"选单",选取"期初应付",然后单击"分摊"→单击"保存",如图 2-16-1 所示。

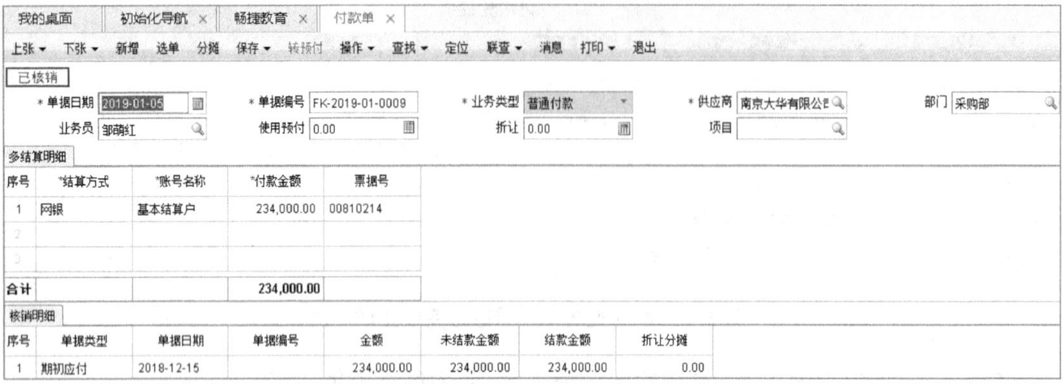

图 2-16-1 [业务 2-16]付款单页面

(2) 生成凭证:以存货会计钱晓明"201007"身份于 2019-01-05 登录,"总账"——"日常业务"单击"单据生成凭证",单据选择"付款单",单击"下一步",进入"选择查询条件"页面,默认,单击"下一步",得到"查询结果",单击"生成凭证"按钮,"摘要"改为"普通付款/支付货款",对银行存款科目选择现金流量项目"04",保存,如图 2-16-2 所示。

图 2-16-2 [业务 2-16]记账凭证页面

【业务 2-17】 1 月 6 日,取得原始凭证 1 张,业务经办人崔浩朴。

表 2-17-1 是中国建设银行客户专用回单的第一联借方回单,此联应作为付款方支付款项的记账依据。该原始凭证注明,"付款人"为本公司,"付款人账号"为 41622124656669,"收款人"为泰州维扬有限公司,"凭证种类"是网银,"用途"是支付货款,这表明本公司已通过账号为 41622124656669 的基本户以网银方式向泰州维扬有限公司支付了货款。

表 2-17-2 是购销合同复印件,作为付款方计算实际支付货款的依据。该原始凭证注明,"购方"是本公司,"销方"是泰州维扬有限公司,"产品名称"是 M101,"金额"是 290 000.00 元,"交货日期"是 2019 年 1 月 5 日,"付款时间与付款方式"中规定以含税价为现金折扣基数,10 天内付款折扣 1.5%,20 天内付款折扣 0.8%,30 天内付款折扣 0,这表明本公司与泰州维扬有限公司签订了附有现金折扣条件的购销合同。结合表 2-17-1,"日期"是 2019 年 1 月 6 日,这

表 2-17-1

中国建设银行客户专用回单

币别：人民币　　　　　2019 年 01 月 06 日　　　流水号 320420027J0500810311

付款人	全称	常州亚兴有限公司	收款人	全称	泰州维扬有限公司
	账号	41622124656669		账号	41622124798828
	开户行	中国建设银行常州市钟楼区支行		开户行	中国建设银行泰州市高港区支行

金 额	（大写）人民币 贰拾捌万伍仟陆佰伍拾元整	（小写）￥285650.00
凭证种类	网银	凭证号码
结算方式	转账	用途　支付货款

打印柜员：320425584257
打印机构：中国建设银行常州市钟楼区支行
打印卡号：41622124656669

（中国建设银行专用章）

打印时间：2019-01-06　　交易柜员：320425584268　　交易机构：320410500541111645

表 2-17-2　（此为复印件）

购销合同

购方：常州亚兴有限公司　　　　　　合同编号：2018025
销方：泰州维扬有限公司　　　　　　签订地点：常州市

供、需双方本着互利互惠、长期合作的原则，根据《中华人民共和国合同法》及双方的实际情况，就需方向供方采购事宜，订立本合同，以便双方在合同履行中共同遵守。

一、产品名称、数量、单价、金额：

产品名称	规格型号	计量单位	数量	单价	金额	备注
M101		千克	5000	58.00	290000.00	含税
合计					￥290000.00	

合计人民币（大写）：贰拾玖万元整

二、质量要求、技术标准、供方对质量负责的条件和期限：按合同企业标准。

三、（1）交（提）货地点、方式：江苏省常州市钟楼区幸福街环城路45号

　　（2）交货日期：2019-01-05

四、付款时间与付款方式：现金折扣基数：含税，现金折扣条件：10天内付款折扣1.5%、20天内付款折扣0.8%、30天内付款折扣0%，付款方式：网银。

五、运输方式及到站、港和费用负担：
销售方承担

六、合理损耗及计算方法：以实际数量验收。

七、包装标准、包装物的供应与回收：普通包装，不回收包装物。

八、验收标准、方法及提出异议期限：货到需方七天内提出质量异议，不包括运输过程中造成的质量问题。

九、违约责任：按《合同法》。

十、解决合同纠纷的方式：双方协商解决。

十一、其他约定事项：本合同一式两份，需、供双方各一份，经双方盖章后即生效。

购方（盖章）：常州亚兴有限公司	销方（盖章）：泰州维扬有限公司
单位地址：江苏省常州市钟楼区李智街环孤巷45号	单位地址：江苏省泰州市高港区李彦街车福巷1号
电　话：0519-74325031	电　话：0523-59147416
签订日期：2019-01-04	签订日期：2019-01-04
开户银行：中国建设银行常州市钟楼区支行	开户银行：中国建设银行泰州市高港区支行
账　号：41622124656669	账　号：41622124798828

表明本公司已通过账号为 41622124656669 的基本户按表 2-17-2 购销合同的现金折扣条件在 10 天内向泰州维扬有限公司支付了货款 285 650.00 元，本公司享受 1.5% 的现金折扣 4 350.00 元(290 000.00×1.5%)。根据表 2-17-1 及表 2-17-2 进行会计核算时，购销合同"金额"290 000.00 元应记入"应付账款——供应商——泰州维扬有限公司"科目的借方，现金折扣 4 350.00 元应记入"财务费用——现金折扣"科目的借方（金额用负数填列），中国建设银行客户专用回单"金额"285 650.00 应记入"银行存款——建行 41622124656669"科目的贷方。

根据上述分析，该笔业务在 T+系统中的操作流程如下：

(1) 填制付款单并核销：以出纳朱珊珊"201009"身份于 2019-01-06 登录，在"往来现金——单据"中单击"付款单"，根据表 2-17-1，"业务类型"选择"普通付款"，供应商选择"泰州维扬有限公司""部门"选择"采购部"，业务员选择"崔浩朴"，结算方式选择"网银"，账号名称选择"基本结算户""付款金额"录入"285 650.00"，票据号录入"00810311"；单击"选单"，选取"采购发票""表头折让"录入"4 350.00"，单击"分摊"，单击"保存"，如图 2-17-1 所示。

图 2-17-1　[业务 2-17]付款单页面

（2）科目设置：以存货会计钱晓明"201007"身份于2019-01-06登录，"总账"——"日常业务"单击"科目设置""现金折扣"科目设置为"660304"，保存。

（3）生成凭证：以存货会计钱晓明"201007"身份于2019-01-06登录，"总账"——"日常业务"单击"单据生成凭证"，单据选择"付款单"，单击"下一步"，进入"选择查询条件"页面，默认，单击"下一步"，得到"查询结果"，单击"生成凭证"按钮，"附单据数"改为"2""摘要"改为"支付含折扣货款"，对银行存款科目选择现金流量项目"04"，保存，如图2-17-2所示。

序号	摘要	科目名称	辅助项	借方	贷方
1	支付含折扣货款	应付账款-供应商	泰州维扬有限公司	290 000 00	
2	支付含折扣货款	财务费用-现金折扣		4 350 00	
3	支付含折扣货款	银行存款-建行41622124656669	网银 00810311 201…		285 650 00

图2-17-2 [业务2-17]记账凭证页面

【业务2-18】 1月6日，取得原始凭证1张，业务经办人崔浩朴。

表2-18-1是银行承兑汇票第二联的复印件，此复印件应作为付款方结算货款的记账依据。该原始凭证正面注明，出票日期为"贰零壹捌年壹拾贰月贰拾柒日"，"出票人全称"为常州弘阳有限公司，"收款人全称"为本公司，"出票金额"为585 000.00元，"汇票到期日"为贰零壹玖年叁月贰拾柒日，金额585 000.00元；该原始凭证背面"被背书人"为无锡太湖有

表2-18-1 （此为复印件）

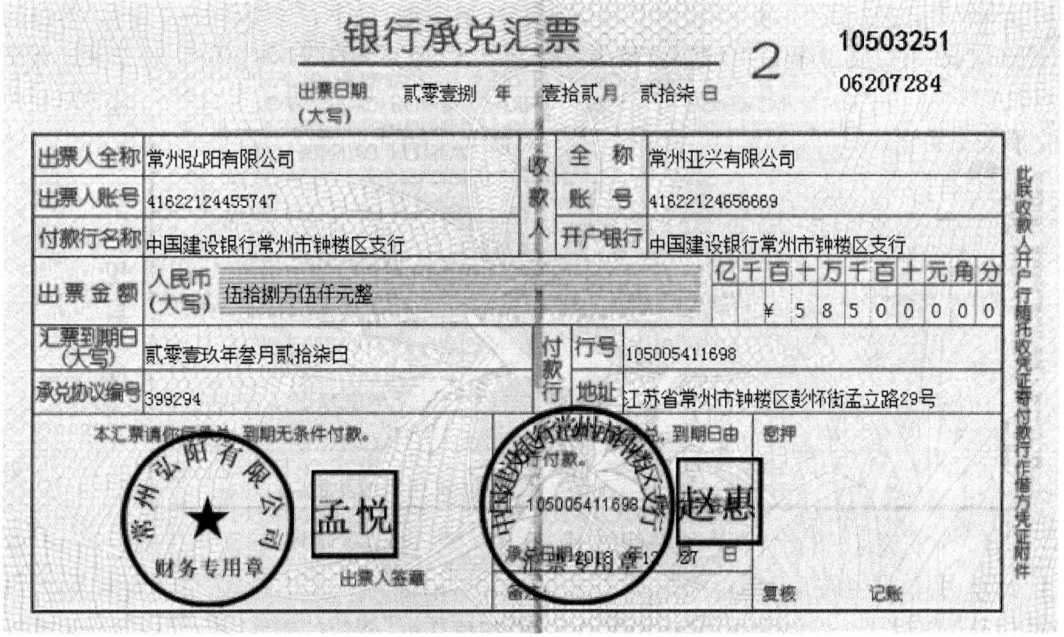

限公司","背书人签章"处加盖了本公司的预留银行印鉴,日期为2019年1月6日。同时,2018年12月31日"应收票据——常州弘阳有限公司"科目的借方余额为585 000.00元,"应付账款——供应商——无锡太湖有限公司"科目期初贷方余额585 000.00元,这表明本公司在2019年1月6日将未到期的常州弘阳有限公司开具的银行承兑汇票背书转让给无锡太湖有限公司抵付其期初货款585 000.00元。进行会计核算时,"出票金额"585 000.00元应分别记入"应付账款——供应商——无锡太湖有限公司"科目的借方和"应收票据——常州弘阳有限公司"科目的贷方。

根据上述分析,该笔业务在T+系统中的操作流程如下:

(1) 应收冲应付:以存货会计钱晓明"201007"身份于2019-01-06登录,在"往来现金——往来冲销"中单击"应收冲应付",根据表2-18-1,"结算客户"选择"常州弘阳有限公司",供应商选择"无锡太湖有限公司";在"应收冲销明细"项下,"选单"——"应收"单击选"期初应收";在"应付冲销明细"项下单击"选单"——"应付",选"期初应付";双方未结金额均为585 000.00元,"冲销金额合计"中录入"585 000.00",单击"分摊",自动完成冲销金额的录入及冲销工作,单击"保存",如图2-18-1和图2-18-2所示。

图2-18-1 [业务2-18]应收冲销明细页面

(2) 生成凭证:以存货会计钱晓明"201007"身份于2019-01-06登录,"总账"——"日常业务"单击"单据生成凭证",单据选择"应收冲应付",单击"下一步",进入"选择查询条件"页面,默认,单击"下一步",得到"查询结果",单击"生成凭证"按钮,"摘要"改为"以客户票据抵

我的桌面 | 畅捷教育 × | 应收冲应付 ×

上张▾ 下张▾ 新增 选单▾ 分摊 保存▾ 操作▾ 查找 消息 打印▾ 定位 联查▾ 退出

* 单据日期 2019-01-06　* 单据编号 SF-2019-01-0001　* 结算客户 常州弘阳有限公司　* 供应商 无锡太湖有限公司

* 冲销金额合计 585,000.00

应收冲销明细 | 应付冲销明细

序号	单据类型	单据日期	单据编号	项目	金额	未结款金额	冲销金额
1	期初应付	2018-11-26			585,000.00	585,000.00	585,000.00

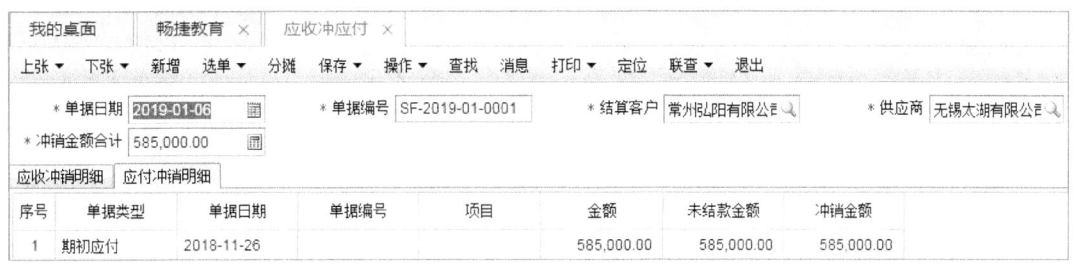

图 2-18-2 [业务 2-18]应付冲销明细页面

付货款”“贷方科目”生成的是“应收账款”，应手工改为“应收票据”并选择辅助项为“常州弘阳有限公司”，单击“保存”按钮，如图 2-18-3 所示。

已生成

记账凭证

* 凭证类别 记账凭证　* 凭证编号 0016　* 制单日期 2019-01-06　附单据数 1

明细 | 汇总

序号	*摘要	*科目名称	辅助项	借方	贷方
1	以客户票据抵付货款	应付账款-供应商	无锡太湖有限公司	58500000	
2	以客户票据抵付货款	应收票据	常州弘阳有限公司\银行承兑汇票		58500000

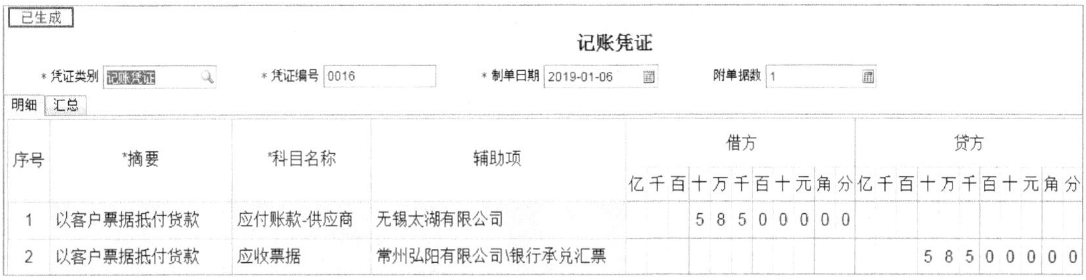

图 2-18-3 [业务 2-18]记账凭证页面

需要说明的是：在单据生成凭证第三步，生成凭证前，可单击“查看明细”按钮，将系统默认的“1122”科目改为“1121”科目，然后单击“生成凭证”按钮，这样操作不需要修改已生成凭证中的科目及其辅助核算项。

【业务 2-19】 1 月 6 日，取得原始凭证 1 张，业务经办人邹萌红。

表 2-19-1

经理办公会议纪要

鉴于镇江金山有限公司已于2017年01月04日完成破产清算程序，清算组未向我司请求支付欠其应付账款￥30000.00（人民币叁万元整），且该请求付款权已过诉讼时效，经决定将此笔款项计入当期损益。

参加人员　赵卫宇　袁世民　崔浩朴　傅世惠

2019年01月06日

表 2-19-1 是 2019 年 1 月 6 日的经理办公会议纪要,其内容表明,应付期初镇江金山有限公司货款 30 000.00 元无法支付,确认为营业外收入。进行会计核算时,"应付账款" 30 000.00 元应分别记入"应付账款——供应商——镇江金山有限公司"科目的借方和"营业外收入——无法偿付的应付账款"科目的贷方。

根据上述分析,该笔业务在 T+系统中的操作流程有两种处理方法:

第一种方法:直接由存货会计在总账中进行账务处理并在期末记账后对镇江金山应付账款进行核销处理。第二种方法:填制一份其他应付单,然后应付冲应付,合并制单生成凭证的方法。

方法一流程如下:以存货会计钱晓明"201007"身份于 2019-01-06 登录,"总账"——"日常业务"单击"填制凭证",凭证类别、编号和制单日期自动生成,"附单据数"录入"1""摘要"录入"处置无法支付的应付账款",科目录入"220202",辅助核算选择供应商"镇江金山有限公司"、业务员"邹萌红",借方金额录入"30 000.00";科目名称录入"630106",其科目名称、贷方金额自动生成;单击"保存"按钮,如图 2-19-1 所示。

序号	*摘要	*科目名称	辅助项	借方	贷方
1	处置无法支付…	应付账款-供应商	镇江金山有限…	30 000 00	
2	处置无法支付…	营业外收入-无法偿付的应付…			30 000 00

图 2-19-1 [业务 2-19]记账凭证页面

方法二流程如下:

(1) 设置项目档案:以存货会计钱晓明"201007"身份于 2019-01-06 登录,"基础设置——基本信息"单击"项目",项目增设分类编码"X8"名称"应付账款处置"及项目编码"X801",名称"无法支付应付账款"。

(2) 填制其他应付单:以存货会计钱晓明"201007"身份于 2019-01-06 登录,在"往来现金——单据"中单击"其他应付单",根据表 2-19-1,"业务类型"选择"其他应付""往来单位"选择"镇江金山有限公司""部门"选择"采购部",业务员选择"邹萌红",摘要及项目均为"无法支付应付账款"。金额录入"30 000.00",保存并审核,如图 2-19-2 所示。

图 2-19-2 [业务 2-19]无法支付应付账款其他应付单页面

(3) 应付冲应付:以存货会计钱晓明“201007”身份于 2019-01-06 登录,在“往来现金——往来冲销”中单击“应付冲应付”,根据表 2-19-1,“转出供应商”和“转入供应商”均选择“镇江金山有限公司”“转入部门”选择“采购部”“转入业务员”选择“邹萌红”“转入项目”选择“无法支付应付账款”“冲销金额合计”录入“30 000.00”,单击“选单”,查询后,选择期初应付“镇江金山有限公司”记录,单击“分摊”按钮,单击“保存”,如图 2-19-3 所示。

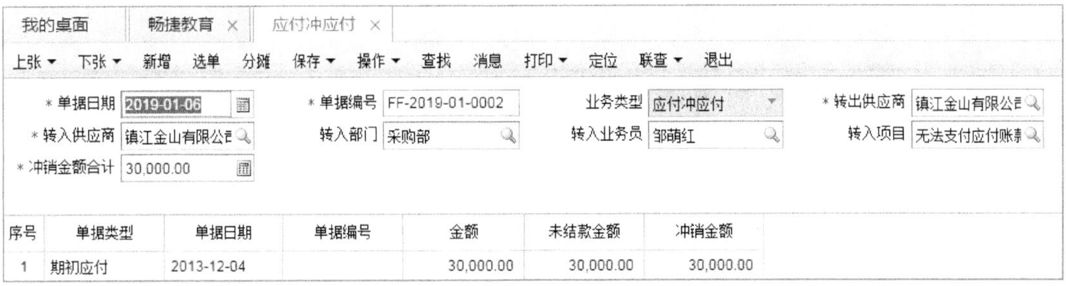

我的桌面　畅捷教育　应付冲应付

上张　下张　新增　选单　分摊　保存　操作　查找　消息　打印　定位　联查　退出

* 单据日期 2019-01-06　* 单据编号 FF-2019-01-0002　业务类型 应付冲应付　* 转出供应商 镇江金山有限公司

* 转入供应商 镇江金山有限公司　转入部门 采购部　转入业务员 邹萌红　转入项目 无法支付应付账款

* 冲销金额合计 30,000.00

序号	单据类型	单据日期	单据编号	金额	未结款金额	冲销金额
1	期初应付	2013-12-04		30,000.00	30,000.00	30,000.00

图 2-19-3　[业务 2-19]应付冲应付页面

(4) 科目设置:以存货会计钱晓明“201007”身份于 2019-01-06 登录,“总账”——“日常业务”单击“科目设置”,其他应付对方科目进行扩展设置,增行,项目为“无法支付应付账款”的科目设置为“营业外收入——无法偿还的应付账款”。

(5) 生成凭证:以存货会计钱晓明“201007”身份于 2019-01-06 登录,“总账”——“日常业务”单击“单据生成凭证”,单据选择“其他应付单”和“应付冲应付”,单击“下一步”,进入“选择查询条件”页面,默认,单击“下一步”,得到“查询结果”,选择合并方式,单击“生成凭证”按钮,附单据数改为“1”,单击“保存”按钮,“摘要”改为“无法支付应付账款”,保存,如图 2-19-4 所示。

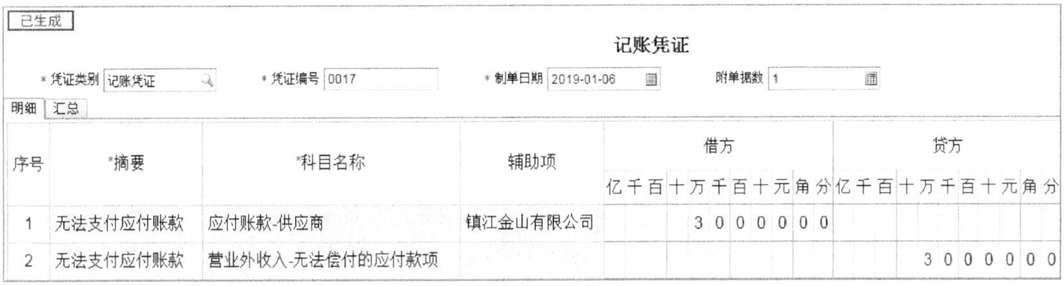

已生成

记账凭证

* 凭证类别 记账凭证　* 凭证编号 0017　* 制单日期 2019-01-06　附单据数 1

明细　汇总

序号	*摘要	*科目名称	辅助项	借方	贷方
1	无法支付应付账款	应付账款-供应商	镇江金山有限公司	3000000	
2	无法支付应付账款	营业外收入-无法偿付的应付款项			3000000

图 2-19-4　[业务 2-19]记账凭证页面

需要说明的是:方法一比较简单,直接在总账中填制凭证,但需要在期末记账后对应付账款进行核销;方法二设置固化后,可以根据规定流程自动生成凭证,且在流程中对应付账款进行了核销,本教材采用第二种方法。

(二) 采购材料,单先到料后到业务

【业务 2-20】 1 月 6 日,取得原始凭证 1 张,业务经办人崔浩朴。

表 2-20-1 是收料单的第二联记账联,此联应作为收到材料的记账依据。该原始凭证

注明,"供应单位"是南京宝蓝有限公司,"名称"是M101,"数量应收"和"数量实收"均为3 000千克,与期初进货单单位及数量一致,这表明本公司向南京宝蓝有限公司购买的M101已经全部验收入库。进行会计核算时,"在途物资"科目期初余额150 000.00元,应分别记入"原材料——M101"科目的借方和"在途物资"科目的贷方。

表 2-20-1

收 料 单

供应单位:南京宝蓝有限公司　　　　　　2019年01月06日　　　　　　　　　编号 SL28637

材料编号	名称	单位	规格	数量		实际成本			
				应收	实收	单价	发票价格	运杂费	总价
C01001	M101	千克		3000	3000				
备注:									

收料人:孙民里　　　　　　　　　　　　　　　　　　交料人:王建石

第二联 记账联

根据上述分析,该笔业务在T+系统中的操作流程如下:

(1)生成采购入库单。以仓管孙民里"101005"身份于2019-01-06登录,"库存核算"——"单据"单击"采购入库单",选单"南京宝蓝",生成采购入库单,单据编号录入"SL28637",仓库选择"综合库",保存并审核,如图2-20-1所示。

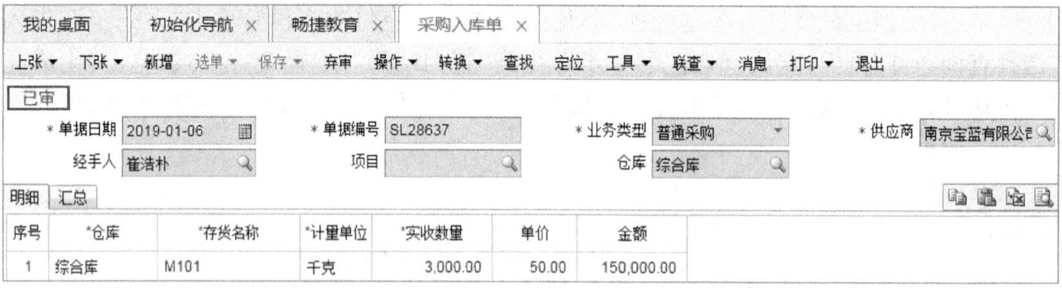

图 2-20-1　[业务2-20]采购入库单页面

(2)生成采购发票:以存货会计钱晓明"201007"身份于2019-01-06登录,"初始化——单据"单击"期初进货单",找到首张,"生单"生成2018年12月27日采购发票,保存并审核(生成的采购发票在上月,不会在本月进行账务处理,主要目的是上月采购发票与本月采购入库单形成一个完整的采购流程)。

(3)生成凭证:以存货会计钱晓明"201007"身份于2019-01-06登录,"总账"——"日常业务"单击"单据生成凭证",单据选择"采购入库单",单击"下一步",进入"选择查询条件"页面,默认,单击"下一步",得到"查询结果",单击"生成凭证"按钮,摘要改为"期初在途材料入库",保存,如图2-20-2所示。

需要注意的是:期初进货单在发票立账时不能作为确定实际采购成本的依据,应该是采购发票,因此,必须根据期初进货单生成上月采购发票,目的是与本月采购入库单进行配比计算实际采购成本,如果没有此流程,系统自动认定为先入库,属暂估采购业务,生成凭证时贷方科目是"应付账款——暂估应付账款"。

第二章 存货业务会计电算化处理(上)

图 2-20-2 [业务 2-20]记账凭证生成界面

【业务 2-21】 1月6日,取得原始凭证3张,业务经办人邹萌红。

表 2-21-1 是江苏增值税专用发票的第二联抵扣联,此联应作为购买方抵扣进项税额的依据。该抵扣联不能作为记账凭证的附件,专门用于在规定期限内到税务机关办理认证或在平台办理勾选确认,并在认证通过或勾选确认的次月申报期内,向主管税务机关申报抵扣进项税额。

表 2-21-1

表 2-21-2 是江苏增值税专用发票的第三联发票联,此联应作为购买方的记账依据。该原始凭证注明,"购买方"是本公司,"销售方"是常州振华有限公司,"货物或应税劳务、服务名称"是材料 N102,这表明本公司从常州振华有限公司购买了材料 N102。进行会计核算时,本业务无收料单,表明材料尚未验收入库,"金额"240 000.00 元应记入"在途物资"科目的借方,"税额"38 400.00 元应记入"应交税费——应交增值税——进项税额"科目的借方。

表 2-21-2

表 2-21-3 是中国建设银行转账支票存根,此联应作为付款方支付货款的记账依据。该原始凭证注明,"付款行账号"是 41622124656669,"收款人"是常州振华有限公司,"用途"是支付货款,这表明本公司已通过账号为 41622124656669 的基本户向常州振华有限公司支付了货款。进行会计核算时,"金额"278 400.00 元应记入"银行存款——建行 41622124656669"科目的贷方。

表 2-21-3

根据上述分析,该笔业务在 T+系统中的操作流程如下:
(1) 增加供应商档案:以账套主管袁世民"201006"的身份于"2019-01-06"登录。根据

表2-21-2所示在基础设置→往来单位中增加供应商档案。

（2）填制进货单：以采购主管崔浩朴"301010"的身份于"2019-01-06"登录。"采购管理"——"单据"，单击"进货单"，根据表2-21-2，供应商选择"常州振华有限公司"，业务员选择"邹萌红"，付款方式选择"全额现结"，存货名称选择"N102"，数量录入"3 000"，单价录入"80.00"，其他自动生成，保存并审核，如图2-21-1所示。

图2-21-1　[业务2-21]进货单录入页面

（3）生成采购发票：以采购主管崔浩朴"301010"的身份于"2019-01-06"登录。在已审的进货单生成，单击"生单"中的"生成采购发票（普通采购）"。以取得发票的日期作为单据日期处理；根据表2-21-2录入发票号"13161302"，根据表2-21-3修改现结信息，结算方式选择"转账支票"，票据号录入"17025803"，其他如金额、账号名称自动生成，对采购发票进行保存并审核，如图2-21-2所示。

图2-21-2　[业务2-21]采购发票页面

（4）生成凭证：以存货会计钱晓明"201007"身份于2019-01-06登录，"总账"——"日常业务"单击"单据生成凭证"，单据选择"采购发票"，单击"下一步"，进入"选择查询条件"页面，默认，单击"下一步"，得到"查询结果"，单击"生成凭证"按钮，附单据数改为"2"，摘要改为"现购材料，料未收"，对银行存款科目选择现金流量项目"04"，保存，如图2-21-3所示。

需要说明的是："在途物资"科目包括在途材料成本和采购运费两个内容，但采购运费在T+中并不属于存货（采购运费在T+中作为费用，根据采购入库单中已入库的材料种类及数量进行费用分摊，从而确定已入库材料实际采购成本），无法并入按存货设置的明细科目，"在途物资"科目只能设置总账科目，而不设置明细科目进行会计核算。

已分配　已生成

记账凭证

*凭证类别 记账凭证　*凭证编号 0019　*制单日期 2019-01-06　附单据数 2

明细　汇总

序号	*摘要	*科目名称	辅助项	借方（亿千百十万千百十元角分）	贷方（亿千百十万千百十元角分）
1	现购材料，料未收	在途物资		24000000	
2	现购材料，料未收	应交税费-应交增值税-进项税额		3840000	
3	现购材料，料未收	银行存款-建行41622124656669	转账支票 17025803 ...		27840000

图 2-21-3 [业务 2-21]合并生成记账凭证页面

【业务 2-22】 1 月 7 日，取得原始凭证 1 张，业务经办人邹萌红。

表 2-22-1 是收料单的第二联记账联，此联应作为收到材料的记账依据。该原始凭证注明，“供应单位”是常州振华有限公司，“名称”是 N102，“数量应收”和“数量实收”均为 3 000 千克，与[业务 2-21]采购发票上数量一致，因此其实际成本与表 2-21-2 的“金额”240 000.00 元相等。这表明本公司向常州振华有限公司购买的 N102 已经全部验收入库。进行会计核算时，根据表 2-21-2 的“金额”240 000.00 元分别记入“原材料——N102”科目的借方和“在途物资”科目的贷方。

表 2-22-1

收　料　单

供应单位：常州振华有限公司　　2019 年 01 月 07 日　　编号 SL28638

材料编号	名称	单位	规格	数量		实际成本			
				应收	实收	单价	发票价格	运杂费	总价
C01002	N102	千克		3000	3000				
备注：									

第二联记账联

收料人：孙民里　　交料人：赵宝华

根据上述分析，该笔业务在 T+系统中的操作流程如下：

(1) 生成采购入库单。以仓管孙民里“101005”身份于 2019-01-07 登录，“库存核算”——“单据”单击“采购入库单”，选单“采购发票”，根据表 2-22，单据编号录入“SL28638”，仓库选择“综合库”，保存并审核，如图 2-22-1 所示。

我的桌面　初始化导航　畅捷教育　采购入库单

上张　下张　新增　选单　保存　弃审　操作　转换　查找　定位　工具　联查　消息　打印　退出

已审　已核算

*单据日期 2019-01-07　*单据编号 SL28638　*业务类型 普通采购

*供应商 常州振华有限公司　经手人 邹萌红　项目

仓库 综合库

明细　汇总

序号	*仓库	*存货名称	*计量单位	*实收数量	单价	金额
1	综合库	N102	千克	3,000.00	80.00	240,000.00

图 2-22-1 [业务 2-22]采购入库单页面

第二章 存货业务会计电算化处理(上) 117

（2）生成凭证：以存货会计钱晓明"201007"身份于2019-01-07登录，"总账"——"日常业务"单击"单据生成凭证"，单据选择"采购入库单"，单击"下一步"，进入"选择查询条件"页面，默认，单击"下一步"，得到"查询结果"，单击"生成凭证"按钮，摘要改为"材料验收入库"，保存，如图2-22-2所示。

序号	*摘要	科目名称	辅助项	计量	借方	贷方
					亿千百十万千百十元角分	亿千百十万千百十元角分
1	材料验收入库	原材料	N102	千克	2 4 0 0 0 0 0 0	
2	材料验收入库	在途物资				2 4 0 0 0 0 0 0

图2-22-2 ［业务2-22］记账凭证生成界面

【业务2-23】 1月7日，取得原始凭证3张，业务经办人崔浩朴。

表2-23-1是江苏增值税专用发票的第二联抵扣联，此联应作为购买方抵扣进项税额的依据。该抵扣联不能作为记账凭证的附件，专门用于在规定期限内到税务机关办理认证或在平台办理勾选确认，并在认证通过或勾选确认的次月申报期内，向主管税务机关申报抵扣进项税额。

表2-23-1

表2-23-2是江苏增值税专用发票的第三联发票联，此联应作为购买方的记账依据。该原始凭证注明，"购买方"是本公司，"销售方"是连云港云飞有限公司，"货物或应税劳务、服务名称"是材料M101和N102，这表明本公司从连云港云飞有限公司购买了材料M101和N102。该业务没有收料单，材料尚未验收入库，进行会计核算时，表2-32-2中，"金额合

计"1 370 000.00 元应记入"在途物资"科目的借方,"税额合计"219 200.00 元应记入"应交税费——应交增值税——进项税额"科目的借方。

表 2-23-2

表 2-23-3 是中国建设银行客户专用回单的第一联借方回单,此联应作为付款方支付货款的记账依据。该原始凭证注明,"付款人"是本公司,"付款人账号"是 41622124656669,"收款人"是连云港云飞有限公司,"用途"是支付货款,这表明本公司已通过账号为 41622124656669 的基本户向连云港云飞有限公司支付了货款。进行会计核算时,"金额" 1 589 200.00 元应记入"银行存款——建行 41622124656669"科目的贷方。

表 2-23-3

中国建设银行客户专用回单

币别:人民币			2019 年 01 月 07 日		流水号 320420027J0500810418	
付款人	全称	常州亚兴有限公司		收款人	全称	连云港云飞有限公司
	账号	41622124656669			账号	41622124641262
	开户行	中国建设银行常州市钟楼区支行			开户行	中国建设银行连云港市连云区支行
金额	(大写)人民币 壹佰伍拾捌万玖仟贰佰元整				(小写)¥1589200.00	
凭证种类	网银			凭证号码		
结算方式	转账			用途	支付货款	
				打印柜员:320425584257		
				打印机构:中国建设银行常州市钟楼区支行		
				打印卡号:105113629612		

打印时间:2019-01-07   交易柜员:320425584268   交易机构:320410500541111667

根据上述分析,该笔业务在T+系统中的操作流程如下:

(1) 增加供应商档案:以账套主管袁世民"201006"的身份于"2019-01-07"登录。根据表2-21-2增加供应商档案。

(2) 填制进货单:以采购主管崔浩朴"301010"的身份于"2019-01-07"登录。"采购管理"——"单据",单击"进货单",根据表2-23-2,供应商选择"连云港云飞有限公司",业务员选择"崔浩朴",付款方式选择"全额现结",存货名称分别选择"M101"和"N102",数量分别录入"20 000"和"5 000",单价分别录入"48.80"和"78.80",保存并审核,如图2-23-1所示。

图 2-23-1　[业务2-23]进货单录入页面

(3) 生成采购发票:以采购主管崔浩朴"301010"的身份于"2019-01-07"登录。在已审的进货单生成,单击"生单"中的"生成采购发票(普通采购)"。以取得发票的日期作为单据日期处理;根据表2-23-2录入发票号"01749340",根据表2-23-3修改现结信息,结算方式选择"网银",账号名称选择"基本结算户",注意金额保持不变,票据号录入"00810418",对采购发票进行保存并审核,如图2-23-2所示。

图 2-23-2　[业务2-23]采购发票页面

(4) 生成凭证:以存货会计钱晓明"201007"身份于2019-01-07登录,"总账"——"日常业务"单击"单据生成凭证",单据选择"采购发票",单击"下一步",进入"选择查询条件"页面,默认,单击"下一步",得到"查询结果",单击"生成凭证"按钮,附单据数改为"2",摘要改为"现购材料,料未入库",对银行存款科目选择现金流量项目"04",保存,如图2-23-3所示。

记账凭证

序号	摘要	科目名称	辅助项	借方	贷方
1	现购材料，料未入库	在途物资		1 370 000.00	
2	现购材料，料未入库	应交税费-应交增值税-进项税额		219 200.00	
3	现购材料，料未入库	银行存款-建行41622124656669	网银 00810418...		1 589 200.00

图2-23-3 [业务2-23]生成记账凭证页面

【业务2-24】 1月8日，取得原始凭证3张，业务经办人崔浩朴。

表2-24-1是江苏增值税专用发票的第二联抵扣联，此联应作为购买方抵扣进项税额的依据。该抵扣联不能作为记账凭证的附件，专门用于在规定期限内到税务机关办理认证或在平台办理勾选确认，并在认证通过或勾选确认的次月申报期内，向主管税务机关申报抵扣进项税额。

表2-24-1

表2-24-2是江苏增值税专用发票的第三联发票联，此联应作为购买方的记账依据。该原始凭证注明，"购买方"是本公司，"销售方"是常州快运物流有限公司，"货物或应税劳务、服务名称"是运费，"备注"是货物名称：M101，N102，这表明本公司从常州快运物流有限公司接受了运输M101和N102材料的劳务，而供应商是[业务2-23]连云港云飞有限公司，材料尚未验收入库，进行会计核算时，"金额"30 000.00元记入"在途物资"科目的借方，"税额"3 300元记入"应交税费——应交增值税——进项税额"科目的借方。

表 2-24-2

购买方	名称：常州亚兴有限公司 纳税人识别号：913204049343406114 地址、电话：江苏省常州市钟楼区李智街环唯路45号 0519-74325031 开户行及账号：中国建设银行常州市钟楼区支行 41622124656669	密码区	86*3187<4/+4731<+95-59+7<643 7077<0-->>-6>525<474507->7*7 87*3187<4/+8490<+50886473514 8+<712/<1+9016>0203++>84>527

货物或应税劳务、服务名称	规格型号	单位	数量	单价	金额	税率	税额
运费			1	30000.00	30000.00	10%	3000.00
合计					¥30000.00		¥3000.00

| 价税合计（大写） | ⊗ 叁万叁仟元整 | ¥33000.00 |

| 销售方 | 名称：常州快运物流有限公司
纳税人识别号：913204023035896608
地址、电话：江苏省常州市天宁区魏书街董莉路53号 0519-78334789
开户行及账号：中国建设银行常州市天宁区支行 41622124664762 | 备注：车种车号：苏A75359 货物名称：M101、N102
913204023035896608
发票专用章 |

收款人：　　　复核：　　　开票人：赵天俊　　　销售方：（章）

表 2-24-3 是中国建设银行转账支票存根，此联应作为付款方支付货款的记账依据。该原始凭证注明，"付款行账号"是 41622124656669，"收款人"是常州快运物流有限公司，"用途"是运费，这表明本公司已通过账号为 41622124656669 的基本户向常州快运物流有限公司支付了运费。进行会计核算时，"金额" 33 000.00 元记入"银行存款——建行 41622124656669"科目的贷方。

表 2-24-3

根据上述分析，该笔业务在 T+系统中的操作流程如下：
（1）增加供应商档案：以账套主管袁世民"201006"的身份于"2019-01-08"登录。根据

表 2-24-2 增加供应商档案。

（2）填制费用单：以出纳朱珊珊"201009"的身份于"2019-01-08"登录。"往来现金"——"单据"，单击"费用单"，根据表 2-24-2，往来单位选择"常州快运物流有限公司"，部门选择"采购部"，业务员选择"崔浩朴"，费用名称选择"采购运费"，金额录入"30 000.00"，现结金额中，结算方式选择"转账支票"，账号名称自动生成，付款金额录入"33 000.00"，票据号录入"17025804"，保存并审核，如图 2-24-1 所示。

图 2-24-1 [业务 2-24]费用单录入页面

（3）生成凭证：以存货会计钱晓明"201007"身份于 2019-01-08 登录，"总账"——"日常业务"单击"单据生成凭证"，单据选择"费用单"，单击"下一步"，进入"选择查询条件"页面，默认，单击"下一步"，得到"查询结果"，单击"生成凭证"按钮，附单据数录入"2"，摘要改为"支付采购运费"，对银行存款科目选择现金流量项目"04"，保存，如图 2-24-2 所示。

图 2-24-2 [业务 2-24]生成记账凭证页面

【业务 2-25】 1 月 8 日，取得原始凭证 1 张，业务经办人崔浩朴。

表 2-25-1 是收料单的第二联记账联，此联应作为收到材料的记账依据。该原始凭证注明，"供应单位"是连云港云飞有限公司，其中"名称"为 M101，"数量应收"与"数量实收"均为 20 000 千克，名称为 N102，"数量应收"与"数量实收"均为 5 000 千克，这表明本公司向连云港云飞有限公司购买的 M101 和 N102 材料已经全部验收入库。进行会计核算时，根据 2-24-2，计算两种材料应负担的运费，运费分配率 1.20 元/千克（30 000.00÷25 000），M101 负担运费 24 000.00 元（1.20×20 000），N102 负担运费：6 000.00 元（1.20×5 000）；计算两种材料的实际采购成本：M101 实际成本 1 000 000.00 元（976 000.00＋24 000.00），N102 实际成本 400 000.00 元（394 000.00＋6 000.00）。计算的结果分别记入"原材料——M101"和"原材料——N102"科目的借方，全部的金额合计 1 400 000.00 元记入"在途物资"科目的贷方。

表 2-25-1

收　料　单

供应单位：连云港云飞有限公司　　　　2019 年 01 月 08 日　　　　编号 SL28639

材料编号	名　称	单　位	规　格	数　量		实际成本			
				应　收	实　收	单　价	发票价格	运杂费	总价
C01001	M101	千克		20000	20000				
C01002	N102	千克		5000	5000				
备注：									

第二联记账联

收料人：孙民里　　　　交料人：来胜利

根据上述分析，该笔业务在 T+系统中的操作流程如下：

(1) 生成采购入库单。以仓管孙民里"101005"身份于 2019-01-08 登录，"库存核算"——"单据"单击"采购入库单"，选单生成采购入库单，单据编号录入"SL28639"，仓库选择"综合库"，保存并审核，如图 2-25-1 所示。

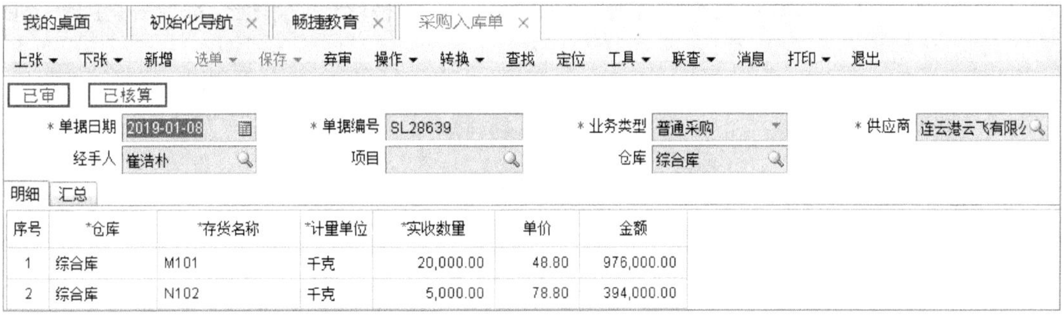

我的桌面　初始化导航　畅捷教育　采购入库单

上张　下张　新增　选单　保存　弃审　操作　转换　查找　定位　工具　联查　消息　打印　退出

已审　已核算

* 单据日期 2019-01-08　* 单据编号 SL28639　* 业务类型 普通采购　* 供应商 连云港云飞有限公

经手人 崔浩朴　项目　仓库 综合库

明细　汇总

序号	*仓库	*存货名称	*计量单位	*实收数量	单价	金额
1	综合库	M101	千克	20,000.00	48.80	976,000.00
2	综合库	N102	千克	5,000.00	78.80	394,000.00

图 2-25-1　[业务 2-25]采购入库单界面

(2) 采购运费分摊：以存货会计钱晓明"201007"身份于 2019-01-08 登录，在"采购管理"——"相关单据"单击"费用分摊单"，出现"费用单选单页面"对话框，选中"连云港云飞有限公司"记录，单击"确定"按钮，在费用单明细出现一条记录；在"选单"命令中单击"选采购入库单"，选择"连云港云飞"记录，单击"确定"按钮，在"采购入库单明细"中出现一条记录，然后分摊方式选择"按费用档案"，单击"分摊"命令→单击"保存"命令，如图 2-25-2 所示。

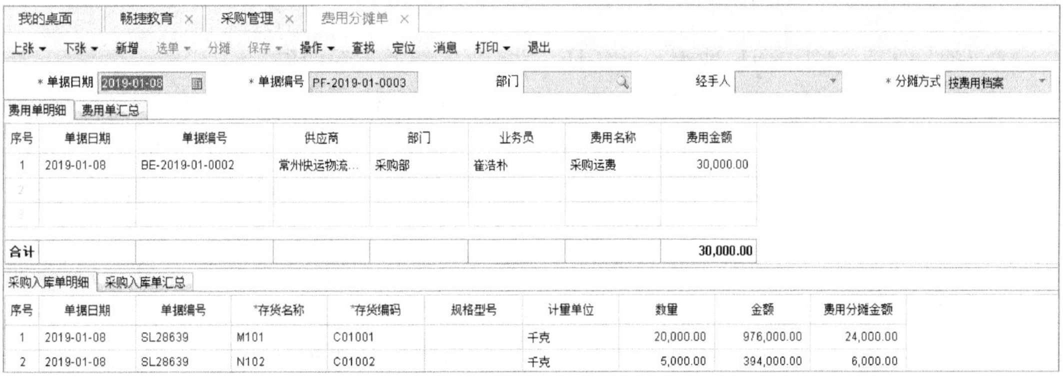

我的桌面　畅捷教育　采购管理　费用分摊单

上张　下张　新增　选单　分摊　保存　操作　查找　定位　消息　打印　退出

* 单据日期 2019-01-08　* 单据编号 PF-2019-01-0003　部门　经手人　* 分摊方式 按费用档案

费用单明细　费用单汇总

序号	单据日期	单据编号	供应商	部门	业务员	费用名称	费用金额
1	2019-01-08	BE-2019-01-0002	常州快运物流…	采购部	崔浩朴	采购运费	30,000.00
2							
3							
合计							30,000.00

采购入库单明细　采购入库单汇总

序号	单据日期	单据编号	*存货名称	*存货编码	规格型号	计量单位	数量	金额	费用分摊金额
1	2019-01-08	SL28639	M101	C01001		千克	20,000.00	976,000.00	24,000.00
2	2019-01-08	SL28639	N102	C01002		千克	5,000.00	394,000.00	6,000.00

图 2-25-2　[业务 2-25]费用分摊单页面

(3)生成凭证:以存货会计钱晓明"201007"身份于2019-01-08登录,"总账"——"日常业务"单击"单据生成凭证",单据选择"采购入库单",单击"下一步",进入"选择查询条件"页面,默认,单击"下一步",得到"查询结果",单击"生成凭证"按钮,保存,如图2-25-3所示。

序号	摘要	科目名称	辅助项	计量	借方	贷方
1	料验收入库	原材料	N102	千克	40000000	
2	料验收入库	原材料	M101	千克	10000000	
3	料验收入库	在途物资				140000000

图2-25-3 [业务2-25]合并生成记账凭证页面

[业务2-24]和[业务2-25]取得原始凭证均是在2019年1月8日,且属同一采购业务,对于同一采购业务同日取得的单据还有一种核算方法,即将取得的单据全部合并,生成一张凭证,其具体的操作流程基本与[业务2-24]和[业务2-25]相同,将[业务2-24]和[业务2-25]单据全部合并,生成凭证,流量项目选择"04",保存,如图2-25-4所示。

序号	摘要	科目名称	辅助项	计量	借方	贷方
1	料入库并支付运费	原材料	N102	千克	40000000	
2	料入库并支付运费	原材料	M101	千克	10000000	
3	料入库并支付运费	应交税费-应交增值税-进项税额			300000	
4	料入库并支付运费	银行存款-建行41622124656669	转账支票 17025804			3300000
5	料入库并支付运费	在途物资				137000000

图2-25-4 [业务2-24]/[业务2-25]合并生成凭证界面

(三)材料采购,料先到单后到业务

【业务2-26】 1月8日,取得原始凭证4张,业务经办人邹萌红。

表2-26-1是材料暂估入库清单。该原始凭证注明,"编制日期"是2018-12-31,"材料名称"是N102,"供货单位"是常州飞达有限公司,"数量"是1 200千克,"合同金额"是96 000.00元,"入库日期"是2018年12月31日,而"应付账款——暂估应付账款(常州飞达有限公司)"科目2018年12月31日的贷方余额为96 000.00元,这表明由于料到票未到的原因,公司已于2018年12月31日对从常州飞达有限公司购入的1 200千克N102材料按照合同金额进行了暂估入账,现应于2019年1月8日红冲上月月末暂估入库的N102材料。因此,该原始凭证应作为本月月初红冲上月月末暂估入库记账依据。在进行会计核算时,"合同金额"应以红字分别记入"原材料——N102"科目的借方,以及"应付账款——暂估应

付账款(常州飞达有限公司)"科目的贷方。

表 2-26-1 （此为复印件）

材料暂估入库清单

2018-12-31

单位：元

材料名称	合同号	供货单位	数量	合同单价（不含税）	合同金额（不含税）	入库日期
N102	20190189	常州飞达有限公司	1200	80	96000.00	2018-12-31
合计					96000.00	

审核： 袁世民　　　　　　　　　　编制： 钱晓明

表 2-26-2 是江苏增值税专用发票的第二联抵扣联，此联应作为购买方抵扣进项税额的依据。该抵扣联不能作为记账凭证的附件，专门用于在规定期限内到税务机关办理认证或在平台办理勾选确认，并在认证通过或勾选确认的次月申报期内，向主管税务机关申报抵扣进项税额。

表 2-26-2

表 2-26-3 是江苏增值税专用发票的第三联发票联，此联应作为购买方的记账依据。该原始凭证注明，"购买方"是本公司，"销售方"是常州飞达有限公司，"货物或应税劳务、服

务名称"是 N102,这表明本公司上月已暂估入库的材料,本月收到发票账单,购入 N102 材料 1 200 千克,单价 80.00 元,进行会计核算时,"金额"96 000.00 元记入"原材料——N102"科目的借方,"税额"15 360.00 元记入"应交税费——应交增值税——进项税额"科目的借方。

表 2-26-3

表 2-26-4 是中国建设银行转账支票存根,此联应作为付款方支付货款的记账依据。该原始凭证注明,"付款行账号"是 41622124656669,"收款人"是常州飞达有限公司,"用途"是支付货款,这表明本公司已通过账号为 41622124656669 的基本户向常州飞达有限公司支付了货款。进行会计核算时,"金额"111 360.00 元记入"银行存款——建行41622124656669"科目的贷方。

表 2-26-4

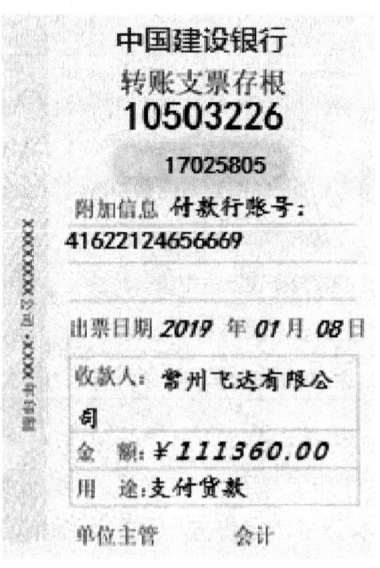

根据上述分析,该笔业务在 T+系统中的操作流程如下:

(1) 生成进货单:以存货会计钱晓明"201007"的身份于"2019-01-08"登录。"初始化"——"期初单据"单击"期初暂估入库单",选中首张上月的暂估入库材料单,单击"生单——生成进货单(专用发票)",付款方式改为"全额现结",保存并审核,如图 2-26-1 所示。

图 2-26-1 [业务 2-26]进货单页面

(2) 生成采购发票:以采购主管崔浩朴"301010"身份于 2019-01-08 登录,"采购管理——单据"单击"采购发票",在采购发票页面选已审进货单生成。根据表 2-26-4 录入发票号"15703853",现结金额中,结算方式选择"转账支票",票据号录入"17025805",其他默认,然后对采购发票进行保存并审核,如图 2-26-2 所示。采购发票审核后,自动生成红字回冲单和蓝字回冲单。

图 2-26-2 [业务 2-26]采购发票页面

(3) 生成凭证:以存货会计钱晓明"201007"身份于 2019-01-08 登录,"总账"——"日常业务"单击"单据生成凭证",单据选择"红字回冲单""蓝字回冲单"和"采购发票",单击"下一步",进入"选择查询条件"页面,默认,单击"下一步",得到"查询结果",在"查询结果"页面"按合并规则设置合并号"复选框处打"√","红字回冲单"合并号为"1""采购发票"和"蓝字回冲单"合并号均录入"2"(系统要求必须生成两张凭证)。然后单击"生成凭证"按钮,生成两张记账凭证,红字回冲单生成的凭证,摘要改为"上月暂估材料单到回冲",单击"保存",如图 2-26-3 所示;选择下一张凭证,附单据数改为"3"(附件包括蓝字回冲单、采购发票、转账支票存根),摘要改为"上月暂估材料收到账单",对银行存款科目选择现金流量项目"04",保存,如图 2-26-4 所示。

序号	*摘要	*科目名称	辅助项	计量	借方	贷方
					亿千百十万千百十元角分	亿千百十万千百十元角分
1	上月暂估材料单到回冲	原材料	N102	千克	9 6 0 0 0 0 0	
2	上月暂估材料单到回冲	应付账款-暂估应付账款	常州飞达有限公司			9 6 0 0 0 0 0

图 2-26-3 [业务 2-26]单到回冲上月暂估入材料凭证界面

序号	*摘要	*科目名称	辅助项	计量	借方	贷方
					亿千百十万千百十元角分	亿千百十万千百十元角分
1	上月暂估材料收到账单	原材料	N102	千克	9 6 0 0 0 0 0	
2	上月暂估材料收到账单	应交税费-应交增值税-进项税额			1 5 3 6 0 0 0	
3	上月暂估材料收到账单	银行存款-建行41622124656669	转账支票 17025805…			1 1 1 3 6 0 0 0

图 2-26-4 [业务 2-26]蓝字回冲单/采购发票等合并生成凭证页面

【业务 2-27】 1 月 31 日,取得原始凭证 1 张,业务经办人崔浩朴。

表 2-27-1 是材料暂估入库清单,应作为月末暂估入账原材料的记账依据。该原始凭证注明,编制日期是"2019-1-31","材料名称"是 M101,"供货单位"是常州祥瑞有限公司,"数量"是 1 800 千克,"合同金额"是 90 000.00 元,"入库日期"是 2019-1-31,这表明由于料到票未到的原因,公司应对从常州祥瑞有限公司购入的 1 800 千克 M101 材料按照合同金额进行暂估入账。在进行会计核算时,"合同金额"90 000.00 元应分别记入"原材料——M101"科目的借方,以及"应付账款——暂估应付账款(常州祥瑞有限公司)"科目的贷方。

表 2-27-1

材料暂估入库清单

2019-01-31

单位:元

材料名称	合同号	供货单位	数量	合同单价(不含税)	合同金额(不含税)	入库日期
M101	20190162	常州祥瑞有限公司	1800	50.00	90000.00	2019-01-31
合计					90000.00	

审核: 袁世民 编制: 钱晓明

根据上述分析,该笔业务在T+系统中的操作流程如下:

(1) 增加供应商档案:以账套主管袁世民"201006"身份于2019-01-31登录,根据原始凭证解读中的信息录入供应商档案(常州祥瑞有限公司详细资料:纳税号:913204113333948116,地址:江苏省常州市新北区马杰街霍素路72号,电话:0519-18065192,开户银行及账号:建行常州新北支行41622124212288)。

(2) 填制进货单:以采购主管崔浩朴"301010"身份于2019-01-31登录,"采购管理——单据"→单击"进货单",根据表2-27-1,供应商选择"常州祥瑞有限公司",业务员选择"崔浩朴",付款方式选择"其他",存货名称选择"M101",数量录入"1 800",单价录入"50.00",保存并审核,如图2-27-1所示。

图2-27-1 [业务2-27]进货单页面

(3) 生成采购入库单。以仓管孙民里"101005"身份于2019-01-31登录,"库存核算"——"单据"单击"采购入库单",选单"常州祥瑞",生成采购入库单,仓库选择"综合库",保存并审核,如图2-27-2所示。

图2-27-2 [业务2-27]采购入库单页面

(4) 生成凭证:以存货会计钱晓明"201007"身份于2019-01-31登录,"总账"——"日常业务"单击"单据生成凭证",单据选择"采购入库单",单击"下一步",进入"选择查询条件"页面,默认,单击"下一步",得到"查询结果",单击"生成凭证"按钮,生成一张记账凭证,凭证编号改为"88",摘要改为"普通采购/暂估入库材料",单击"保存"按钮,如图2-27-3所示。

需要说明的是,为保证业务的分类核算,材料暂估入库的业务提前到此处讲解,并且为保证业务的顺利核算,在财务选项中不勾选"凭证必须序时处理";生成凭证的编号为"88",是考虑本教材按业务发生的时间顺序,2019-01-31凭证号从88号起;T+系统中,暂估入库材料不能用于领料、盘点等业务。

记账凭证

序号	*摘要	*科目名称	辅助项	计量	借方	贷方
1	材料暂估入库	原材料	M101	千克	9000000	
2	材料暂估入库	应付账款-暂估应付账款	常州祥瑞有限公司			9000000

凭证类别：记账凭证　凭证编号：0088　制单日期：2019-01-31　附单据数：1

图 2-27-3 [业务 2-27]记账凭证生成界面

（四）材料采购特殊业务

1. 合理损耗

【业务 2-28】 1月8日，取得原始凭证4张，业务经办人崔浩朴。

表 2-28-1 是江苏增值税专用发票的第二联抵扣联，此联应作为购买方抵扣进项税额的依据。该抵扣联不能作为记账凭证的附件，专门用于在规定期限内到税务机关办理认证或在平台办理勾选确认，并在认证通过或勾选确认的次月申报期内，向主管税务机关申报抵扣进项税额。

表 2-28-1

表 2-28-2 是江苏增值税专用发票的第三联发票联，此联应作为购买方的记账依据。该原始凭证注明，"购买方"是本公司，"销售方"是常州祥瑞有限公司，"货物或应税劳务、服务名称"是 N102，这表明本公司从常州祥瑞有限公司购买了 N102 材料。

表 2-28-3 是收料单的第二联记账联，此联应作为收到材料的记账依据。该原始凭证注明，"供应单位"是常州祥瑞有限公司，"名称"是 N102，"应收数量"为 15 000 千克，"实收数量"为 14 985 千克，这表明本公司向常州祥瑞有限公司购买的材料 N102 还有 15 千克没有收

到,经查是合理损耗。进行会计核算时,根据表 2-28-2 和表 2-28-3,"金额"1 200 000.00 元应记入"原材料——N102"科目的借方,"税额"192 000.00 元应记入"应交税费——应交增值税——进项税额"科目的借方。

表 2-28-2

表 2-28-3

表 2-28-4 是中国建设银行转账支票存根,此联应作为付款方结算支付货款的记账依据。该原始凭证注明,"付款行账号"是 41622124656669,"收款人"是常州祥瑞有限公司,"用途"是支付货款,这表明本公司已通过账号为 41622124656669 的基本户向常州祥瑞有限公司支付了货款。进行会计核算时,"金额"1 392 000.00 元应记入"银行存款——建行41622124656669"科目的贷方。

根据上述分析,该笔业务在 T+系统中的操作流程如下:

(1) 填制进货单:以采购主管崔浩朴"301010"的身份于"2019-01-08"登录。"采购管理"——"单据",单击"进货单",根据表 2-28-2,供应商选择"常州祥瑞有限公司",业务员选择"崔浩朴",付款方式选择"全额现结",存货名称选择"N102",数量录入"15 000",单价录入"80.00",其他自动生成,保存并审核,如图 2-28-1 所示。

表 2-28-4

图 2-28-1　[业务 2-28]进货单录入页面

（2）生成采购发票：以采购主管崔浩朴"301010"的身份于"2019-01-08"登录。"采购管理——单据"单击"采购发票"→"操作"——单击"设置"命令，弹出"单据设置"对话框，在"明细"页签中勾选"损耗数量"→单击"确定"按钮返回采购发票页面；"选单——选进货单"，选择"常州祥瑞有限公司"2019-01-08 的记录，在损耗数量中录入"15"，根据表 2-28-2 录入发票号"29685035"，根据表 2-28-4，在现结金额细项中选择结算方式为"转账支票"，票据号录入"17025806"，完成后保存并审核，如图 2-28-2 所示。

图 2-28-2　[业务 2-28]采购发票页面

需要说明的是：合理损耗的数量在采购发票中列示，采购入库单只录入仓库实收数量。

(3) 生成采购入库单：以仓管孙民里"101005"身份于 2019-01-08 登录，"库存核算"——"单据"单击"采购入库单"，选单生成采购入库单，单据编号录入"SL28640"，仓库选择"综合库"，保存并审核，如图 2-28-3 所示。

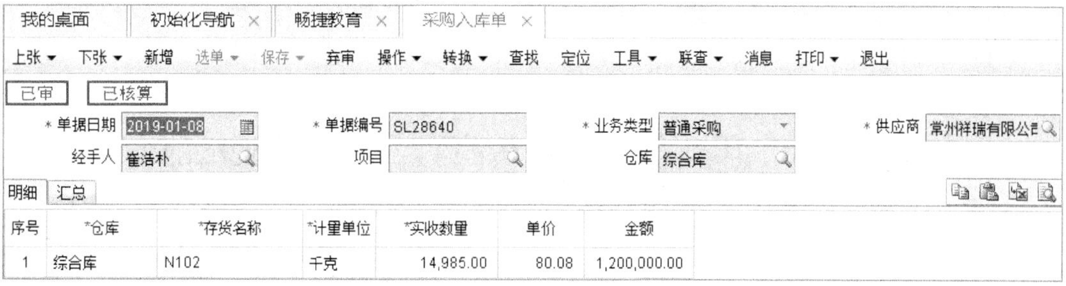

图 2-28-3　[业务 2-28]采购入库单页面

(4) 生成凭证：以存货会计钱晓明"201007"身份于 2019-01-08 登录，"总账"——"日常业务"单击"单据生成凭证"，单据选择"采购入库单"和"采购发票"，单击"下一步"，进入"选择查询条件"页面，默认，单击"下一步"，得到"查询结果"，在"按合并规则设置合并号"复选框处打"√"，合并号均录入"1"，单击"生成凭证"按钮，凭证编号改为"25"，附单据数改为"3"，摘要改为"现购材料有合理损耗"，对"银行存款"科目选择现金流量项目"04"，保存，如图 2-28-4 所示。

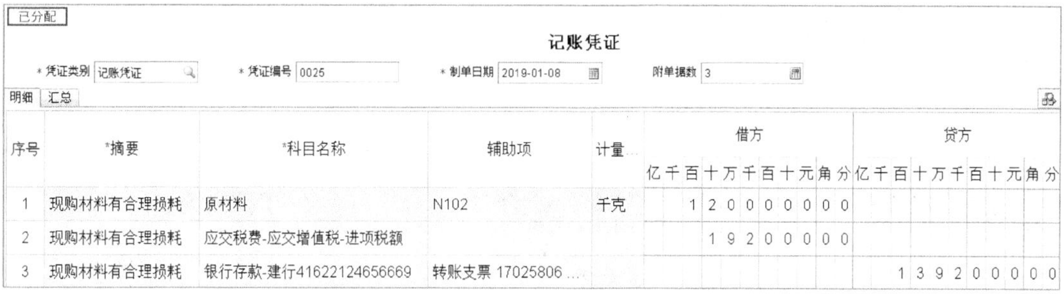

图 2-28-4　[业务 2-28]合并生成记账凭证页面

2. 非合理损耗

【业务 2-29】 1 月 8 日，取得原始凭证 4 张，业务经办人邹萌红。

表 2-29-1 是江苏增值税专用发票的第二联抵扣联，此联应作为购买方抵扣进项税额的依据。该抵扣联不能作为记账凭证的附件，专门用于在规定期限内到税务机关办理认证或在平台办理勾选确认，并在认证通过或勾选确认的次月申报期内，向主管税务机关申报抵扣进项税额。

表 2-29-2 是江苏增值税专用发票的第三联发票联，此联应作为购买方的记账依据。该原始凭证注明，"购买方"是本公司，"销售方"是常州国兴有限公司，"货物或应税劳务、服务名称"是 N102，这表明本公司从常州国兴有限公司购买了 N102 材料。

表 2-29-3 是收料单的第二联记账联，此联应作为收到材料的记账依据。该原始凭证注明，"供应单位"是常州国兴有限公司，"名称"是 N102，"数量应收"为 100 000 千克，"数量

实收”为 9 000 千克,这表明本公司向常州国兴有限公司购买的材料 N102 还有 1 000 千克没有收到,经查是供应商少发,稍后补发。进行会计核算时,根据表 2-29-2 和表 2-29-3,“税额”128 000.00 元记入“应交税费——应交增值税——进项税额”科目的借方,“实收数量”9 000 千克和单价 80.00 元之积 720 000.00 元记入“原材料——N102”科目的借方,“应收数量”与“实收数量”之差 1 000 千克与单价 80.00 元之积 80 000.00 元,记入“在途物资”科目的借方。

表 2-29-1

3204161140　江苏增值税专用发票　№ 02382818　3204161140 02382818

(全国统一发票监制章 江苏 国家税务总局监制)

抵扣联

开票日期:2019年01月08日

购买方	名称:常州亚兴有限公司 纳税人识别号:913204049343406114 地址、电话:江苏省常州市钟楼区李智街环唯路45号 0519-74325031 开户行及账号:中国建设银行常州市钟楼区支行 41622124656669				密码区	85*3187<4/+3095<+95-59+7<061 8553<0-->>-6>525<789741->7*7 87*3187<4/+8490<+91291636270 9+<712/<1+9016>6192++>84>781		
货物或应税劳务、服务名称	规格型号	单位	数量	单价	金额	税率	税额	
N102		千克	10000	80.00	800000.00	16%	128000.00	
合计					¥800000.00		¥128000.00	
价税合计(大写)	⊗玖拾贰万捌仟元整				(小写)¥928000.00			
销售方	名称:常州国兴有限公司 纳税人识别号:913204041353292664 地址、电话:江苏省常州市钟楼区刘春街贾秀路34号 0519-21261376 开户行及账号:中国建设银行常州市钟楼区支行 41622124672537				备注	(常州国兴有限公司 913204041353292664 发票专用章)		

收款人:　复核:　开票人:孟悦　销售方:(章)

第二联:抵扣联 购买方扣税凭证

表 2-29-2

3204161140　江苏增值税专用发票　№ 02382818　3204161140 02382818

(全国统一发票监制章 江苏 国家税务总局监制)

发票联

开票日期:2019年01月08日

购买方	名称:常州亚兴有限公司 纳税人识别号:913204049343406114 地址、电话:江苏省常州市钟楼区李智街环唯路45号 0519-74325031 开户行及账号:中国建设银行常州市钟楼区支行 41622124656669				密码区	85*3187<4/+3095<+95-59+7<061 8553<0-->>-6>525<789741->7*7 87*3187<4/+8490<+91291636270 9+<712/<1+9016>6192++>84>781		
货物或应税劳务、服务名称	规格型号	单位	数量	单价	金额	税率	税额	
N102		千克	10000	80.00	800000.00	16%	128000.00	
合计					¥800000.00		¥128000.00	
价税合计(大写)	⊗玖拾贰万捌仟元整				(小写)¥928000.00			
销售方	名称:常州国兴有限公司 纳税人识别号:913204041353292664 地址、电话:江苏省常州市钟楼区刘春街贾秀路34号 0519-21261376 开户行及账号:中国建设银行常州市钟楼区支行 41622124672537				备注	(常州国兴有限公司 913204041353292664 发票专用章)		

收款人:　复核:　开票人:孟悦　销售方:(章)

第三联:发票联 购买方记账凭证

表 2-29-3

表 2-29-4 是中国建设银行客户专用回单的第一联借方回单,此联应作为付款方支付货款的记账依据。该原始凭证注明,"付款人"是本公司,"付款人账号"是 41622124656669,"收款人"是常州国兴有限公司,"凭证种类"是网银,"用途"是支付货款,这表明本公司已通过账号为 41622124656669 的基本户以网银方式向常州国兴有限公司支付了货款。进行会计核算时,"金额"928 000.00 元记入"银行存款——建行 41622124656669"科目的贷方。

表 2-29-4

根据上述分析,该笔业务在 T+ 系统中的操作流程如下:

(1) 增加供应商档案:以账套主管袁世民"201006"身份于 2019-01-08 登录,在"基础设置——基本信息"→"往来单位"中新增供应商档案。

(2) 填制进货单:以采购主管崔浩朴"301010"的身份于 2019-01-08 登录。"采购管理"——"单据",单击"进货单"根据表 2-29-2,供应商选择"常州国兴有限公司",业务员选择"邹萌红",付款方式选择"全额现结",存货名称选择"N102",数量录入"10 000",单价录入"80.00",其他自动生成,保存并审核,如图 2-29-1 所示。

(3) 生成采购发票:以采购主管崔浩朴"301010"的身份于 2019-01-08 登录。"采购管

图 2-29-1 [业务 2-29]进货单录入页面

理——单据"单击"采购发票"→"选单——选进货单",选择常州国兴有限公司公司 2019-01-08 的记录,根据表 2-29-2 录入发票号"02382818",根据表 2-29-4 修改现结金额辅助项,其中结算方式选择"网银",账号名称选择"基本结算户",票据号录入"00810474",完成后保存并审核,如图 2-29-2 所示。

图 2-29-2 [业务 2-29]采购发票页面

(4) 生成采购入库单。以仓管孙民里"101005"身份于 2019-01-08 登录,"库存核算"——"单据"单击"采购入库单",选单生成采购入库单,根据表 2-29-3,单据编号录入"SL28641",仓库选择"综合库",实收数量改为"9 000",保存并审核,如图 2-29-3 所示。

图 2-29-3 [业务 2-29]采购入库单页面

(5) 生成凭证:以存货会计钱晓明"201007"身份于 2019-01-08 登录,"总账"——"日常业务"单击"单据生成凭证",单据选择"采购入库单"和"采购发票",单击"下一步",进入"选择查询条件"页面,默认,单击"下一步",得到"查询结果",在"按合并规则设置合并号"复选框处打"√",合并号均录入"1",单击"生成凭证"按钮,附单据数改为"3",摘要改为"现购材料部分材料未到”，对银行存款科目选择现金流量项目“04”，保存，如图 2-29-4 所示。

已分配

记账凭证

＊凭证类别 记账凭证　＊凭证编号 0026　＊制单日期 2019-01-08　附单据数 3

明细　汇总

序号	*摘要	*科目名称	辅助项	计量…	借方（亿千百十万千百十元角分）	贷方（亿千百十万千百十元角分）
1	现购材料部分材料未到	在途物资			8000000	
2	现购材料部分材料未到	原材料	N102	千克	72000000	
3	现购材料部分材料未到	应交税费-应交增值税-进项税额			12800000	
4	现购材料部分材料未到	银行存款-建行41622124656669	网银 00810474…			92800000

图 2-29-4　[业务 2-29]合并生成记账凭证页面

【业务 2-30】　1 月 9 日，取得原始凭证 1 张，业务经办人邹萌红。

表 2-30-1 是收料单的第二联记账联，此联应作为收到材料的记账依据。该原始凭证注明，“供应单位”是常州国兴有限公司，“名称”是 N102，“数量应收”和“数量实收”均为 1 000 件，从备注中表明的是补收[业务 2-29]中供应商常州国兴有限公司少发的 1 000 千克 N102。进行会计核算时，根据数量 1 000 元和表 2-29-2 的单价 80.00 元，计算出金额为 80 000.00 元(1 000×80.00)，分别记入“原材料——N102”科目的借方和“在途物资”科目的贷方。

表 2-30-1

收　料　单

供应单位：常州国兴有限公司　　2019 年 01 月 09 日　　编号 SL28642

材料编号	名　称	单　位	规　格	数量 应　收	数量 实　收	实际成本 单　价	实际成本 发票价格	实际成本 运杂费	实际成本 总价
C01002	N102	千克		1000	1000				
备注：	收到补发材料								

第二联记账联

收料人：孙民里　　交料人：贾翠玲

根据上述分析，该笔业务在 T+系统中的操作流程如下：

(1) 生成采购入库单。以仓管孙民里“101005”身份于 2019-01-09 登录，“库存核算”——“单据”单击“采购入库单”，选单生成采购入库单，单据编号录入“SL28642”，仓库选择“综合库”，“实收数量”自动生成“1 000.00”，保存并审核，如图 2-30-1 所示。

我的桌面　初始化导航　畅捷教育　采购入库单

上张　下张　新增　选单　保存　弃审　操作　转换　查找　定位　工具　联查　消息　打印　退出

已审　已核算

＊单据日期 2019-01-09　＊单据编号 SL28642　＊业务类型 普通采购　＊供应商 常州国兴有限公司

经手人 邹萌红　项目　仓库 综合库

明细　汇总

序号	*仓库	*存货名称	*计量单位	*实收数量	单价	金额
1	综合库	N102	千克	1,000.00	80.00	80,000.00

图 2-30-1　[业务 2-30]采购入库单页面

(2) 生成凭证：以存货会计钱晓明"201007"身份于 2019-01-09 登录，"总账"——"日常业务"单击"单据生成凭证"，单据选择"采购入库单"，单击"下一步"，进入"选择查询条件"页面，默认，单击"下一步"，得到"查询结果"，单击"生成凭证"按钮，摘要改为"材料补收入库"，然后单击"保存"按钮，如图 2-30-2 所示。

序号	*摘要	*科目名称	辅助项	计量	借方	贷方
					亿千百十万千百十元角分	亿千百十万千百十元角分
1	材料补收入库	原材料	N102	千克	8 0 0 0 0 0 0	
2	材料补收入库	在途物资				8 0 0 0 0 0 0

图 2-30-2 ［业务 2-30］生成记账凭证页面

【业务 2-31】 1 月 9 日，取得原始凭证 3 张，业务经办人崔浩朴。

表 2-31-1 是江苏增值税专用发票的第二联抵扣联，此联应作为购买方抵扣进项税额的依据。该抵扣联不能作为记账凭证的附件，专门用于在规定期限内到税务机关办理认证或在平台办理勾选确认，并在认证通过或勾选确认的次月申报期内，向主管税务机关申报抵扣进项税额。

表 2-31-1

表 2-31-2 是江苏增值税专用发票的第三联发票联，此联应作为购买方的记账依据。该原始凭证注明，"购买方"是本公司，"销售方"是常州柳萌有限公司，"货物或应税劳务、服务名称"是 N102，这表明本公司从常州柳萌有限公司购买了 N102 材料。该公司无期初数据资料，且在此业务之前无预付款业务发生，表明本业务形成了应付常州柳萌有限公司的货款。

表 2-31-2

江苏增值税专用发票 № 01628681

开票日期：2019年01月09日

购买方	名　　称：常州亚兴有限公司 纳税人识别号：91320404934340 6114 地　址、电　话：江苏省常州市钟楼区李智街环唯路45号　0519-74325031 开户行及账号：中国建设银行常州市钟楼区支行　41622124656669

货物或应税劳务、服务名称	规格型号	单位	数量	单价	金额	税率	税额
N102		千克	8000	80.00	640000.00	16%	102400.00
合　　　计					￥640000.00		￥102400.00

价税合计（大写）　⊗ 柒拾肆万贰仟肆佰元整　　￥742400.00

销售方	名　　称：常州柳萌有限公司 纳税人识别号：913204029512721932 地　址、电　话：江苏省常州市天宁区李兰街李建路04号　0519-15678184 开户行及账号：中国建设银行常州市天宁区支行　41622124284576

收款人：　　　复核：　　　开票人：王杏允　　　销售方：（章）

　　表 2-31-3 是收料单的第二联记账联，此联应作为收到材料的记账依据。该原始凭证注明，"供应单位"是常州柳萌有限公司，"名称"是 N102，"数量应收"为 8 000 千克，"数量实收"为 6 000 千克，这表明本公司向常州柳萌有限公司购买的材料 N102 还有 2 000 千克没有收到，备注中说明"供应商对少发材料部分将开出红字专用发票"。进行会计核算时，根据表 2-31-2 和表 2-31-3，"实收数量"6 000 件与单价 80 元之积 480 000.00 元记入"原材料——N102"科目的借方，未收的 2 000 件与单价 80.00 元之积 16 000.00 元记入"在途物资"科目，"税额"102 400.00 元记入"应交税费——应交增值税——进项税额"科目的借方，"价税合计"742 400.00 元应记入"应付账款——供应商——常州柳萌有限公司"科目的贷方。

表 2-31-3

收　料　单

供应单位：常州柳萌有限公司　　　2019 年 01 月 09 日　　　编号 SL28643

材料编号	名　称	单位	规格	数量		实际成本			
				应收	实收	单价	发票价格	运杂费	总价
C01002	N102	千克		8000	6000				

备注：供应商少发货，经协商供应商对少发材料部分将开出红字专用发票

收料人：孙民里　　　交料人：刘新喜

　　根据上述分析，该笔业务在 T+系统中的操作流程如下：

　　（1）增加供应商档案：以账套主管袁世民"201006"身份于 2019-01-09 登录，在"基础设置——基本信息"→"往来单位"中新增供应商档案。

　　（2）填制进货单：以采购主管崔浩朴"301010"的身份于 2019-01-09 登录。"采购管

理”——“单据”,单击“进货单”,根据表 2-31-2,供应商选择“常州柳萌有限公司”,业务员选择“崔浩朴”,付款方式选择“其他”,存货名称选择“N102”,数量录入“8 000”,单价录入“80.00”,保存并审核,如图 2-31-1 所示。

序号	*存货名称	*采购单位	*数量	*单价	*税率%	*含税单价	*金额	*含税金额
1	N102	千克	8,000.00	80.00	16.00%	92.80	640,000.00	742,400.00

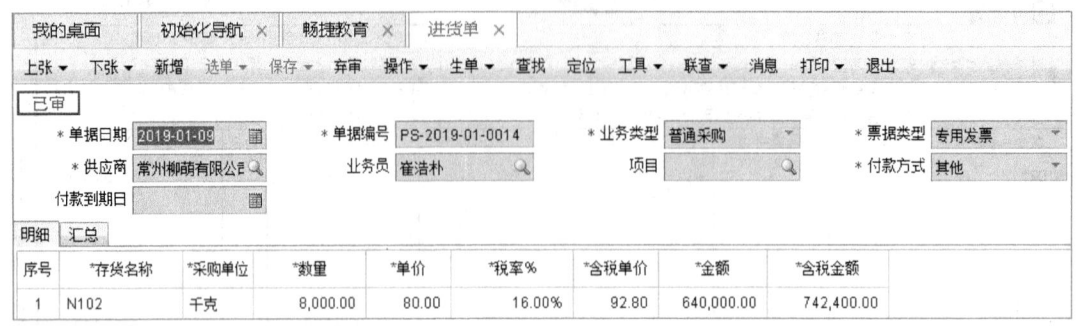

图 2-31-1 [业务 2-31]进货单录入页面

(3) 生成采购发票:以采购主管崔浩朴“301010”的身份于 2019-01-09 登录。“采购管理——单据”单击“采购发票”→“选单——选进货单”,选择常州柳萌有限公司的记录,录入发票号“01628681”,保存并审核,如图 2-31-2 所示。

序号	*存货名称	*采购单位	*数量	损耗数量	*单价	*税率%	*含税单价	*金额	*含税金额
1	N102	千克	8,000.00		80.00	16.00%	92.80	640,000.00	742,400.00

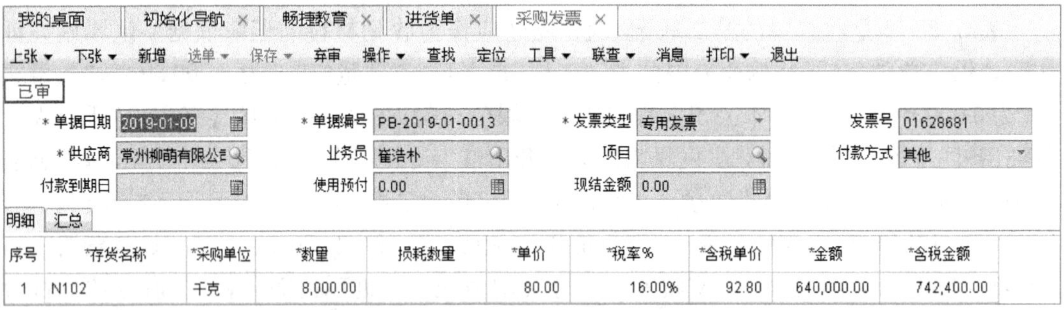

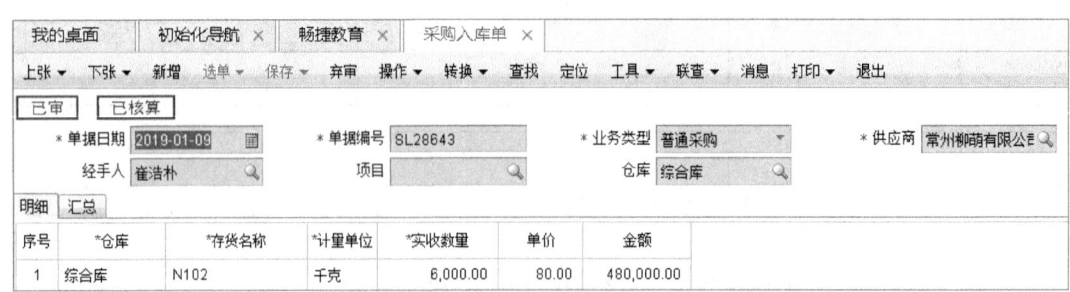

图 2-31-2 [业务 2-31]采购发票页面

(4) 生成采购入库单。以仓管孙民里“101005”身份于 2019-01-09 登录,“库存核算”——“单据”单击“采购入库单”,选进货单生成采购入库单,单据编号录入“SL28643”,仓库选择“综合库”,实收数量录入“6 000”,保存并审核,如图 2-31-3 所示。

序号	*仓库	*存货名称	*计量单位	*实收数量	单价	金额
1	综合库	N102	千克	6,000.00	80.00	480,000.00

图 2-31-3 [业务 2-31]按进货单数量录入采购入库单页面

(5) 生成凭证:以存货会计钱晓明“201007”身份于 2019-01-09 登录,“总账”——“日常业务"单击"单据生成凭证",单据选择"采购入库单"和"采购发票",单击"下一步",进入"选择查询条件"页面,默认,单击"下一步",得到"查询结果",在"按合并规则设置合并号"复选框处打"√",合并号均录入"1",单击"生成凭证"按钮,附单据数改为"2",摘要改为"普通采购/赊购材料",单击"保存"按钮,如图 2-31-4 所示。

序号	摘要	*科目名称	辅助项	计量	借方	贷方
1	赊购材料,收到部分材料	在途物资			160000.00	
2	赊购材料,收到部分材料	原材料	N102	千克	480000.00	
3	赊购材料,收到部分材料	应交税费-应交增值税-进项税额			102400.00	
4	赊购材料,收到部分材料	应付账款-供应商	常州柳萌有限公司			742400.00

图 2-31-4 [业务 2-31]合并生成记账凭证页面

【业务 2-32】 1月10日,取得原始凭证2张,业务经办人崔浩朴。

表 2-32-1 是江苏增值税专用发票的第二联抵扣联,此联应作为购买方进项税额转出的依据。该抵扣联不能作为记账凭证的附件,专门用于在规定期限内到税务机关办理认证或在平台办理勾选确认,并在认证通过或勾选确认的次月申报期内,向主管税务机关申报进项税额转出。

表 2-32-1

表 2-32-2 是江苏增值税专用发票的第三联发票联,此联应作为购买方的记账依据。该原始凭证注明,"购买方"是本公司,"销售方"是常州柳萌有限公司,"货物或应税劳务、服务名称"是 N102,"数量"是-2 000 千克,结合表 2-31-2 和表 2-31-3,这表明本公司在[业

务2-31]中向常州柳萌有限公司购买N102材料时少收的2 000千克对方不再补发,对方开出负数增值税专用发票冲销。进行会计核算时,"金额"-160 000.00元记入"在途物资"科目的借方,"税额"-25 600.00元记入"应交税费——应交增值税——进项税额转出"科目的贷方(金额改为正数),"价税合计"-185 600.00元记入"应付账款——供应商——常州柳萌有限公司"科目的贷方。

表2-32-2

根据上述分析,该笔业务在T+系统中的操作流程如下:

(1)填制退货单:以采购主管崔浩朴"301010"的身份于"2019-01-10"登录。单击"采购管理导航图——退货单"(或"采购管理"——"单据",单击"进货单",业务类型选择"采购退货"),供应商选择"常州柳萌有限公司",业务员选择"崔浩朴",付款方式选择"其他",存货名称选择"N102",数量录入"-2 000",单价录入"80.00",保存并审核,如图2-32-1所示。

图2-32-1 [业务2-32]进货单录入页面

(2)生成采购发票:以采购主管崔浩朴"301010"的身份于"2019-01-10"登录。"采购管理——单据"根据"退货单"生单"生成采购发票(采购退货)",录入发票号"16728185",保存并审核,如图2-32-2所示。

第二章 存货业务会计电算化处理(上) 143

图 2-32-2 [业务 2-32]采购发票页面

(3)生成采购入库单。以仓管孙民里"101005"身份于 2019-01-10 登录,"库存核算"——"单据"单击"采购入库单",选单生成一张采购入库单,单据编号录入为"SL28643-1",仓库选择"综合库",保存并审核,如图 2-32-3 所示;单击"新增"按钮,业务类型选择"采购退货",选单生成一张采购入库单,单据编号录入"SL28643-2",仓库选择"综合库",保存并审核,如图 2-32-4 所示。

图 2-32-3 [业务 2-32]采购入库单页面

图 2-32-4 [业务 2-32]退货单界面

需要说明的是:采购业务以进货单进行控制,每张进货单的流程必须完善,在[业务 2-31]中的进货单中,购入 N102 材料的数量是 8 000 千克,但 SL28643 号采购入库单表明入库 6 000 千克,尚有 2 000 千克没有入库,而[业务 2-32]供应商开出红字采购发票属于退货业务,与进货业务是不同的,应通过退货单进行管理,因此,必须分别根据进/退货单完成全部材料的进/退货单手续,共生成两张采购入库单,一张是收入 N102 材料 2 000 千克,一张是对 N102 材料退货 2 000 千克。

(4)生成凭证:以存货会计钱晓明"201007"身份于 2019-01-10 登录,"总账"——"日常业务"单击"单据生成凭证",单据选择"采购入库单"和"采购发票",单击"下一步",进入"选择查询条件"页面,默认,单击"下一步",得到"查询结果",在"按合并规则设置合并号"复选框处打"√",合并号均录入"1",单击"生成凭证"按钮,附单据数改为"1",摘要改为"未收材料取得红字发票",将"22210101"科目改为"22210104",金额从借方移至贷方,然后单击"保存"按钮,如图 2-32-5 所示。

序号	摘要	科目名称	辅助项	借方	贷方
1	未收材料取得红字发票	在途物资		16000000	
2	未收材料取得红字发票	应交税费-应交增值税-进项税额转出			2560000
3	未收材料取得红字发票	应付账款-供应商	常州柳萌有限公司		18560000

图 2-32-5 [业务 2-32]合并生成记账凭证页面

3. 质量问题

【业务 2-33】 1月10日,取得原始凭证4张,业务经办人邹萌红。

表 2-33-1 是江苏增值税专用发票的第二联抵扣联,此联应作为购买方进项税额转出的依据。该抵扣联不能作为记账凭证的附件,专门用于在规定期限内到税务机关办理认证或在平台办理勾选确认,并在认证通过或勾选确认的次月申报期内,向主管税务机关申报进项税额转出。

表 2-33-1

表 2-33-2 是江苏增值税专用发票的第三联发票联,此联应作为购买方的记账依据。该原始凭证注明,"购买方"是本公司,"销售方"是常州奇志有限公司,"货物或应税劳务、服

务名称"是 N102,"数量"是－500 千克,这表明本公司向常州奇志有限公司退回以前采购的 N102 材料 500 千克,单价 80 元。

表 2-33-2

（江苏增值税专用发票，No 90033384，开票日期：2019年01月10日）

购买方：常州亚兴有限公司
纳税人识别号：913204049343406114
地址、电话：江苏省常州市钟楼区李智街环唯路45号　0519-74325031
开户行及账号：中国建设银行常州市钟楼区支行　41622124656669

货物或应税劳务、服务名称	规格型号	单位	数量	单价	金额	税率	税额
N102		千克	-500	80.00	-40000.00	16%	-6400.00
合　计					¥-40000.00		¥-6400.00

价税合计（大写）　（负数）肆万陆仟肆佰元整　¥-46400.00

销售方：常州奇志有限公司
纳税人识别号：91320411938233621
地址、电话：江苏省常州市新北区蔡秀街王世路61号　0519-27013117
开户行及账号：中国建设银行常州市新北区支行　41622124082458

红字发票信息表编号：3204114428412
91320411938233621

收款人：　　复核：　　开票人：马明军　　销售方：（章）

表 2-33-3 是收料单的第二联记账联,此联应作为以前采购本月退料的记账依据。该原始凭证注明,"供应单位"是常州奇志有限公司,"名称"是 N102,"数量实收"和"数量应收"均为－500 千克,这表明本公司向常州奇志有限公司以前购买入库的 N102 材料 500 千克退回。进行会计核算时,根据表 2-33-2 和表 2-33-3,"金额"－40 000.00 元记入"原材料——N102"科目的借方,"税额"－6 400.00 元记入"应交税费——应交增值税——进项税额转出"科目的贷方（金额改为正数）。

表 2-33-3

收　料　单

供应单位：常州奇志有限公司　　　　2019 年 01 月 10 日　　　　编号 SL28644

材料编号	名称	单位	规格	数量		实际成本			
				应收	实收	单价	发票价格	运杂费	总价
C01002	N102	千克		-500	-500				

备注：上月采购,本月退货

收料人：丹民里　　　　　　交料人：邹萌红

表 2-33-4 是中国建设银行进账单的第三联收账通知联,此联应作为收款方收到货款的记账依据。该原始凭证注明,"出票人"是常州奇志有限公司,"收款人"是本公司,"收款人账号"是 41622124656669,"金额"是 46 800.00 元,结合表 2-33-2,这表明本公司账号为 41622124656669 的基本户已收到了常州奇志有限公司退回的货款 46 800.00 元。进行会计

核算时,"金额"46 400.00元记入"银行存款——建行41622124656669"科目的借方。

表 2-33-4

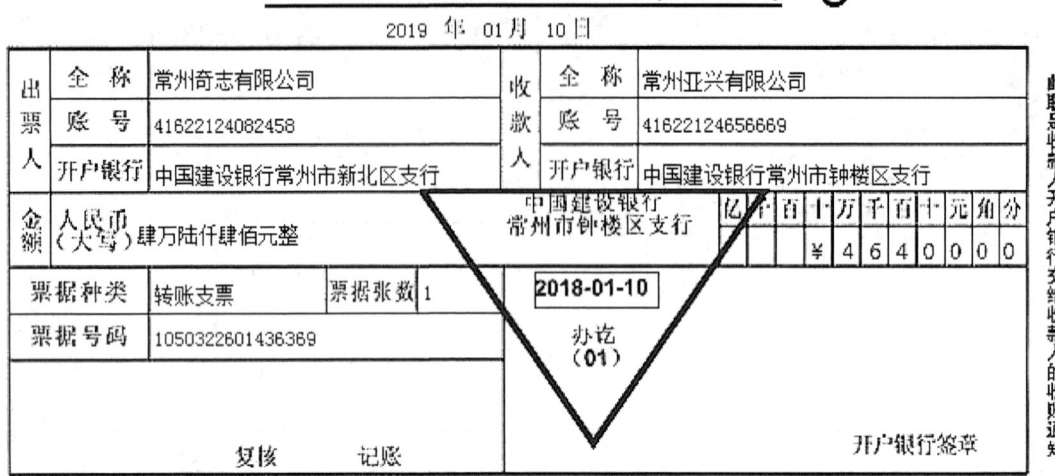

根据上述分析,该笔业务在T+系统中的操作流程如下:

(1) 录入供应商档案:以账套主管袁世民"201006"身份于2019-01-10登录,在"基础设置——基本信息"→"往来单位"中增加供应商档案。

(2) 填制退货单:以采购主管崔浩朴"301010"的身份于"2019-01-10"登录。"采购管理"——"单据",单击"进货单",业务类型选择"采购退货",根据表2-33-2,供应商选择"常州奇志有限公司",业务员选择"邹萌红",付款方式选择"全额现结",存货名称选择"N102",数量录入"-500",单价录入"80.00",保存并审核,如图2-33-1所示。

图 2-33-1 [业务 2-33]进货单录入页面

(3) 生成采购发票:以采购主管崔浩朴"301010"的身份于"2019-01-10"登录。"采购管理——单据"单击"采购发票"→"选单——选进货单",选择常州奇志有限公司公司的记录,录入发票号"90033384",修改现结金额辅助项,结算方式选择"转账支票",金额改为"-46 400.00",票据号录入"01436369",保存并审核,如图2-33-2所示。

(4) 生成采购入库单:以仓管孙民里"101005"身份于2019-01-10登录,"库存核算"——"单据"单击"采购入库单",业务类型改"采购退货",通过选进货单生成采购入库单,单据编号录入"SL28644",仓库选择"综合库",保存并审核,如图2-33-3所示。

图 2-33-2 [业务 2-33]采购发票页面

图 2-33-3 [业务 2-33]采购入库单页面

(5)生成凭证:以存货会计钱晓明"201007"身份于 2019-01-10 登录,"总账"——"日常业务"单击"单据生成凭证",单据选择"采购入库单"和"采购发票",单击"下一步",进入"选择查询条件"页面,默认,单击"下一步",得到"查询结果",在"按合并规则设置合并号"复选框处打"√",合并号均录入"1",单击"生成凭证"按钮,生成一张记账凭证,附单据数改为"3",摘要改为"采购退货并收款",调整科目"2220101"为"2220104",且方向改为贷方,金额改为"6 400.00",调整银行存款科目的方向为借方,金额改为"46 400.00",并对"银行存款"科目录入现金流量项目"04"(流量项目金额改为"-46 800.00"),保存,如图 2-33-4 所示。

图 2-33-4 [业务 2-33]合并生成记账凭证页面

【业务 2-34】 1 月 10 日,取得原始凭证 3 张,业务经办人崔浩朴。

表 2-34-1 是江苏增值税专用发票的第二联抵扣联,此联应作为购买方抵扣进项税额的依据。该抵扣联不能作为记账凭证的附件,专门用于在规定期限内到税务机关办理认证或在平台办理勾选确认,并在认证通过或勾选确认的次月申报期内,向主管税务机关申报抵

扣进项税额。

表 2-34-1

表 2-34-2 是江苏增值税专用发票的第三联发票联,此联应作为购买方的记账依据。该原始凭证注明,"购买方"是本公司,"销售方"是常州老牛有限公司,"货物或应税劳务、服务名称"是 N102,这表明本公司从常州老牛有限公司购买了材料 N102。

表 2-34-2

表 2-34-3 是收料单的第二联记账联,此联应作为收到材料的记账依据。该原始凭证注明,"供应单位"是常州老牛有限公司,"名称"是 N102,"数量应收"和"数量实收"均为

5 000千克,这表明本公司向常州老牛有限公司购买的N102已经全部验收入库。进行会计核算时,根据表2-34-2和表2-34-3,"金额"400 000.00元记入"原材料——N102"科目的借方,"税额"64 000.00元记入"应交税费——应交增值税——进项税额"科目的借方;由于该笔采购业务中没有相关付款的原始凭证,同时在此之前也没有发生相关的预付款业务,这表明本公司的该笔采购业务为赊购,进行会计核算时,"价税合计"464 000.00元记入"应付账款——供应商——常州老牛有限公司"科目的贷方。

表 2-34-3

收　料　单

供应单位:常州老牛有限公司					2019年01月10日					编号 SL28645
材料编号	名称	单位	规格	数量		实际成本				
				应收	实收	单价	发票价格	运杂费	总价	
C01002	N102	千克		5000	5000					
备注:										
收料人:孙民里						交料人:赵小平				

根据上述分析,该笔业务在T+系统中的操作流程如下:

(1) 录入供应商档案:以账套主管袁世民"201006"身份于2019-01-10登录,在"基础设置——基本信息"单击"往来单位"中录入供应商档案。

(2) 填制进货单:以采购主管崔浩朴"301010"身份于2019-01-10登录,在"采购管理"——"单据",单击"进货单",根据表2-34-2供应商选择"常州老牛有限公司",业务员选择"崔浩朴",付款方式选择"其他",存货名称选择"N102",数量录入"5 000",单价录入"80.00",保存并审核,如图2-34-1所示。

图 2-34-1　[业务2-34]进货单页面

(3) 生成采购发票:以采购主管崔浩朴"301010"身份于2019-01-10登录,在已审的进货单生成,单击"生单"中的"生成采购发票(普通采购)"。根据表2-34-2录入发票号"27241102",对采购发票进行保存并审核,如图2-34-2所示。

(4) 生成采购入库单。以仓管孙民里"101005"身份于2019-01-10登录,"库存核算"——"单据"单击"采购入库单",选进货单生成采购入库单,单据编号录入"SL28645",仓库选择"综合库",保存并审核,如图2-34-3所示。

图 2-34-2 [业务 2-34]采购发票页面

图 2-34-3 [业务 2-34]采购入库单页面

(5) 生成凭证:以存货会计钱晓明"201007"身份于 2019-01-10 登录,"总账"——"日常业务"单击"单据生成凭证",单据选择"采购入库单"和"采购发票",单击"下一步",进入"选择查询条件"页面,默认,单击"下一步",得到"查询结果",勾选合并生成凭证,合并号均一致,单击"生成凭证"按钮,摘要改为"赊购材料",单击"保存"按钮,如图 2-34-4 所示。

序号	摘要	科目名称	辅助项	计量	借方	贷方
1	赊购材料	原材料	N102	千克	400000.00	
2	赊购材料	应交税费-应交增值税-进项税额			64000.00	
3	赊购材料	应付账款-供应商	常州老牛有限公司			464000.00

图 2-34-4 [业务 2-34]记账凭证生成界面

【业务 2-35】 1月11日,取得原始凭证2张,业务经办人崔浩朴。

表 2-35-1 是江苏增值税专用发票的第二联抵扣联,此联应作为购买方进项税额转出的依据。该抵扣联不能作为记账凭证的附件,专门用于在规定期限内到税务机关办理认证或在平台办理勾选确认,并在认证通过或勾选确认的次月申报期内,向主管税务机关申报进项税额转出。

表 2-35-2 是江苏增值税专用发票的第三联发票联,此联应作为购买方的记账依据。该原始凭证注明,"购买方"是本公司,"销售方"是常州老牛有限公司,"货物或应税劳务、服

表 2-35-1

表 2-35-2

务名称"是 N102,"金额"为 －1 200.00 元,"税额"为 －192.00 元,没有数量记录,这表明本公司在[业务 2-34]中向常州老牛有限公司采购的 N102 材料同意折让 1 200.00 元,对方开出负数增值税专用发票。由于[业务 2-34]中材料已记入"原材料"科目的借方且应付货款464 000.00 元记入"应付账款——供应商——常州老牛有限公司"科目的贷方。进行会计核算时,"金额"－1 200.00 元记入"原材料——N102"科目的借方,"税额"－192.00 元记入"应交税费——应交增值税——进项税额转出"科目的贷方(金额改为正数),"价税合计"

—1 392.00元记入"应付账款——供应商——常州老牛有限公司"科目的贷方(冲减[业务2-34]的应付货款)。

根据上述分析,该笔业务在T+系统中的操作流程如下:

(1) 填制入库调整单:以存货会计钱晓明"201007"的身份于"2019-01-11"登录。单击"库存核算——成本核算"中的"入库调整单",供应商选择"常州老牛有限公司",仓库选择"综合库",存货名称选择"N102",金额录入"—1 200.00",保存并审核,如图2-35-1所示。

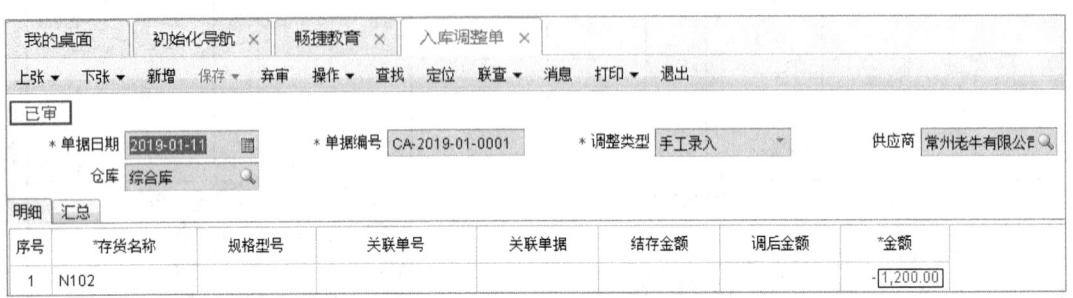

图2-35-1 [业务2-35]进货单录入页面

(2) 科目设置:以存货会计钱晓明"201007"的身份于"2019-01-11"登录。"总账"——"日常业务"单击"科目设置",在"存货对方科目"中单据增加入库调整单,设置科目为"220202"。

(3) 生成凭证:以存货会计钱晓明"201007"的身份于"2019-01-11"登录。"总账"——"日常业务"单击"单据生成凭证",单据选择"入库调整单",单击"下一步",进入"选择查询条件"页面,默认,单击"下一步",得到"查询结果",单击"生成凭证"按钮,摘要改为"采购折让",插入一空白行,科目录入"22210104",金额在贷方录入"192.00",科目"应付账款——供应商"贷方金额改为"—1 392.00",保存,如图2-35-2所示。

图2-35-2 [业务2-35]合并生成记账凭证页面

(五) 其他方式取得材料业务

【业务2-36】 1月11日,取得原始凭证4张,业务经办人崔浩朴。

表2-36-1是江苏增值税专用发票的第二联抵扣联,此联应作为购买方抵扣进项税额的依据。该抵扣联不能作为记账凭证的附件,专门用于在规定期限内到税务机关办理认证

或在平台办理勾选确认,并在认证通过或勾选确认的次月申报期内,向主管税务机关申报抵扣进项税额。

表 2-36-1

表 2-36-2 是江苏增值税专用发票的第三联发票联,此联应作为购买方的记账依据。该原始凭证注明,"购买方"是本公司,"销售方"是常州华平有限公司,"货物或应税劳务、服务名称"是 M101 和 N102,这表明本公司从常州华平有限公司采购了材料 M101 和 N102。

表 2-36-2

表2-36-3是收料单的第二联记账联,此联应作为收到材料的记账依据。该原始凭证注明,"供应单位"是常州华平有限公司,"名称"是M101,"数量应收"和"数量实收"均为5 000千克;"名称"是N102,"数量应收"和"数量实收"均为6 000千克,这表明本公司向常州华平有限公司购买的材料M101和N102已经全部验收入库。进行会计核算时,根据表2-36-2和表2-36-3,"金额"250 000.00元和480 000.00元分别记入"原材料——M101"和"原材料——N102"科目的借方,"税额合计"116 800.00元记入"应交税费——应交增值税——进项税额"科目的借方。

表2-36-3

收 料 单

供应单位:常州华平有限公司　　　　2019年01月11日　　　　　　编号 SL28646

材料编号	名称	单位	规格	数量		实际成本				第二联记账联
				应收	实收	单价	发票价格	运杂费	总价	
C01001	M101	千克		5000	5000					
C01002	N102	千克		6000	6000					
备注:										

收料人:孙民里　　　　　　　　　　　　　　　　　　交料人:宋玉生

表2-36-4是股东会决议,此联应作为接受投资的记账依据。该原始凭证注明,"股东名称"为常州华平有限公司,"认缴新增注册资本"为800 000.00元,"认缴比例"为4.04%,"实际出资额"为846 800.00元,这表明本公司接受常州华平有限公司的材料投资,实收资本金额为800 000.00元,占本公司注册资本的4.04%。进行会计核算时,"认缴新增注册资本"800 000.00元记入"实收资本——常州华平有限公司"科目的贷方,"实际出资额"与"认缴新增注册资本"之差46 800.00元记入"资本公积——资本溢价"科目的贷方。

表2-36-4

股东会决议

经全体股东审议,将本公司注册资本由19000000.00 元增加至19800000.00 元,一致通过如下决议.
一、增资股东身份情况
(略)
二、增资股东出资情况

股东名称	认缴新增注册资本	认缴比例	实际出资金额	实际出资额占全体股东出资	出资到位日期	出资方式
常州华平有限公司	800000.00	4.04%	854100.00	3.97%	2018-01-11	实物

三、增资后各股东持股比例

股东名称	实际出资情况			
	变更前		变更后	
	金额	所占份额	金额	所占份额
常州立马股份有限公司	15200000.00	80.00%	15200000.00	76.77%
常州梅林有限公司	3800000.00	20.00%	3800000.00	19.19%
常州华平有限公司	0.00	0.00%	800000.00	4.04%

股东代表签字 周培红 尹惠敏 孙岩

2019年01月11日

根据上述分析，该笔业务在 T+系统中的操作流程如下：

(1) 录入供应商档案：以账套主管袁世民"201006"身份于 2019-01-11 登录，在"基础设置——基本信息"单击"往来单位"→录入供应商信息；在"基础设置——基本信息"单击"项目"，增加项目分类编码"X7"及名称"其他方式"，并在此分类下增加项目编码"X701"及名称"投资增加"。

(2) 填制进货单：以采购主管崔浩朴"301010"在 2019-01-11 登录，"采购管理"——"单据"，单击"进货单"→根据表 2-36-2，供应商选择"常州华平有限公司"，业务员选择"崔浩朴"，项目选择"投资增加"，存货名称分别选择"M101"和"N102"，数量分别录入"5 000"和"6 000"，单价分别录入"50.00"和"80.00"，保存并审核，如图 2-36-1 所示。

图 2-36-1 ［业务 2-36］进货单页面

(3) 生成采购发票：以采购主管崔浩朴"301010"在 2019-01-11 登录，在已审的进货单生成，单击"生单"中的"生成采购发票（普通采购）"。根据表 2-36-2 录入发票号"57341196"，对采购发票进行保存并审核，如图 2-36-2 所示。

(4) 生成采购入库单。以仓管孙民里"101005"身份于 2019-01-11 登录，"库存核算"——"单据"单击"采购入库单"，选进货单生成采购入库单，单据编号录入"SL28646"，仓库选择"综合库"，保存并审核，如图 2-36-3 所示。

我的桌面 | 初始化导航 | 畅捷教育 | 进货单 | 采购发票

上张 下张 新增 选单 保存 弃审 操作 查找 定位 工具 联查 消息 打印 退出

已审

*单据日期 2019-01-11　*单据编号 PB-2019-01-0017　*发票类型 专用发票　发票号 57341196
*供应商 常州华平有限公司　业务员 崔浩朴　项目 投资增加　付款方式 其他
付款到期日　使用预付 0.00　现结金额 0.00

明细 汇总

序号	*存货名称	*采购单位	*数量	损耗数量	*单价	*税率%	*含税单价	*金额	*税额	*含税金额
1	M101	千克	5,000.00		50.00	16.00%	58.00	250,000.00	40,000.00	290,000.00
2	N102	千克	6,000.00		80.00	16.00%	92.80	480,000.00	76,800.00	556,800.00

图 2-36-2 [业务 2-36]采购发票页面

我的桌面 | 初始化导航 | 畅捷教育 | 采购入库单

上张 下张 新增 选单 保存 弃审 操作 转换 查找 定位 工具 联查 消息 打印 退出

已审　已核算

*单据日期 2019-01-11　*单据编号 SL28646　*业务类型 普通采购　*供应商 常州华平有限公司
经手人 崔浩朴　项目 投资增加　仓库 综合库

明细 汇总

序号	*仓库	*存货名称	*计量单位	*实收数量	单价	金额
1	综合库	M101	千克	5,000.00	50.00	250,000.00
2	综合库	N102	千克	6,000.00	80.00	480,000.00

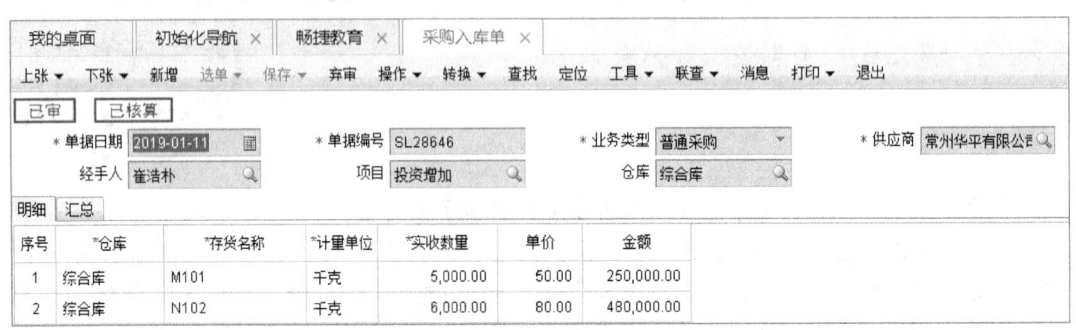

图 2-36-3 [业务 2-36]采购入库单页面

(5) 科目设置:以存货会计钱晓明“201007”身份于 2019-01-11 登录,在“基础设置——基本信息”的科目中增加科目“400103 实收资本——常州华平有限公司”;“总账”——“日常业务”中的“科目设置”,应付科目扩展设置增加一行,对项目选择为“投资增加”的,设置科目为“400103 实收资本——常州华平有限公司”。

(6) 生成凭证:以存货会计钱晓明“201007”身份于 2019-01-11 登录,“总账”——“日常业务”单击“单据生成凭证”,单据选择“采购入库单”和“采购发票”,单击“下一步”,进入“选择查询条件”页面,默认,单击“下一步”,得到“查询结果”,勾选合并生成凭证,合并号均一致,单击“生成凭证”按钮,附单据数改为“3”,摘要改为“接受存货投资”,“实收资本”科目贷方金额按决议改为“800 000”,增加一行,贷方科目录入“资本公积——资本溢价”,贷方金额自动生成,保存,如图 2-36-4 所示。

已生成

记账凭证

*凭证类别 记账凭证　*凭证编号 0033　*制单日期 2019-01-11　附单据数 3

明细 汇总

序号	*摘要	*科目名称	辅助项	计量...	借方	贷方
1	接受存货投资	原材料	N102	千克	48000000	
2	接受存货投资	原材料	M101	千克	25000000	
3	接受存货投资	应交税费-应交增值税-进项税额			11680000	
4	接受存货投资	实收资本-常州华平有限公司				80000000
5	接受存货投资	资本公积-资本溢价				4680000

图 2-36-4 [业务 2-36]记账凭证生成界面

二、委托加工物资业务

【业务 2-37】 1月11日,取得原始凭证5张,业务经办人崔浩朴,委托加工业务财务方面由钱晓明负责。

表 2-37-1 是委托加工协议书的复印件,应作为发出材料委托加工产品的记账依据。该原始凭证注明,"委托方"是本公司,"受托方"是常州红锦有限公司,本公司发出 12 000 千克 WH01 材料,委托常州红锦有限公司加工成 800 件 WS01 产品。

表 2-37-1 (此为复印件)

委托加工协议书

甲方(委托方):常州亚兴有限公司　　　　　乙方(受托方):常州红锦有限公司

甲、乙双方在平等互利、自愿的基础上,经协商,就甲方用　12000千克WH01　委托乙方加工
生产　800件WS01　事宜,达成如下协议:
一、甲方责任:
1、甲方负责提供委托加工产品技术和质量文件,包括生产工艺、质量控制、质量标准、包装要求等。
2、甲方在　2019年01月12日　负责向乙方提供委托加工产品所需的全部材料,并向乙方提供相关的技术支持。
3、甲方有权对乙方的生产标准、产品质量进行检查监督,并提出意见和建议。
4、甲方按照甲乙双方确定的标准进行验收货品。
二、乙方责任:
1、乙方负责按照甲方提供的产品质量标准,提供合格的产品,并负责生产过程及质量控制。
2、乙方不得将产品授权第三方代为加工。
3、乙方所加工生产甲方委托之产品,不得自行加工销售,不得利用甲方产品技术自行进行同类产品研发。
三、加工费及付款方式:
1、加工费每件　107.50　元,含税总金额　99760.00　元,乙方应开　增值税专用发票　给甲方。
2、加工费等款项结算采用银行转账,甲方收到货物　5　天之内应付所有的费用。
四、其他:
1、本协议未尽事宜,由双方协商解决,协商不成任何一方可向合协议履行地人民法院起诉。
2、本协议有效期一年,双方签署之日起生效,期间任何一方有违约行为,另一方有权终止本协议,并保留法律追诉权。
3、本协议一式四份,甲、乙双方各执两份,同具法律效力。

甲方(盖章):常州亚兴有限公司　　　　　乙方(盖章):常州红锦有限公司
法定(授权)代表人:赵卫宇　　　　　　　法定(授权)代表人:刘宇利
签订日期:2019年01月09日　　　　　　　签订日期:2019年01月09日

表 2-37-2 是领料单的第三联记账联,此联应作为发出材料的记账依据。该原始凭证注明,采购部委托加工产品领用 WH01 材料 12 000 千克。进行会计核算时,根据"实发数量"与期初 WH01 材料单价 25.00 元之积 300 000.00 元,分别记入"委托加工物资——委托

加工 WS01"科目的借方和"原材料——WH01"科目的贷方。

表 2-37-2

领 料 单

领料部门：采购部
用　途：委托加工产品领用　　　2019年01月12日　　　编号 LL36951

材料编号	名　称	规　格	计量单位	请领数量	实发数量	备注
WH01			千克	12000	12000	

领料人：孙凤琴　　　　　　　　　　　　　　发料人：孙瓦里

第三联 记账联

表 2-37-3 是江苏增值税专用发票的第二联抵扣联，此联应作为购买方抵扣进项税额的依据。该抵扣联不能作为记账凭证的附件，专门用于在规定期限内到税务机关办理认证或在平台办理勾选确认，并在认证通过或勾选确认的次月申报期内，向主管税务机关申报抵扣进项税额。

表 2-37-3

表 2-37-4 是江苏增值税专用发票的第三联发票联，此联应作为购买方的记账依据。该原始凭证注明，"购买方"是本公司，"销售方"是常州快运物流有限公司，"货物或应税劳务、服务名称"是运费，这表明本公司为运送委托加工材料接受常州快运物流有限公司的运输劳务。进行会计核算时，"金额"2 000.00 元应记入"委托加工物资——委托加工 WS01"科目的借方，"税额"200.00 元应记入"应交税费——应交增值税——进项税额"科目的

借方。

表 2-37-4

表 2-37-5 是中国建设银行客户专用回单的第一联借方回单,此联应作为付款方结算支付货款的记账依据。该原始凭证注明,"付款人"是本公司,"付款人账号"是41622124656669,"收款人"是常州快运物流有限公司,"用途"是支付运费,这表明本公司已通过账号为 41622124656669 的基本户向常州快运物流有限公司支付了运费。进行会计核算时,"金额"2 200.00 元应记入"银行存款——建行 41622124656669"科目的贷方。

表 2-37-5

根据上述分析,该笔业务在 T+系统中的操作流程如下:

（1）录入供应商档案及项目、费用档案：以账套主管袁世民“201006”身份于 2019-01-12 登录，在“基础设置——基本信息”单击“往来单位”→录入供应商信息；在“项目”——“委托加工”分类中增加编号为“X302”，名称为“委托加工 WS01”项目；在“基础设置——收付结算”→“费用”中增设编号为“02”，名称为“委托加工”的费用分类，在此分类下，分别增加编码“0201”及名称“委托加工运费”和编码“0202”及名称“委托加工费”，费用类型均选择“其他费用”，如图 2-37-1 所示。

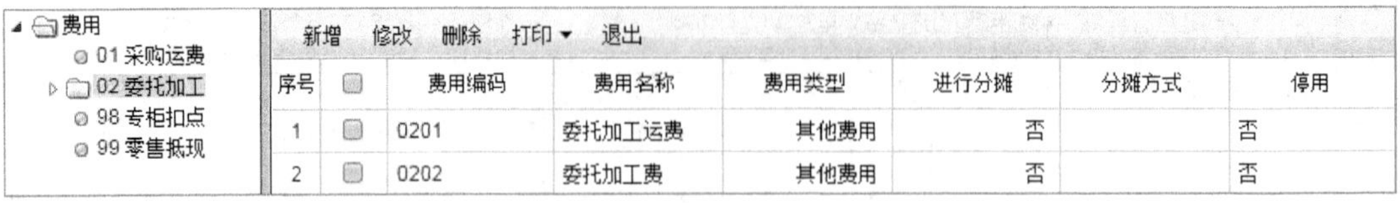

序号		费用编码	费用名称	费用类型	进行分摊	分摊方式	停用
1		0201	委托加工运费	其他费用	否		否
2		0202	委托加工费	其他费用	否		否

图 2-37-1　[业务 2-37]委托加工费用设置

（2）填制材料出库单：以仓管孙民里“101005”身份于 2019-01-12 登录，在“库存核算”——“单据”，单击“材料出库单”→业务类型选择“直接领料”，单据编号录入“LL36951”，领用人选择“崔浩朴”，项目选择“X302 委托加工 WS01”，仓库选择“综合库”，材料名称选择“WH01”，数量录入“12 000”，其他自动生成，保存并审核，如图 2-37-2 所示。

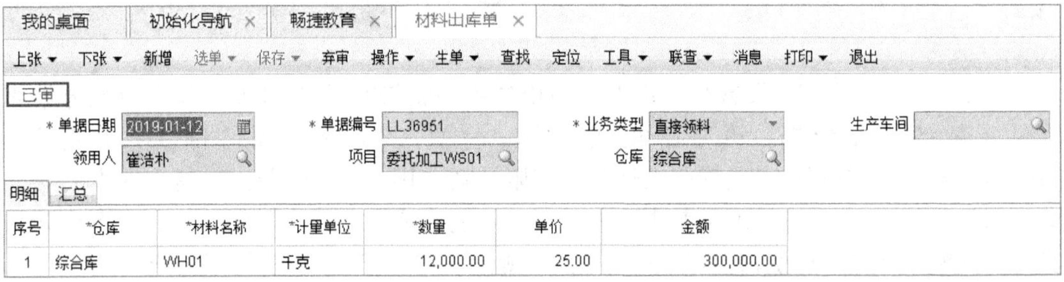

序号	*仓库	*材料名称	*计量单位	*数量	单价	金额
1	综合库	WH01	千克	12,000.00	25.00	300,000.00

图 2-37-2　[业务 2-37]材料出库单页面

（3）填制费用单：以出纳朱珊珊“201009”身份于 2019-01-12 登录，在“往来现金”——“单据”，单击“费用单”→根据表 2-37-4 和表 2-37-5，业务类型选择“现金费用”，往来单位选择“常州快运物流有限公司”，部门选择“采购部”，业务员选择“崔浩朴”，项目选择“委托加工 WS01”，费用名称选择“委托加工运费”，金额录入“2 000.00”，现结金额中结算方式选择“网银”，账号名称选择“基本结算户”，金额自动为含税金额，票据号录入“00810589”，保存并审核，如图 2-37-3 所示。

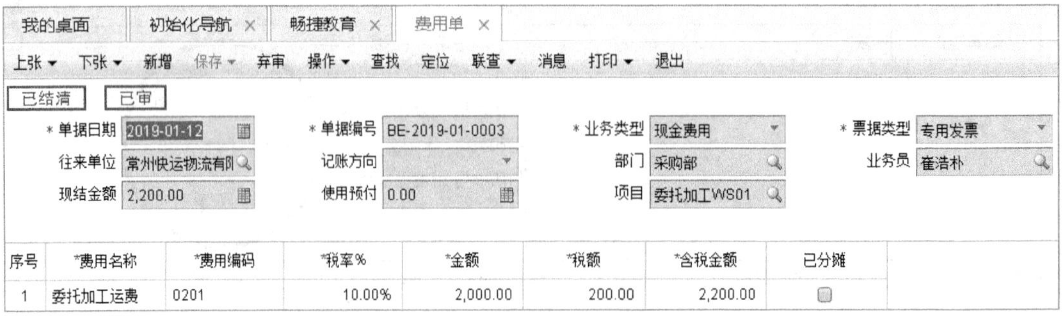

序号	*费用名称	*费用编码	*税率%	*金额	*税额	*含税金额	已分摊
1	委托加工运费	0201	10.00%	2,000.00	200.00	2,200.00	

图 2-37-3　[业务 2-37]费用单页面

（4）科目设置：以存货会计钱晓明"201007"身份于2019-01-12登录，"总账"——"日常业务"中的"科目设置"，费用科目扩展设置增加：费用为"委托加工"、项目分类"委托加工"，科目设为"1408"；存货对方科目中增设，项目分类"委托加工"的科目为"1408"；

（5）生成凭证：以存货会计钱晓明"201007"身份于2019-01-12登录，"总账"——"日常业务"单击"单据生成凭证"，单据选择"材料出库单""费用单"，单击"下一步"，进入"选择查询条件"页面，默认，单击"下一步"，得到"查询结果"，勾选合并生成凭证，合并号均一致，单击"生成凭证"按钮，附单据数改为"4"，摘要分别修改，对银行存款科目选择现金流量项目"04"，保存，如图2-37-4所示。

序号	摘要	科目名称	辅助项	计量	借方	贷方
1	发出委托加工物资	委托加工物资	委托加工WS01		30200000	
2	支付委托加工运费	应交税费-应交增值税-进项税额			20000	
3	支付委托加工运费	银行存款-建行41622124656669	网银00810589			220000
4	结转委托加工发出材料成本	原材料	WH01	千克		30000000

图2-37-4 ［业务2-37］记账凭证生成界面

【业务2-38】 1月12日，取得原始凭证3张，业务经办人崔浩朴。

表2-38-1是江苏增值税专用发票的第二联抵扣联，此联应作为购买方抵扣进项税额的依据。该抵扣联不能作为记账凭证的附件，专门用于在规定期限内到税务机关办理认证或在平台办理勾选确认，并在认证通过或勾选确认的次月申报期内，向主管税务机关申报抵扣进项税额。

表2-38-1

表 2-38-2 是江苏增值税专用发票的第三联发票联，此联应作为购买方的记账依据。该原始凭证注明，"购买方"是本公司，"销售方"是常州红锦有限公司，"货物或应税劳务、服务名称"是加工 WS01 产品加工费，这表明本公司委托常州红锦有限公司加工 WS01 产品发生了加工费。进行会计核算时，"金额"86 000.00 元应记入"委托加工物资——委托加工 WS01"科目的借方，"税额"13 760.00 元应记入"应交税费——应交增值税——进项税额"科目的借方。

表 2-38-2

表 2-38-3 是中国建设银行转账支票存根，此联应作为付款方结算支付货款的记账依据。该原始凭证注明，"付款行账号"是 41622124656669，"收款人"是常州红锦有限公司，

表 2-38-3

"用途"是支付加工费,这表明本公司已通过账号为 41622124656669 的基本户向常州红锦有限公司支付了加工费。进行会计核算时,"金额"99 760.00 元应记入"银行存款——建行41622124656669"科目的贷方。

根据上述分析,该笔业务在 T+系统中的操作流程如下:

(1)填制费用单:以出纳朱珊珊"201009"身份于 2019-01-12 登录,在"往来现金"——"单据",单击"费用单"→根据表 2-38-2 和表 2-38-3,业务类型选择"现金费用",往来单位选择"常州红锦有限公司",部门选择"采购部",业务员选择"崔浩朴",项目选择"委托加工WS01",费用名称选择"委托加工费",税率改为"16%",金额录入"86 000.00",现结金额中结算方式选择"转账支票",票据号录入"17025807",保存并审核,如图 2-38-1 所示。

图 2-38-1 [业务 2-38]费用单页面

(2)生成凭证:以存货会计钱晓明"201007"身份于 2019-01-12 登录,"总账"——"日常业务"单击"单据生成凭证",单据选择"费用单",单击"下一步",进入"选择查询条件"页面,默认,单击"下一步",得到"查询结果",单击"生成凭证"按钮,附单据数改为"2",摘要改为"支付委托加工费",对银行存款科目设置辅助核算项并定义现金流量项目"04",保存,如图 2-38-2 所示。

图 2-38-2 [业务 2-38]记账凭证生成界面

【业务 2-39】 1 月 12 日,取得原始凭证 1 张,业务经办人崔浩朴。

表 2-39-1 是委托加工物资入库单的会计联,此联应作为委托方收入委托加工产品的记账依据。该原始凭证注明,"供应单位"是常州红锦有限公司,入库"名称"是 WS01 产品,"数量应收"和"数量实收"均为 800 件,这表明本公司委托常州红锦有限公司加工的 WS01产品已全部验收入库。进行会计核算时,结合[业务 2-37]和[业务 2-38],计算出委托加工WS01 的成本为 388 000.00 元(300 000.00+2 000.00+86 000.00),分别记入"库存商品——WS01"科目的借方和"委托加工物资——委托加工 WS01"科目的贷方。

表 2-39-1

委托加工物资入库单

供应单位：常州红锦有限公司　　　　2019 年 01 月 12 日　　　　　　　　编号：5282778

产品编号	名称	单位	规格	数量		实际成本			
				应收	实收	发出材料成本	加工费	运费	总金额
	WS01	件		800	800				

备注：

收货人：孙民里　　　　　　　　　　　　　　　　　　　交货人：赵东星

根据上述分析，该笔业务在 T+系统中的操作流程如下：

（1）查询委托加工产品成本：以存货会计钱晓明"201007"身份于 2019-01-12 登录，在"总账"——"明细账表"，单击"科目项目明细账"→"查询"对话框中录入科目"1408"、项目"委托加工 WS01"，勾选"包含未记账凭证"→"确定"，显示查询结果，如图 2-39-1 所示，委托加工 WS01 实际成本为其本月合计金额 388 000.00 元。

图 2-39-1　[业务 2-39]科目项目明细账查询结果页面

（2）填制其他入库单：以仓管孙民里"101005"身份于 2019-01-12 登录，在"库存核算"——"单据"，单击"其他入库单"→单据编号录入"5282778"，业务类型选择"其他"，项目选择"委托加工 WS01"，仓库选择"综合库"，存货名称选择"WS01"，数量录入"800"，金额录入"388 000.00"，保存并审核，如图 2-39-2 所示。

图 2-39-2　[业务 2-39]其他入库单页面

(3) 生成凭证:以存货会计钱晓明“201007”身份于 2019-01-12 登录,“总账”——“日常业务”单击“单据生成凭证”,单据选择“其他入库单”,单击“下一步”,进入“选择查询条件”页面,默认,单击“下一步”,得到“查询结果”,单击“生成凭证”按钮,摘要改为“结转委托加工入库成本”,单击“保存”按钮,如图 2-39-3 所示。

已生成

记账凭证

* 凭证类别 记账凭证　　* 凭证编号 0036　　* 制单日期 2019-01-12　　附单据数 1

明细　汇总

序号	*摘要	*科目名称	辅助项	计量…	借方 亿千百十万千百十元角分	贷方 亿千百十万千百十元角分
1	结转委托加工入库成本	库存商品	WS01	件	38800000	
2	结转委托加工入库成本	委托加工物资	委托加工WS01			38800000

图 2-39-3　[业务 2-39]记账凭证生成界面

第三章 存货业务会计电算化处理(下)

一、销售业务会计电算化处理

(一) 现销业务

【业务 3-1】 1月12日,取得原始凭证4张,业务经办人李丽洁。

表 3-1-1 是购销合同,应作为销售方填制销售订单的依据,但不能作为会计核算的依据。该合同注明,"购方"是常州万都有限公司,"销方"是本公司,"产品名称"是 Y202,"数量"是 900 件,"交货日期"与"签订日期"均是 2019 年 1 月 12 日。这表明本公司与常州万都有限公司签订了销售 900 件 Y202 产品的合同,签订合同当日已经发货。

表 3-1-1

购销合同

购方: 常州万都有限公司　　　　　　　　合同编号: 2019024
销方: 常州亚兴有限公司　　　　　　　　签订地点: 常州市

供、需双方本着互利互惠、长期合作的原则,根据《中华人民共和国合同法》及双方的实际情况,就需方向供方采购事宜,订立本合同,以使双方在合同履行中共同遵守。

一、产品名称、数量、单价、金额:

产品名称	规格型号	计量单位	数量	单价	金额	备注
Y202		件	900	1653.00	1487700.00	
						含税
合计					¥1487700.00	

合计人民币(大写): 壹佰肆拾捌万柒仟柒佰元整

二、质量要求、技术标准、供方对质量负责的条件和期限: 按合同企业标准。

三、(1) 交(提)货地点、方式: 江苏省常州市武进区贾丰街刘新路96号

　　(2) 交货日期: 2019-01-12

四、付款时间与付款方式:

五、运输方式及到站、港和费用负担：销售方承担。

六、合理损耗及计算方法：以实际数量验收。

七、包装标准、包装物的供应与回收：普通包装，不回收包装物。

八、验收标准、方法及提出异议期限：货到需方7天内提出质量异议，不包括运输过程中造成的质量问题。

九、违约责任：按《合同法》。

十、解决合同纠纷的方式：双方协商解决。

十一、其他约定事项：本合同一式两份，需、供双方各一份，经双方盖章后即生效。

购方（盖章）：常州万都有限公司　　　　销方（盖章）：常州业兴有限公司
单位地址：江苏省常州市武进区贾丰街刘湘路96号　　单位地址：江苏省常州市钟楼区丰收街环保路45号
电　话：0519-56683997　　　　　　　　电　话：0519-74325001
签订日期：2019-01-12　　　　　　　　　签订日期：2019-01-12
开户银行：中国建设银行常州市武进区支行　开户银行：中国建设银行常州市钟楼区支行
账　号：41622124707899　　　　　　　账　号：41622124656669

表 3-1-2 是销售单的会计联，此联应作为销售方的记账依据。该原始凭证注明，"购货单位"是常州万都有限公司，"产品名称"是 Y202，"数量"是 900 件，这表明本公司已将 900 件 Y202 产品销售给了常州万都有限公司。

表 3-1-2

表 3-1-3 是江苏增值税专用发票的第一联记账联，此联应作为销售方生成销售发票及生成销售记账凭证的记账依据。该原始凭证注明，"销售方"是本公司，"购买方"是常州万都有限公司，"货物或应税劳务、服务名称"是 Y202，这表明本公司销售了 Y202 产品给常州万都有限公司。进行会计核算时，根据表 3-1-2 和表 3-1-3，"金额"1 282 500.00 元应记入"主营业务收入——Y202"科目的贷方，"税额"205 200.00 元应记入"应交税费——应交增值税——销项税额"科目的贷方。

表 3-1-4 是中国建设银行客户专用回单的第二联贷方回单，此联应作为收款方收取款项的记账依据。该原始凭证注明，日期为 2019 年 1 月 12 日，"付款人全称"是常州万都有限

公司,"收款人全称"是本公司,"收款人账号"是41622124656669,"金额"是1 487 700.00元,与表3-1-3中的价税合计一致,这表明常州万都有限公司已向本公司账号为41622124656669的基本户支付了全部货款。进行会计核算时,"金额"1 487 700.00元应记入"银行存款——建行41622124656669"科目的借方。

表 3-1-3

表 3-1-4

根据上述分析,该笔业务在T+系统中的操作流程如下:

(1) 增加客户及设置:以账套主管"201006 袁世民"身份于"2019-01-12"登录。"基础设置"→"基本信息",单击"往来单位",打开往来单位界面,根据表3-1-3录入客户档案;在

"系统管理——基本设置——选项设置"中的"库存核算"把可用量控制下属的各个勾选取消(由于库存商品发出采用全月平均法,本月收入库存商品是月末汇总处理,而库存商品的发出是根据销售业务随时进行的,这样,库存数会出现负数,取消库存核算可用量控制,是保证销售业务流程正常进行的条件)。

(2)填制销售订单:以销售主管傅世惠"401012"身份于 2019-01-12 登录。"销售管理"→"单据",单击"销售订单",单据编号录入"2018024",客户选择"常州万都有限公司",业务员选择"李丽洁",收款方式选择"全额现结",存货名称选择"Y202",数量录入"900",单价录入"1 425.00",其他自动生成,保存并审核,如图 3-1-1 所示。

图 3-1-1 [业务 3-1]销售订单页面

(3)生成销货单:以销售主管傅世惠"401012"身份于 2019-01-12 登录。有两种方法生成销货单:第一种,采用生单的方法,在已审核的销售订单页面,单击"生单——生成销货单";第二种,选单生成销货单,"销售管理"→"单据",单击"销货单",单击"选单"——选"销售订单",勾选销售订单记录,生成销货单。根据表 3-1-2,单据编号录入"XS6389001",保存并审核,如图 3-1-2 所示。

图 3-1-2 [业务 3-1]销货单页面

(4) 生成销售发票:以销售主管傅世惠“401012”身份于 2019-01-12 登录。有两种方法生成:第一种方法是在销货单生单,第二种方法是在销售发票页面选销货单生单在销货单上单击“生单——生成销售发票(普通销售)”,生成销售发票,根据表 3-1-3 和表 3-1-4,发票号录入“67942595”,现结金额中结算方式选择“网银”,账号名称选择“基本结算户”,票据号录入“00810681”,其他自动生成,保存并审核,如图 3-1-3 所示。

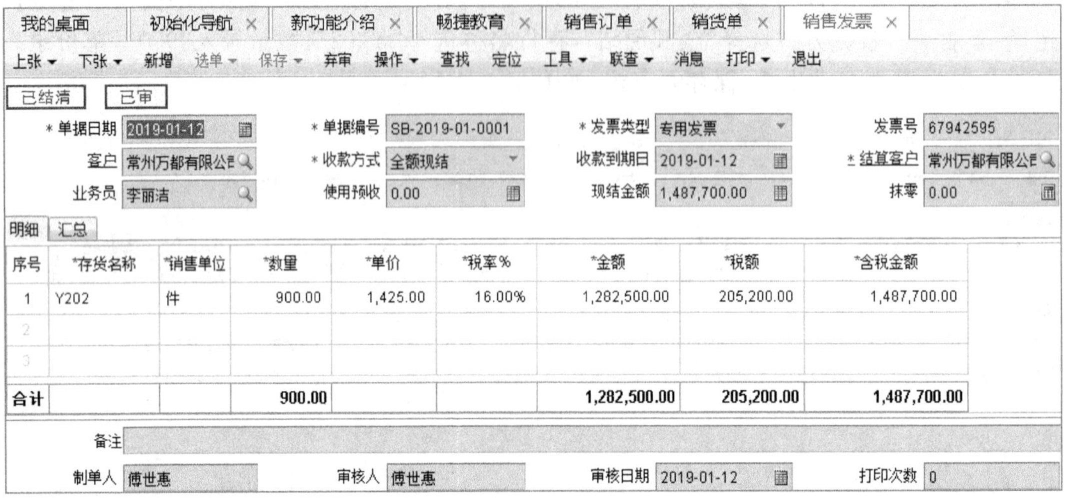
我的桌面 初始化导航 × 新功能介绍 × 畅捷教育 × 销售订单 × 销货单 × 销售发票 ×

上张 下张 新增 选单 保存 弃审 操作 查找 定位 工具 联查 消息 打印 退出

已结清 已审

* 单据日期 2019-01-12　* 单据编号 SB-2019-01-0001　* 发票类型 专用发票　发票号 67942595

客户 常州万都有限公司　* 收款方式 全额现结　收款到期日 2019-01-12　* 结算客户 常州万都有限公司

业务员 李丽洁　使用预收 0.00　现结金额 1,487,700.00　抹零 0.00

明细 汇总

序号	*存货名称	*销售单位	*数量	*单价	*税率%	*金额	*税额	*含税金额
1	Y202	件	900.00	1,425.00	16.00%	1,282,500.00	205,200.00	1,487,700.00
2								
3								
合计			900.00			1,282,500.00	205,200.00	1,487,700.00

备注

制单人 傅世惠　审核人 傅世惠　审核日期 2019-01-12　打印次数 0

图 3-1-3 [业务 3-1]销售发票页面

(5) 生成销售出库单:以仓管孙民里“101005”身份于 2019-1-12 登录,“库存核算”——“单据”单击“销售出库单”→“选单——选销货单”,单击“查询”按钮,出现销货单记录,勾选并确定,仓库选择“综合库”,保存并审核,如图 3-1-4 所示。

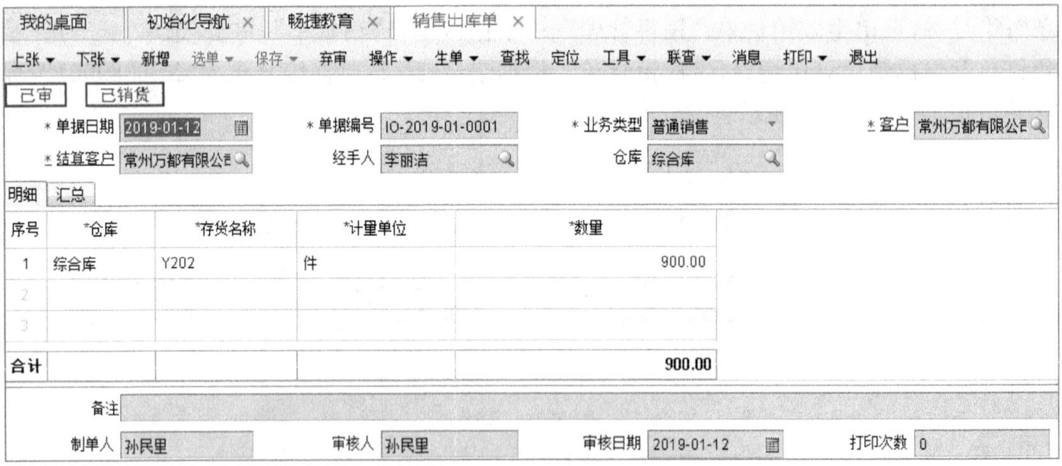
我的桌面 初始化导航 × 畅捷教育 × 销售出库单 ×

上张 下张 新增 选单 保存 弃审 操作 生单 查找 定位 工具 联查 消息 打印 退出

已审 已销货

* 单据日期 2019-01-12　* 单据编号 IO-2019-01-0001　* 业务类型 普通销售　* 客户 常州万都有限公司

* 结算客户 常州万都有限公司　经手人 李丽洁　仓库 综合库

明细 汇总

序号	*仓库	*存货名称	*计量单位	*数量
1	综合库	Y202	件	900.00
2				
3				
合计				900.00

备注

制单人 孙民里　审核人 孙民里　审核日期 2019-01-12　打印次数 0

图 3-1-4 [业务 3-1]销售出库单页面

(6) 生成记账凭证:以存货会计钱晓明“201007”身份于 2019-1-12 登录,“总账”——“日常业务”单击“单据生凭证”,勾选“销售发票”,单击“下一步”,第二步默认,单击“下一步”,显示查询结果,单击“生成凭证”按钮,出现生成凭证页面,附单据数改为“3”,摘要改为

"销售产品收到货款",银行存款科目采用手工分配选择现金流量项目"01 ",单击"保存",如图 3-1-5 所示。

已分配 已生成

记账凭证

*凭证类别 记账凭证 *凭证编号 0037 *制单日期 2019-01-12 附单据数 3

明细 汇总

序号	*摘要	*科目名称	辅助项	计量...	借方(亿千百十万千百十元角分)	贷方(亿千百十万千百十元角分)
1	销售产品收到货款	银行存款-建行41622124656669	网银 00810681...		148770000	
2	销售产品收到货款	应交税费-应交增值税-销项税额				20520000
3	销售产品收到货款	主营业务收入	Y202	件		128250000

图 3-1-5 [业务 3-1]生成凭证页面

需要注意的是:①从[业务 3-2]起,销售管理系统流程简化为"销货单"→"销售发票",库存核算流程以及总账处理流程不变。②每次生成销售出库单时,销售出库单上的存货均有单价和金额,当本月存货没有增加之前,其单价为期初库存存货的单价;当存货记录收入数量和金额后,其销售出库单上存货的单价和金额会随之而改变,因此,在全月平均法下,必须在期末由系统计算出全月平均单价后,才能正确调整销售出库单上应结转的存货销售成本;平时在 T+系统可以生成并审核销售出库单,但不能根据销售出库单生成结转销售成本的凭证。

【业务 3-2】 1 月 12 日,取得原始凭证 3 张,业务经办人李丽洁。

表 3-2-1 是销售单的会计联,此联应作为销售方的记账依据。该原始凭证注明,"购货单位"是无锡英华有限公司,"产品名称"是 X201,"数量"1 000 件,折扣 5%,这表明本公司已将 1 000 件 X201 产品销售给了无锡英华有限公司,且对方公司享受 5%的商业折扣。

表 3-2-1

销 售 单

购货单位: 无锡英华有限公司 地址和电话: 江苏省无锡市滨湖区李辉街胡玉路06号0510-15749120 单据编号: XS6389002

纳税识别号: 913202112600700462 开户行及账号: 中国建设银行无锡市滨湖区支行41622124889195 制单日期: 2019-01-12

编码	产品名称	规格	单位	单价	数量	金额	备注
M301001	X201		件	2320.00	1000	2320000.00	含税价
	折扣5%					-116000.00	
合计	人民币(大写): 贰佰贰拾万肆仟元整				—	¥2204000.00	

会计联

销售经理: 傅世息 经手人: 李丽洁 会计 钱晓明 签收人: 杨忠俏

表 3-2-2 是江苏增值税专用发票的第一联记账联,此联应作为销售方生成销售发票及生成销售记账凭证的记账依据。该原始凭证注明,"销售方"是本公司,"购买方"是无锡英华有限公司,"货物或应税劳务、服务名称"是 X201 和折扣 5%,"数量"为 1 000 件,这表明本公司销售了 1 000 件 X201 产品给无锡英华有限公司,单价 2 000.00 元,并给予对方 5%商业折扣。进行会计核算时,"金额合计"1 900 000.00 元应记入"主营业务收入——X201"科目的贷方,"税额合计"304 000.00 元应记入"应交税费——应交增值税——销项税额"科目的贷方。

表 3-2-2

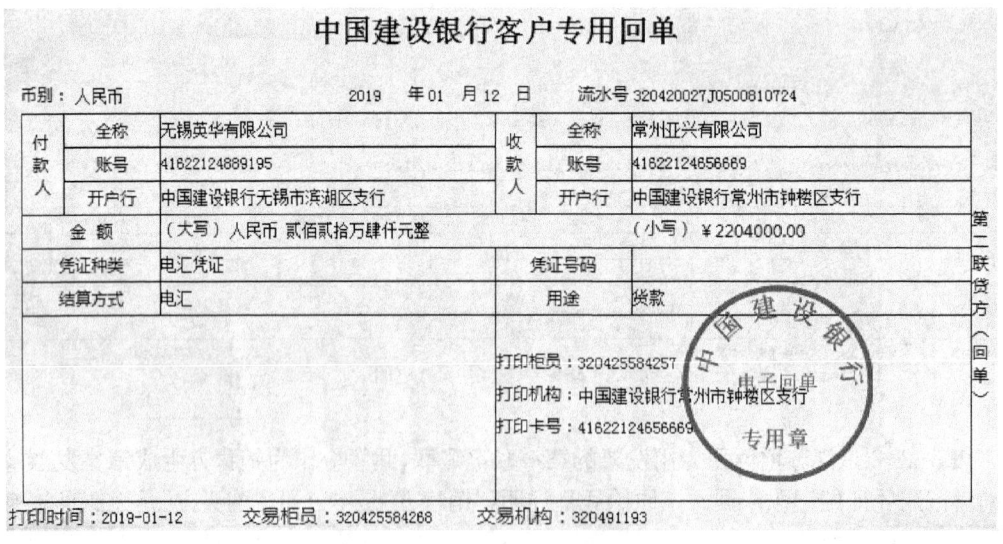

表 3-2-3 是中国建设银行客户专用回单的第二联贷方回单,此联应作为收款方收取款项的记账依据。该原始凭证注明,"日期"为 2019 年 01 月 12 日,"付款人全称"是无锡英华有限公司,"收款人全称"是本公司,"收款人账号"是 41622124656669,"金额"是 2 204 000.00 元,与表 3-2-2 上的价税合计一致,这表明无锡英华有限公司已向本公司账号为 41622124656669 的基本户支付了全部货款。进行会计核算时,"金额"2 223 000.00 元应记入"银行存款——建行 41622124656669"科目的借方。

表 3-2-3

根据上述分析,该笔业务在 T+系统中的操作流程如下:

(1) 增加客户:以账套主管"201006 袁世民"身份于"2019-01-12"登录。"基础设置"→"基本信息",单击"往来单位",根据表 3-2-2 录入客户档案。

(2)填制销货单:以销售主管傅世惠"401012"身份于2019-01-12登录,"销售管理——单据"单击"销货单",在"操作——设置"中,在明细中,勾选"报价""折扣"等;单据编号录入"XS6389002",客户选择"无锡英华有限公司",业务员选择"李丽洁",收款方式选择"全额现结",存货名称选择"X201",数量录入"1 000",报价录入"2 320.00",折扣录入"95%",其他自动生成,保存并审核,如图3-2-1所示。

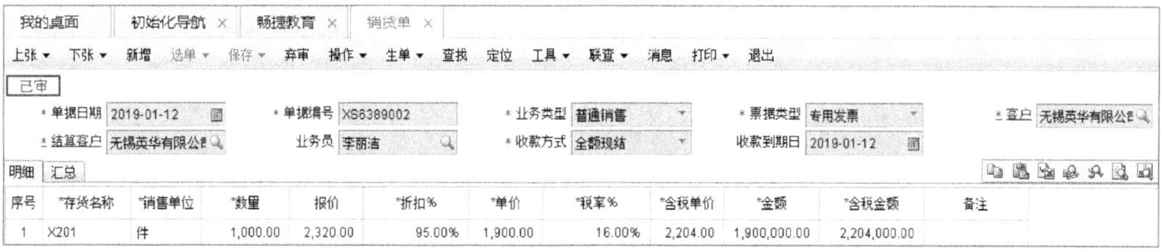

图3-2-1 [业务3-2]销货单页面

需要说明的是:T+系统预设的销售订单、销货单、销售发票、销售出库单等单据,有些内容并不显示,如折扣、项目等,在打开这些单据页面,没录入信息前,可通过"操作——设置"命令,对单据表头、明细项中的缺省项勾选设置。

(3)生成销售发票:以销售主管傅世惠"401012"身份于2019-01-12登录,在已审销货单上单击"生单——生成销售发票(普通销售)",生成销售发票,根据表3-2-2和表3-2-3,发票号录入"67942596",现结金额中结算方式选择"电汇",账号名称选择"基本结算户",票据号录入"00810724",其他自动生成,保存并审核,如图3-2-2所示。

图3-2-2 [业务3-2]销售发票页面

(4)生成销售出库单:以仓管孙民里"101005"身份于2019-1-12登录,"库存核算——单据"单击"销售出库单"→"选单——选销货单",单击"查询"按钮,出现销货单记录,勾选并确定,仓库选择"综合库",保存并审核,如图3-2-3所示。

图3-2-3 [业务3-2]销售出库单页面

(5) 生成记账凭证:以存货会计钱晓明“201007”身份于 2019-1-12 登录,“总账”——“日常业务”单击“单据生凭证”,勾选“销售发票”,单击“下一步”,第二步默认,单击“下一步”,显示查询结果,单击“生成凭证”按钮,附单据数改为“3”,摘要改为“现销产品”,银行存款科目选择现金流量项目“01”,单击“保存”,如图 3-2-4 所示。

已分配 已生成

记账凭证

*凭证类别 记账凭证 *凭证编号 0038 *制单日期 2019-01-12 附单据数 3

明细 汇总

序号	*摘要	*科目名称	辅助项	计量...	借方(亿千百十万千百十元角分)	贷方(亿千百十万千百十元角分)
1	现销产品	银行存款-建行41622124656669	电汇 00810724...		220400000	
2	现销产品	应交税费-应交增值税-销项税额				30400000
3	现销产品	主营业务收入	X201	件		190000000

图 3-2-4 [业务 3-2]生成凭证页面

(二) 赊销业务

【业务 3-3】 1 月 12 日,取得原始凭证 3 张,业务经办人傅世惠。

表 3-3-1 是销售单的会计联,此联应作为销售方的记账依据。该原始凭证注明,“购货单位”是扬州兴仪有限公司,“产品名称”是 X201 和 Y202,这表明本公司已将 X201 产品和 Y202 产品销售给了扬州兴仪有限公司。

表 3-3-1

销 售 单

购货单位: 扬州兴仪有限公司 地址和电话: 江苏省扬州市邗江区赵主街刘华路29号0514-20976455 单据编号: XS6389003

纳税识别号: 913210032023739632 开户行及账号: 中国建设银行扬州市邗江区支行41622124258493 制单日期: 2019-01-12

编 码	产品名称	规 格	单 位	单 价	数 量	金 额	备 注
M301001	X201		件	2273.60	400	909440.00	含税价
M03002	Y202		件	1653.00	800	1322400.00	含税价
合 计	人民币(大写): 贰佰贰拾叁万壹仟捌佰肆拾元整				—	¥2231840.00	

销售经理: 傅世惠 经手人: 傅世惠 会计钱晓明 签收人: 陈越

会计联

表 3-3-2 是江苏增值税专用发票的第一联记账联,此联应作为销售方生成销售发票及销售记账凭证的记账依据。该原始凭证注明,“销售方”是本公司,“购买方”是扬州兴仪有限公司,“货物或应税劳务、服务名称”是 X201 和 Y202,这表明本公司向扬州兴仪有限公司销售了 X201 产品和 Y202 产品。进行会计核算时,“金额”784 000.00 元和 1 140 000.00 应分别记入“主营业务收入——X201”科目和“主营业务收入——Y202”科目的贷方,“税额合计”307 840.00 元应记入“应交税费——应交增值税——销项税额”科目的贷方。

表 3-3-3 是银行承兑汇票第二联的复印件,此复印件应作为收款方的记账依据。该原始凭证注明,“出票日期”为贰零壹玖年零壹月壹拾贰日,“出票人全称”是扬州兴仪有限公司,“收款人全称”是本公司,“收款人账号”为是 41622124656669 ,“出票金额”是 2 231 840.00 元,与表

3-3-2 上的价税合计一致,"汇票到期日"是贰零壹玖年零肆月壹拾贰日,这表明本公司销售给扬州兴仪有限公司 X201 和 Y202 产品的货款均已通过银行承兑汇票结算。进行会计核算时,"出票金额"2 231 840.00 元应记入"应收票据——扬州兴仪有限公司"科目的借方。

表 3-3-2

表 3-3-3 (此为复印件)

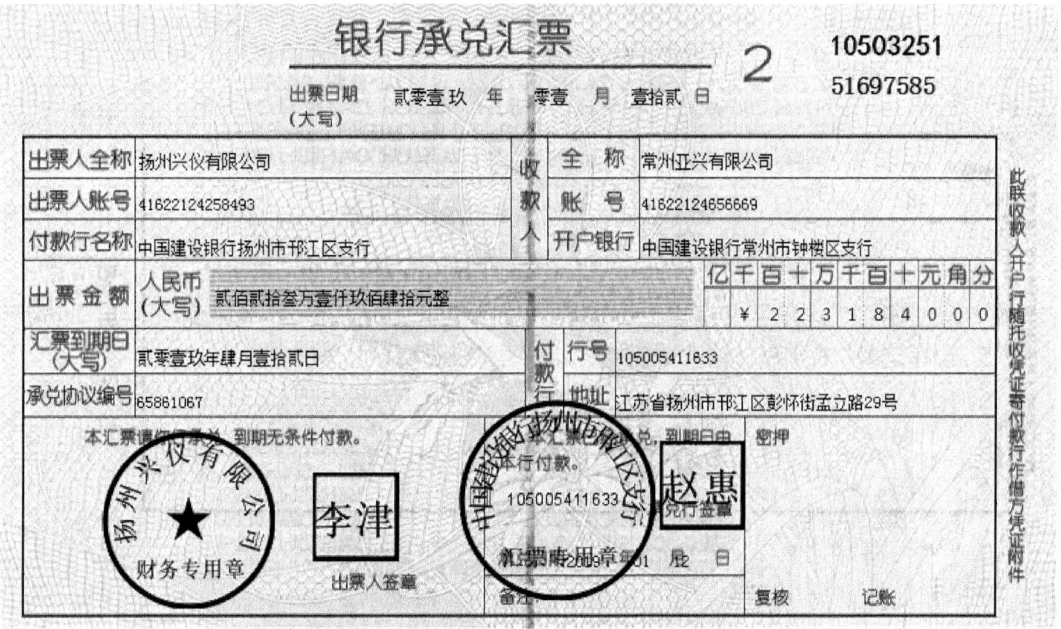

根据上述分析,该笔业务在 T+系统中的操作流程如下:

(1) 增加客户:以账套主管"201006 袁世民"身份于"2019-01-12"登录。"基础设置"→

"基本信息",单击"往来单位",根据表 3-3-2 录入客户档案。

(2) 填制销货单:以销售主管傅世惠"401012"身份于 2019-01-12 登录,"销售管理——单据"单击"销货单",在"操作——设置"中修改表头,勾选"项目";根据表 3-3-1,单据编号录入"XS6389003",客户选择"扬州兴仪有限公司",业务员选择"傅世惠",项目选择"银行承兑汇票",收款方式选择"其他",收款到期日选择"2019-04-12",存货名称分别选择"X201"和"Y202",数量分别录入"400"和"800",报价分别录入"2 273.60"和"1 653.00",其他自动生成,保存并审核,如图 3-3-1 所示。

图 3-3-1　[业务 3-3]销货单页面

(3) 生成销售发票:以销售主管傅世惠"401012"身份于 2019-01-12 登录,在已审核销货单上单击"生单——生成销售发票(普通销售)",生成销售发票,发票号录入"67942597",收款到期日录入"2019-04-12",保存并审核,如图 3-3-2 所示。

图 3-3-2　[业务 3-3]销售发票页面

(4) 生成销售出库单:以仓管孙民里"101005"身份于 2019-1-12 登录,"库存核算"——"单据"单击"销售出库单"→"选单——选销货单",单击"查询"按钮,出现销货单记录,勾选并确定,仓库选择"综合库",保存并审核,如图 3-3-3 所示。

图 3-3-3　[业务 3-3]销售出库单页面

（5）生成记账凭证：以存货会计钱晓明"201007"身份于 2019-1-12 登录，"总账"——"日常业务"单击"单据生凭证"，勾选"销售发票"，单击"下一步"，第二步默认，单击"下一步"，显示查询结果，单击"生成凭证"按钮，附单据数改为"3"，摘要改为"销售产品收到票据"，单击"保存"，如图 3-3-4 所示。

序号	摘要	科目名称	辅助项	计量	借方	贷方
1	销售产品收到票据	应收票据	扬州兴仪有限公司		223184000	
2	销售产品收到票据	应交税费-应交增值税-销项税额				30784000
3	销售产品收到票据	主营业务收入	X201	件		78400000
4	销售产品收到票据	主营业务收入	Y202	件		114000000

图 3-3-4　[业务 3-3]生成凭证页面

【业务 3-4】　1 月 12 日，取得原始凭证 1 张，业务经办人李丽洁。

表 3-4-1 是银行承兑汇票第二联的复印件，此复印件应作为收款方的记账依据。该原始凭证的内容表明，"出票日期"是贰零壹玖年零壹月壹拾贰日，"出票人全称"是无锡兰芳有限公司，"收款人全称"是本公司，"汇票到期日"是贰零壹玖年零肆月壹拾贰日，"出票金额"是 100 000.00 元，同时，2018 年 12 月 31 日"应收账款——无锡兰芳有限公司"科目借方余额 100 000.00 元，这表明本公司收到无锡兰芳有限公司开出的一张期限为 3 个月、金额为 100 000.00 元的且经银行承兑的银行承兑汇票用于偿还前欠货款。进行会计核算时，"出票

表 3-4-1　（此为复印件）

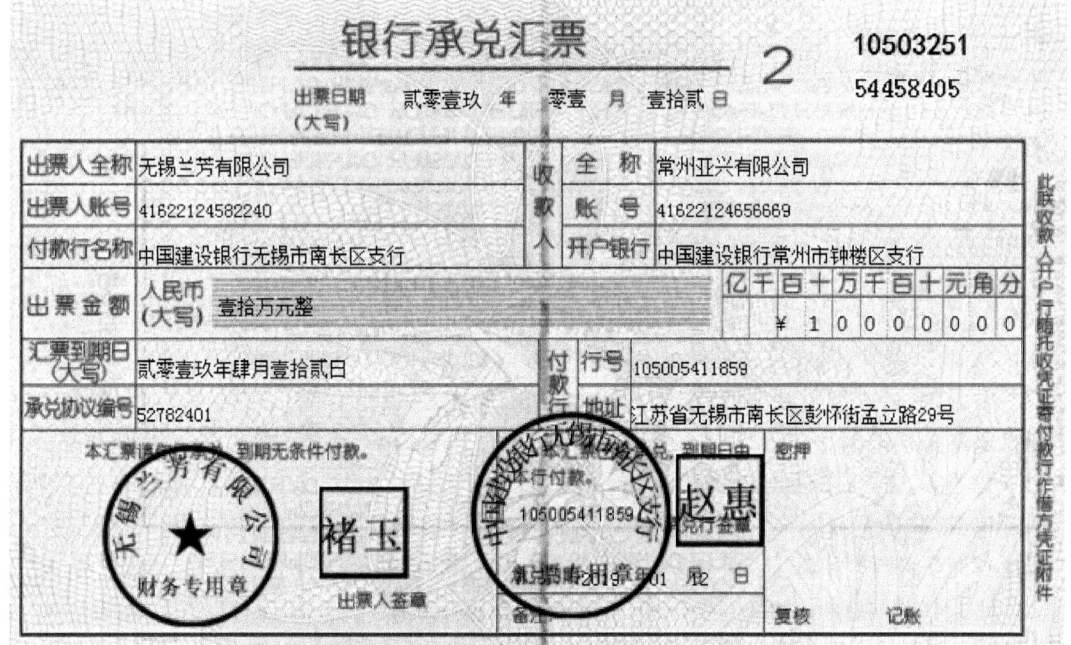

金额"100 000.00元应分别记入"应收票据——无锡兰芳有限公司"科目的借方和"应收账款——无锡兰芳有限公司"科目的贷方。

根据上述分析,该笔业务在T+系统中的操作流程如下:

(1) 填制其他应收单:以存货会计钱晓明"201007"身份于2019-01-12登录,在"往来现金——单据"中单击"其他应收单",单据日期、单据编号均默认,业务类型选择"其他应收",往来单位选择"无锡兰芳有限公司",部门选择"销售部",业务员选择"李丽洁",收款到期日选择"2019-04-12",项目选择"银行承兑汇票",摘要录入"收到票据抵货款",金额录入"100 000.00",保存并审核,如图3-4-1所示。

图 3-4-1　[业务3-4]其他应收单页面

(2) 应收冲应收:以存货会计钱晓明"201007"身份于2019-01-12登录,在"往来现金——往来冲销"中单击"应收冲应收",单据日期、单据编号均默认,业务类型选择"应收冲应收",转出客户和转入客户均选择"无锡兰芳有限公司",然后单击"选单"命令,选择"期初应收"记录,转入项目选择"银行承兑汇票",冲销金额合计录入"100 000.00",单击"分摊"命令,然后单击"保存",如图3-4-2所示。

图 3-4-2　[业务3-4]应收冲应收页面

(3) 科目设置:以存货会计钱晓明"201007"身份于2019-01-12登录,"总账"——"日常业务"单击"科目设置",其他应收科目扩展设置:项目为"商业汇票"的"客户",设置科目为"应收票据";其他应收对方科目扩展设置为:对于往来单位为"客户"的设置为"应收账款"。

(4) 生成凭证:以存货会计钱晓明"201007"身份于2019-01-12登录,"总账"——"日常业务"单击"单据生成凭证",单据选择"其他应收单"和"应收冲应收",单击"下一步",进入"选择查询条件"页面,默认,单击"下一步",得到"查询结果",选择合并方式,单击"生成凭证"按钮,附单据数改为"1",摘要改为"收到客户票据抵货款",单击"保存"按钮,如图3-4-3所示。

第三章 存货业务会计电算化处理(下)

序号	摘要	*科目名称	辅助项	借方 亿千百十万千百十元角分	贷方 亿千百十万千百十元角分
1	收到客户票据抵货款	应收票据	无锡兰芳有限公司\...	1 0 0 0 0 0 0 0	
2	收到客户票据抵货款	应收账款	无锡兰芳有限公司		1 0 0 0 0 0 0 0

图 3-4-3 [业务 3-4]记账凭证页面

【业务 3-5】 1月12日,取得原始凭证1张,业务经办人朱珊珊。

表 3-5-1 是中国建设银行贴现凭证的第四联收款通知联,此联应作为收款方收到款项的记账依据。该原始凭证注明,"贴现汇票种类"是银行承兑汇票,"申请人名称"是本公司,"申请人账号"是 41622124656669,"贴现汇票出票日"是 2018 年 11 月 02 日,"贴现汇票到期日"是 2019 年 02 月 02 日,"汇票金额"是 157 950.00 元,"实付贴现金额"是 157 286.61 元,"贴现利息"是 663.39 元。经查期初数据得知,2018 年 12 月 31 日,"应收票据——常州锦丰有限公司"科目的借方余额为 157 950.00,"出票日"与"到期日"均与上述信息相符,因此该银行承兑汇票为常州锦丰有限公司签发。这表明本公司将持有未到期的常州锦丰有限公司开具的银行承兑汇票向中国建设银行办妥了贴现手续。进行会计核算时,"实付贴现金额"157 286.61 元应记入"银行存款——建行 41622124656669"科目的借方,"贴现利息"663.39 元应记入"财务费用——利息支出"科目的借方,"汇票金额"157 950.00 元应记入"应收票据——常州锦丰有限公司"科目的贷方。

表 3-5-1

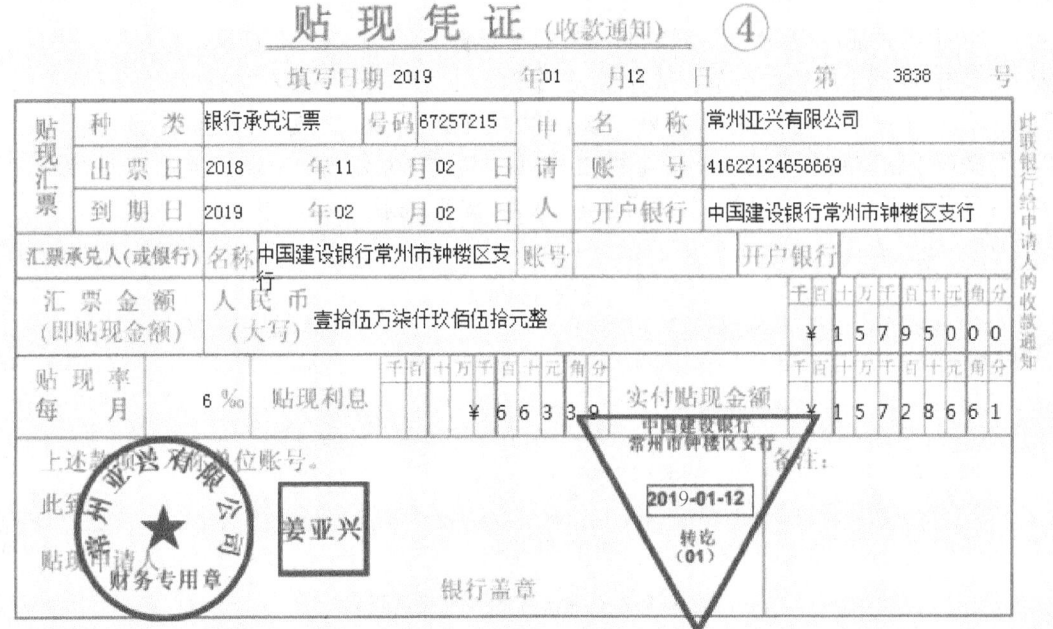

根据上述分析,该笔业务在 T+系统中的操作流程如下:

(1) 填制收款单并核销:以出纳朱珊珊"201009"身份于 2019-01-12 登录,在"往来现金——单据"中单击"收款单",单据日期、单据编号均默认,业务类型选择"普通付款",供应商选择"常州锦丰有限公司",部门选择"财务部",业务员选择"朱珊珊";结算方式选择"其他",账号名称选择"基本结算户",收款金额录入"157 286.61",票据号录入"3838"→单击"选单",选取"期初应收"→表头折让录入"663.39"→单击"分摊"→单击"保存",如图 3-5-1 所示。

图 3-5-1 [业务 3-5]收款单页面

需要说明的是:往来现金中的收款单的"分摊"命令,是将应收客户的款项与收款记录进行勾对核销,且业务类型为"普通收款"的收款单必须进行核销工作,否则系统自动默认为预收款。

(2) 生成凭证:以存货会计钱晓明"201007"身份于 2019-01-12 登录,"总账"——"日常业务"单击"单据生成凭证",单据选择"收款单",单击"下一步",进入"选择查询条件"页面,默认,单击"下一步",得到"查询结果",单击"生成凭证"按钮,生成一张记账凭证,摘要改为"票据贴现收款""财务费用——现金折扣"科目改为"财务费用——利息支出",对"银行存款"科目录入现金流量项目"01",然后单击"保存"按钮,如图 3-5-2 所示。

图 3-5-2 [业务 3-5]记账凭证页面

【业务3-6】 1月12日，取得原始凭证4张，业务经办人傅世惠。

表3-6-1是销售单的会计联，此联应作为销售方的记账依据。该原始凭证注明，"购货单位"是徐州飞龙有限公司，"产品名称"是X201和Y202，这表明本公司已将X201和Y202产品销售给了徐州飞龙有限公司。

表3-6-1

表3-6-2是江苏增值税专用发票的第一联记账联，此联应作为销售方生成销售发票及生成销售记账凭证的记账依据。该原始凭证注明，"销售方"是本公司，"购买方"是徐州飞龙有限公司，"货物或应税劳务、服务名称"是X201和Y202，这表明本公司销售了X201产品和Y202产品给徐州飞龙有限公司。进行会计核算时，"金额"2 550 000.00元和2 550 000.00应分别记入"主营业务收入——X201"科目和"主营业务收入——Y202"科目的贷方，"税额合计"816 000.00元应记入"应交税费——应交增值税——销项税额"科目的贷方。由于该笔销售业务中没有相关收款的原始凭证，同时在此之前也没有发生相关的预收款业务，这表明本公司的该笔采购业务为赊销，进行会计核算时，"价税合计"5 916 000.00元应记入"应收账款——徐州飞龙有限公司"科目的借方。

表3-6-2

表 3-6-3 是运费发票发票联的复印件,此联应作为本公司核算代垫款的记账依据。该原始凭证注明,"购买方"是徐州飞龙有限公司,"销售方"是常州快运物流有限公司,"货物或应税劳务、服务名称"是运费,同时这是一张复印件,也没有相关收款的原始凭证,且在此之前也没有发生相关的预收款业务,这表明本公司代垫了运费。进行会计核算时,"价税合计"22 000.00 元应记入"应收账款——徐州飞龙有限公司"科目的借方。

表 3-6-3 (此为复印件)

表 3-6-4 是中国建设银行转账支票存根,此联应作为本公司支付款项的原始依据,该原始凭证的内容注明,"付款行账号"是 41622124656669,"收款人"是常州快运物流有限公司,"金额"是 22 000.00 元,与表 3-6-3 上的价税金额一致,"用途"是支付代垫运费,这表明本公司已通过账号为 41622124656669 的基本户向常州快运物流有限公司支付了代垫的运费。进行会计核算时,"金额"22 000.00 元应记入"银行存款——建行 41622124656669"科目的贷方。

表 3-6-4

根据上述分析,该笔业务在T+系统中的操作流程如下:

(1) 增加客户:以账套主管"201006 袁世民"身份于"2019-01-12"登录。"基础设置"→"基本信息",单击"往来单位",根据表3-6-2录入客户档案。

(2) 填制销货单:以销售主管傅世惠"401012"身份于2019-01-12登录,"销售管理——单据"单击"销货单",根据表3-6-1,单据编号录入"XS6389005",客户选择"徐州飞龙有限公司",业务员选择"傅世惠",收款方式选择"其他",存货名称分别选择"X201"和"Y202",数量分别录入"1 500"和"2 000",报价分别录入"1 989.00"和"1 491.75",其他自动生成,保存并审核,如图3-6-1所示。

图3-6-1 [业务3-6]销货单页面

(3) 生成销售发票:以销售主管傅世惠"401012"身份于2019-01-12登录,在已审核的销货单上单击"生单——生成销售发票(普通销售)",根据表3-6-2,发票号录入"67942599",保存并审核,如图3-6-2所示。

图3-6-2 [业务3-6]销售发票页面

(4) 生成销售出库单:以仓管孙民里"101005"身份于2019-1-12登录,"库存核算"——"单据"单击"销售出库单"→"选单——选销货单",单击"查询"按钮,出现销货单记录,勾选并确定,仓库选择"综合库",保存并审核,如图3-6-3所示。

(5) 填制其他应收单:以出纳朱珊珊"201009"身份于2019-01-12登录,"往来现金——单据"单击"其他应收单",往来单位选择"徐州飞龙有限公司",部门选择"销售部",业务员选择"傅世惠",摘要录入"代垫运费",金额录入"22 000.00",保存并审核,如图3-6-4所示。

需要说明的是:在T+系统中销售业务,代客户垫付运费时,必须填制其他应收单,在摘要中说明"代垫运费",科目则根据往来单位在其他应收对方科目中进行设置。

图 3-6-3 [业务 3-6]销售出库单页面

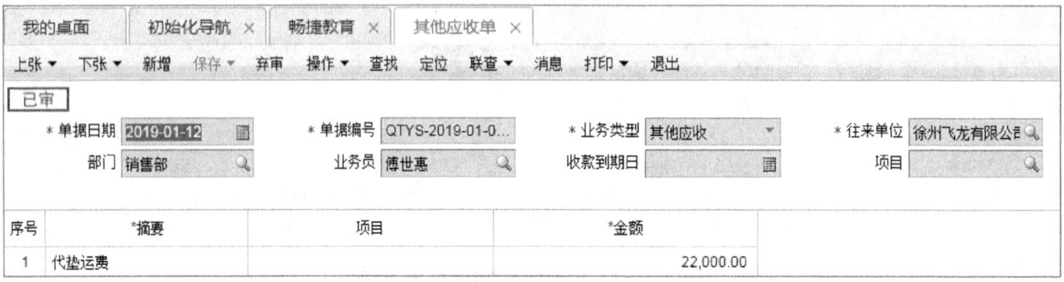

图 3-6-4 [业务 3-6]其他应收单页面

(6)编辑银行日记账:以出纳朱珊珊"201009"身份于 2019-01-12 登录,"出纳管理——业务处理"单击"现金银行日记账编辑",选择"基本结算户",进入银行日记账编辑页面,增加一行,摘要录入"代垫运费",结算方式选择"转账支票",票据日期选择"2019-01-12",票号录入"17025808",贷(支出)录入"22 200.00",经手人选择"傅世惠",经办部门选择"销售部",对方单位选择"徐州飞龙有限公司"(表示代徐州飞龙有限公司垫付运费),保存,如图3-6-5 所示。

图 3-6-5 [业务 3-6]银行日记账编辑页面

需要说明的是:出纳管理也属于业务系统,与总账系统相区分,代垫运费填制的其他应收单只反映其他应收客户的事项,不记录具体的付款账号、结算方式等款项支付行为,而代垫运费不属于支付费用,不能填制费用单处理,因而垫付的款项需要出纳在对应的现金或银行日记账中增加一条付款记录处理。

(7) 科目设置:以存货会计钱晓明"201007"身份于 2019-1-12 登录,"总账"——"日常业务"单击"科目设置",在日记账对方科目及其他应收对方科目扩展设置均对"徐州飞龙"往来单位设置"1122"科目。

(8) 生成记账凭证:以存货会计钱晓明"201007"身份于 2019-1-12 登录,"总账"——"日常业务"单击"单据生凭证",勾选"销售发票""其他应收单"和"现金银行日记账",单击"下一步",第二步默认,单击"下一步",显示查询结果,合并所选单据,单击"生成凭证"按钮,附单据数改为"4",前 4 行摘要改为"赊销产品",银行存款科目录入现金流量项目"07 支付其他与经营活动有关的现金",单击"保存",如图 3-6-6 所示。

序号	*摘要	*科目名称	辅助项	计量	借方	贷方
					亿千百十万千百十元角分	亿千百十万千百十元角分
1	赊销产品	应收账款	徐州飞龙有限公司		5 9 3 8 0 0 0 0	
2	代垫运费	银行存款-建行41622124656669	转账支票 17025808...			2 2 0 0 0 0
3	赊销产品	应交税费-应交增值税-销项税额				8 1 6 0 0 0 0
4	赊销产品	主营业务收入	X201	件		2 5 5 0 0 0 0 0
5	赊销产品	主营业务收入	Y202	件		2 5 5 0 0 0 0 0

图 3-6-6 [业务 3-6]生成凭证页面

【业务 3-7】 1 月 12 日,取得原始凭证 1 张,业务经办人李丽洁。

表 3-7-1 是中国建设银行进账单的第三联收账通知联,此联应作为收款方收到款项的记账依据。该原始凭证注明,"收款人全称"为本公司,"收款人账号"为 41622124656669,"出票人全称"是常州博爱有限公司,"金额"为 1 228 500.00 元,经查期初数据得知,2018 年

表 3-7-1

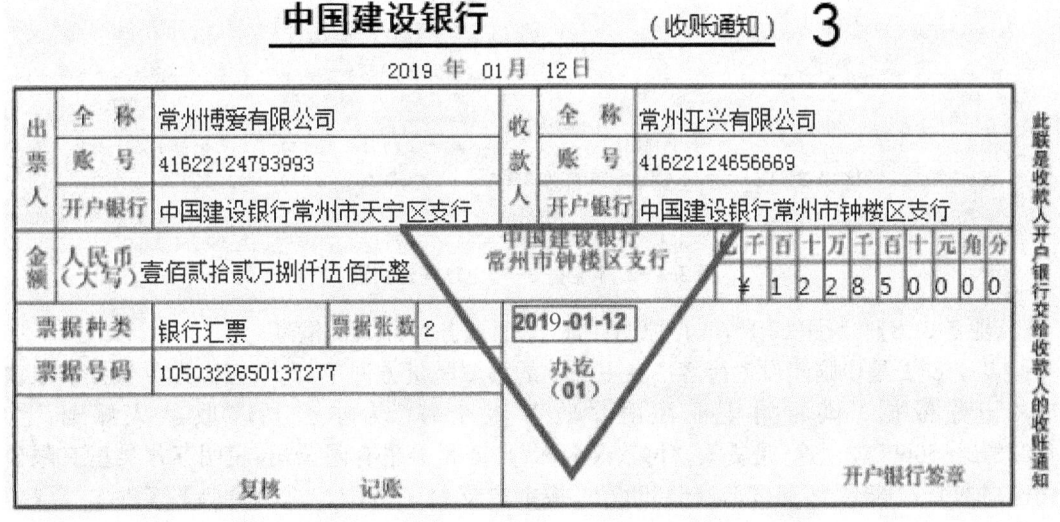

12月31日,"应收账款——常州博爱有限公司"科目的借方余额为1 228 500.00,这表明常州博爱有限公司已向本公司账号为41622124656669的基本户上支付了前欠货款。进行会计核算时,"金额"1 228 500.00元应分别记入"银行存款——建行41622124656669"科目的借方和"应收账款——常州博爱有限公司"科目的贷方。

根据上述分析,该笔业务在T+系统中的操作流程如下:

(1)填制收款单并核销:以出纳朱珊珊"201009"身份于2019-01-12登录,在"往来现金——单据"中单击"收款单",单据日期、单据编号均默认,业务类型选择"普通收款",结算客户选择"常州博爱有限公司",部门选择"销售部",业务员选择"李丽洁";结算方式选择"银行汇票",账号名称选择"基本结算户",收款金额录入"1 228 500.00",票据号录入"50137277"→单击"选单",选取"期初应收"→单击"分摊"→单击"保存",如图3-7-1所示。

图3-7-1 [业务3-7]收款单页面

(2)生成凭证:以存货会计钱晓明"201007"身份于2019-01-12登录,"总账"——"日常业务"单击"单据生成凭证",单据选择"收款单",单击"下一步",进入"选择查询条件"页面,默认,单击"下一步",得到"查询结果",单击"生成凭证"按钮,摘要改为"收到客户货款",对"银行存款"科目录入现金流量项目"01",单击"保存"按钮,如图3-7-2所示。

图3-7-2 [业务3-7]记账凭证页面

【业务3-8】 1月12日,取得原始凭证1张,业务经办人傅世惠。

表3-8-1是中国建设银行客户专用回单的第二联贷方回单,此联应作为收款方收取款项的记账依据。该原始凭证注明,"收款人全称"为本公司,"收款人账号"为41622124656669,"用途"是货款,"付款人全称"是苏州吴里有限公司,表明苏州吴里有限公司已向本公司账号为41622124656669的基本户支付了货款。进行会计核算时,"金额"2 765 880.00元应记入"银行存款——建行41622124656669"科目的借方。

表 3-8-1

中国建设银行客户专用回单

币别：人民币　　　　2019 年 01 月 12 日　　　流水号 320420027J0500810788

付款人	全称	苏州吴里有限公司	收款人	全称	常州亚兴有限公司
	账号	41622124623408		账号	41622124656669
	开户行	中国建设银行苏州市吴中区支行		开户行	中国建设银行常州市钟楼区支行
金额		（大写）人民币贰佰柒拾陆万伍仟捌佰捌拾元整		（小写）￥2765880.00	
凭证种类		网银	凭证号码		
结算方式		转账	用途		货款

打印柜员：320425584257
打印机构：中国建设银行常州市钟楼区支行
打印卡号：41622124656669

（中国建设银行 电子回单 专用章）

第二联贷方（回单）

打印时间：2019-01-12　　交易柜员：320425584268　　交易机构：320460406

表 3-8-2 是购销合同的复印件，该复印件应作为收款方取得收款权利的依据。该原始凭证注明，"购方"是苏州吴里有限公司，"销方"是本公司，"产品名称"是 Y202，"交货日期"是 2018-12-30，"付款时间与付款方式"表明该合同附有现金折扣条件，15 天内付款折扣 1.5%，30 天内付款折扣 0.8%，45 天内付款折扣 0，这表明本公司与苏州吴里有限公司签订了附有现金折扣条件的购销合同。同时，2018 年 12 月 31 日"应收账款——苏州吴里有限公司"科目的借方余额为 2 808 000.00 元，结合表 3-8-1，"日期"是 2019 年 1 月 12 日，这表明苏州吴里有限公司已按表 3-8-2 购销合同的现金折扣条件在 15 天内向本公司账号为 41622124656669 的基本户支付了货款 2 765 880.00 元，本公司承担现金折扣：2 808 000.00×1.5%＝42 120.00 元。进行会计核算时，现金折扣 42 120.00 元应记入"财务费用——现金折扣"科目的借方，"价税合计"2 808 000.00 元应记入"应收账款——苏州吴里有限公司"科目的贷方。

表 3-8-2 （此为复印件）

购销合同

购方：苏州吴里有限公司　　　　合同编号：2019016
销方：常州亚兴有限公司　　　　签订地点：常州市

供、需双方本着互利互惠、长期合作的原则，根据《中华人民共和国合同法》及双方的实际情况，就需方向供方采购事宜，订立本合同，以使双方在合同履行中共同遵守。

一、产品名称、数量、单价、金额：

产品名称	规格型号	计量单位	数量	单价	金额	备注
Y202		件	2000	1404.00	2808000.00	
						含税
合计					￥2808000.00	

合计人民币（大写）：贰佰捌拾万捌仟元整

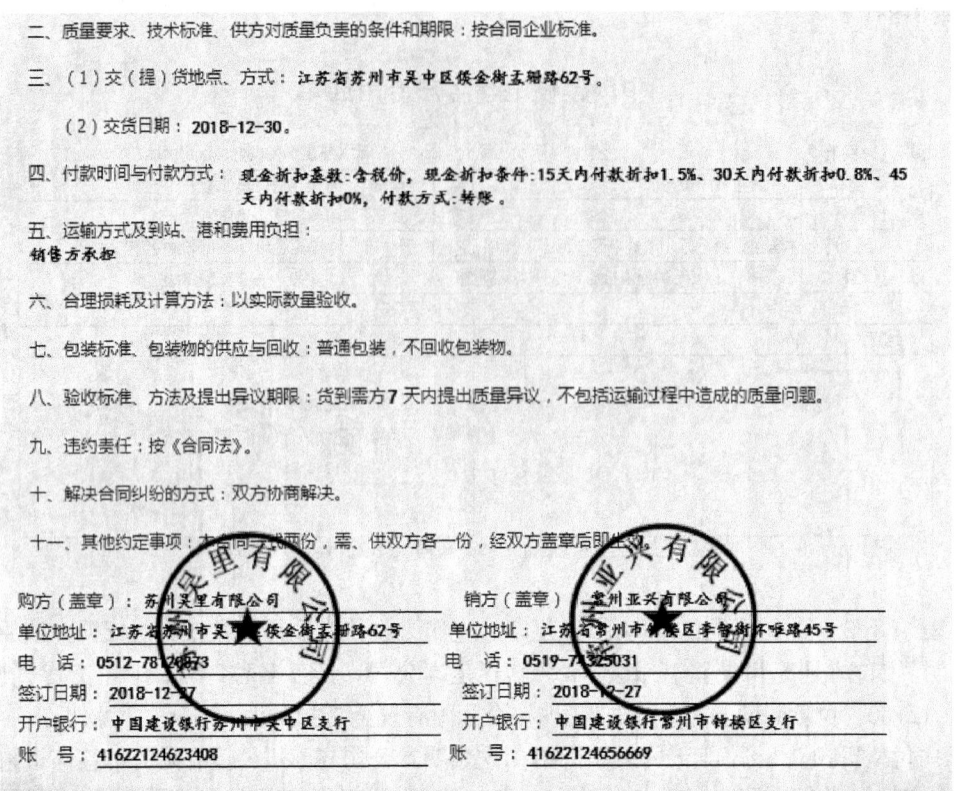

根据上述分析,该笔业务在T+系统中的操作流程如下:

(1)填制收款单并核销:以出纳朱珊珊"201009"身份于2019-01-12登录,在"往来现金——单据"中单击"收款单",根据表3-8-1,单据日期、单据编号均默认,业务类型选择"普通付款",供应商选择"苏州吴里有限公司",部门选择"销售部",业务员选择"傅世惠";结算方式选择"网银",账号名称选择"基本结算户",收款金额录入"2 765 880.00",票据号录入"00810788",单击"选单",选取"期初应收"→表头折让录入"42 120.00"→单击"分摊"→单击"保存",如图3-8-1所示。

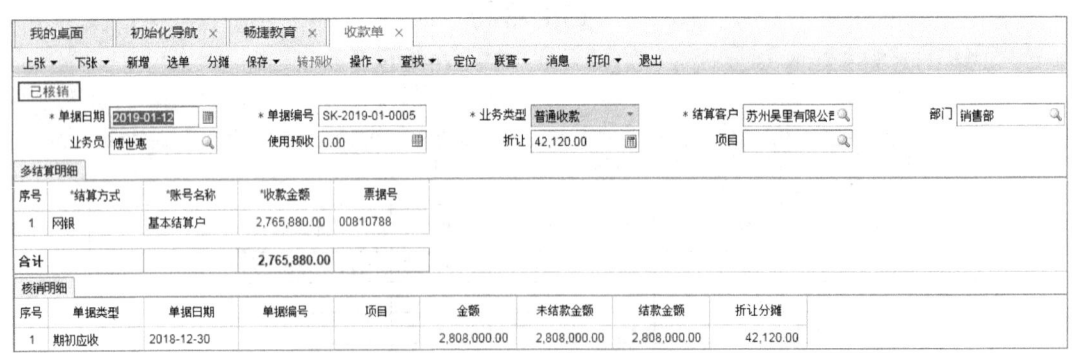

图3-8-1 [业务3-8]收款单页面

(2)生成凭证:以存货会计钱晓明"201007"身份于2019-01-12登录,"总账"——"日常业务"单击"单据生成凭证",单据选择"收款单",单击"下一步",进入"选择查询条件"页面,默认,单击"下一步",得到"查询结果",单击"生成凭证"按钮,附单据数改为"2",摘要改为"收到含折扣货款",对银行存款科目录入现金流量项目"01",单击"保存"按钮,如图 3-8-2 所示。

序号	摘要	科目名称	辅助项	借方	贷方
1	收到含折扣货款	银行存款-建行41622124656669	网银 00810788 201…	276588000	
2	收到含折扣货款	财务费用-现金折扣		4212000	
3	收到含折扣货款	应收账款	苏州吴里有限公司		280800000

图 3-8-2 [业务 3-8]记账凭证页面

【**业务 3-9**】 1 月 12 日,取得原始凭证 3 张,业务经办人傅世惠。

表 3-9-1 是销售单的会计联,此联应作为销售方的记账依据。该原始凭证注明,"购货单位"是常州长虹有限公司,"产品名称"是 WS01,这表明本公司已将 WS01 产品销售给了常州长虹有限公司。

表 3-9-1

销 售 单

购货单位:	常州长虹有限公司		地址和电话:	江苏省常州市武进区李波街张榆路90号0519-53022660			单据编号:	XS6389006
纳税识别号:	913204122388144746		开户行及账号:	中国建设银行常州市武进支行41622124709189			制单日期:	2019-01-12
编码	产品名称	规格	单位	单价	数量	金额	备注	
WM001	WS01		件	1102.00	800	881600.00	含税价	
合 计	人民币(大写):捌拾捌万壹仟陆佰元整					—	¥881600.00	
	销售经理: 傅世惠	经手人: 傅世惠		会计 钱晓明		签收人: 刘水起		

表 3-9-2 是江苏增值税专用发票的第一联记账联,此联应作为销售方生成销售发票及生成销售记账凭证的记账依据。该原始凭证注明,"销售方"是本公司,"购买方"是常州长虹有限公司,"货物或应税劳务、服务名称"是 WS01,这表明本公司向常州长虹有限公司销售了 WS01 产品。进行会计核算时,"金额"760 000.00 元应记入"主营业务收入——WS01"科目的贷方,"税额"121 600.00 元应记入"应交税费——应交增值税——销项税额"科目的贷方。

表 3-9-3 是转账支票正联的复印件,此联应作为本公司收到支票后背书转让支付款项的原始依据,该原始凭证正面注明,"出票人签章"是常州长虹有限公司的印签章,"收款人"是本公司,"金额"是 889 200.00 元,与表 3-9-2 上的价税金额一致,这表明常州长虹有限公司已向本公司支付了全部货款;背面"被背书人"是常州江南有限公司,"背书人签章"是本公司签章,同时,2018 年 12 月 31 日"应付账款——供应商——常州江南有限公司"科目的贷

方余额为 889 200.00 元,这表明本公司将该支票背书转让给了常州江南有限公司抵付其货款 881 600.00 元。进行会计核算时,"金额"881 600.00 元应记入"应付账款——供应商——常州江南有限公司"科目的借方。

表 3-9-4 是销售产品成本结转表,此表作为计算产成品销售成本的记账依据。该原始凭证注明的内容表明,本公司本月销售 WS01 产品数量和总成本分别为 800 件、388 000.00 元,进行会计核算时,根据 WS01 总成本 388 000.00 元,分别记入"主营业务成本——WS01"科目的借方和"库存商品——WS01"科目的贷方。

表 3-9-2

表 3-9-3 （此为复印件）

正面

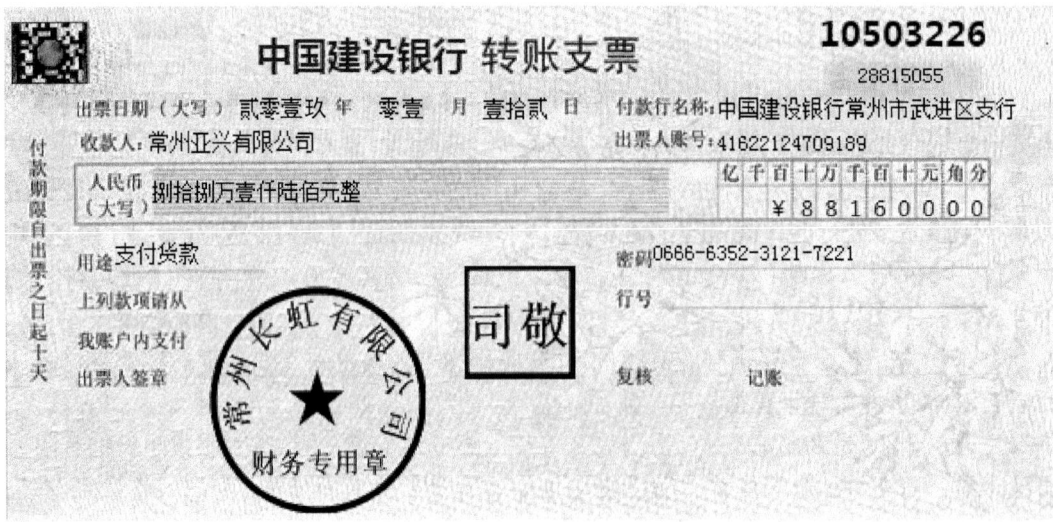

背面

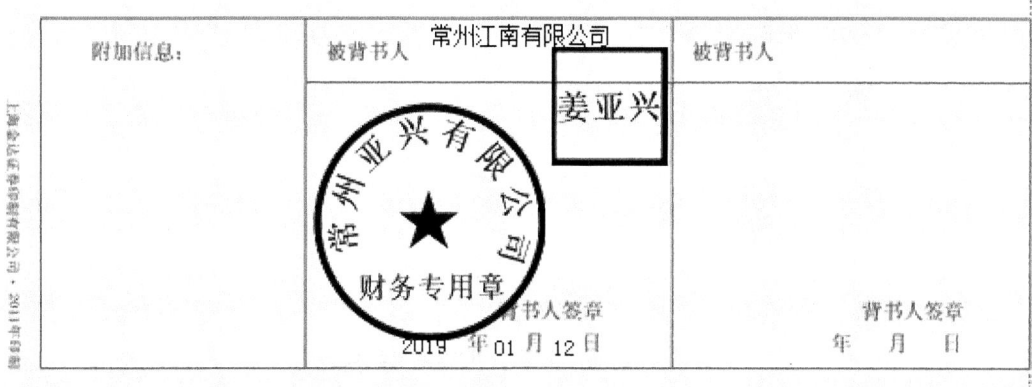

表 3-9-4

销售产品成本结转表

2019 年 1 月 12 日

项目	WS01		
	数量	单位成本	总成本
销售	800	450.00	388 000.00
合　　计	800	450.00	388 000.00

编制:钱晓明　　　　　　　　　　　　　　　　　　　　　　　　　　　　　审核:袁世民

根据上述分析,该笔业务在 T+系统中的操作流程如下:

(1)增加客户:以账套主管"201006 袁世民"身份于"2019-01-12"登录。"基础设置"→"基本信息",单击"往来单位",根据表 3-9-2 录入客户档案。

(2)填制销货单:以销售主管傅世惠"401012"身份于 2019-01-12 登录,"销售管理——单据"单击"销货单",根据表 3-9-1,单据编号录入"XS6389006",客户选择"常州长虹有限公司",业务员选择"傅世惠",收款方式选择"其他",存货名称选择"WS01",数量录入"800",报价录入"1 111.50",其他自动生成,保存并审核,如图 3-9-1 所示。

图 3-9-1 [业务 3-9]销货单页面

(3) 生成销售发票:以销售主管傅世惠"401012"身份于 2019-01-12 登录,在销货单上单击"生单——生成销售发票(普通销售)",生成销售发票,根据表 3-9-2,发票号录入"67942600",保存并审核,如图 3-9-2 所示。

图 3-9-2 [业务 3-9]销售发票页面

(4) 生成销售出库单:以仓管孙民里"101005"身份于 2019-1-12 登录,"库存核算"——"单据"单击"销售出库单"→"选单——选销货单",单击"查询"按钮,出现销货单记录,勾选并确定,仓库选择"综合库",保存并审核,如图 3-9-3 所示。

图 3-9-3 [业务 3-9]销售出库单页面

(5) 应收冲应付:以存货会计钱晓明"201007"身份于 2019-01-12 登录,"往来现金——往来冲销"单击"应收冲应付",根据表 3-9-3,单据日期、单据编号均默认,结算客户和供应商均选择"常州江南有限公司",单击"选单"命令,分别选择应收冲销明细"销售发票",应付冲销明细为"期初应付"记录,冲销金额合计录入"881 600.0",单击"分摊"命令,单击"保存",如图 3-9-4 和图 3-9-5 所示。

图 3-9-4 [业务 3-9]应收冲销页面

(6) 生成销售发票记账凭证:以存货会计钱晓明"201007"身份于 2019-1-12 登录,"总账"——"日常业务"单击"单据生凭证",勾选"销售发票"、"应收冲应付",单击"下一步",第

我的桌面 | 初始化导航 × | 畅捷教育 × | 应收冲应付 ×

上张 ▾ 下张 ▾ 新增 选单 ▾ 分摊 保存 ▾ 操作 ▾ 查找 消息 打印 ▾ 定位 联查 ▾ 退出

* 单据日期 2019-01-12　* 单据编号 SF-2019-01-0002　* 结算客户 常州长虹有限公司　* 供应商 常州江南有限公司

* 冲销金额合计 881,600.00

应收冲销明细 | 应付冲销明细

序号	单据类型	单据日期	单据编号	项目	金额	未结款金额	冲销金额
1	期初应付	2018-12-20			889,200.00	889,200.00	881,600.00

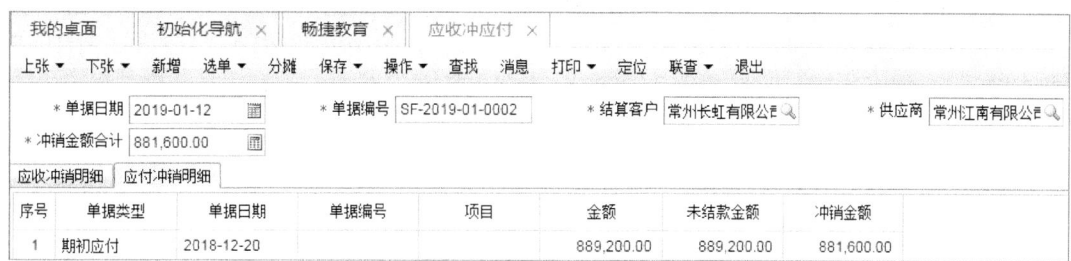

图 3-9-5 [业务 3-9]应付冲销页面

二步默认,单击"下一步",显示查询结果,合并所选单据,合并方式处理,单击"生成凭证"按钮,附单据数改为"3",后两行摘要改为"销售产品,背书转让给供应商抵货款",单击"保存",如图 3-9-6 所示。

已生成

记账凭证

* 凭证类别 记账凭证　* 凭证编号 0045　* 制单日期 2019-01-12　附单据数 3

明细 | 汇总

序号	*摘要	*科目名称	辅助项	计量...	借方(亿千百十万千百十元角分)	贷方(亿千百十万千百十元角分)
1	销售产品,背书转让给供应商抵货款	应付账款-供应商	常州江南有限公司		88160000	
2	销售产品,背书转让给供应商抵货款	应交税费-应交增值税-销项税额				12160000
3	销售产品,背书转让给供应商抵货款	主营业务收入	WS01	件		76000000

图 3-9-6 [业务 3-9]生成凭证页面

(7) 生成结转销售成本记账凭证:以存货会计钱晓明"201007"身份于 2019-1-12 登录,"总账"——"日常业务"单击"科目设置",在存货对方科目扩展中增加一行,对于销售出库单,存货分类选择"库存商品",设置科目"主营业务成本";"总账"——"日常业务"单击"单据生凭证",勾选"销售出库单",单击"下一步",第二步选择存货为"WS01",单击"下一步",显示查询结果,单击"生成凭证"按钮,摘要改为"结转销售产品成本",单击"保存",如图 3-9-7 所示。

已生成

记账凭证

* 凭证类别 记账凭证　* 凭证编号 0046　* 制单日期 2019-01-12　附单据数 1

明细 | 汇总

序号	*摘要	*科目名称	辅助项	计量...	借方(亿千百十万千百十元角分)	贷方(亿千百十万千百十元角分)
1	结转销售产品成本	主营业务成本	WS01	件	38800000	
2	结转销售产品成本	库存商品	WS01	件		38800000

图 3-9-7 [业务 3-9]销售成本生成凭证页面

需要说明的是:WS01 库存商品采用的计价方法是先进先出法,因而在销售实现,完成并审核销售出库单后系统自动计算其单位成本和销售总成本。

【业务 3-10】 1 月 12 日,取得原始凭证 2 张,业务经办人李丽洁。

表 3-10-1 是特殊事项处理说明,此说明应作为收款方的记账依据。该原始凭证注明,常州兰陵有限公司所欠货款已于 2019 年 1 月 2 日作坏账损失处理,但于 2019 年 1 月 12 日又收回。

表 3-10-1

特殊事项处理说明

日期:2019 年 01 月 12 日

说明事项	本公司应收常州兰陵有限公司的应收账款56160.00元于2018年01月12日已确认坏账损失。2019年01月12日本公司收到常州兰陵有限公司返还的款项56160.00元,经批准,冲销已确认的坏账损失。

| 批准:赵卫宇 | 审核:袁世民 | 说明人:钱晓明 |

表 3-10-2 是中国建设银行客户专用回单第二联贷方回单,此联应作为收款方收取款项的记账依据。该原始凭证注明,"收款人全称"为本公司,"收款人账号"是41622124656669,"金额"是 56 160.00 元,"付款人全称"是常州兰陵有限公司,这表明本公司账号为 41622124656669 的基本户上收到了常州兰陵有限公司的货款。

表 3-10-2

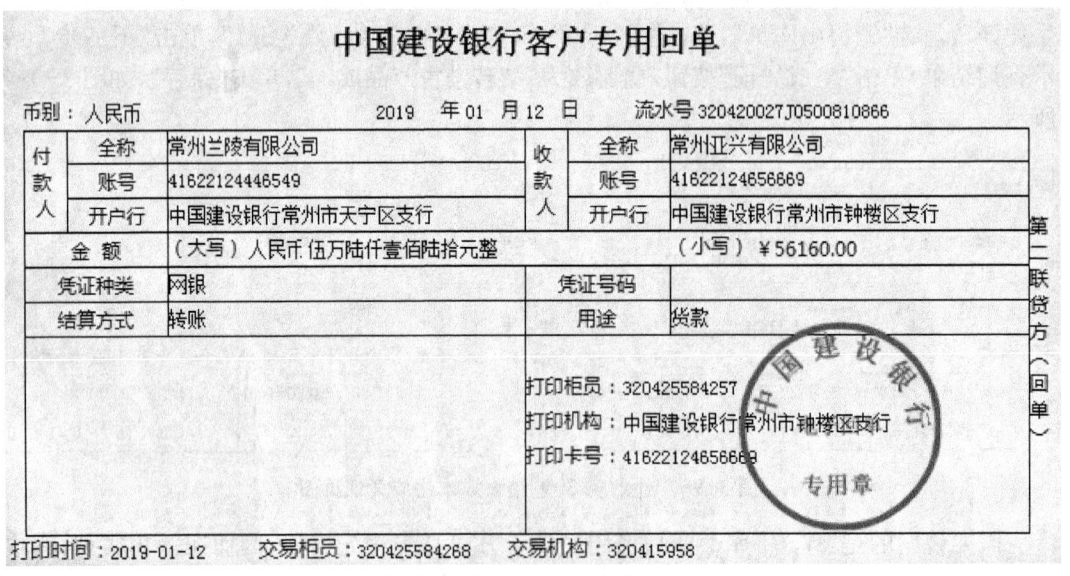

根据表 3-10-1 和表 3-10-2,有两种会计核算方法:第一种方法是同时根据表 3-10-1 和表 3-10-2,进行会计核算时,"金额"56 160.00 元应分别记入"银行存款——建行

41622124656669"科目的借方和"坏账准备——应收账款坏账准备"科目的贷方;第二种方法是分别根据两张表进行会计核算,根据表 3-10-1,进行会计核算时,"应收账款"56 160.00元应分别记入"应收账款——常州兰陵有限公司"科目的借方和"坏账准备——应收账款坏账准备"科目的贷方;根据表 3-10-2,进行会计核算时,"金额"56 160.00 元应分别记入"银行存款——建行 41622124656669"科目的借方和"应收账款——常州兰陵有限公司"科目的贷方(本教材采用第一种方法核算)。

根据上述分析,该笔业务在 T+系统中的操作流程如下:

(1) 增加客户:以账套主管"201006 袁世民"身份于"2019-01-12"登录。"基础设置"→"基本信息",单击"往来单位",增加客户档案(纳税号:913204023336781472,地址:江苏省常州市天宁区王晨街李军路 30 号,电话:0519-52902949,开户银行及账号:建行常州天宁支行,41622124446549)。

(2) 填制其他应收单:以存货会计钱晓明"201007"身份于 2019-01-12 登录,在"往来现金——单据"中单击"其他应收单",单据日期、单据编号均默认,业务类型选择"其他应收",往来单位选择"常州兰陵有限公司",部门选择"销售部",业务员选择"李丽洁",项目选择"已确认坏账重新收回"(单击"搜索"按钮,单击"新增",增加项目分类,编码为"X9",名称为"应收账款处置",在"X9"分类下新增项目"X901",名称为"已确认坏账收回";然后选择"X901"),摘要录入"确认坏账重新收回",金额录入"56 160.00",保存并审核,如图 3-10-1 所示。

图 3-10-1 [业务 3-10]其他应收单页面

(3) 填制收款单并核销:以出纳朱珊珊"201009"身份于 2019-01-12 登录,在"往来现金——单据"中单击"收款单",根据表 3-10-2,单据日期、单据编号均默认,业务类型选择"普通收款",供应商选择"常州兰陵有限公司",部门选择"销售部",业务员选择"李丽洁",项目选择"已确认坏账收回",结算方式选择"网银",账号名称选择"基本结算户",收款金额录入"56 160.00",票据号录入"00810866",单击"选单",选取"其他应收"→单击"分摊"→单击"保存",如图 3-10-2 所示。

(4) 生成凭证:以存货会计钱晓明"201007"身份于 2019-01-12 登录,此时有两种方法生成凭证:

第一种方法是合并生成凭证,"总账"——"日常业务"单击"单据生成凭证",单据选择"收款单"和"其他应收单",单击"下一步",进入"选择查询条件"页面,默认,单击"下一步",得到"查询结果",合并方式,单击"生成凭证"按钮,摘要改成"已确认坏账重新收回",对"银行存款"科目录入现金流量项目"01",单击"保存"按钮,如图 3-10-3 所示。

我的桌面 | 初始化导航 × | 畅捷教育 × | 收款单 ×

上张▾ 下张▾ 新增 选单 分摊 保存▾ 转预收 操作▾ 查找▾ 定位 联查▾ 消息 打印▾ 退出

已核销

* 单据日期 2019-01-12　* 单据编号 SK-2019-01-0006　* 业务类型 普通收款　* 结算客户 常州兰陵有限公司

部门 销售部　业务员 李丽洁　使用预收 0.00　折让 0.00

项目 已确认坏账收回

多结算明细

序号	*结算方式	*账号名称	*收款金额	票据号
1	网银	基本结算户	56,160.00	00810866
合计			56,160.00	

核销明细

序号	单据类型	单据日期	单据编号	项目	金额	未结款金额	结款金额	折让分摊
1	其他应收单	2019-01-12	QTYS-2019-01-0003	已确认坏账收回	56,160.00	56,160.00	56,160.00	0.00

图 3-10-2　[业务 3-10]收款单页面

已分配　已生成

记账凭证

* 凭证类别 记账凭证　* 凭证编号 0047　* 制单日期 2019-01-12　附单据数 2

明细 | 汇总

序号	*摘要	*科目名称	辅助项	借方	贷方
1	已确认坏账重新收回	银行存款-建行41622124656669	网银 00810866 …	5616000	
2	已确认坏账重新收回	坏账准备-应收账款坏账准备			5616000

图 3-10-3　[业务 3-10]合并生成记账凭证页面

第二种方法是，根据两张单据分别制单，“总账”——“日常业务”单击“单据生成凭证”，单据选择“收款单”和“其他应收单”，单击“下一步”，进入“选择查询条件”页面，默认，单击“下一步”，得到“查询结果”，单击“生成凭证”按钮，根据其他应收单生成的凭证，如图 3-10-4 所示；对于收款单生成的凭证，如图 3-10-5 所示。

记账凭证

* 凭证类别 记账凭证　* 凭证编号 0047　* 制单日期 2019-01-12　附单据数 1

明细 | 汇总

序号	*摘要	*科目名称	辅助项	借方	贷方
1	已确认坏账应收款	应收账款	常州兰陵有限公司	5616000	
2	已确认坏账应收款	坏账准备-应收账款坏账准备			5616000

图 3-10-4　[业务 3-10]确认坏账重新收回生成凭证页面

记账凭证

* 凭证类别 记账凭证　* 凭证编号 0048　* 制单日期 2019-01-12　附单据数 1

明细 | 汇总

序号	*摘要	*科目名称	辅助项	借方	贷方
1	重新收回货款	银行存款-建行41622124656669	网银 00810866 2…	5616000	
2	重新收回货款	应收账款	常州兰陵有限公司		5616000

图 3-10-5　[业务 3-10]收到货款生成凭证页面

【业务 3-11】 1月12日,取得原始凭证2张,业务经办人李丽洁。

表 3-11-1 是镇江市中级人民法院破产终结公告,应作为债权人确认坏账损失的记账依据。该原始凭证注明,镇江岳山有限公司已于 2019 年 1 月 7 日被裁定终结破产还债程序,这表明未得到清偿的所有债权人都因无法收回债权而应确认坏账损失。

表 3-11-1

镇江市中级人民法院破产终结公告

本院根据债务人镇江岳山有限公司的申请,已于2018年06月26日依法宣告上述单位破产还债。经破产清算组清算,镇江岳山有限公司的破产财产在优先拨付破产费用和职工安置费用后,已无资金清偿二、三顺序破产债权,其他债权人的清偿率均为零。现破产财产已分配完毕,本院根据清算组的申请,已于2019年01月07日依法裁定终结本案的破产还债程序,未得到清偿的债权不再清偿。

特此公告

镇江市中级人民法院

2019年01月07日

表 3-11-2 是本公司的经理办公会议纪要,应作为债权人确认坏账损失的记账依据。该原始凭证注明,应收镇江岳山有限公司的 81 900.00 元已无法收回,结合表 3-11-1 应该确认为坏账损失。进行会计核算时,"金额"81 900.00 元应分别记入"坏账准备——应收账款坏账准备"科目的借方和"应收账款——镇江岳山有限公司"科目的贷方。

表 3-11-2

经理办公会议纪要

根据镇江市中级人民法院关于镇江岳山有限公司破产终结公告,应收镇江岳山有限公司款项¥81900.00元(人民币捌万壹仟玖佰元整),已无法收回。

参加人员:

赵卫宇 袁世民 崔浩朴 傅世惠

2019年01月12日

根据上述分析,该笔业务在 T+系统中的操作流程如下:

这个业务有两种做法:第一种方法,直接由存货会计在总账中填制凭证,与第二种方法生成凭证的结果一致,如图 3-11-3 所示;第二种方法是由存货会计通过填制其他应收单,再经过应收冲应收流程后,最终生成凭证,操作流程如下,本教材采用第二种方法。

(1)填制其他应收单:以存货会计钱晓明"201007"身份于 2019-01-12 登录,在"往来现金——单据"中单击"其他应收单",往来单位选择"镇江岳山有限公司",部门选择"销售部",业务员选择"李丽洁",项目单击搜索按钮,在项目分类"X9 应收账款处置"中增加项目编码"X902"及名称"坏账确认",项目选择"坏账确认",摘要录入"确认坏账损失",金额录入"81 900.00",保存并审核,如图 3-11-1 所示。

图 3-11-1 [业务 3-11]确认坏账损失页面

(2)应收冲应收:以存货会计钱晓明"201007"身份于 2019-01-12 登录,在"往来现金——往来冲销"中单击"应收冲应收",转出结算客户和转入结算客户均选择"镇江岳山有限公司",转入项目选择"坏账确认","选单——选期初应收",冲销金额合计录入"81 900.00",保存,如图 3-11-2 所示。

图 3-11-2 [业务 3-11]应收冲应收页面

(3)科目设置:以存货会计钱晓明"201007"身份于 2019-01-12 登录,"总账"——"日常业务"单击"科目设置",对其他应收科目和其他应收对方科目进行扩展设置,其他应收科目项目为"坏账确认"的科目设置为"坏账准备——应收账款坏账准备"。

(4)生成凭证:以存货会计钱晓明"201007"身份于 2019-01-12 登录,"总账"——"日常业务"单击"单据生成凭证",单据选择"其他应收单"和"应收冲应收",单击"下一步",进入"选择查询条件"页面,默认,单击"下一步",得到"查询结果",选择合并方式,单击"生成凭证"按钮,摘要改为"确认坏账损失",单击"保存"按钮,如图 3-11-3 所示。

已生成

记账凭证

* 凭证类别 记账凭证　　* 凭证编号 0048　　* 制单日期 2019-01-12　　附单据数 2

明细　汇总

序号	*摘要	*科目名称	辅助项	借方（亿千百十万千百十元角分）	贷方（亿千百十万千百十元角分）
1	确认坏账损失	坏账准备-应收账款坏账准备		8190000	
2	确认坏账损失	应收账款	镇江岳山有限公司		8190000

图 3-11-3　[业务 3-11]记账凭证页面

【业务 3-12】 期末计提应收账款坏账准备(所有应收账款业务完成后才能处理)。

1 月 31 日,计提应收账款坏账准备。

表 3-12-1 是坏账准备计提表,此表应作为期末计提应收账款坏账准备的记账依据。该原始凭证的内容注明,“应收款项期末余额”是 5 938 000.00 元,“计提比例(%)”是 5%,“坏账准备期初余额”是 210 920.00 元,“本期确认坏账损失”是 81 900.00 元,“已确认坏账本期收回”是 56 160.00 元,“应补提金额”是 114 280.00 元。这表明本月应计提坏账准备金额是 111 720.00 元。进行会计核算时,“应补提金额”111 720.00 元应分别记入“资产减值损失——坏账损失”科目的借方和“坏账准备——应收账款坏账准备”科目的贷方。

表 3-12-1

坏账准备计算表

2019-01-31

单位:元

项目	应收款项期末余额	计提比例	坏账准备期初余额	本期确认坏账损失	已确认坏账本期收	应补提金额	应冲减金额
应收账款坏账准备	5938000.00	5%	210920.00	81900	56160	111720.00	0.00
合计	5938000.00		210920.00	81900.00	56160.00	111720.00	0.00

审核: 袁世民　　　　编制: 钱晓明

根据上述分析,该笔业务在 T+系统中的操作流程如下:

(1) 自定义结转设置:以存货会计钱晓明“201007”身份于 2019-01-31 登录,在“总账——期末处理”单击“自定义结转”→单击“转账设置”命令,转账编号录入“63”,转账说明录入“计提应收账款坏账准备”,在第一行科目编码录入“670101”,方向选择“借方”,金额公式栏单击“▤”图标,选择“CE()”(表示借贷平衡差额),单击“参照输入”按钮,单击“确定”确定;→确定,第二行科目录入“123101”,方向选择“贷方”,金额公式录入“QM("1122","RMB","年","月")＊0.05－QM("123101","RMB","年","月")”,保存,如图 3-12-1 所示。

需要说明的是:①“坏账准备——应收账款坏账准备”科目贷方金额公式中“QM("1122","RMB","年","月")”指的应收账款期末余额,因本教材要求不允许设置双重性质科目,凡属应收账款属性的款项均在“应收账款”中核算;“0.05”指的是坏账准备计提率“5%”,在公式中只能以分数形式出现;“QM("123101","RMB","年","月""是“坏账准

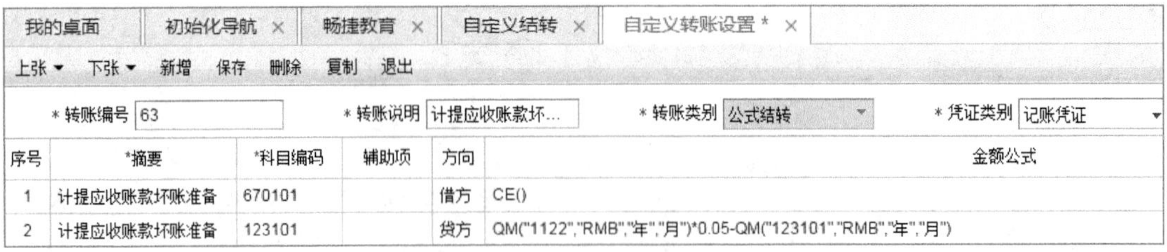

序号	*摘要	*科目编码	辅助项	方向	金额公式
1	计提应收账款坏账准备	670101		借方	CE()
2	计提应收账款坏账准备	123101		贷方	QM("1122","RMB","年","月")*0.05-QM("123101","RMB","年","月")

图 3-12-1 [业务 3-12]计提应收账款坏账准备自定义结转设置页面

备——应收账款坏账准备”科目计提前余额，不能有方向，T＋系统会自动根据其方向进行调整，若在贷方，为正数，若在借方，为负数(一个会计期间，每个科目只能是一个方向)。因此，计提(冲减)应收账款坏账准备的会计公式为“应收账款期末余额×坏账准备计提率－应收账款坏账准备计提前贷方余额或＋应收账款坏账准备计提前借方余额”设置的金额公式为“QM("1122","RMB","年","月")＊0.05－QM("123101","RMB","年","月")”。②若允许设置双重性质科目，则比较合理的计提应收账款坏账准备公式，应根据“(应收账款——××客户科目期末借方余额＋“预收账款——××客户”科目期末借方余额)×坏账计提率－应收账款坏账准备期末贷方余额＋计提前应收账款坏账准备期末借方余额”这样的组成分析设置。

(2) 生成凭证：以存货会计钱晓明“201007”身份于 2019-01-31 登录，在“总账——期末处理”单击“自定义结转”→单击“计提应收账款坏账损失”，勾选“包含未记账凭证”，单击“生成凭证”按钮，编号改为“89”，保存，如图 3-12-2 所示。

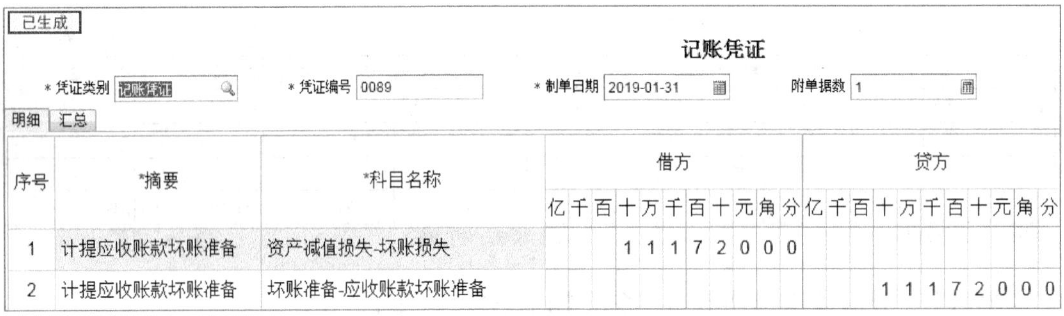

序号	*摘要	*科目名称	借方 亿	千	百	十	万	千	百	十	元	角	分	贷方 亿	千	百	十	万	千	百	十	元	角	分
1	计提应收账款坏账准备	资产减值损失-坏账损失				1	1	1	7	2	0	0	0											
2	计提应收账款坏账准备	坏账准备-应收账款坏账准备															1	1	1	7	2	0	0	0

图 3-12-2 [业务 3-12]计提应收账款坏账准备生成凭证页面

(三) 预收款销售业务

【业务 3-13】 1 月 12 日，取得原始凭证 1 张，业务经办人李丽洁。

表 3-13-1 是中国建设银行客户专用回单第二联贷方回单，此联应作为收款方收取款项的记账依据。该原始凭证注明，“收款人全称”为本公司，“收款人账号”为 41622124656669，“付款人全称”是南京六合有限公司，“金额”是 300 000.00 元，“用途”是预付货款，这表明本公司账号为 41622124656669 的基本户上收到了南京六合有限公司预付的货款 300 000.00 元。进行会计核算时，“金额”300 000.00 元应分别记入“银行存款——建行 41622124656669”科目的借方和“预收账款——南京六合有限公司”科目的贷方。

表 3-13-1

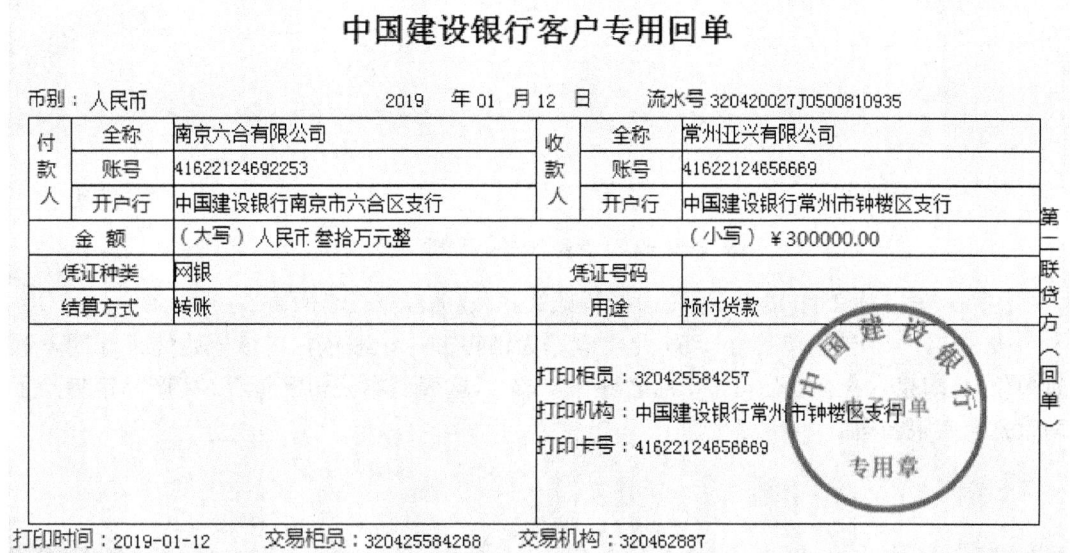

根据上述分析,该笔业务在 T+系统中的操作流程如下:

(1) 增加客户:以账套主管"201006 袁世民"身份于"2019-01-12"登录。"基础设置"→"基本信息",单击"往来单位",根据表 3-14-2 增加客户档案。

(2) 填制收款单:以出纳朱珊珊"201009"身份于 2019-01-12 登录,在"往来现金——单据"中单击"收款单",根据表 3-13-1,单据日期、单据编号均默认,业务类型选择"预收款",结算客户选择"南京六合有限公司",业务员选择"李丽洁";结算方式选择"网银",账号名称选择"基本结算户",收款金额录入"300 000.00",票据号录入"00810935",单击"保存",如图 3-13-1 所示。

图 3-13-1 [业务 3-13]收款单页面

(3) 生成凭证:以存货会计钱晓明"201007"身份于 2019-01-12 登录,"总账"——"日常业务"单击"单据生成凭证",单据选择"收款单",单击"下一步",进入"选择查询条件"页面,默认,单击"下一步",得到"查询结果",单击"生成凭证"按钮,摘要改为"预收货款",对银行存款科目录入现金流量项目"01",单击"保存"按钮,如图 3-13-2 所示。

				借方	贷方
序号	摘要	科目名称	辅助项	亿千百十万千百十元角分	亿千百十万千百十元角分
1	预收货款	银行存款-建行41622124656669	网银 00810935...	3 0 0 0 0 0 0 0	
2	预收货款	预收账款	南京六合有限公司		3 0 0 0 0 0 0 0

图 3-13-2 [业务 3-13]记账凭证页面

【业务 3-14】 1月13日，取得原始凭证2张，业务经办人李丽洁。

表 3-14-1 是销售单的会计联，此联应作为销售方的记账依据。该原始凭证注明，"购货单位"是南京六合有限公司，"产品名称"是 Y202，这表明本公司已将 Y202 产品销售给了南京六合有限公司。

表 3-14-1

销售单							
购货单位：南京六合有限公司		地址和电话：江苏省南京市六合区黄祥街张梅路76号 025-65469501				单据编号：XS6389007	
纳税识别号：91320116421590923		开户行及账号：中国建设银行南京市六合区支行41622124692253				制单日期：2019-01-13	
编码	产品名称	规格	单位	单价	数量	金额	备注
M03002	Y202		件	1705.20	400	682080.00	含税价
合计	人民币(大写)：陆拾捌万贰仟零捌拾元整				—	¥682080.00	
	销售经理：傅世意		经手人：李丽洁	会计：钱晓明		签收人：江海安	

表 3-14-2 是江苏增值税专用发票的第一联记账联，此联应作为销售方生成销售发票

表 3-14-2

3204161140	江苏增值税专用发票	№ 67942601	3204161140 67942601
	此联不作报销凭证使用		开票日期：2019年01月13日
购买方	名 称：南京六合有限公司 纳税人识别号：913201164215909923 地 址、电 话：江苏省南京市六合区黄枰街张梅路76号 025-65469501 开户行及账号：中国建设银行南京市六合区支行 41622124692253	密码区	53*3187<4/+1609<+95-59+7<766 5528<0-->-6>525<847115->7*7 87*3187<4/+8490<+22617374055 0+<712/<1+9016>1699++>84>681
货物或应税劳务、服务名称	规格型号　单位　数量　单价	金额	税率　税额
Y202	件　400　1470.00	588000.00	16%　94080.00
合　计		¥588000.00	¥94080.00
价税合计(大写)	⊗ 陆拾捌万贰仟零捌拾元整	(小写)	¥682080.00
销售方	名 称：常州亚兴有限公司 纳税人识别号：913204049343406114 地 址、电 话：江苏省常州市钟楼区李智街环唯路45号 0519-74325031 开户行及账号：中国建设银行常州市钟楼区支行 41622124656669	备注	
收款人：	复核：	开票人：钱晓明	销售方：(章)

及生成销售记账凭证的记账依据。该原始凭证注明,"销售方"是本公司,"购买方"是南京六合限公司,"货物或应税劳务、服务名称"是 Y202,这表明本公司销售了 Y202 产品给南京六合有限公司,"价税合计"为 682 080.00 元,[业务 3-13]已预收南京六合有限公司货款 300 000.00 元,因此,尚需收取南京六合有限公司货款 382 080.00 元。进行会计核算时,已预收的款项 300 000.00 元应记入"预收账款——南京六合有限公司"科目借方,尚应收取的货款 382 080.00 元应记入"应收账款——南京六合有限公司"科目借方(该教材会计政策中已明确:往来单位核算科目根据业务发生的实质属性确定往来科目,而不使用双重性质科目),"金额"588 000.00 元应记入"主营业务收入——Y202"科目的贷方,"税额"94 080.00 元应记入"应交税费——应交增值税——销项税额"科目的贷方。

根据上述分析,该笔业务在 T+系统中的操作流程如下:

(1) 填制销货单:以销售主管傅世惠"401012"身份于 2019-01-13 登录,"销售管理——单据"单击"销货单",单据编号录入"XS6389007",客户选择"南京六合有限公司",业务员选择"李丽洁",存货名称选择"Y202",数量录入"400",报价录入"1 705.20",保存并审核,如图 3-14-1 所示。

图 3-14-1 [业务 3-14]销货单页面

(2) 生成销售发票:以销售主管傅世惠"401012"身份于 2019-01-13 登录,在销货单上单击"生单——生成销售发票(普通销售)",生成销售发票,根据表 3-14-2,录入发票号"67942601",在使用预收中录入"300 000.00(由系统自动完成预收冲应收工作)",保存并审核,如图 3-14-2 所示。

图 3-14-2 [业务 3-14]销售发票页面

(3) 生成销售出库单:以仓管孙民里"101005"身份于 2019-1-13 登录,"库存核算"——"单据"单击"销售出库单"→"选单——选销货单",单击"查询"按钮,出现销货单记录,勾选并确定,仓库选择"综合库",保存并审核,如图 3-14-3 所示。

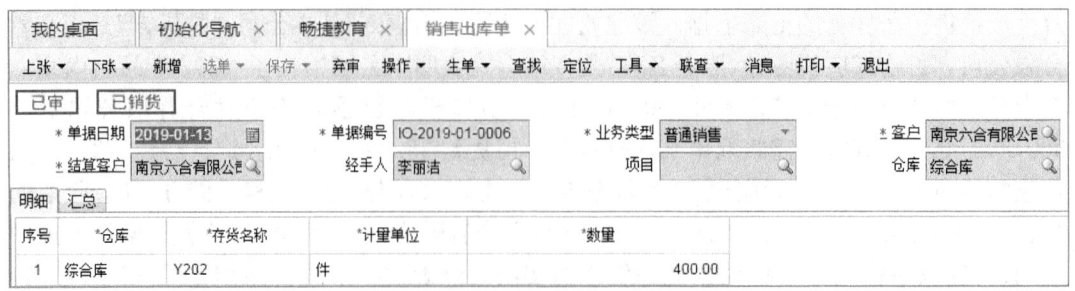

图 3-14-3　[业务 3-14]销售出库单页面

(4) 生成销售发票记账凭证：以存货会计钱晓明"201007"身份于 2019-1-13 登录，"总账"——"日常业务"单击"单据生凭证"，勾选"销售发票""预收冲应收"，单击"下一步"，第二步默认，单击"下一步"，显示查询结果，合并所选单据，合并方式处理，单击"生成凭证"按钮，如图 3-14-4 所示。

序号	摘要	科目名称	辅助项	计量单位	数量	借方	贷方
1	销售产品部分款已预收	应收账款	南京六合有限公司			3 8 2 0 8 0 0 0	
2	销售产品部分款已预收	预收账款	南京六合有限公司			3 0 0 0 0 0 0 0	
3	销售产品部分款已预收	应交税费-应交增值税-销项税额					9 4 0 8 0 0 0
4	销售产品部分款已预收	主营业务收入		Y202	件		5 8 8 0 0 0 0 0

图 3-14-4　[业务 3-14]生成凭证页面

需要说明的是：公司会计政策的不同，单据是否合并均影响记账凭证的生成，如表 3-14-3 所示。

表 3-14-3　　　　在不同会计政策下预收账款生成凭证方法一览表

	生成凭证方法一：合并方式	
	记账凭证	原始凭证
预收部分款——往来科目不设双重性质科目	借：预收账款	销售发票/ 预收冲应收(合并)
	借：应收账款	
	贷：应交税费——应交增值税——销项税额	
	贷：主营业务收入等科目	
	生成凭证方法二：分别单据生成凭证方式	
	记账凭证	原始凭证
	借：应收账款	销售发票
	贷：应交税费——应交增值税——销项税额	
	贷：主营业务收入等科目	
	借：预收账款	预收冲应收
	贷：应收账款	

(续表)

预收部分款——往来科目可设双重性质科目,同一单位只设一个科目,按期初或业务发生时确认为应收账款或预收账款	生成凭证方法	
	记账凭证	原始凭证
	借:应收账款(或预收账款) 贷:应交税费——应交增值税——销项税额 贷:主营业务收入等科目	销售发票/预收冲应收(合并)分单据只需要根据销售发票生成,预收冲应付借贷科目同名

【业务 3-15】 1月13日,取得原始凭证1张,业务经办人李丽洁。

表3-15-1是中国建设银行客户专用回单的第二联贷方回单,此联应作为收款方收到款项的记账依据。该原始凭证注明,"收款人全称"为本公司,"收款人账号"为41622124656669,"付款人全称"是南京六合有限公司,金额382 080.00元,结合[业务3-13]和[业务3-14],南京六合公司已预付货款300 000.00元,现已实现销售682 080.00元,这表明南京六合有限公司向本公司账号为41622124656669的基本户补付了货款382 080.00元。进行会计核算时,"金额"3 820 800.00元应分别计入"银行存款——建行41622124656669"科目的借方和"应收账款——南京六合有限公司"科目的贷方。

表3-15-1

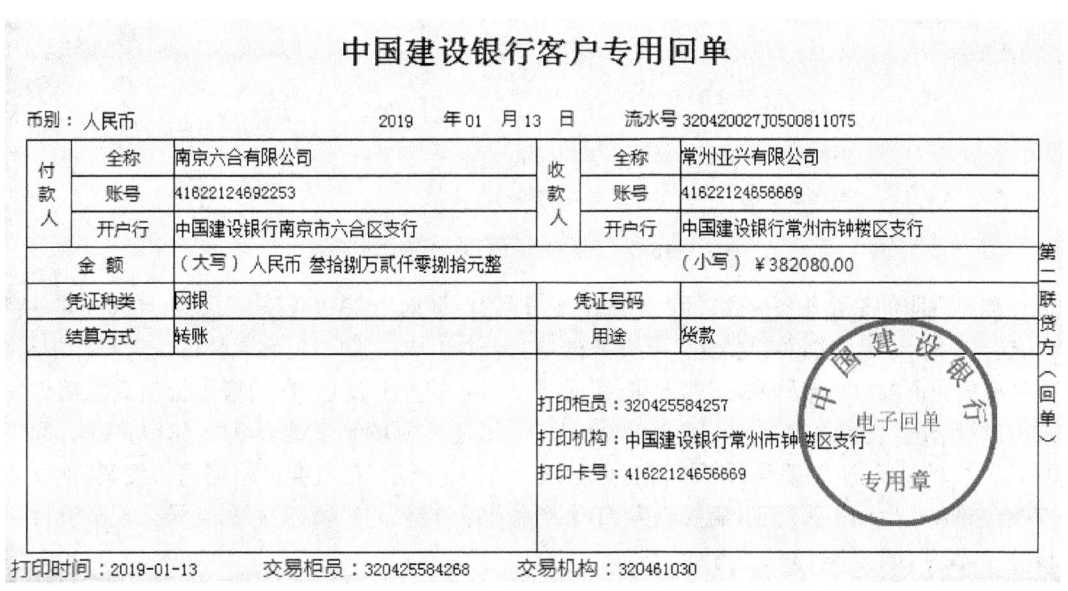

根据上述分析,该笔业务在T+系统中的操作流程如下:

(1)填制收款单:以出纳朱珊珊"201009"身份于2019-01-13登录,在"往来现金——单据"中单击"收款单",根据表3-15-1,单据日期、单据编号均默认,业务类型选择"普通收款",结算客户选择"南京六合有限公司",业务员选择"李丽洁",结算方式选择"网银",账号名称选择"基本结算户",收款金额录入"382 080.00",票据号录入"00811075"→单击"选单,选销售发票",单击"核销"→单击"保存",如图3-15-1所示。

(2)生成凭证:以存货会计钱晓明"201007"身份于2019-01-13登录,"总账"——"日常业务"单击"单据生成凭证",单据选择"收款单",单击"下一步",进入"选择查询条件"页面,

图 3-15-1 [业务 3-15]收款单页面

默认,单击"下一步",得到"查询结果",单击"生成凭证"按钮,对银行存款科目录入现金流量项目"01",如图 3-15-2 所示。

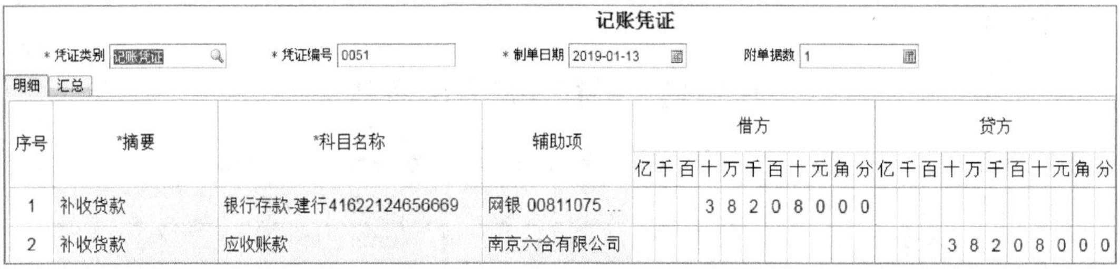

图 3-15-2 [业务 3-15]记账凭证页面

需要说明的是:[业务 3-14]和[业务 3-15]原始单据均于 2019-01-13 取得,且属于同一客户,还有一种核算方法,可以将这两笔业务的单据合并生成一张凭证,在具体的业务操作中,将原生成的凭证及收款单删除,只需要采用[业务 3-14]的业务流程,在销售主管生成的销售发票中进行修改,表头除录入预收款 300 000.00 元外,还需要填制现结金额"3 687 960.00"及表 3-15-1 中的结算方式、账号、票号等信息,如图 3-15-3 所示;存货会计根据销售发票、预收冲应收合并方式生成一张凭证,摘要改为"销售产品货款结清","银行存款"科目录入现金流量项目"01",保存,如图 3-15-4 所示。

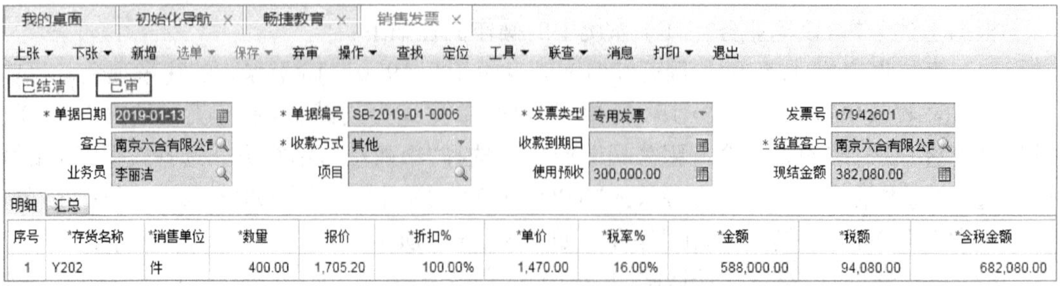

图 3-15-3 [业务 3-14][业务 3-15]合并时销售发票页面

已分配　已生成

记账凭证

* 凭证类别 记账凭证　* 凭证编号 0050　* 制单日期 2019-01-13　附单据数 3

明细　汇总

序号	*摘要	*科目名称	辅助项	计量…	借方（亿千百十万千百十元角分）	贷方（亿千百十万千百十元角分）
1	销售产品贷款结清	银行存款-建行41622124656669	网银 00811075 …		38208000	
2	销售产品贷款结清	预收账款	南京六合有限公司		30000000	
3	销售产品贷款结清	应交税费-应交增值税-销项税额				9408000
4	销售产品贷款结清	主营业务收入	Y202	件		58800000

图 3-15-4　[业务 3-14][业务 3-15]单据合并生成凭证页面

【业务 3-16】　1 月 13 日，取得原始凭证 2 张，业务经办人李丽洁。

表 3-16-1 是销售单的会计联，此联应作为销售方的记账依据。该原始凭证注明，“购货单位”是无锡范园有限公司，“产品名称”是 X201，这表明本公司已将 X201 产品销售给了无锡范园有限公司。

表 3-16-1

销售单

购货单位：无锡范园有限公司　地址和电话：江苏省无锡市崇安区朱解街孙张路54号0510-71746416　单据编号：XS6389008

纳税识别号：913202026617414872　开户行及账号：中国建设银行无锡市崇安区支行41622124597256　制单日期：2019-01-13

编码	产品名称	规格	单位	单价	数量	金额	备注
M301001	X201		件	2273.60	300	682080.00	含税价
合计	人民币（大写）：陆拾捌万贰仟零捌拾元整				—	¥682080.00	

会计联

销售经理：傅世惠　经手人：李丽洁　会计钱晓明　签收人：吴丽红

表 3-16-2 是江苏增值税专用发票的第一联记账联，此联应作为销售方的记账依据。该原始凭证注明，“销售方”是本公司，“购买方”是无锡范园有限公司，“货物或应税劳务、服务名称”是 X201，这表明本公司销售了 X201 产品给无锡范园有限公司，“价税合计为 682 080.00 元，同时，2018 年 12 月 31 日“预收账款——无锡范园有限公司”科目的贷方余额为 850 000.00 元。进行会计核算时，“价税合计”682 080.00 元应记入“预收账款——无锡范园有限公司”科目的借方，“金额”588 000.00 元应记入“主营业务收入——X201”科目的贷方，“税额”94 080.00 元应记入“应交税费——应交增值税——销项税额”科目的贷方。

根据上述分析，该笔业务在 T＋系统中的操作流程如下：

(1) 填制销货单：以销售主管傅世惠“401012”身份于 2019-01-13 登录，“销售管理——单据”单击“销货单”，单据编号录入“XS6389008”，客户选择“无锡范园有限公司”，业务员选择“李丽洁”，收款方式选择“其他”，存货名称选择“X201”，数量录入“300”，报价录入“2 273.60”，保存并审核，如图 3-16-1 所示。

表 3-16-2

3204161140　江苏增值税专用发票　№ 67942602　3204161140 67942602

此联不作报销、扣税凭证使用　开票日期:2019年01月13日

购买方	名　　称:无锡范园有限公司 纳税人识别号:91320202661741487２ 地 址、电 话:江苏省无锡市崇安区未解街孙振路54号 0510-71746416 开户行及账号:中国建设银行无锡市崇安区支行 41622124597256	密码区	33*3187<4/+7744<+95-59+7<945 7951<0-->>-6>525<631070->7*7 87*3187<4/+8490<+73848115091 3+<712/<1+9016>6081++>84>732

货物或应税劳务、服务名称	规格型号	单位	数量	单价	金额	税率	税额
X201		件	300	1960.00	588000.00	16%	94080.00
合　计					¥588000.00		¥94080.00
价税合计(大写)	⊗陆拾捌万贰仟零捌拾元整				(小写) ¥682080.00		

销售方	名　　称:常州亚兴有限公司 纳税人识别号:913204049343406114 地 址、电 话:江苏省常州市钟楼区李智街环喉路45号 0519-74325031 开户行及账号:中国建设银行常州市钟楼区支行 41622124656669	备注	

收款人:　　复核:　　开票人:钱晓明　　销售方:(章)

第一联:记账联　销售方记账凭证

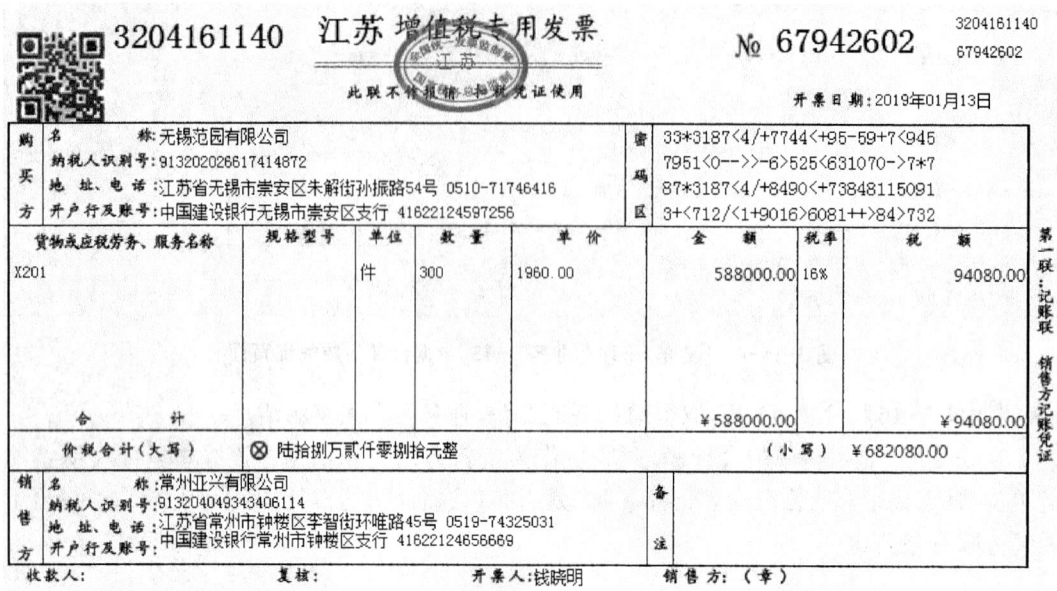

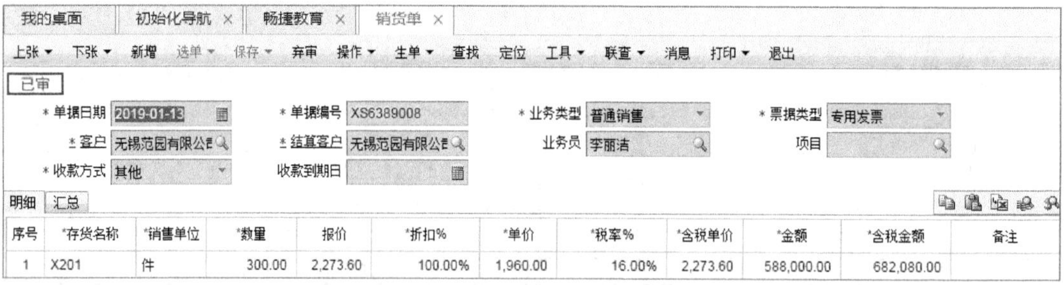

图 3-16-1　[业务 3-16]销货单页面

(2) 生成销售发票:以销售主管傅世惠"401012"身份于 2019-01-13 登录,在销货单上单击"生单——生成销售发票(普通销售)",录入发票号"67942602",使用预收录入核销"682 080.00"(由系统自动完成预收冲应收工作,但金额不能超过发票上的价税合计),保存并审核。如图 3-16-2 所示。

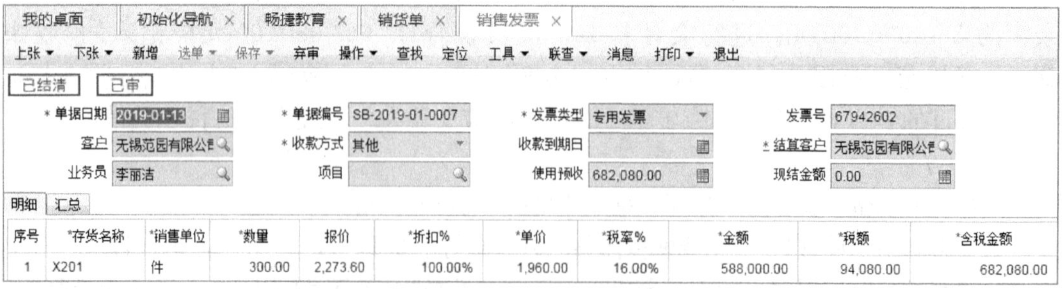

图 3-16-2　[业务 3-16]销售发票页面

(3) 生成销售出库单:以仓管孙民里"101005"身份于 2019-1-13 登录,"库存核算"——"单据"单击"销售出库单"→"选单——选销货单",单击"查询"按钮,出现销货单记录,勾选并确定,仓库选择"综合库",保存并审核,如图 3-16-3 所示。

图 3-16-3　[业务 3-16]销售出库单页面

(4) 生成销售发票记账凭证:以存货会计钱晓明"201007"身份于 2019-1-13 登录,"总账"——"日常业务"单击"单据生凭证",勾选"销售发票""预收冲应收",单击"下一步",第二步默认,单击"下一步",显示查询结果,合并所选单据,合并方式处理,单击"生成凭证"按钮,如图 3-16-4 所示。

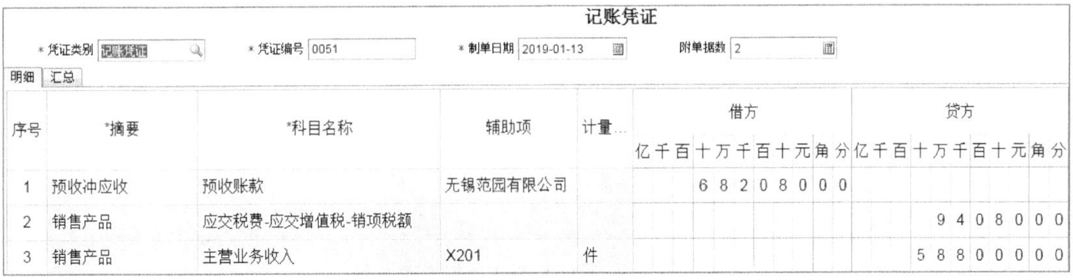

图 3-16-4　[业务 3-16]生成凭证页面

【业务 3-17】 1 月 13 日,取得原始凭证 1 张,业务经办人李丽洁。

表 3-17-1 是中国建设银行客户专用回单的第一联借方回单,此联应作为付款方付款的记账依据。该原始凭证注明,"付款人全称"为本公司,"付款人账号"是 41622124656669,"收款人全称"是无锡范园有限公司,"金额"是 167 920 元,结合[业务 3-16],无锡范园有限公司期初已预付货款 850 000.00 元,现已实现销售 687 960.00 元,应退回无锡范园有限公司多付的货款 167 920.00 元。进行会计核算时,"金额"167 920.00 元应分别记入"预收账款——无锡范园有限公司"科目的借方和"银行存款——建行 41622124656669"科目的贷方。

根据上述分析,该笔业务在 T+系统中的操作流程如下:

(1) 填制红字预收单:以出纳朱珊珊"201009"身份于 2019-01-13 登录,在"往来现金——单据"中单击"收款单",单据日期、单据编号均默认,业务类型选择"预收款",结算客户选择"无锡范园有限公司",业务员选择"李丽洁",结算方式选择"网银",账号名称选择"基本结算户",收款金额录入"-167 920.00",票据号录入"00811123"→单击"保存",如图 3-17-1 所示。

表 3-17-1

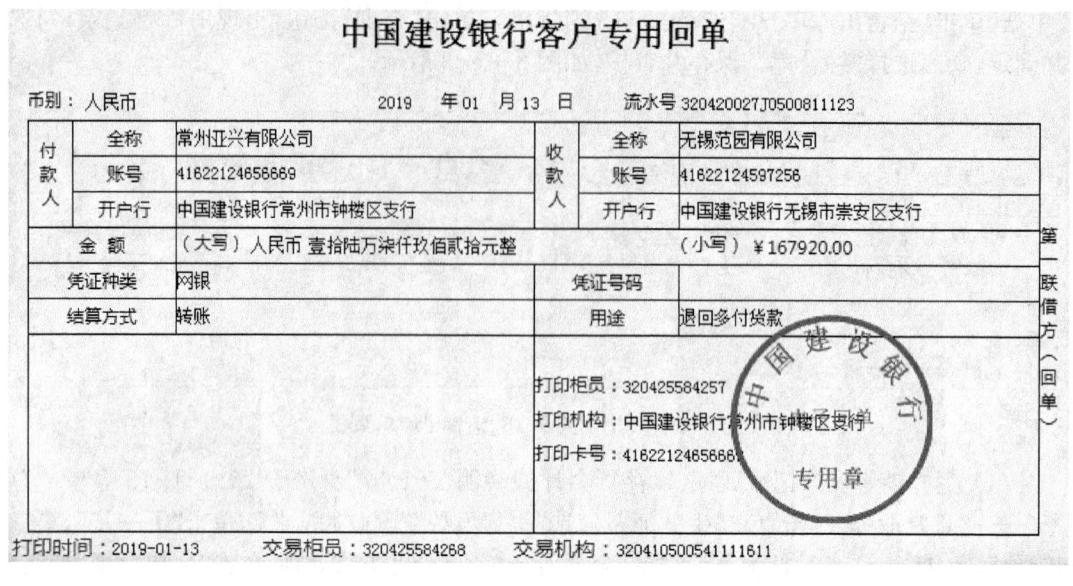

图 3-17-1 [业务 3-17]收款单页面

（2）生成凭证：以存货会计钱晓明"201007"身份于 2019-01-13 登录，"总账"——"日常业务"单击"单据生成凭证"，单据选择"收款单"，单击"下一步"，进入"选择查询条件"页面，默认，单击"下一步"，得到"查询结果"，单击"生成凭证"按钮，银行存款科目金额从借方转到贷方，如图 3-17-2 所示。

图 3-17-2 [业务 3-17]记账凭证页面

需要说明的是：[业务 3-16]和[业务 3-17]原始单据均于 2019-01-13 取得，且属于同一客户，在生成凭证时，还有一种核算方法，即存货会计可以将[业务 3-16]和[业务 3-17]的销售发票、预收冲应收、红字收款单等单据全部合并生成一张凭证，摘要改为"销售产品，退回多收款","银行存款"科目金额从借方移至贷方,金额录入"167 920.00",流量手工录入项目"07",保存,如图 3-17-3 所示。

序号	摘要	科目名称	辅助项	计量	借方	贷方
1	销售产品,退回多收款	银行存款-建行41622124656669	网银 00811123...			16792000
2	销售产品,退回多收款	预收账款	无锡范园有限公司		85000000	
3	销售产品,退回多收款	应交税费-应交增值税-销项税额				9408000
4	销售产品,退回多收款	主营业务收入	X201	件		58800000

图 3-17-3　[业务 3-16][业务 3-17]单据全部合并生成凭证页面

(四) 存货销售特殊业务

【业务 3-18】　1 月 13 日,取得原始凭证 3 张,业务经办人李丽洁。

表 3-18-1 是销售单的会计联,此联应作为销售方的记账依据。该原始凭证注明,"购货单位"是个人"肖肃","产品名称"是 M101,这表明本公司已将 M101 销售给了"肖肃"。

表 3-18-1

销 售 单

购货单位:肖肃	地址和电话:					单据编号:XS6389009	
纳税识别号:	开户行及账号:					制单日期:2019-01-13	
编码	产品名称	规格	单位	单价	数量	金额	备注
	M101		千克	81.20	30	2436.00	含税价
合计	人民币(大写):贰仟肆佰叁拾陆元整				—	¥2436.00	
	销售经理:傅世惠　　经手人:李丽洁　　会计:钱晓明　　签收人:肖肃						

表 3-18-2 是江苏增值税普通发票的第一联记账联,此联应作为销售方的记账依据。该原始凭证注明,"销售方"是本公司,"购买方"是"肖肃","货物或应税劳务、服务名称"是 M101 材料,这表明本公司销售了 M101 材料给"肖肃"。进行会计核算时,"金额"2 100.00元应记入"其他业务收入——M101"科目的贷方,"税额"336.00 元应记入"应交税费——应交增值税——销项税额"科目的贷方。

表 3-18-3 是收款收据的第三联交账务联,此联应作为收取款项的记账依据。该原始凭证注明,"今收到"肖肃以"现金"方式"交来"的货款。进行会计核算时,"金额"2 436.00 元应记入"库存现金"科目的借方。

根据上述分析,该笔业务在 T+系统中的操作流程如下:

表 3-18-2

[江苏增值税普通发票 No.36098160，开票日期：2019年01月13日]

购买方：名称：个人

货物：M101，单位：千克，数量：30，单价：70.00，金额：2100.00，税率：16%，税额：336.00

价税合计（大写）：贰仟肆佰叁拾陆元整　（小写）¥2436.00

销售方：名称：常州亚兴有限公司
纳税人识别号：913204049343406114
地址、电话：江苏省常州市钟楼区李智街环唯路45号 0519-74325031
开户行及账号：中国建设银行常州市钟楼区支行 41622124656669

开票人：钱晓明

表 3-18-3

收款收据　NO.25810201
2019年01月13日

今收到：肖肃
交来：货款
金额（大写）：⊗佰 ⊗拾 ⊗万 贰仟 肆佰 叁拾 陆元 零角 零分
¥2436.00　☑现金　□转账支票　□其他
出纳：朱珊珊　经手人：肖肃

（1）填制销货单：以销售主管傅世惠"401012"身份于2019-01-13登录，"销售管理——单据"单击"销货单"，单据编号录入"XS6389009"，票据类型选择"普通发票"，客户单击搜索图标，增加并选择客户"肖肃"，业务员选择"李丽洁"，收款方式选择"全额现结"，存货名称选择"M101"，数量录入"30"，报价录入"81.20"，保存并审核，如图3-18-1所示。

（2）生成销售发票：以销售主管傅世惠"401012"身份于2019-01-13登录，在销货单上单击"生单——生成销售发票（普通销售）"，生成销售发票，根据表3-18-2，录入发票号"36098160"，现结金额中账号选择"现金"，保存并审核，如图3-18-2所示。

（3）生成销售出库单：以仓管孙民里"101005"身份于2019-1-13登录，"库存核算"——

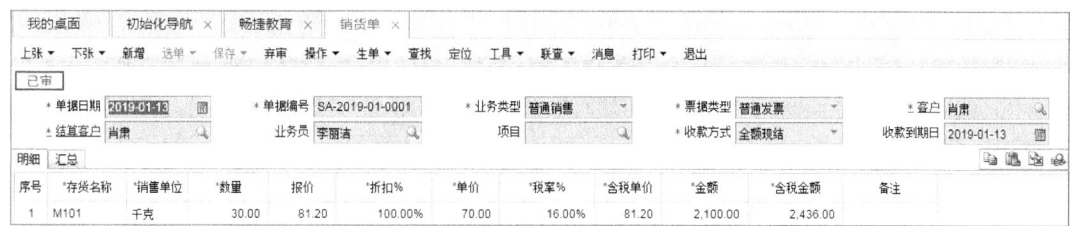

我的桌面　初始化导航 ×　畅捷教育 ×　销货单 ×

上张▾　下张▾　新增　选单▾　保存▾　弃审　操作▾　生单▾　查找　定位　工具▾　联查▾　消息　打印▾　退出

已审

*单据日期 2019-01-13　*单据编号 SA-2019-01-0001　*业务类型 普通销售　*票据类型 普通发票　*客户 肖肃

*结算客户 肖肃　业务员 李丽洁　项目　*收款方式 全额现结　收款到期日 2019-01-13

明细　汇总

序号	*存货名称	*销售单位	*数量	报价	*折扣%	*单价	*税率%	*含税单价	*金额	*含税金额	备注
1	M101	千克	30.00	81.20	100.00%	70.00	16.00%	81.20	2,100.00	2,436.00	

图 3-18-1　[业务 3-18]销货单页面

我的桌面　初始化导航 ×　畅捷教育 ×　销货单 ×　销售发票 ×

上张▾　下张▾　新增　选单▾　保存▾　弃审　操作▾　查找　定位　工具▾　联查▾　消息　打印▾　退出

已结清　已审

*单据日期 2019-01-13　*单据编号 SB-2019-01-0008　*发票类型 普通发票　发票号 36098160　客户 肖肃

*收款方式 全额现结　收款到期日 2019-01-13　*结算客户 肖肃　业务员 李丽洁　项目

使用预收 0.00　现结金额 2,436.00

明细　汇总

序号	*存货名称	*销售单位	*数量	报价	*折扣%	*单价	*税率%	*金额	*税额	*含税金额
1	M101	千克	30.00	81.20	100.00%	70.00	16.00%	2,100.00	336.00	2,436.00

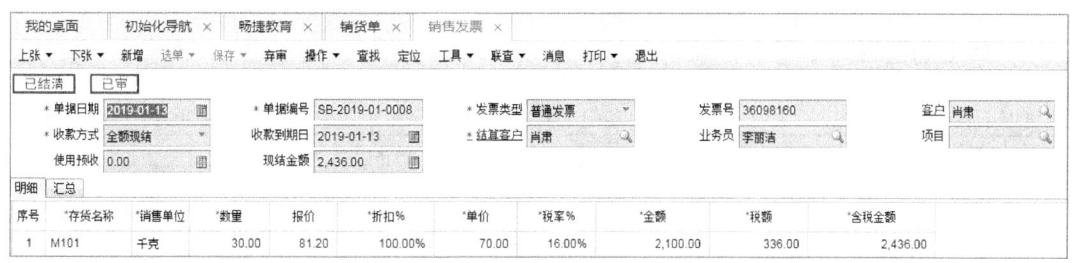

图 3-18-2　[业务 3-18]销售发票页面

“单据”单击“销售出库单”→“选单——选销货单”，单击“查询”按钮，出现销货单记录，勾选并确定，仓库选择“综合库”，保存并审核，如图 3-18-3 所示。

我的桌面　初始化导航 ×　畅捷教育 ×　销售出库单 ×

上张▾　下张▾　新增　选单▾　保存▾　弃审　操作▾　生单▾　查找　定位　工具▾　联查▾　消息　打印▾　退出

已审　已销货

*单据日期 2019-01-13　*单据编号 IO-2019-01-0008　*业务类型 普通销售　*客户 肖肃

*结算客户 肖肃　经手人 李丽洁　项目　仓库 综合库

明细　汇总

序号	*仓库	*存货名称	*计量单位	*数量
1	综合库	M101	千克	30.00

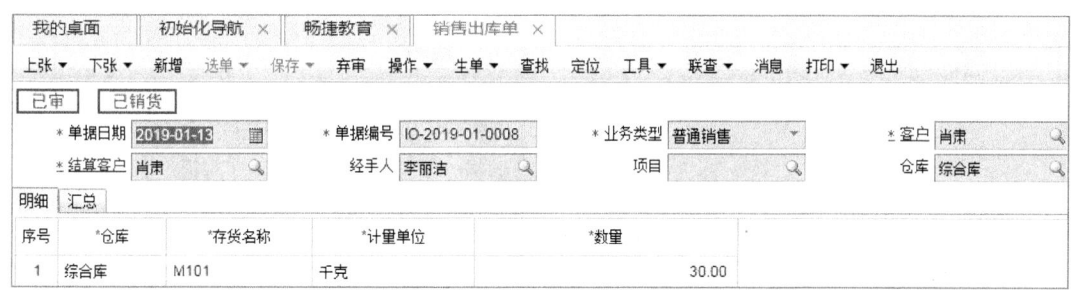

图 3-18-3　[业务 3-18]销售出库单页面

(4) 生成销售发票记账凭证：以存货会计钱晓明“201007”身份于 2019-1-13 登录，“总账”——“日常业务”单击“单据生凭证”，勾选“销售发票”，单击“下一步”，第二步默认，单击“下一步”，显示查询结果，单击“生成凭证”按钮，附单据数录入“3”，摘要改为“销售材料，收到现金”，对库存现金科目录入现金流量项目“01”，保存，如图 3-18-4 所示。

已分配　已生成

记账凭证

*凭证类别 记账凭证　*凭证编号 0052　*制单日期 2019-01-13　附单据数 3

明细　汇总

序号	*摘要	*科目名称	辅助项	计量…	借方	贷方
					亿千百十万千百十元角分	亿千百十万千百十元角分
1	销售材料，收到现金	库存现金			243600	
2	销售材料，收到现金	应交税费-应交增值税-销项税额				33600
3	销售材料，收到现金	其他业务收入-材料销售	M101	千克		210000

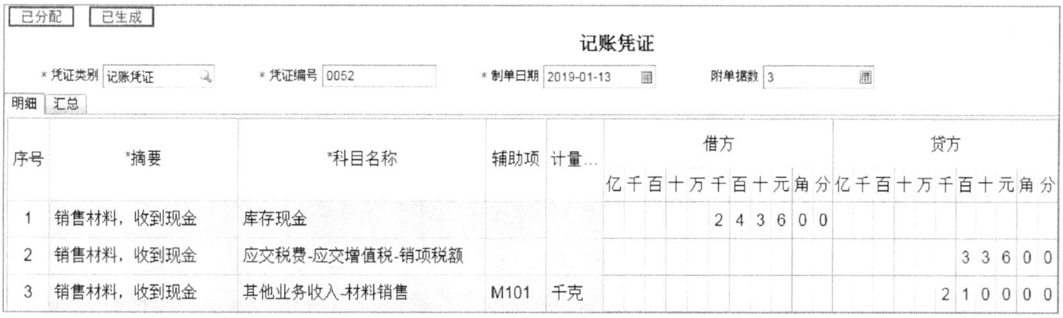

图 3-18-4　[业务 3-18]生成凭证页面

【业务 3-19】 1 月 13 日,取得原始凭证 1 张,业务经办人朱珊珊。

表 3-19-1 是中国建设银行现金交款单的第二联客户回单联,此联应作为解缴现金收入存款的记账依据。该原始凭证注明,"收款单位"和"交款人"均是本公司,"账号"是 41622124656669,"款项来源"是营业款,这表明本公司将营业款存入账号为 41622124656669 的基本户。进行会计核算时,"金额"2 436.00 元应分别记入"银行存款——建行 41622124656669"科目的借方和"库存现金"科目的贷方。

表 3-19-1

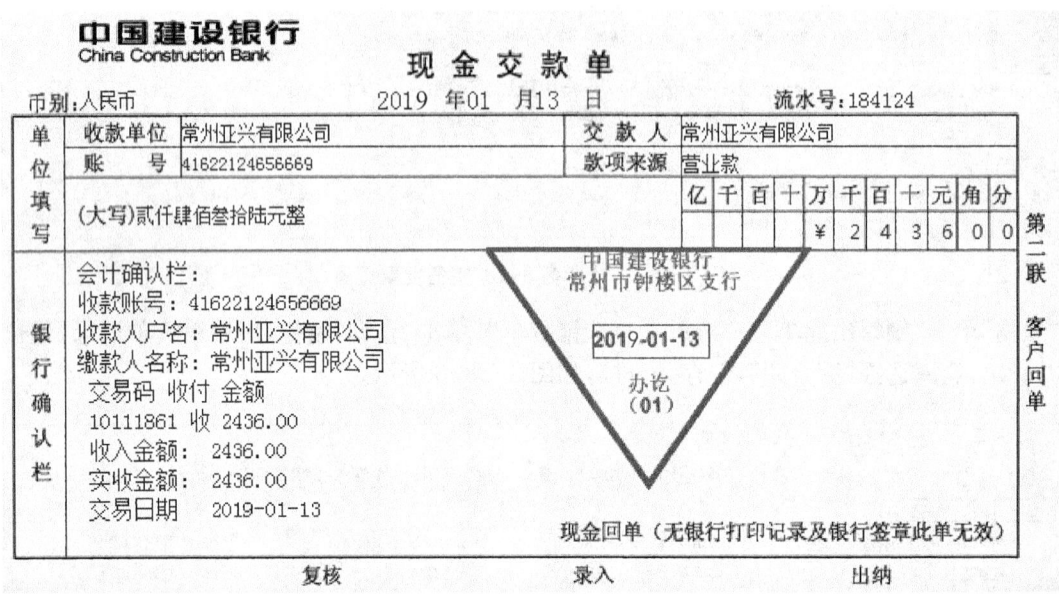

根据上述分析,该笔业务在 T+系统中的操作流程如下:

(1) 填制银行存取款单:以出纳朱珊珊"201009"身份于 2019-01-13 登录,在"往来现金——单据"中单击"银行存取款单",业务类型选择"存款",转出结算方式、转出账号名称、转出账号均选择"现金",转出金额录入"2 436.00",转入结算方式选择"其他",转入账号名称选择"基本结算户",转入金额录入"2 436.00",票据号录入"184124",经手人选择"朱珊珊",备注录入"解缴营业款",保存并审核,如图 3-19-1 所示。

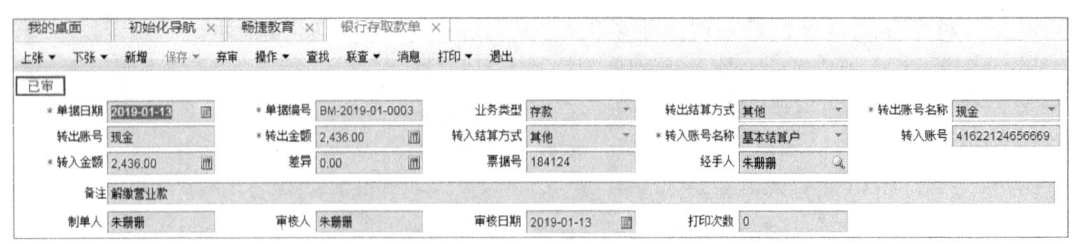

图 3-19-1 [业务 3-19]银行存取款单页面

(2) 生成凭证:以存货会计钱晓明"201007"身份于 2019-01-13 登录,"总账"——"日常业务"单击"单据生成凭证",单据选择"银行存取款单",单击"下一步",进入"选择查询条件"页面,默认,单击"下一步",得到"查询结果",单击"生成凭证"按钮,摘要改为"解缴营业款",

对借贷科目均录入现金流量项目"不影响现金流量的项目",借方为"流入",贷方为"流出",单击"保存"按钮,如图3-19-2所示。

序号	*摘要	*科目名称	辅助项	借方	贷方
				亿千百十万千百十元角分	亿千百十万千百十元角分
1	解缴营业款	银行存款-建行41622124656669	其他 184124...	2 4 3 6 0 0	
2	解缴营业款	库存现金			2 4 3 6 0 0

图3-19-2 [业务3-19]记账凭证页面

【业务3-20】 1月13日,取得原始凭证3张,业务经办人李丽洁。

表3-20-1是入库单的会计联,此联应作为销售方的记账依据。该原始凭证注明,"名称"是X201,"备注"注明是上月份销售本月退货,并进入退货库,这表明是上月销售的X201产品本月退货入库。进行会计核算时,根据X201产品期初单位成本1 150.00元,计算出退货产品总成本57 500.00元,分别记入"库存商品——X201"科目的借方和"主营业务成本——X201"科目的贷方。

表3-20-1

产品编号	名 称	规格	计量单位	数量	单位成本	金 额	备 注
	X201		件	50			上月份销售本月退货 进入退货库

入 库 单
2019年01月13日 编号 RK9568001
交库人:陈焕东 收货人:孙民里

表3-20-2是江苏增值税专用发票的第一联记账联,此联应作为销售方的记账依据。该原始凭证注明,"销售方"是本公司,"购买方"是无锡大禹有限公司,"货物或应税劳务、服务名称"是X201产品,"数量"是-50件,这表明本公司以前销售给无锡大禹有限公司的X201产品退回了50件。进行会计核算时,"金额"-120 000.00元应记入"主营业务收入——X201"科目的贷方,"税额"-19 200.00元应记入"应交税费——应交增值税——销项税额"科目的贷方。

表3-20-3是中国建设银行客户专用回单的第一联借方回单,此联应作为付款方付款的记账依据。该原始凭证注明,"付款人全称"是本公司,"账号"是41622124656669,"收款人全称"是无锡大禹有限公司,"金额"为139 200.00元,与表3-20-2上的价税金额一致,"凭证种类"是网银行,"用途"是退货,这表明本公司已通过账号为41622124656669的基本户以网银方式向无锡大禹有限公司支付了所有退货款。进行会计核算时,"金额"139 200.00元应记入"银行

存款——建行 41622124656669"科目的贷方。

表 3-20-2

表 3-20-3

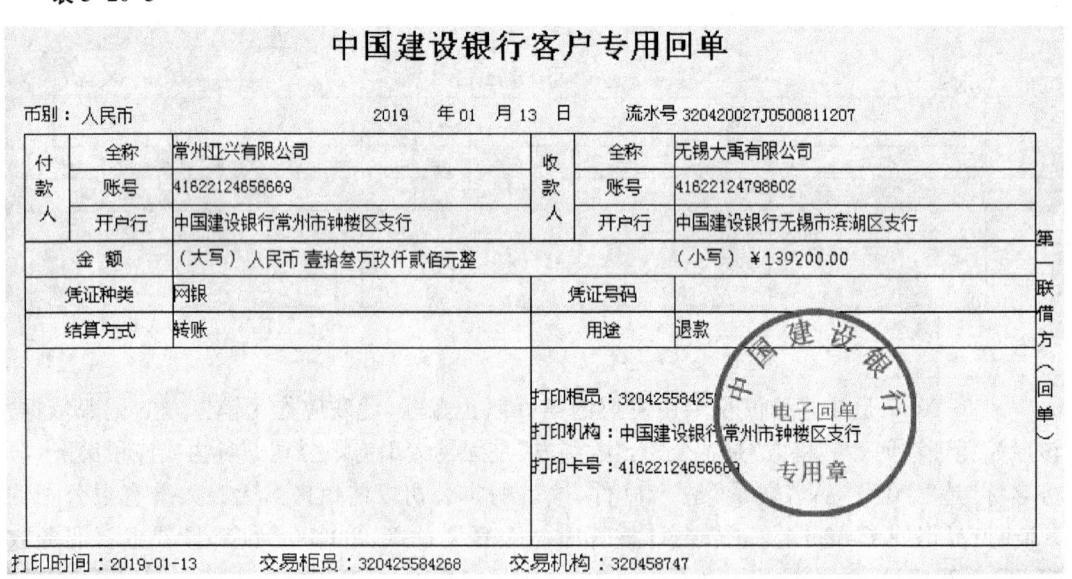

根据上述分析,该笔业务在 T+系统中的操作流程如下:

(1) 增加客户:以账套主管"201006 袁世民"身份于"2019-01-13"登录。"基础设置"→"基本信息",单击"往来单位",根据表 3-20-2 增加客户档案。

(2) 填制退货单:以销售主管傅世惠"401012"身份于 2019-01-13 登录,"销售管理——单据"单击"销货单",单据编号录入"XS6389010",业务类型选择"销售退货",客户选择"无锡大禹有限公司",业务员选择"李丽洁",收款方式选择"全额现结",存货名称选择"X201",

数量录入"-50",单价录入"2 400.00",保存并审核,如图 3-20-1 所示。

图 3-20-1 [业务 3-20]退货单页面

(3)生成销售发票:以销售主管傅世惠"401012"身份于 2019-01-13 登录,在销货单上单击"生单——生成销售发票(销售退货)",生成销售发票,录入发票号"67942603",现结金额中选择结算方式为"网银",账户名称选择"基本结算户",票据号录入"00811207",保存并审核,如图 3-20-2 所示;

图 3-20-2 [业务 3-20]销售发票页面

(4)生成销售出库单:以仓管孙民里"101005"身份于 2019-1-13 登录,"库存核算"——"单据"单击"销售出库单"——选择业务"销售退货"→"选单——选销货单",单击"查询"按钮,出现销货单记录,勾选并确定,仓库选择"退货库",保存并审核,如图 3-20-3 所示。

图 3-20-3 [业务 3-20]销售出库单页面

(5)确定退回产品单位成本:以存货会计钱晓明"201007"身份于 2019-1-13 登录,"初始化——库存期初余额"查"综合库"X201 产品单位成本是 1 150.00 元,此单价为退货产品单位成本;"库存核算——成本核算"单击"出库调整单",客户选择"无锡大禹有限公司",仓库选择"退货库",存货名称选择"X201",金额录入"-57 500.00",保存并审核,如图3-20-4所示。

图3-20-4 [业务3-20]出库调整单

需要说明的是:退货库无库存期初,红字销货单视同销售发货,因而在退货单上无单价,需要根据综合库中X201产品中查询其期初单价,作为退货库X201的单价处理,此时只能通过出库调整单调整X201的出库成本。

(6)生成销售发票记账凭证:以存货会计钱晓明"201007"身份于2019-1-13登录,"总账"——"日常业务"单击"单据生凭证",勾选"销售发票",单击"下一步",第二步默认,单击"下一步",显示查询结果,单击"生成凭证"按钮,附单据数改为"3",摘要改为"销售退货并退款","银行存款"科目金额方向从借方移至贷方,流量项目改为"01",流量项目金额用改为负数金额,保存,如图3-20-5所示。

图3-20-5 [业务3-20]生成红字收入凭证页面

(7)生成结转退回产品销售成本记账凭证:以存货会计钱晓明"201007"身份于2019-1-13登录,"总账"——"日常业务"单击"科目设置",对存货科目扩展设置中增行,仓库选择"退货库",存货分类选择"库存商品",设置科目为"库存商品";存货对方科目扩展设置中增行,仓库选择"退货库"、存货分类选择"库存商品"的科目为"主营业务成本"。"总账"——"日常业务"单击"单据生凭证",勾选"销售出库单"和"出库调整单",单击"下一步",第二步,选择仓库为"退货库",单击"下一步",显示查询结果,显示"出库调整单",单击"生成凭证"按钮,摘要改为"结转退货产品成本",保存,如图3-20-6所示。

【业务3-21】 1月14日,取得原始凭证2张,业务经办人李丽洁。

表3-21-1是江苏增值税专用发票的第一联记账联,此联应作为销售方的记账依据。

第三章 存货业务会计电算化处理(下)

序号	*摘要	*科目名称	辅助项	计量	借方	贷方
1	结转退货产品成本	主营业务成本	X201		5750000	
2	结转退货产品成本	库存商品	X201			5750000

图 3-20-6 [业务 3-20]生成结转退货产品销售成本凭证页面

该原始凭证注明,"销售方"是本公司,"购买方"是南京六合有限公司,"货物或应税劳务、服务名称"是 Y202 产品,但没有数量和单价,"金额"是－9 000.00 元,"税额"是－1 440.00 元,这表明本公司以前销售给南京六合有限公司的 Y202 产品发生了折让。进行会计核算时,"金额"－9 000.00 元应记入"主营业务收入——Y202"科目的贷方,"税额"－1 440.00 元应记入"应交税费——应交增值税——销项税额"科目的贷方。

表 3-21-1

表 3-21-2 是中国建设银行客户专用回单的第一联借方回单,此联应作为付款方付款的记账依据。该原始凭证注明,"付款人全称"是本公司,"付款人账号"是 41622124656669,"收款人全称"是南京六合有限公司,"金额"是 10 530.00 元,"凭证种类"是网银,"用途"是退款,这表明本公司已通过账号为 41622124656669 的基本户以网银方式向南京六合有限公司支付了退款 10 530.00 元。进行会计核算时,"金额"10 440.00 元应记入"银行存款——建行 41622124656669"科目的贷方。

表 3-21-2

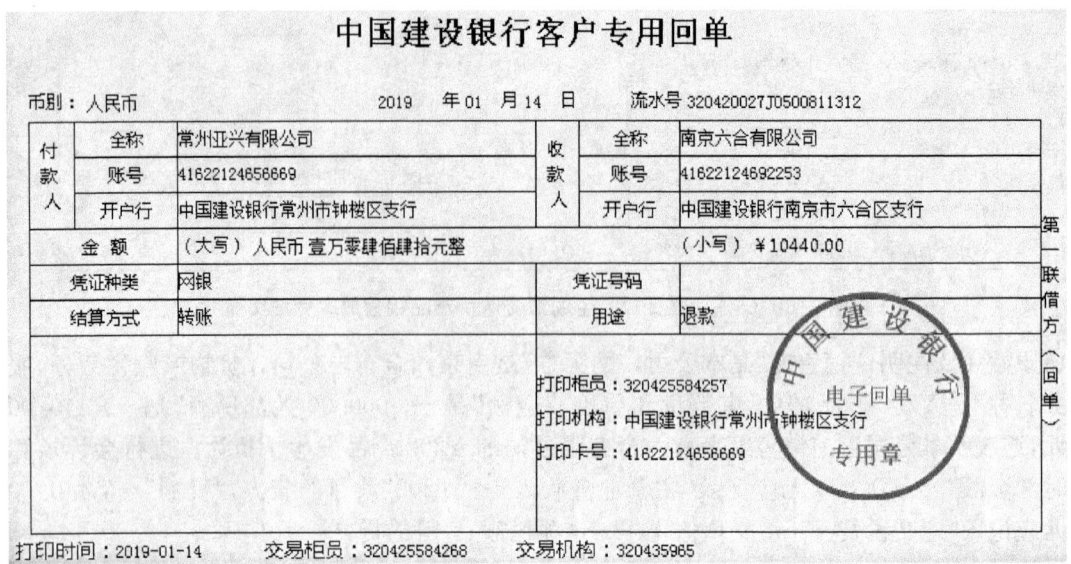

根据上述分析,该笔业务在 T+系统中的操作流程如下:

(1) 设置存货档案:以存货会计钱晓明"201007"身份于 2019-01-14 登录,"基础设置"——"基本信息"单击"存货",在"库存商品"分类中增加编号为"XSZR"、名称"销售折让"、属性"劳务费用"、计量单位"元"的存货(销售折让与库存商品的数量无关,即与出入库无关,因此,必须设置一个过渡性的存货"销售折让",此存货属性必须为劳务费用,在生成凭证时再进行调整为真正的存货名称)。

(2) 填制退货单:以销售主管傅世惠"401012"身份于 2019-01-14 登录,"销售管理——单据"单击"销货单",单据编号录入"XS6389011",业务类型选择"销售退货",客户选择"南京六合有限公司",业务员选择"李丽洁",收款方式选择"全额现结",存货名称选择"销售折让",数量改为"0",金额录入"−9 000.00",其他自动生成,保存并审核,如图 3-21-1 所示。

图 3-21-1 [业务 3-21]退货单页面

(3) 生成销售发票:以销售主管傅世惠"401012"身份于 2019-01-14 登录,在销货单上单击"生单——生成销售发票(销售退货)",录入发票号"67942604",全额现结中选择结算方式为"网银",账号名称为"基本结算户",票据号录入"00811312",保存并审核,如图 3-21-2 所示。

图 3-21-2 [业务 3-21]销售发票页面

(4) 生成销售发票记账凭证：以存货会计钱晓明"201007"身份于 2019-01-14 登录，"总账"——"日常业务"单击"单据生凭证"，勾选"销售发票"，单击"下一步"，第二步默认，单击"下一步"，显示查询结果，单击"生成凭证"按钮，附单据数改为"2"，摘要改为"销售折让并退款"，改银行存款科目方向为贷方，金额为"10 440.00"，现金流量"01"(现金流量项目金额改为"－10 440.00")，改主营业务收入科目辅助项"Y202"，保存，如图 3-21-3 所示。

图 3-21-3 [业务 3-21]生成凭证页面

【业务 3-22】 原始凭证共 1 张，于 1 月 14 日取得。

表 3-22-1

特殊事项处理说明

日期：2019 年 01 月 14 日

说明事项	常州博爱有限公司于2018年01月13日租用本公司的周转箱50只，期限一年，合同约定常州博爱有限公司应于2019年01月13日归还包装箱，本公司应退还5000.00元押金。因对方未按期归还租用的周转箱，本公司不再退还押金，予以没收。

批准：赵卫宇　　审核：袁世民　　说明人：李丽洁

表 3-22-1 是特殊事项处理说明,应作为没收押金的记账依据。该原始凭证注明,常州博爱有限公司应归还的周转箱没有按期归还,予以没收押金。同时,2018 年 12 月 31 日“其他应付款——其他单位——常州博爱有限公司”科目的贷方余额为 5 000 元,这表明本公司期初预收常州博爱有限公司押金 5 000 元,现因其逾期不归还周转箱,所以没收该押金5 000 元。进行会计核算时,“押金”5 000.00 元应记入“其他应付款——其他单位——常州博爱有限公司”科目的借方,689.66 元(5 000.00÷1.16×0.16)应记入“应交税费——应交增值税——销项税额”科目的贷方,差额 4 310.34 元应记入“其他业务收入——没收押金收入”科目的贷方。

根据上述分析,该笔业务在 T+系统中的操作流程如下:

填制记账凭证:以存货会计钱晓明“201007”身份于 2019-01-14 登录,“总账”——“日常业务”单击“填制凭证”,附单据数录入“1”,摘要录入“没收周转箱押金”,科目名称录入“其他应付款——其他单位”,辅助项选择“常州博爱有限公司”,借方录入“5 000.00”,第二行,科目录入“应交税费——应交增值税——销项税额”,贷方录入“689.66”,第三行,科目录入“其他业务收入——没收押金收入”,贷方金额自动生成,保存,如图 3-22-1 所示。

记账凭证

*凭证类别 记账凭证　*凭证编号 0057　*制单日期 2019-01-14　附单据数 1

明细　汇总

序号	*摘要	*科目名称	辅助项	借方											贷方										
				亿	千	百	十	万	千	百	十	元	角	分	亿	千	百	十	万	千	百	十	元	角	分
1	没收周转箱押金	其他应付款-其他单位	常州博爱有限公司						5	0	0	0	0	0											
2	没收周转箱押金	应交税费-应交增值税-销项税额																			6	8	9	6	6
3	没收周转箱押金	其他业务收入-没收押金收入																		4	3	1	0	3	4

图 3-22-1 [业务 3-22]填制凭证页面

【业务 3-23】 1 月 31 日,取得原始凭证 4 张,业务经办人孙凯愉。

表 3-23-1 是江苏增值税专用发票的第一联记账联,此联应作为销售方的记账依据。该原始凭证注明,“销售方”是本公司,“购买方”也是本公司,“货物或应税劳务、服务名称”是 Y202,这表明本公司将 Y202 产品用于自用。进行会计核算时,“价税合计”41 760.00 元应记入“应付职工薪酬——非货币性福利”科目的借方,“金额”36 000.00 元应记入“主营业务收入——Y202”科目的贷方,“税额”5 760.00 元应记入“应交税费——应交增值税——销项税额”科目的贷方。

表 3-23-2 是产品发放明细表,此表应作为计算分配非货币性福利的依据。其中“办公室”员工领用 5 件 Y202 产品,应分配金额 8 700.00 元;“财务部”员工领用 4 件 Y202 产品,应分配金额 6 960.00 元;“采购部”和“销售部”员工均领用 2 件 Y202 产品,均负担金额 3 480.00元;“生产车间”管理人员领用 3 件 Y202 产品,应分配金额 5 220.00 元;“生产车间”生产工人领用 8 件 Y202 产品,应分配金额 13 920.00 元。进行会计核算时,“办公室”“财务部”“采购部”“销售部”应分配的金额合计 22 620.00 元应记入“管理费用——职工福利费”科目的借方,“生产车间”管理人员应分配金额 5 220.00 元应记入“制造费用——职工福利费”科目的借方。

表 3-23-1

江苏 增值税专用发票

3204161140 № 67942620

开票日期：2019年01月31日

购买方	名　　称：	常州亚兴有限公司				密码区	79*3187<4/+4698<+95-59+7<974 6387<0-->-6>525<942966->7*7 87*3187<4/+8490<+07562282301 1+<712/<1+9016>3527++>84>409
	纳税人识别号：	913204049343406114					
	地　址、电话：	江苏省常州市钟楼区李智街环唯路45号　0519-74325031					
	开户行及账号：	中国建设银行常州市钟楼区支行　41622124656669					

货物或应税劳务、服务名称	规格型号	单位	数量	单价	金额	税率	税额
Y202		件	24	1500.00	36000.00	16%	5760.00
合　　计					¥36000.00		¥5760.00
价税合计（大写）	⊗ 肆万壹仟柒佰陆拾元整				（小写） ¥41760.00		

销售方	名　　称：	常州亚兴有限公司	备注
	纳税人识别号：	913204049343406114	
	地　址、电话：	江苏省常州市钟楼区李智街环唯路45号　0519-74325031	
	开户行及账号：	中国建设银行常州市钟楼区支行　41622124656669	

收款人：　　　　　复核：　　　　　开票人：钱晓明　　　　销售方：（章）

表 3-23-2

产品发放明细表

2019-01-31

单位：元

领用部门	Y202		领用人	合计
	数量	金额		
办公室	5	8700.00	姜亚兴	8700.00
财务部	4	6960.00	袁世民	6960.00
采购部	2	3480.00	崔洁朴	3480.00
销售部	2	3480.00	傅世惠	3480.00
生产车间车间管理人员	3	5220.00	柳世杰	5220.00
生产车间车间生产员工	8	13920.00	柳世杰	13920.00
合计		41760.00		41760.00

审核：袁世民　　　　编制：钱晓明

表3-23-3是本月产品生产工时统计表，此表应作为计算分配非货币性福利的依据。其中X201产品生产工时为3 000小时，Y202产品生产工时为2 000小时。

表 3-23-3

产品工时明细表

2019-01-31

生产车间	产品	生产工时（小时）
生产车间	X201	3000
生产车间	Y202	2000
合计		5000.00

审核：袁世民　　编制：钱晓明

表 3-23-4 是人工费分配表,其中"产品"X201 应分配金额为 8 352.00 元,Y202 应分配金额为 5 568.00 元。进行会计核算时,应分别记入"生产成本——基本生产成本——直接人工——X201"科目的借方和"生产成本——基本生产成本——直接人工——Y202"科目的借方。

表 3-23-4

人工费分配表

2019-01-31

单位：元

生产车间	产品	分配标准（工时）	分配率	分配金额
生产车间	X201	3000	2.784	8352.00
生产车间	Y202	2000	2.784	5568.00
合计		5000.00		13920.00

审核：袁世民　　编制：钱晓明

根据上述分析,该笔业务在 T+系统中的操作流程如下：

(1) 增加客户：以账套主管"201006 袁世民"身份于"2019-01-31"登录。"基础设置"→"基本信息",单击"往来单位",根据表 3-23-1 增加客户档案。"基础设置"→"基本信息",单击"项目",增设项目(项目分类编码"X10",项目分类名称为"特殊销售",具体编码为"X1001",具体项目名称为"产品福利用")。

(2) 填制销货单：以销售主管傅世惠"401012"身份于 2019-01-31 登录,"销售管理——单据"单击"销货单",客户选择"常州亚兴有限公司",业务员选择"孙凯愉",项目选择"产品福利用",收款方式选择"其他",存货名称选择"Y202",数量录入"24",单价录入"1 500.00",保存并审核,如图 3-23-1 所示。

图 3-23-1　[业务 3-23]销货单页面

(3) 生成销售发票:以销售主管傅世惠"401012"身份于 2019-01-31 登录,在销货单上单击"生单——生成销售发票(普通销售)",录入发票号"67942608",保存并审核,如图 3-23-2 所示。

图 3-23-2　[业务 3-23]销售发票页面

(4) 生成销售出库单:以仓管孙民里"101005"身份于 2019-1-31 登录,"库存核算"——"单据"单击"销售出库单"→"选单——选销货单",单击"查询"按钮,出现销货单记录,勾选并确定,仓库选择"综合库",保存并审核,如图 3-23-3 所示。

图 3-23-3　[业务 3-23]销售出库单页面

(5) 生成销售发票记账凭证:以存货会计钱晓明"201007"身份于 2019-1-31 登录,"总账"——"日常业务"单击"科目设置"在应收科目扩展设置中增一行,项目选择"产品福利用",科目设置为"应付职工薪酬——非货币性福利""总账"——"日常业务"单击"单据生凭证",勾选"销售发票",单击"下一步",第二步默认,单击"下一步",显示查询结果,合并所选单据,合并方式处理,单击"生成凭证"按钮,凭证编号录入"90",摘要改为"职工领用产品",

保存,如图 3-23-4 所示。

已生成

记账凭证

* 凭证类别 记账凭证　* 凭证编号 0090　* 制单日期 2019-01-31　附单据数 1

明细　汇总

序号	*摘要	*科目名称	辅助项	计量…	借方（亿千百十万千百十元角分）	贷方（亿千百十万千百十元角分）
1	职工领用产品	应付职工薪酬-非货币性福利			4 1 7 6 0 0 0	
2	职工领用产品	应交税费-应交增值税-销项税额				5 7 6 0 0 0
3	职工领用产品	主营业务收入	Y202	件		3 6 0 0 0 0 0

图 3-23-4　[业务 3-23]生成凭证页面

(6) 总账自定义结转设置:以存货会计钱晓明“201007”身份于 2019-01-31 登录,“总账——期末处理”单击“自定义结转”→单击“转账设置”命令,转账编号录入“90”,转账说明录入“分配非货币性福利”,第一行科目编号选择“660207”,方向选择“借方”,金额公式录入“QM("221105","RMB","年","月","借")/24 * 13”,表示以“应付职工薪酬——非货币性福利”科目期末借方余额为基数,按领用产品总数 24 进行分配,管理部门领用的产品数 13 进行分配,第二行科目编号选择“510109”,方向选择“借方”,金额公式录入“QM("221105","RMB","年","月","借")/24 * 3”,第三行科目编号选择“50010102”,项目选择“X201 产品”(代码为 X601)方向选择“借方”,金额公式录入“QM("221105","RMB","年","月","借")/24 * 8/5000 * 3000”,表示生产车间工人领用的产品先按领用的产品数 8 件进行分配,然后按生产工时合计 5 000 进行分配,X201 的生产工时 3 000 计算应负担的福利费,第四行科目编号选择“50010102”,项目选择“Y202 产品”(代码为 X602)方向选择“借方”,金额公式录入“QM("221105","RMB","年","月","借")/24 * 8/5000 * 2000”,第五行科目编号选择“221105”,方向选择“贷方”,金额公式录入“QM("221105","RMB","年","月","借")”,保存,如图 3-23-5 所示。

* 转账编号 90　* 转账说明 分配非货币性福利　* 转账类别 公式结转　* 凭证类别 记账凭证

序号	*摘要	*科目编码	辅助项	方向	金额公式
1	分配非货币性福利	660207		借方	QM("221105","RMB","年","月","借")/24*13
2	分配非货币性福利	510109		借方	QM("221105","RMB","年","月","借")/24*3
3	分配非货币性福利	50010102	[项目="X601"]	借方	QM("221105","RMB","年","月","借")/24*8/5000*3000
4	分配非货币性福利	50010102	[项目="X602"]	借方	QM("221105","RMB","年","月","借")/24*8/5000*2000
5	分配非货币性福利	221105		贷方	QM("221105","RMB","年","月","借")

图 3-23-5　[业务 3-23]分配非货币性福利自定义结转设置页面

(7) 总账自定义结转生成凭证:以存货会计钱晓明“201007”身份于 2019-01-31 登录,“总账——期末处理”单击“自定义结转”,单击“刷新”,勾选“分配非货币性福利”“包含未记账凭证”,单击“生成凭证”按钮,凭证编号改为“91”,附单据数改为“3”,保存,如图 3-23-6 所示。

已生成

记账凭证

* 凭证类别 记账凭证　* 凭证编号 0091　* 制单日期 2019-01-31　附单据数 3

明细　汇总

序号	*摘要	*科目名称	辅助项	借方（亿千百十万千百十元角分）	贷方（亿千百十万千百十元角分）
1	分配非货币性福利	生产成本-基本生产成本-直接人工	X201产品	835200	
2	分配非货币性福利	生产成本-基本生产成本-直接人工	Y202产品	556800	
3	分配非货币性福利	管理费用-职工福利费		2262000	
4	分配非货币性福利	制造费用-职工福利费		522000	
5	分配非货币性福利	应付职工薪酬-非货币性福利			4176000

图 3-23-6　[业务 3-23]分配非货币性福利生成凭证页面

(五) 委托代销业务

【业务 3-24】 原始凭证共 3 张，于 2019-01-14 取得，业务经办人傅世惠。

表 3-24-1 是委托代销清单回单联的复印件，此联应作为委销方的记账依据。该原始凭证注明，“代销单位”是苏州蓝联有限公司，“产品名称”是 Y202，“数量”是 300 件，这表明代销方已销售 Y202 产品 300 件。

表 3-24-1　(复印件)

委 托 代 销 清 单

代销单位：苏州蓝联有限公司　地址和电话：江苏省苏州市姑苏区郭君街绎丽路33号0512-25864699　单据编号：NX56389010

纳税识别号：91[illegible]050870536[illegible]9601　开户行及账号：中国建设银行苏州市姑苏区支行41622124751990　制单日期：2019-01-14

编码	产品名称	规格	单位	单价	数量	金额	备注
[illegible]3002	Y202		件	1276.00	300	382800.00	含税价
							此为收到苏州蓝联
							有限公司代销清单
							后生成的销售单
合计	人民币（大写）：叁拾捌万贰仟捌佰元整				—	¥382800.00	

会计联

销售经理：傅世惠　经手人：李丽洁　会计钱晓明　签收人：赵继勇

表 3-24-2 是江苏增值税专用发票的第一联记账联，此联应作为销售方生成销售发票及生成销售记账凭证的记账依据。该原始凭证注明，“销售方”是本公司，“购买方”是苏州蓝联有限公司，“货物或应税劳务、服务名称”是 Y202，结合表 3-24-1，表明本公司根据代销清单开出应收苏州蓝联有限公司代销 300 件 Y202 产品的销售收入，价税合计为 382 800.00 元。进行会计核算时，“金额”330 000.00 元应记入“主营业务收入——Y202”科目的贷方，“税额”52 800.00 元应记入“应交税费——应交增值税——销项税额”科目的贷方。

表 3-24-3 是中国建设银行客户专用回单的第二联贷方回单，此联应作为收款方收取款项的记账依据，该原始凭证注明，“收款人全称”是本公司，“收款人账号”是 41622124656669，“付款人全称”是苏州蓝联有限公司，“金额”是 382 800.00 元，“用途”是货款，这表明本公司账号为 41622124656669 的基本户已收到苏州蓝联有限公司的货款 382 800.00元。进行会计核算时，“金额”382 800.00 元应记入“银行存款——建行

41622124656669"科目的借方。

表 3-24-2

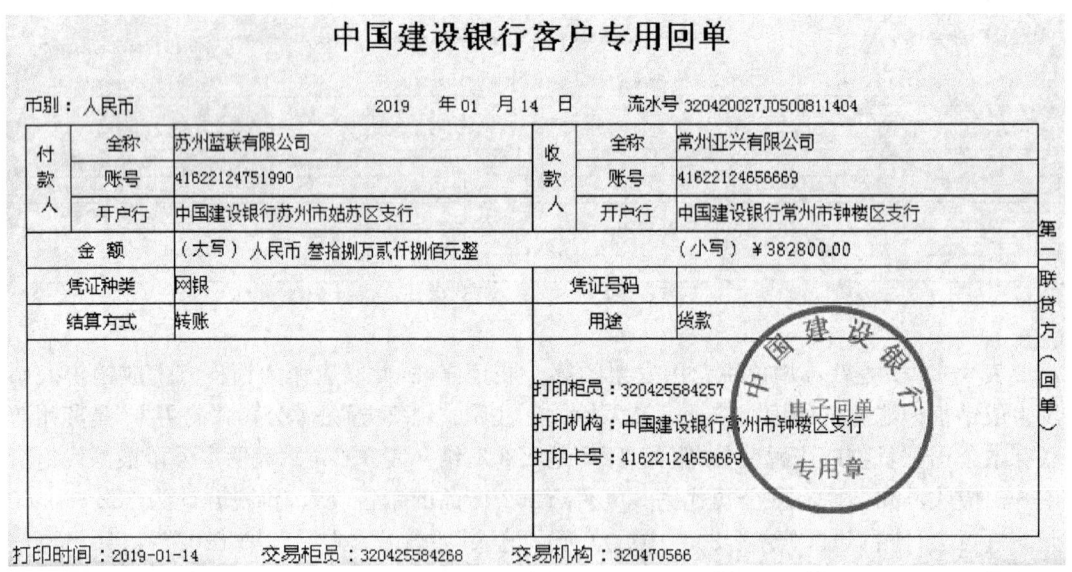

表 3-24-3

表3-24-4是销售产品成本结转表,此表作为计算产成品销售成本的记账依据。该原始凭证注明的内容表明,本公司实际委托代销Y202产品数量和总成本分别为300件、264 000.00元,进行会计核算时,根据总成本金额264 000.00元,分别记入"主营业务成本——Y202"科目的借方和"发出商品——Y202"科目的贷方。

表 3-24-4

销售产品成本结转表

2019 年 1 月 14 日

项目	Y202		
	数 量	单位成本	总成本
委托代销	300	880.00	264 000.00
合　　计	300	880.00	264 000.00

编制：钱晓明　　　　　　　　　　　　　　　　　　　　　　　　　　　　审核：袁世民

根据上述分析，该笔业务在 T＋系统中的操作流程如下：

(1) 增加客户：以账套主管"201006 袁世民"身份于"2019-01-14"登录，"基础设置"→"基本信息"，单击"往来单位"，根据表 3-24-2 增加客户档案。

(2) 填制销货单：以销售主管傅世惠"401012"身份于 2019-01-14 登录，"销售管理——单据"单击"销货单"，单据编号录入"WXS638901"，客户选择"苏州蓝联有限公司"，业务员选择"傅世惠"，项目选择"视同买断"，收款方式选择"全额现结"，存货名称选择"Y202"，数量录入"300"，含税单价录入"1 276.00"，保存并审核，如图 3-24-1 所示。

图 3-24-1　[业务 3-24]销货单页面

(3) 生成销售发票：以销售主管傅世惠"401012"身份于 2019-01-14 登录，在销货单上单击"生单——生成销售发票(普通销售)"，根据表 3-24-2，发票号录入"67942608"，现结金额中结算方式选择"网银"，账号名称选择"基本结算户"，票据号录入"00811404"，保存并审核，如图 3-24-2 所示。

图 3-24-2　[业务 3-24]销售发票页面

(4) 生成销售出库单:以仓管孙民里“101005”身份于 2019-1-14 登录,“库存核算”——“单据”单击“销售出库单”→“选单——选销货单”,单击“查询”按钮,出现销货单记录,勾选并确定,仓库选择“委托代销库”,保存并审核,如图 3-24-3 所示。

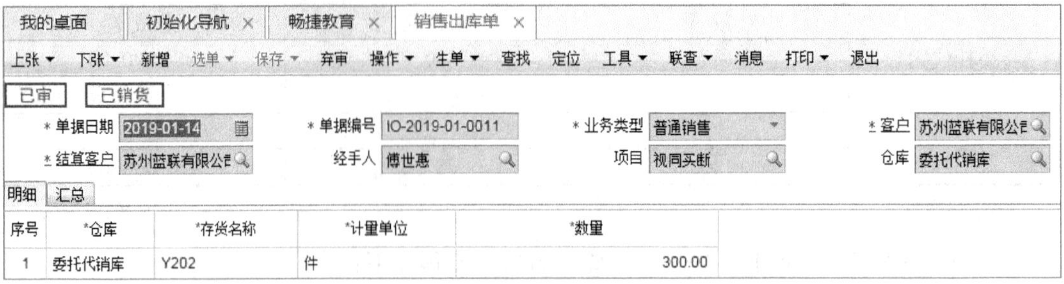

序号	*仓库	*存货名称	*计量单位	*数量
1	委托代销库	Y202	件	300.00

图 3-24-3 [业务 3-24]销售出库单页面

(5) 生成销售发票记账凭证:以存货会计钱晓明“201007”身份于 2019-1-14 登录,“总账”——“日常业务”单击“单据生凭证”,勾选“销售发票”,单击“下一步”,第二步默认,单击“下一步”,显示查询结果,单击“生成凭证”按钮,附单据数改为“3”,摘要改为“取得代销清单及货款”,“银行存款”科目录入现金流量项目为“01”,单击“保存”,如图 3-24-4 所示。

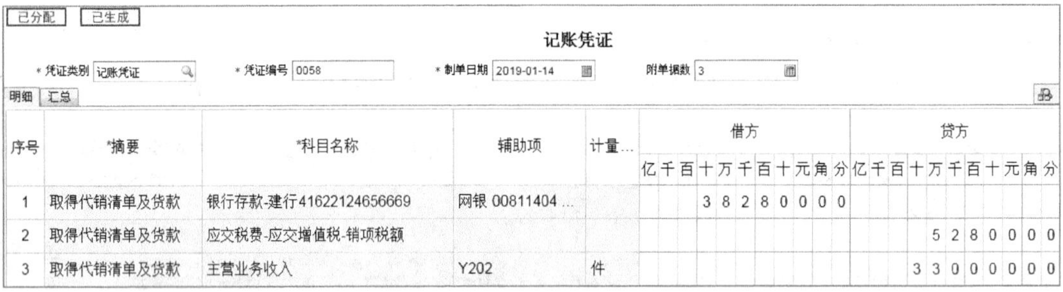

序号	*摘要	*科目名称	辅助项	计量...	借方	贷方
1	取得代销清单及货款	银行存款-建行41622124656669	网银 00811404 ...		38280000	
2	取得代销清单及货款	应交税费-应交增值税-销项税额				5280000
3	取得代销清单及货款	主营业务收入	Y202	件		33000000

图 3-24-4 [业务 3-24]生成凭证页面

(6) 生成结转销售成本记账凭证:以存货会计钱晓明“201007”身份于 2019-1-14 登录,“总账”——“日常业务”单击“科目设置”,在存货对方科目扩展设置中对于销售出库单,存货分类是库存商品,仓库是委托代销库,项目分类“委托代销”,设置科目“主营业务成本”“总账”——“日常业务”单击“单据生凭证”,勾选“销售出库单”,单击“下一步”,第二步选择仓库为“委托代销库”,单击“下一步”,显示查询结果,单击“生成凭证”按钮,摘要改为“结转代销清单产品成本”,保存,如图 3-24-5 所示。

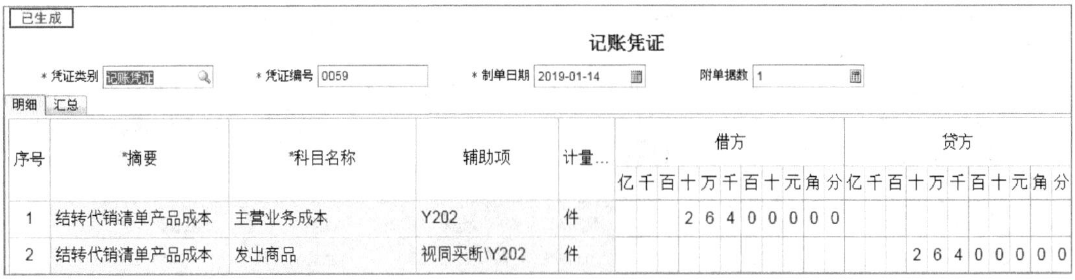

序号	*摘要	*科目名称	辅助项	计量...	借方	贷方
1	结转代销清单产品成本	主营业务成本	Y202	件	26400000	
2	结转代销清单产品成本	发出商品	视同买断\Y202	件		26400000

图 3-24-5 [业务 3-24]销售成本生成凭证页面

需要说明的是：①在初始设置 Y202 产品时采用的计价方法是全月平均法，但用于委托代销的 Y202 产品已于以前月份发出，且本月并没有继续发出商品，因此委托代销发出的 Y202 产品根据期初单位成本计价，其总成本计算是正确的，这是个特例，如果本月继续将该商品转入委托代销，则委托代销发出商品的销售成本只能在期末结转处理。②委托代销包括视同买断形式和支付流程费两种形式，从业务上包括委托代销发出商品、收到代销清单等业务，如表 3-24-4 所示。

表 3-24-4　　　　　　　　　委托代销业务及处理一览表

业务	单据	科目设置		项目	生成凭证单据	生成凭证
按协议发出商品	内部调拨单	综合库转出	转入代销库	委托代销	带"委托代销"项目的内部调拨单	借：发出商品
		库存商品	发出商品			贷：库存商品
收到代销清单						
1. 视同买断	销售发票	应收科目	销售科目		带"委托代销"项目的销售发票	借：应收账款
		应收账款	主营业务收入			贷：主营业务收入
						贷：应交税费——应交增值税——销项税额
	销售出库单	存货对方科目	委托代销库		带"委托代销"项目"销售出库单"	借：主营业务成本
		主营业务成本	发出商品			贷：发出商品
2. 支付手续费方式	销售发票	应收科目	销售科目		带"委托代销"项目的销售发票	借：应收账款
		应收账款	主营业务收入			贷：主营业务收入
						贷：应交税费——应交增值税——销项税额
	销售出库单	存货对方科目	委托代销库		带"委托代销"项目"销售出库单"	借：主营业务成本
		主营业务成本	发出商品			贷：发出商品
收到结算款						
1. 视同买断	收款单					借：银行存款
						贷：应收账款
2. 支付手续费方式	收款单					借：银行存款
						贷：应收账款
	支付手续费 费用单				带"委托代销"项目的费用单	借：销售费用——代销手续费
	代销手续费	销售费用——代销手续费				借：应交税费——应交增值税——进项税额
						贷：应收账款

二、存货期末处理业务

(一) 存货清查业务

【业务 3-25】 原始凭证共 1 张,于 1 月 31 日取得。

表 3-25-1 是存货盘盈盘亏报告表,此表应作为核算存货盘盈盘亏的记账依据。该原始凭证的内容注明,"品名"为 M101,"账面数量"是 78 800 千克,"实存数量"是 78 820 千克,这表明本公司期末原材料 M101 盘盈 20 千克,按最近一次进货原价 50.00 元计算,"盘盈金额"为 1 000.00 元,"原因"是计量不准;"品名"是 N102,"账面数量"是 52 485 千克,"实存数量"是 52 455 千克,这表明本公司期末 N102 原材料盘亏 30 千克,"原因"是管理不善,这表明盘亏材料属于非正常损失,进项税额需要转出,因此,根据加权平均单价 80.00 元计算,"盘亏金额"为 2 784.00 元(30×80.00×1.16)。进行会计核算时,"盘盈金额"1 000.00 元应分别记入"原材料——M101"科目的借方和"待处理财产损溢——待处理流动资产损溢"科目的贷方;"盘亏金额"2 784.00 元应记入"待处理财产损溢——待处理流动资产损溢"科目的借方,其中 2 400.00 元应记入"原材料——N102"科目的贷方,384.00 元应记入"应交税费——应交增值税——进项税额转出"科目的贷方。

表 3-25-1

存货盘盈盘亏报告表

2019-01-31

单位:元

编号	品名	单位	账面数量	实存数量	盘盈		盘亏		原因
					数量	金额	数量	金额	
C01002	M101	千克	78800	78820	20	1000.00			计量不准
C01002	N102	千克	52485	52455			30	2784.00	管理不善
合计						1000.00		2784.00	

审核:袁世民　　　　　　　　编制:钱晓明

根据上述分析,该笔业务在 T+ 系统中的操作流程如下:

(1) 存货盘点单:以存货会计钱晓明"201007"身份于 2019-01-31 登录,"库存核算"——"单据"单击"盘点单",出现盘点单页面,选择盘点仓库"综合库",明细第一行选择"M101"材料,录入盘点数量"76 990",其他信息自动显示,其中盈亏数量为正数,表示盘盈;第二行选择"N102"材料,录入盘点数量"52 455",其他信息自动显示,其中盈亏数量为负数,表示盘亏,单击"保存"→"审核",如图 3-25-1 所示。

需要说明的是:M101 材料账面数量 76 970 千克,不包括期末暂估入库材料 1 800 千克;单价是根据存货发出的计价方法自动调整计算得到,不需手工调整;N102 材料按实际单位成本计价,进项税额转出只能在生成的凭证中调整。

图 3-25-1 [业务 3-25]盘点单页面

（2）审核生成的其他入库单和其他出库单：以存货会计钱晓明"201007"身份于 2019-01-31 登录，"库存核算"——"单据"分别单击"其他入库单"和"其他出库单"，出现页面后单击"审核"按钮，如图 3-25-2 和图 3-25-3 所示（当盘点单审核后，盘盈材料自动生成其他入库单，盘亏材料自动生成其他出库单）。

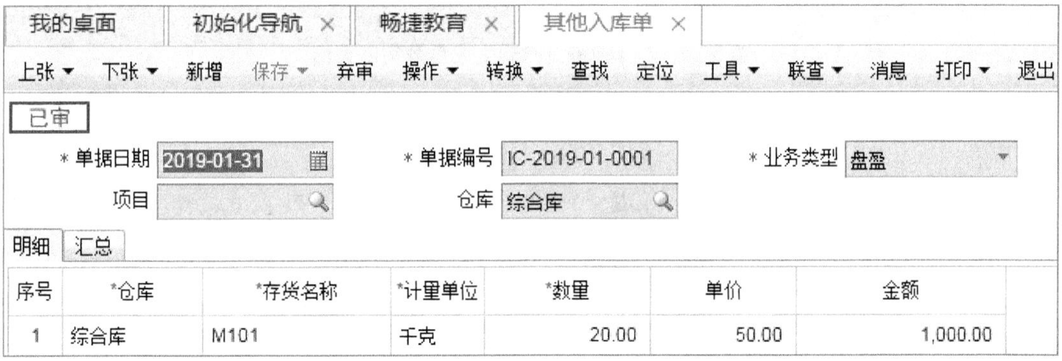

图 3-25-2　其他入库单审核页面

图 3-25-3　其他出库单审核页面

（3）选项设置：以账套主管"201006"身份于 2019-01-31 登录，"系统管理——基本设置"单击"选项设置"，选择"凭证接口选项"，在盘点业务生成的凭证单据中，勾选"其他出入库单"。

(4) 生成凭证:以存货会计钱晓明"201007"身份于 2019-01-31 登录,"总账"——"日常业务"单击"科目设置",在存货对方科目扩展设置中对于盘点单,增设科目"待处理财产损溢——待处理流动资产损溢";"总账"——"日常业务"单击"单据生凭证",勾选"其他入库单"和"其他出库单",单击"下一步",第二步默认,单击"下一步",显示查询结果,单击"生成凭证"按钮,出现生成凭证页面,保存,如图 3-25-4 所示,单击"下张",附单据数改为"0",在第三行,录入科目名称"应交税费——应交增值税——进项税额转出",贷方金额录入"384.00",盘亏材料"待处理财产损溢——待处理流动资产损溢",借方金额由 2 400.00 元改为 2 784.00 元,保存,如图 3-25-5 所示。

序号	摘要	科目名称	辅助项	计量	借方	贷方
1	盘盈	原材料	M101	千克	1000.00	
2	盘盈	待处理财产损溢-待处理流动资产损溢				1000.00

图 3-25-4 [业务 3-25]生成盘盈凭证页面

序号	摘要	科目名称	辅助项	计量	借方	贷方
1	盘亏	待处理财产损溢-待处理流动资产损溢			2784.00	
2	盘亏	原材料	N102	千克		2400.00
3	盘亏	应交税费-应交增值税-进项税额转出				384.00

图 3-25-5 [业务 3-25]生成盘亏凭证页面

【业务 3-26】 原始凭证共 1 张,于 2019-01-31 取得。

表 3-26-1 是存货盘盈盘亏核销报告表,此表应作为企业期末处理存货盘盈盘亏的记账依据。该原始凭证表明,原材料"M101"盘盈 20 千克,"原因"是计量不准,进行会计核算时,"金额"1 000.00 元应分别记入"待处理财产损溢——待处理流动资产损溢"科目及"管理费用——盘盈利得"科目的借方,金额为−1 000.00 元;原材料"N102"盘亏 30 千克,"金额"2 784.00 元,"原因"是管理不善,"财务部门意见"是由保管员赔偿 1 000.00 元,进行会计核算时,应分别记入"其他应收款——职工往来——孙民里"科目借方 1 000.00 元,"管理费用——盘亏损失"科目借方 1 784.00 元以及"待处理财产损溢——待处理流动资产损溢"科目贷方 2 784.00 元。

表 3-26-1

存货盘盈盘亏核销报告表
2019 年 01 月 31 日

编号	品名	单位	账面数量	实存数量	盘盈		盘亏		原因
					数量	金额	数量	金额	
C01002	M101	千克	78800	78820	20	1000.00			计量不准
C01002	M102	千克	52485	52455			30	2784.00	管理不善损失
	合计								

财务部门意见：	保管部门意见：	公司领导意见：
盘亏由保管员孙民里赔偿1000元，其余部分按《企业会计准则》规定进行处理。 袁世民 2019年01月31日	同意 孙凯愉 2019年01月31日	同意 赵卫宇 2019年01月31日

根据上述分析，该笔业务在 T＋系统中的操作流程如下：

（1）盘亏处理：由存货会计钱晓明"201007"身份于 2019-01-31 登录，"总账"——"日常业务"单击"填制凭证"，附单据数录入"1"，第一行摘要录入"盘亏处理"，科目名称录入"其他应收款——职工往来"，辅助项选择"孙民里"，借方金额录入"1 000.00"，第二行，科目录入"管理费用——盘亏损失"，借方金额录入"1 784.00"，第三行，科目录入"待处理财产损溢——待处理流动资产损溢"，保存，如图 3-26-1 所示。

记账凭证

凭证类别：记账凭证　凭证编号：0094　制单日期：2019-01-31　附单据数：1

序号	摘要	科目名称	辅助项	借方	贷方
				亿千百十万千百十元角分	亿千百十万千百十元角分
1	盘亏处理	其他应收款-职工往来	孙民里	1 0 0 0 0 0	
2	盘亏处理	管理费用-盘亏损失		1 7 8 4 0 0	
3	盘亏处理	待处理财产损溢-待处理流动资产损溢			2 7 8 4 0 0

图 3-26-1　[业务 3-26]填制盘亏处理凭证页面

（2）盘盈处理：由存货会计钱晓明"201007"身份于 2019-01-31 登录，"总账"——"日常业务"单击"填制凭证"，第一行摘要录入"盘盈处理"，科目名称录入"待处理财产损溢——待处理流动资产损溢"，借方金额录入"1 000.00"，第二行，科目录入"管理费用——盘盈利得"，借方金额录入"－1 000.00"，保存，如图 3-26-2 所示。

记账凭证

凭证类别：记账凭证　凭证编号：0095　制单日期：2019-01-31　附单据数：

序号	摘要	科目名称	借方	贷方
			亿千百十万千百十元角分	亿千百十万千百十元角分
1	盘盈处理	待处理财产损溢-待处理流动资产损溢	1 0 0 0 0 0	
2	盘盈处理	管理费用-盘盈利得	1 0 0 0 0 0	

图 3-26-2　[业务 3-26]填制盘盈材料处理凭证页面

(二)结转发出材料成本业务

【业务3-27】 原始凭证共1张,于1月31日取得。

表3-27-1是原材料发出汇总表,此表应作为期末计算分配材料费用的记账依据。该原始凭证的内容表明,本月发出M101、N102材料的数量分别为75 110和49 185,成本分别为3 755 500.00元和3 934 800.00元,进行会计核算时,其成本应分别记入"原材料——M101"和"原材料——N102"科目的贷方;主要用于生产X201产品的材料费用为3 420 000.00元、生产Y202产品的材料费用为4 250 000.00元、生产车间一般消耗的材料费用为18 800.00元,以及销售材料结转其成本为1 500.00元,进行会计核算时,应分别记入"生产成本——基本生产成本——直接材料——X201""生产成本——基本生产成本——直接材料——Y202""制造费用——机物料消耗"及"其他业务成本——材料销售"科目的借方。

表 3-27-1

原材料发料汇总表
2019年1月31日

类别 用途	M101		N102		合计
	数量	金额	数量	金额	
X201产品	30 000	1 500 000	24 000	1 920 000	3 420 000
Y202产品	45 000	2 250 000	25 000	2 000 000	4 250 000
生产车间一般消耗	80	4 000	185	14 800	18 800
销售材料	30	1 500			1 500
合 计	75 110	3 755 500	49 185	3 934 800	7 690 300

编制:钱晓明　　　　　　　　　　　　　　　　　　　　　　审核:袁世民

该笔业务中,X201产品生产采用生产加工单领料的方法,Y202产品生产领料采用配比出库的方法,生产车间一般消耗领料采用直接填制材料出库单的方法,材料销售数量已在[业务3-18]中生成销售出库单,在本业务中只需要生成凭证,不再进行任何业务流程处理。

根据上述分析,在T+系统中各类领料业务的操作流程如下:

(1)生产加工单领料方法:

第一,填制生产加工单:以车间主任"501014"的身份于2019-01-03登录(该日领料投产),"生产管理"——"单据"单击"生产加工单",生产车间选择"生产车间",负责人选择"柳世杰",项目选择"X201产品",预完工日选择"2019-01-31",产品编码选择"M03001",录入数量"3 000",保存并审核,如图3-27-1所示。

第二,生成材料出库单:以仓管孙民里"101005"身份于2019-01-03登录,"库存核算"——"单据"单击"材料出库单",选中"选生产加工单"→单击"查询",出现记录,勾选,"确定",保存并审核,如图3-27-2所示。需要说明的是:由生产加工单生成的领料单不允许任何修改。

(2)配比出库领料方法:以仓管孙民里"101005"身份于2019-01-31登录,"库存核算"——"单据"单击"材料出库单",业务类型选择"直接领料"(业务类型是自制领料,其材料出库单不允许进行任何编辑工作),选择"工具——配比出库",弹出配比出库窗口,如图

图 3-27-1 [业务 3-27]生产加工单页面

图 3-27-2 [业务 3-27]根据生产加工单生成材料出库单页面

3-27-3 所示;分别录入存货名称"Y202",数量"5 000",单击"确定"按钮;返回材料出库单,生产车间选择"生产车间",领用人选择"杨帆进",项目选择"Y202 产品",仓库选择"综合库",保存并审核,如图 3-27-4 所示。

(3)填制材料出库单:以仓管孙民里"101005"身份于 2019-01-31 登录,"库存核算"——"单据"单击"材料出库单",业务类型选择"直接领料",生产车间选择"生产车间",领用人选择"梁初瑜",项目选择"部门耗用",仓库选择"综合库",材料名称分别选择"M101"和"N102",数量分别录入"80"和"185",单价及金额自动显示。保存并审核,如图 3-27-5 所示。

图 3-27-3 配比出库窗口

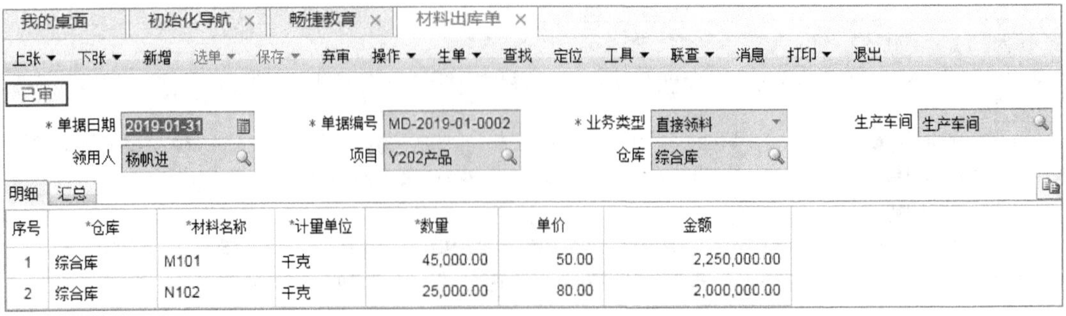

我的桌面 | 初始化导航 × | 畅捷教育 × | 材料出库单 ×

上张▼ 下张▼ 新增 选单▼ 保存▼ 弃审 操作▼ 生单▼ 查找 定位 工具▼ 联查▼ 消息 打印▼ 退出

已审

*单据日期 2019-01-31　*单据编号 MD-2019-01-0002　*业务类型 直接领料　生产车间 生产车间

领用人 杨帆进　项目 Y202产品　仓库 综合库

明细 汇总

序号	*仓库	*材料名称	*计量单位	*数量	单价	金额
1	综合库	M101	千克	45,000.00	50.00	2,250,000.00
2	综合库	N102	千克	25,000.00	80.00	2,000,000.00

图 3-27-4　配比出库生成材料出库单页面

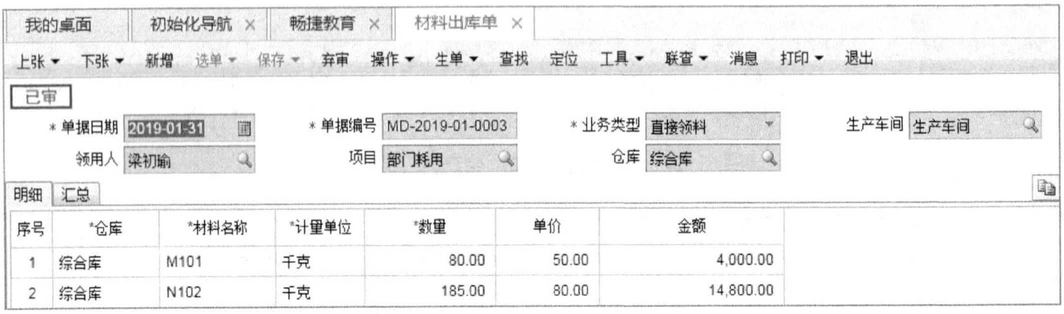

我的桌面 | 初始化导航 × | 畅捷教育 × | 材料出库单 ×

上张▼ 下张▼ 新增 选单▼ 保存▼ 弃审 操作▼ 生单▼ 查找 定位 工具▼ 联查▼ 消息 打印▼ 退出

已审

*单据日期 2019-01-31　*单据编号 MD-2019-01-0003　*业务类型 直接领料　生产车间 生产车间

领用人 梁初瑜　项目 部门耗用　仓库 综合库

明细 汇总

序号	*仓库	*材料名称	*计量单位	*数量	单价	金额
1	综合库	M101	千克	80.00	50.00	4,000.00
2	综合库	N102	千克	185.00	80.00	14,800.00

图 3-27-5　[业务 3-27]车间一般消耗材料填制材料出库单页面

(4) 科目设置:以存货会计钱晓明"201007"身份于 2019-01-31 登录,"总账——日常业务"单击"科目设置",在存货对方科目扩展设置中增行,项目分类"成本计算",科目设为"50010101";增行,项目为"部门耗用"且部门为"生产车间",科目设为"510110"。

(5) 生成凭证:以存货会计钱晓明"201007"身份于 2019-01-31 登录,"总账"——"日常业务"单击"单据生凭证",勾选"材料出库单"和"销售出库单",单击"下一步",第二步,存货分类选择"原材料",单击"下一步",显示查询结果,采用合并生成凭证方法,单击"生成凭证"按钮,摘要改为"结转发料成本",保存,如图 3-27-6 所示。

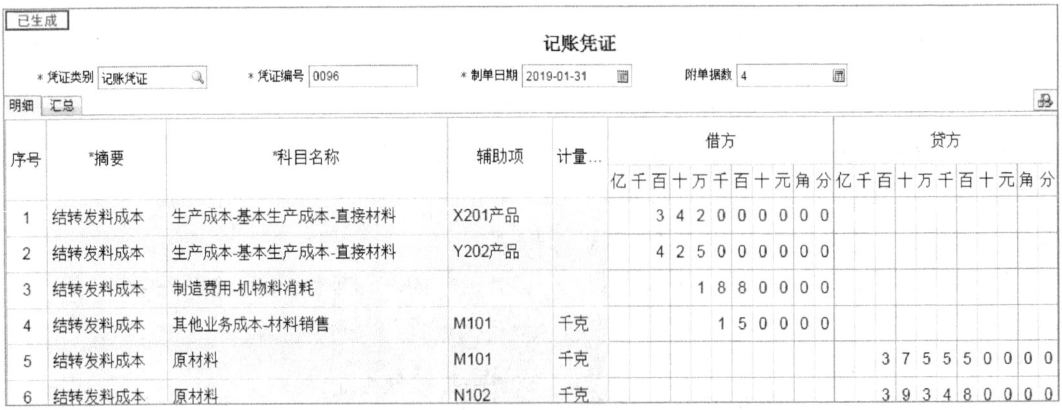

已生成

记账凭证

*凭证类别 记账凭证　*凭证编号 0096　*制单日期 2019-01-31　附单据数 4

明细 汇总

序号	*摘要	*科目名称	辅助项	计量…	借方(亿千百十万千百十元角分)	贷方(亿千百十万千百十元角分)
1	结转发料成本	生产成本-基本生产成本-直接材料	X201产品		3 4 2 0 0 0 0 0 0	
2	结转发料成本	生产成本-基本生产成本-直接材料	Y202产品		4 2 5 0 0 0 0 0 0	
3	结转发料成本	制造费用-机物料消耗			1 8 8 0 0 0 0	
4	结转发料成本	其他业务成本-材料销售	M101	千克	1 5 0 0 0 0	
5	结转发料成本	原材料	M101	千克		3 7 5 5 5 0 0 0 0
6	结转发料成本	原材料	N102	千克		3 9 3 4 8 0 0 0 0

图 3-27-6　[业务 3-27]生成凭证页面

需要说明的是:附单据数以系统中原始凭证数为准。

【业务 3-28】 原始凭证共 1 张,于 1 月 31 日取得。

表 3-28-1 是周转材料发料汇总表,此表应作为期末计算分配周转材料的记账依据。其中,1#纸箱共领用 810 只,全部由销售部领用,"金额"为 16 200.00 元,进行会计核算时,"金额"16 200.00 元应分别记入"销售费用——包装费"科目的借方和"周转材料——包装物——1#纸箱"科目的贷方;工作服领用 72 件,分别由各管理部门及生产车间领用,进行会计核算时,管理部门领用的"金额"2 340.00 元(900.00+720.00+360.00+360.00),应记入"管理费用——低耗品摊销"科目的借方,生产车间的"金额"1 980.00 元应记入"制造费用——低值易耗品摊销"科目的借方,工作服"合计"4 320.00 元应记入"周转材料——低值易耗品——工作服"科目的贷方。

表 3-28-1

周转材料发料汇总表

2019-01-31

单位:元

领用部门	1#纸箱		工作服		领用人	合计
	数量	金额	数量	金额		
办公室			15	900.00	姜亚兴	900.00
财务部			12	720.00	袁世民	720.00
采购部			6	360.00	崔浩朴	360.00
销售部	810	16200.00	6	360.00	傅世惠	16560.00
生产车间			33	1980.00	柳世杰	1980.00
合计	810	16200.00	72	4320.00		20520.00

审核:袁世民　　　　　编制:钱晓明

根据上述分析,该笔业务在 T+系统中的操作流程如下:

(1)填制材料出库单:以仓管孙民里"101005"身份于 2019-01-31 登录,"库存核算"——"单据"单击"材料出库单",业务类型选择"直接领料",生产车间选"办公室",领用人选择"姜亚兴",项目选择"部门耗用",仓库选择"综合库",材料名称选择"工作服",数量录入"15",单价及金额自动显示。保存并审核,如图 3-28-1 所示;分别按财务部领用工作服、采

图 3-28-1　办公室领用工作服页面

购部领用工作服、销售部领用 1＃纸箱和工作服、生产车间领用工作服填制材料出库单，如图 3-28-2 至图 3-28-6 所示。

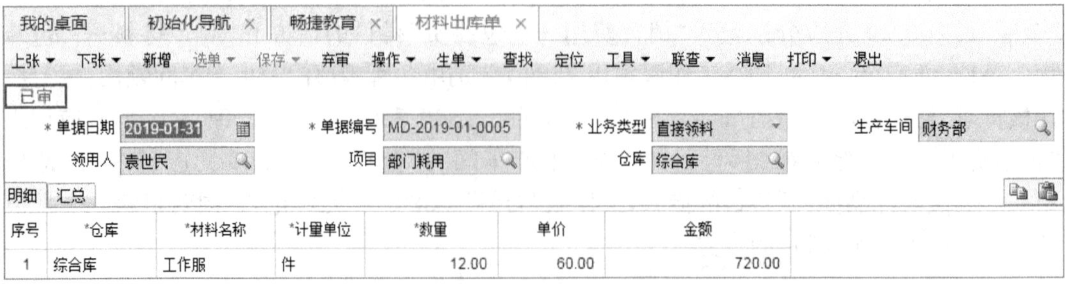

序号	*仓库	*材料名称	*计量单位	*数量	单价	金额
1	综合库	工作服	件	12.00	60.00	720.00

图 3-28-2　财务部领用工作服页面

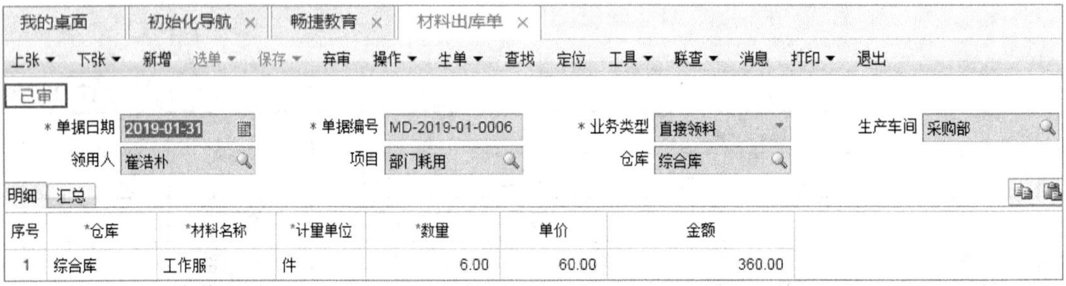

序号	*仓库	*材料名称	*计量单位	*数量	单价	金额
1	综合库	工作服	件	6.00	60.00	360.00

图 3-28-3　采购部领用工作服页面

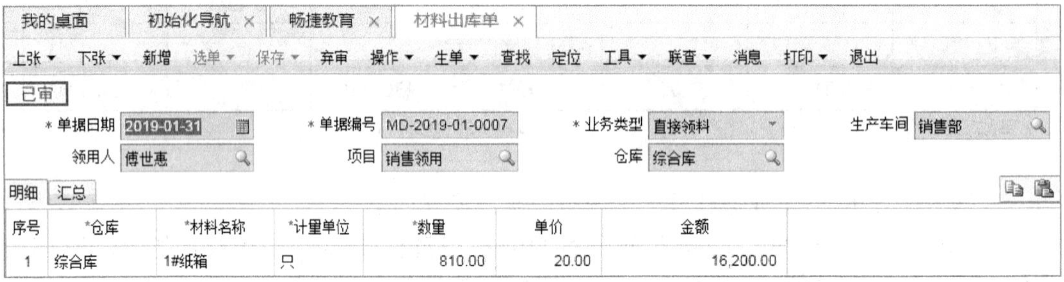

序号	*仓库	*材料名称	*计量单位	*数量	单价	金额
1	综合库	1#纸箱	只	810.00	20.00	16,200.00

图 3-28-4　销售部领用 1＃纸箱页面

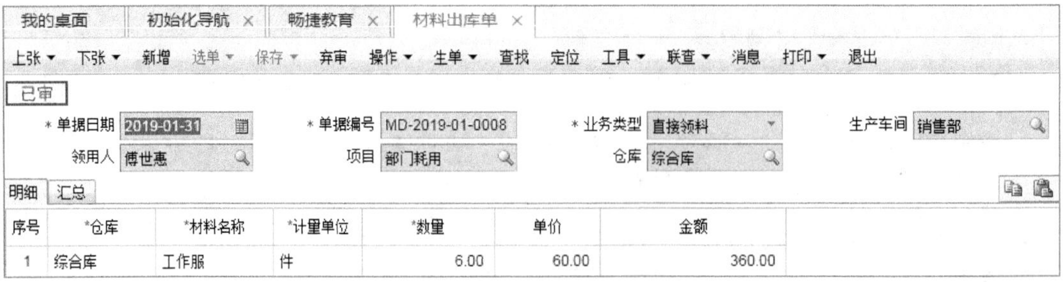

序号	*仓库	*材料名称	*计量单位	*数量	单价	金额
1	综合库	工作服	件	6.00	60.00	360.00

图 3-28-5　销售部领用工作服页面

图 3-28-6 生产车间领用工作服页面

（2）科目设置：以存货会计钱晓明"201007"身份于 2019-01-31 登录，"总账——日常业务"单击"科目设置"，在存货对方科目扩展设置中进行增设，存货分类为"包装物"，项目为"销售领用"，科目设为"660101"；存货分类为"低值易耗品"，项目为"部门耗用"且部门为"管理部门"，科目设为"660204"；存货分类为"低值易耗品"，项目为"部门耗用"且部门为"生产车间"，科目设为"510111"。

（3）生成凭证：以存货会计钱晓明"201007"身份于 2019-01-31 登录，"总账"——"日常业务"单击"单据生凭证"，勾选"材料出库单"，单击"下一步"，第二步默认，单击"下一步"，显示查询结果，采用合并生成凭证方法，单击"生成凭证"按钮，摘要改为"结转发出周转材料成本"，保存，如图 3-28-7 所示。

图 3-28-7 ［业务 3-28］生成凭证页面

（三）结转完工产品成本业务

【业务 3-29】 原始凭证共 1 张，于 2019-01-31 取得。

表 3-29-1 是制造费用分配表，此表应作为期末计算分配制造费用的记账依据。该原始凭证的内容表明，本月生产 X201、Y202 产品应承担的制造费用分别为 48 266.20 元和 32 177.47 元，进行会计核算时，应分别记入"生产成本——基本生产成本——制造费用"相关辅助核算项目的借方；此外，本月在"制造费用"科目借方归集的产品生产间接费用，应按照各明细科目的借方发生额分别记入"制造费用"各明细科目的贷方。

根据上述分析，该笔业务在 T＋系统中的操作流程如下：

表 3-29-1

制造费用分配表

2019 年 1 月 31 日

产品名称	生产工时	分配率	分配金额
X201	3 000		48 266.20
Y202	2 000		32 177.47
合计	5 000	16.088 734	80 443.67

编制：钱晓明 　　　　　　　　　　　　　　　　　　　　　　　　　审核：袁世民

(1) 自定义转账设置：以存货会计钱晓明"201007"身份于 2019-01-31 登录，在"总账——期末处理"单击"自定义结转"→单击"转账设置"命令，转账编号录入"107"，转账说明录入"结转制造费用"，第一行科目编码选择"50010103"，辅助项选择"X201 产品"（项目编号为 X601），方向选择"借方"，金额公式设为"QM("5101","RMB","年","月")/5000*3000"，表示以制造费用科目期末余额为基数，按生产工时合计 5 000 计算分配率，按 3 000 计算负担的制造费用；第二行科目编码选择"50010103"，辅助项选择"Y202 产品"（项目编号为 X602），方向选择"借方"，金额公式设为"CE()"，表示取凭证借贷平衡差额，第三行科目选择"510101"，方向选择"贷方"，金额公式录入"QM("510101","RMB","年","月")"，表示取制造费用第一个明细科目的期末余额，后面各行均为贷方，取制造费用所有明细科目的期末余额，单击"保存"按钮，如图 3-29-1 所示。

序号	摘要	科目编码	辅助项	方向	金额公式
1	结转制造费用	50010103	[项目=" X601"]	借方	QM("5101","RMB","年","月")/5000*3000
2	结转制造费用	50010103	[项目=" X602"]	借方	CE()
3	结转制造费用	510101		贷方	QM("510101","RMB","年","月")
4	结转制造费用	510102		贷方	QM("510102","RMB","年","月")
5	结转制造费用	510103		贷方	QM("510103","RMB","年","月")
6	结转制造费用	510104		贷方	QM("510104","RMB","年","月")
7	结转制造费用	510105		贷方	QM("510105","RMB","年","月")
8	结转制造费用	510106		贷方	QM("510106","RMB","年","月")
9	结转制造费用	510107		贷方	QM("510107","RMB","年","月")
10	结转制造费用	510108		贷方	QM("510108","RMB","年","月")
11	结转制造费用	510109		贷方	QM("510109","RMB","年","月")
12	结转制造费用	510110		贷方	QM("510110","RMB","年","月")
13	结转制造费用	510111		贷方	QM("510111","RMB","年","月")
14	结转制造费用	510112		贷方	QM("510112","RMB","年","月")

图 3-29-1　[业务 3-29]结转制造费用自定义结转设置页面

(2) 生成凭证：以存货会计钱晓明"201007"身份于 2019-01-31 登录，在"总账——期末处理"单击"自定义结转"，单击"刷新"，勾选"结转制造费用""包含未记账凭证"，单击"生成凭证"按钮，凭证编号录入"107"，保存，如图 3-29-2 和图 3-29-3 所示。需要说明的是：制造费用结转必须在期末领料、人工费用分配、折旧/摊销计提等与制造费用相关的业务全部核算完成后才能进行。

记账凭证

序号	*摘要	*科目名称	辅助项	借方	贷方
1	结转制造费用	生产成本-基本生产成本-制造费用	X201产品	48 266.20	
2	结转制造费用	生产成本-基本生产成本-制造费用	Y202产品	32 177.47	
3	结转制造费用	制造费用-办公费			80.00
4	结转制造费用	制造费用-工资			15 500.00
5	结转制造费用	制造费用-五险一金			6 091.50

图 3-29-2 [业务 3-29]生成凭证页面(一)

6	结转制造费用	制造费用-工会经费			310.00
7	结转制造费用	制造费用-职工教育经费			387.50
8	结转制造费用	制造费用-职工福利费			5 220.00
9	结转制造费用	制造费用-机物料消耗			18 800.00
10	结转制造费用	制造费用-低值易耗品摊销			1 980.00
11	结转制造费用	制造费用-折旧费			32 074.67

图 3-29-3 [业务 3-29]生成凭证页面(二)

需要说明的是:①在 T+系统中生成的凭证,若行次过多,可在不同页面显示,一般以序号来判断生成的凭证内容。②制造费用的分配基于内容安排在本章,但从发生的日期以及会计核算正确性,应该在生产车间各费用核算后才能进行,从教材来说,凭证应排列在第 106 号。

【业务 3-30】 原始凭证共 3 张,于 2019-01-31 取得。

表 3-30-1 是产品成本计算单,此单应作为期末结转完工产品成本的记账依据。该原始凭证的内容表明,本月完工 3 000 件 X201 产品的成本 3 511 130.20 元应予以结转。进行会计核算时,完工产品成本中的"直接材料"3 420 000.00 元、"直接人工"42 864.00 元和"制造费用"48 266.20 元应分别记入"生产成本——基本生产成本——直接材料——X201""生产成本——基本生产成本——直接人工——X201""生产成本——基本生产成本——制造费用——X201"等科目的贷方。

表 3-30-1 产品成本计算表

产品名称:X201 2019 年 1 月 31 日

本月投入:3 000 完工:3 000 月末在产品:0

项目	直接材料	直接人工	制造费用	合计
月初在产品成本				
本月生产费用	3 420 000.00	42 864.00	48 266.20	3 511 130.20
生产费用合计	3 420 000.00	42 864.00	48 266.20	3 511 130.20
约当产量	3 000.00	3 000.00	3 000.00	
单位成本	1 140.00	14.29	16.09	1 170.38
完工产品成本	3 420 000.00	42 864.00	48 266.20	3 511 130.20
月末在产品成本				

编制:钱晓明 审核:袁世民

表 3-30-2 是产品成本计算单,此单应作为期末结转完工产品成本的记账依据。该原始凭证的内容表明,本月完工 4 500 件 Y202 产品的成本 3 881 925.00 元应予以结转。进行会计核算时,完工产品成本中的"直接材料"3 825 000.00 元、"直接人工"26 775.00 元和"制造费用"30 150.00 元应分别记入"生产成本——基本生产成本——直接材料——Y202""生产成本——基本生产成本——直接人工——Y202""生产成本——基本生产成本——制造费用——Y202"等科目的贷方。

表 3-30-2　　　　　　　　　　产品成本计算表

产品名称:Y202　　　　　　　　　2019 年 1 月 31 日

本月投入:5 000　　　　　　　　完工:4 500　　　　月末在产品:500 完工率:60%

项目	直接材料	直接人工	制造费用	合计
月初在产品成本				
本月生产费用	4 250 000.00	28 576.00	32 177.47	4 310 753.47
生产费用合计	4 250 000.00	28 576.00	32 177.47	4 310 753.47
约当产量	5 000.00	4 800.00	4 800.00	
单位成本	850.00	5.95	6.70	862.65
完工产品成本	3 825 000.00	26 775.00	30 150.00	3 881 925.00
月末在产品成本	425 000.00	1 801.00	2 027.47	428 828.47

编制:钱晓明　　　　　　　　　　　　　　　　　　　　　　　　　　　　　　审核:袁世民

表 3-30-3 是产成品入库汇总表的第二联记账联,此联应作为完工产品验收入库的记账依据。该原始凭证的内容表明,本月本公司有 3 000 件 X201 产品和 4 500 件 Y202 产品已经完工验收入库。进行会计核算时,"金额"3 511 130.20 元和 3 881 925.00 元应分别记入"库存商品——X201"和"库存商品——Y202"科目的借方。

表 3-30-3　　　　　　　　　产成品入库汇总表

2019 年 1 月 31 日

产品编号	名称	规格	计量单位	数量	单价	金额	备注
	X201	略	件	3 000	1 170.38	3 511 130.20	
	Y202		件	4 500	862.65	3 881 925.00	

第二联记账联

编制:钱晓明　　　　　　　　　　　　　　　　　　　　　　　　　　　　　　审核:袁世民

根据上述分析,该笔业务在 T+系统中的操作流程如下:

(1) 生成或填制产品入库单:以仓管孙民里"101005"身份于 2019-01-31 登录,"库存核算"——"单据"单击"产品入库单",选单,单击"选生产加工单",通过"查询"按钮刷新,勾选记录——单击"确定",金额录入"3 511 130.20",保存并审核,如图 3-30-1 所示;Y202 产品入库单采用填制的方法,在产品入库单页面,单击"新增"按钮,生产车间选择"生产车间",项目选择"Y202 产品",仓库选择"综合库",产品名称选择"Y202",实收数量录入"4 500",金额录入"3 881 925.00",保存并审核,如图 3-30-2 所示。

图 3-30-1　[业务 3-30]根据生产加工单生成产品入库单页面

图 3-30-2　填制 Y202 产品入库单页面

(2) 生成凭证:以存货会计钱晓明"201007"身份于 2019-01-31 登录,"总账——日常业务"单击"科目设置",在存货对方科目扩展设置中增设,单据类型为"产品入库单",存货分类为"库存商品",科目设为"50010101";"总账"——"日常业务"单击"单据生凭证",勾选"产品入库单",单击"下一步",第二步默认,单击"下一步",显示查询结果,采用合并生成凭证方法,然后单击"生成凭证"按钮,摘要改为"结转完工产品成本",第三行金额改为"3 420 000",插入两行,第四行科目录入"50010102",项目选择"X201 产品",贷方金额录入"42 864.00",第五行科目录入"50010103",项目选择"X201 产品",贷方金额录入"48 266.20",第六行贷方金额改为"3 825 000",第七行选择科目"50010102",项目选择"Y202 产品",贷方金额录入"26 775.00",第八行科目选择"50010103",项目选择"Y202 产品",贷方金额录入"30 150.00",保存,如图 3-30-3 和图 3-30-4 所示。

序号	摘要	科目名称	辅助项	计量单位	借方	贷方
1	结转完工产品成本	库存商品	X201	件	3 511 130.20	
2	结转完工产品成本	库存商品	Y202	件	3 881 925.00	
3	结转完工产品成本	生产成本-基本生产成本-直接材料	X201产品			3 420 000.00
4	结转完工产品成本	生产成本-基本生产成本-直接人工	X201产品			42 864.00
5	结转完工产品成本	生产成本-基本生产成本-制造费用	X201产品			48 266.20

图 3-30-3　[业务 3-30]生成及修改凭证页面(一)

6	结转完工产品成本	生产成本-基本生产成本-直接材料	Y202产品			382500000
7	结转完工产品成本	生产成本-基本生产成本-直接人工	Y202产品			2677500
8	结转完工产品成本	生产成本-基本生产成本-制造费用	Y202产品			3015000

图 3-30-4 [业务 3-30]生成及修改凭证页面(二)

(四) 结转产品销售成本业务

【业务 3-31】 原始凭证共 1 张,于 2019-01-31 取得。

表 3-31-1 是销售产品成本结转表,此表作为期末计算产成品销售成本的记账依据。该原始凭证注明的内容表明,本公司本月销售 X201、Y202 产品数量和总成本分别为 3 200 件、3 734 336.00 元和 4 124 件、3 562 022.52 元,进行会计核算时,根据总成本金额 3 734 336.00 元和 3 562 022.52 元,分别记入"主营业务成本——X201"和"主营业务成本——Y202"科目的借方以及"库存商品——X201"和"库存商品——Y202"科目的贷方。

表 3-31-1 **销售产品成本结转表**

2019 年 1 月 31 日

项目	X201				Y202	
	数 量	单位成本	总成本	数 量	单位成本	总成本
销售	3 200.00	1 166.98	3 734 336.00	4 124.00	863.73	3 562 022.52
合　　计	3 200.00		3 734 336.00	4 124.00		3 562 022.52

编制:钱晓明　　　　审核:袁世民

根据上述分析,该笔业务在 T+系统中的操作流程如下:

生成凭证:以存货会计钱晓明"201007"身份于 2019-01-31 登录,"总账"——"日常业务"单击"单据生凭证",勾选"销售出库单",单击"下一步",第二步默认,单击"下一步",显示查询结果,采用合并生成凭证方法,然后单击"生成凭证"按钮,摘要改为"结转产品销售成本",保存,如图 3-31-1 所示。

记账凭证

*凭证类别 记账凭证　*凭证编号 0108　*制单日期 2019-01-31　附单据数 7

明细 | 汇总

序号	*摘要	*科目名称	辅助项	计...	借方(亿千百十万千百十元角分)	贷方(亿千百十万千百十元角分)
1	结转产品销售成本	主营业务成本	Y202	件	356202252	
2	结转产品销售成本	主营业务成本	X201	件	373433600	
3	结转产品销售成本	库存商品	Y202	件		356202252
4	结转产品销售成本	库存商品	X201	件		373433600

图 3-31-1 [业务 3-31]生成凭证页面

第四章 其他资产业务会计电算化处理

本章主要针对除存货之外的其他资产业务进行会计电算化的处理,其他资产主要包括货币资金、股票或债券投资等金融商品、长期股权投资等资产以及计提折旧/摊销长期资产。其中与货币资金收付相关的业务在"往来现金"或"出纳管理"中处理,与需计提折旧或摊销的长期资产相关的业务在"资产管理"系统中进行处理,如表4-0-1所示。

表 4-0-1　　　　　　　　其他资产业务一览表

序号	常见业务	使用单据	使用主要系统
1	提现等在现金银行账号之间相互划转业务	银行存取款单	往来现金/总账系统
2	出租、处置长期资产使货币资金增加业务,如转让长期资产、收回投资、收取租金等	收入单	往来现金/总账系统
3	取得股票债券等金融商品并支付手续费等业务	费用单	往来现金/总账系统
4	需计提折旧/摊销的长期资产增加同时货币资金减少业务	资产卡片/现金银行日记编辑	资产管理/出纳管理/总账系统
5	需计提折旧/摊销的长期资产增加但与货币资金无关的业务	资产卡片	资产管理/总账系统
6	与货币及需计提折旧或摊销的长期资产均无关的业务,如期末公允价值变动等		总账系统
7	需要进行预借、结算等过程性处理的货币收付业务(如预借/报销差旅费等)	现金银行日记编辑	出纳管理/总账系统

一、货币资金、股票债券等金融资产业务会计电算化处理

与存货业务相关的银行存款、库存现金、其他货币资金等均在存货业务中进行了会计电算化处理,而与长期股权投资、计提折旧/摊销长期资产相关的货币资金业务将在长期股权投资、计提折旧/摊销长期资产等部分进行会计电算化处理,该部分主要针对其他情况下货币资金、股票债券等金融商品及其他应收款计提坏账准备业务进行会计电算化处理。1月2日,取得原始凭证5张。

(一) 货币资金业务会计电算化处理

【业务4-1】 1月14日,取得原始凭证1张,经办朱珊珊。

表 4-1-1 是中国建设银行现金支票存根联,此联应作为支付款项的原始凭证。该凭证注明用途"提现备用","付款银行账户"为 41622124656669,是本公司基本结算户,"金额"是 3 000.00 元,这表明从公司基本结算户提取了现金 3 000.00 元。进行会计核算时,"金额" 3 000.00 元应分别记入"库存现金"科目的借方和"银行存款——建行 41622124656669"科目的贷方。

表 4-1-1

根据上述分析,该笔业务在 T+系统中的操作流程如下:

(1)填制银行存取款单:以出纳朱珊珊"201009"身份于 2019-01-14 登录,在"往来现金——单据"中单击"银行存取款单",单据日期、单据编号均默认,业务类型选择"提现",转出结算方式"现金支票",转出账号名称"基本结算户",转出金额"3 000.00",转入结算方式、转入账号等均为"现金",票据号"26522369",经手人"朱珊珊",备注"提现备用",保存并审核,如图 4-1-1 所示。

图 4-1-1 [业务 4-1]银行存取款单页面

(2)生成凭证:以资产会计李本勇"201008"身份于 2019-01-14 登录,"总账"——"日常业务"单击"单据生成凭证",单据选择"银行存取款单",单击"下一步",进入"选择查询条件"页面,默认,单击"下一步",得到"查询结果",单击"生成凭证"按钮,摘要改为"提现/提现备用",对库存现金及银行存款科目均录入现金流量项目"不影响现金流量的项目",借方是"25",贷方是"26",保存,如图 4-1-2 所示。

第四章 其他资产业务会计电算化处理

图 4-1-2 [业务 4-1]记账凭证页面

【业务 4-2】 1月14日,取得原始凭证7张,经办人傅世惠。

表 4-2-1 是差旅费报销单,此单应作为本公司核算差旅费的记账依据。该原始凭证注明,"姓名"是傅世惠,"工作部门"是销售部,外出商务谈判,报销金额是共计 1 554.00 元,表 4-2-1-1 和 4-2-1-2 是常州到徐州的往返动车票,表明报销单中的车船费是 450.00 元,表 4-2-1-3 是江苏增值税专用发票的第三联发票联,该原始凭证注明,"购买方"是本公司,"销售方"是徐州如家酒店有限公司,"货物或应税劳务、服务名称"是住宿费,表明报销单中的住宿费金额是 954.00 元。进行会计核算时,车船费、补贴和增值税专用发票上的金额合计 1 500.00 元,应记入"管理费用——差旅费"科目的借方,"税额"54.00 元应记入"应交税费——应交增值税——进项税额"科目的借方。

表 4-2-1

表 4-2-1-1

表 4-2-1-2

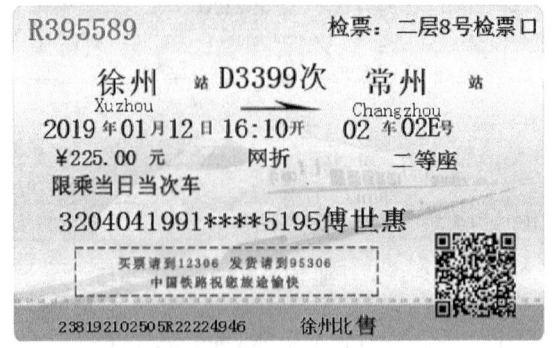

表 4-2-1-3

表 4-2-2 是江苏增值税专用发票的第二联抵扣联,此联应作为购买方抵扣进项税额的依据。该抵扣联不能作为记账凭证的附件,专门用于在规定期限内到税务机关办理认证或在平台办理勾选确认,并在认证通过或勾选确认的次月申报期内,向主管税务机关申报抵扣进项税额。

表 4-2-3 是借款单的第二联结算联,此联应作为本公司结算借款的记账依据。该原始凭证的内容表明,傅世惠已于 1 月 14 日结清其预借的差旅费 2 000.00 元。进行会计核算时,"借款金额" 2 000.00 元应记入"其他应收款——职工往来——傅世惠"科目的贷方。

表 4-2-4 是收款收据第三联交财务联,此联应作为收款的记账依据,该原始凭证的内容表明,本公司收到傅世惠报销差旅费退回的现金 446.00 元,进行会计核算时,"金额" 446.00 元应记入"库存现金"科目的借方。

表 4-2-2

江苏增值税专用发票

3203161140　　　　　　　　　　　　　　　　　　　　No 79517985　　3203161140
　　　　　　　　　　　　　　　　　　　　　　　　　　　　　　　　　79517985

开票日期：2019年01月12日

购买方	名　称：常州亚兴有限公司 纳税人识别号：913204049343406114 地址、电话：江苏省常州市钟楼区李智街环唯路45号 0519-74325031 开户行及账号：中国建设银行常州市钟楼区支行 41622124656669	密码区	77*3187<4/+2893<+95-59+7<870 1365<0—>>-6>525<694383->7*7 87*3187<4/+8490<+11771564452 6+<712/<1+9016>1099++>84>432

货物或应税劳务、服务名称	规格型号	单位	数量	单价	金额	税率	税额
住宿费		天	3	300.00	900.00	6%	54.00
合　计					￥900.00		￥54.00

价税合计（大写）　玖佰伍拾肆元整　　　　　　　　　　（小写）￥954.00

销售方	名　称：徐州如家酒店有限公司 纳税人识别号：913203032757751704 地址、电话：江苏省徐州市云龙区张中街杜新路40号 0516-47883887 开户行及账号：中国建设银行徐州市云龙区支行 41622124051437	备注	（徐州如家酒店有限公司 913203032757751704 发票专用章）

收款人：　　　　复核：　　　　开票人：胡宪丽　　　　销售方：

表 4-2-3

借款单

2018 年 12 月 31 日　　　　　　NO.56871429

借款人：傅世惠	所属部门：销售部
借款用途：出差借款	
借款金额：人民币(大写) 贰仟元整　　　　￥2000.00	
部门负责人审批：傅世惠2018-12-31	借款人(签章)：傅世惠2018-12-31
财务部门审核：袁世氏2018-12-31	
单位负责人批示：同意	签字：赵卫宇2018-12-31
核销记录：退回446.00	

表 4-2-4

收款收据

NO.25810201

2019 年 01 月 14 日

今收到 傅世惠

交来：还款　　　　　　　　　　　　　　现金收讫

金额（大写）⊗佰 ⊗拾 ⊗万 ⊗仟 肆佰 肆拾 陆元 零角 零分

￥446.00　　☑现金　□转账支票　□其他　　　　收款单位(盖章)：

核准　　会计　　记账　　出纳 朱珊珊　　经手 傅世惠

根据上述分析,该笔业务在 T+系统中的操作流程如下:

(1) 编辑现金日记账:以出纳朱珊珊“201009”身份于“2019-01-14”登录。在“基础设置——基本信息”项目中增设分类“X11 差旅费结算”及项目“X1101 报销差旅费”和“X1102 预借差旅费”;“出纳管理”→“业务处理”,单击“现金银行日记账编辑”,选择“现金”账户,增加一行,摘要录入“傅世惠报销差旅费退回现金”,票号录入“25810201”,借(收入)金额录入“446”,经手人选择“傅世惠”,项目中选择“X1101”,保存,如图 4-2-1 所示。

我的桌面　初始化导航 ×　畅捷教育 ×　现金银行日记账编辑 ×

保存　放弃　删除　引入　联查▾　查询　设置　打印▾　导出　导入▾　刷新　退出

账号类别:现金　账号名称:现金　账号:现金　开户银行:　日期:2019-01-14-2019-01-14

序号	☐	*日期	*摘要	结算方式	票据日期	出纳编号	票号	借(收入)	贷(支出)	方向	余额	经手人	经办部门
								金额	金额		金额		
1	☐	2019-01-14	转款现金 提现备用	现金		2019-01-0003	26522369	3,000.00		借	4,700.00	朱珊珊	
2	☐	2019-01-14	报销差旅费收回现金	现金	2019-01-14	2019-01-0004	25810201	446.00		借	5,146.00	傅世惠	销售部

图 4-2-1　[业务 4-2]现金银行日记编辑页面

需要说明的是:报销时退回的现金或补付的现金不属于往来业务,不能通过收付款单处理;也不属于收入费用,不能通过收入单或费用单处理。因此,这个收付款业务只能由出纳在出纳管理的现金银行日记编辑中增加一条收付款记录。至于预借差旅费业务也属于上述情况,只能由出纳在出纳管理的现金银行日记编辑中增加一条收付款记录。

(2) 生成凭证:以资产会计李本勇“201008”身份于 2019-01-14 登录,对于日记账对方科目,按“项目分类 X11”增设科目“122101”;“总账”——“日常业务”单击“单据生成凭证”,单据选择“现金银行日记账”,单击“下一步”,进入“选择查询条件”页面,默认,单击“下一步”,得到“查询结果”,单击“生成凭证”按钮,附单据数改为“3”,插分,共插两行,摘要均改为“傅世惠报销差旅费”,第一行科目选择“管理费用——差旅费”,借方金额录入“1 500.00”,第二行科目选择“应交税费——应交增值税——进项税额”,借方金额录入 “54.00”,对库存现金录入现金流量项目“03”,借方是“流入”,其他应收款——傅世惠贷方金额录入“2 000.00”,保存,如图 4-2-2 所示。

已分配　已生成

记账凭证

*凭证类别 记账凭证　*凭证编号 0061　*制单日期 2019-01-14　附单据数 3

明细　汇总

序号	*摘要	*科目名称	辅助项	借方(亿千百十万千百十元角分)	贷方(亿千百十万千百十元角分)
1	报销差旅费收回现金	管理费用-差旅费		1 5 0 0 0 0	
2	报销差旅费收回现金	应交税费-应交增值税-进项税额		5 4 0 0	
3	报销差旅费收回现金	库存现金		4 4 6 0 0	
4	报销差旅费收回现金	其他应收款-职工往来	傅世惠		2 0 0 0 0 0

图 4-2-2　记账凭证页面

需要注意的是:差旅费的结算和支付差旅费是两种不同业务,在 T+中的处理是有区别的,具体如表 4-2-5 和表 4-2-6 所示。

第四章 其他资产业务会计电算化处理 253

表 4-2-5　　　　　　　　　不预借差旅费形式下的业务单据及账务处理

支付差旅费业务	单据名称	费用大类	费用项目	按实填写	税率	税额
报销差旅费	费用单采用专用发票格式	差旅费	往返交通费		0	
			住宿费		6%	
			出差补贴		0	
			……			
			合计			
科目设置							
部门	科目设置	生成凭证				
管理部门	管理费用——差旅费	借:管理费用——差旅费(费用单费用合计)				
生产车间	制造费用——差旅费	借:制造费用——差旅费(费用单费用合计)				
		借:应交税费——应交增值税——进项税额(费用单税额)				
		贷:库存现金或银行存款(费用单价税合计金额及支付结算情况)				

表 4-2-6　　　　　　　预借差旅费形式下不同业务的款项处理及账务处理

业务	单据及账务处理			
预借差旅费业务	单据名称	项目分类	项目	科目设置
	编辑现金银行日记账	差旅费结算	预借差旅费	日记账对应科目　其他应收款——职工往来
预借差旅费业务生成凭证	借:其他应收款——职工往来(按经办人确定员工)			
	贷:库存现金或银行存款			
报销差旅费业务	单据名称	项目分类	项目	科目设置
	现金银行日记账	差旅费结算	报销差旅费	日记账对应科目　其他应收款——职工往来
报销差旅费业务生成凭证				
总账填制	部门	管理部门	借:管理费用——差旅费	在生成收付款凭证时根据差旅费报销单填制
		生产车间	借:制造费用——差旅费	
		增值税额	借:应交税费——应交增值税——进项税额	
		报销金额	贷:其他应收款——职工往来	
差旅费报销退款生成凭证	借:库存现金			注:生成时填制费用报销情况,与总账填制凭证合并
	贷:其他应收款——职工往来(按经办人确定员工)			

（续表）

业务	单据及账务处理	
差旅费报销补款生成凭证	借:其他应收款——职工往来(按经办人确定员工) 贷:库存现金	注:生成时填制费用报销情况,与总账填制凭证合并

需要说明的是:为确保预借差旅费的预借/报销业务生成凭证的正确性,首先需要在"基础设置——基本信息"中设置项目,如表 4-2-7 所示,其操作步骤对照[业务 4-2]流程(1)。

表 4-2-7　　　　　　　　预借差旅费方式设置的项目一览表

项目分类编码	项目分类名称	具体项目编码	具体项目名称
X11	差旅费结算	X1101	报销差旅费
		X1102	预借差旅费

其次需要在"总账——日常业务——科目设置"中"日记账对应科目扩展设置"中增设"差旅费结算"项目分类的,科目均为"其他应收款——职工往来",参照[业务 4-2]流程(2)。

当预借差旅费时,出纳根据借款单及付款情况在对应的现金或银行日记账中增加一条预借差旅费的记录,注意其中的项目选择"X1102",生成的凭证如表 4-2-6 所示;当报销差旅费时,其业务流程参考[业务 4-2]操作流程,最终生成报销差旅费并退回现金的记账凭证。

【业务 4-3】　1月14日,取得原始凭证4张,经办人孙凯愉。

表 4-3-1 是江苏增值税专用发票的第二联抵扣联,此联应作为购买方抵扣进项税额的依据。该抵扣联不能作为记账凭证的附件,专门用于在规定期限内到税务机关办理认证或在平台办理勾选确认,并在认证通过或勾选确认的次月申报期内,向主管税务机关申报抵扣进项税额。

表 4-3-1

表4-3-2是江苏增值税专用发票的第三联发票联,此联应作为购买方的记账依据。该原始凭证注明,"购买方"是本公司,"销售方"是常州金海文化有限公司,"货物或应税劳务、服务名称"是计算器,"金额"是400.00元,"税额"是64.00元,这表明本公司从常州金海文化有限公司购买了办公用品。

表4-3-2

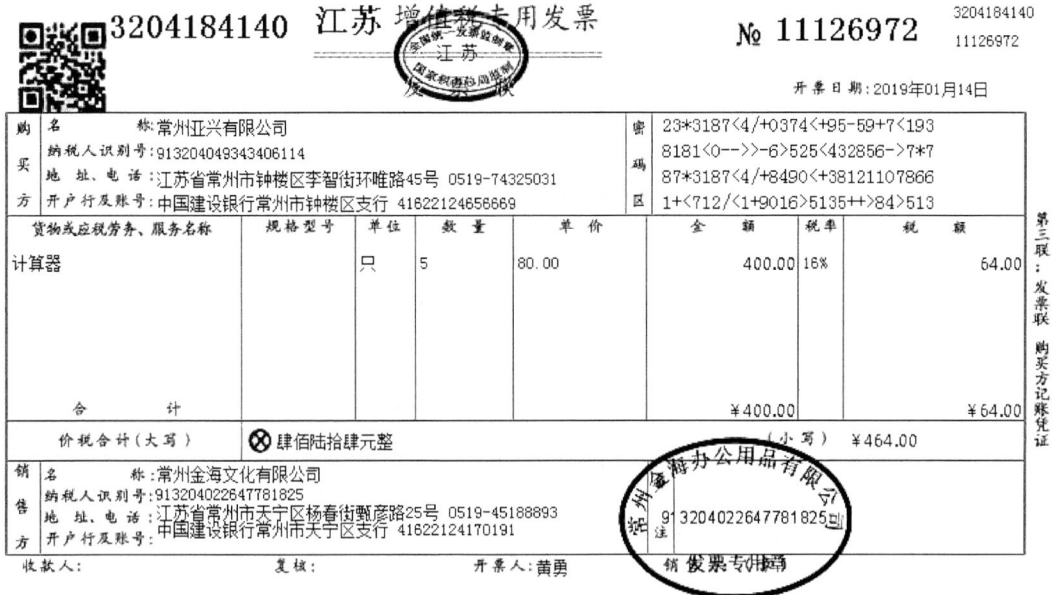

表4-3-3是报销申请单,此联应作为费用报销及支付款项的记账依据。该原始凭证注明,"部门"是办公室,"姓名"是魏东明,"报销项目"是办公费,"金额"是464.00元,并盖了"现金付讫"印章,这表明办公室魏东明报销办公费,本公司以现金支付464.00元。进行会计核算时,"金额"464.00元应记入"库存现金"科目的贷方。

表4-3-3

表 4-3-4 是办公用品领用单,此联应作为应作为购买方办公费用分配的记账依据。该原始凭证的内容表明,办公室、财务部、采购部、销售部和生产车间各领用 1 只计算器,"金额"均为 80.00 元。进行会计核算时,根据表 4-3-2 和表 4-3-4 管理部门"金额"合计 320.00 元应记入"管理费用——办公费"科目的借方,生产车间"金额"80.00 元应记入"制造费用——办公费"科目的借方,"税额"64.00 元应记入"应交税费——应交增值税——进项税额"科目的借方。

表 4-3-4

办公用品领用单

2019-01-14   单位:元

领用部门	计算器 数量	计算器 金额	领用人	合计
办公室	1	80.00	魏东明	80.00
财务部	1	80.00	朱珊珊	80.00
采购部	1	80.00	邹萌红	80.00
销售部	1	80.00	李丽洁	80.00
生产车间	1	80.00	梁初瑜	80.00
合计		400.00		400.00

审核:袁世民   编制: 钱晓明

根据上述分析,该笔业务在 T+系统中的操作流程如下:

(1) 设置费用:以出纳朱珊珊"201009"身份于"2019-01-14"登录。"基础设置"——"收付结算"单击"费用",新增费用编码"05"及费用名称"办公费",费用类型选择"其他费用",在"办公费"费用下增加编号为"0501"及名称为"计算器"明细费用。

(2) 填制费用单:以出纳朱珊珊"201009"身份于"2019-01-14"登录。"往来现金"——"单据",单击"费用单",业务类型选择"现金费用",部门选择"办公室",业务员选择"魏东明",费用名称选择"计算器",税率(%)改为"16%",金额录入"80.00",现结金额中账号名称选择"现金",保存并审核,如图 4-3-1 所示→单击"保存新增"按钮,依次录入财务部、采购部、销售部和生产车间的费用单。

图 4-3-1 [业务 4-3]办公室费用单录入页面

(3) 科目设置:以资产会计李本勇“201008”身份于 2019-01-14 登录,“总账”——“日常业务”单击“科目设置”,在费用科目中进行费用科目扩展设置,分别费用类型“其他费用”、费用“办公费”、按部门“管理部门”及“生产车间”分别增设“管理费用——办公费”和“制造费用——办公费”科目。

(4) 生成凭证:以资产会计李本勇“201008”身份于 2019-01-14 登录,“总账”——“日常业务”单击“单据生凭证”,单据选择“费用单”,单击“下一步”,进入“选择查询条件”页面,默认,单击“下一步”,得到“查询结果”,合并制单方式处理,单击“生成凭证”按钮,凭证编号改为“62”,附单据数改为“3”,摘要改为“支付办公费”,对库存现金科目录入现金流量项目“04”,保存,如图 4-3-2 所示。

已分配　已生成

记账凭证

* 凭证类别 记账凭证　* 凭证编号 0062　* 制单日期 2019-01-14　附单据数 3

明细　汇总

序号	*摘要	*科目名称	借方											贷方										
			亿	千	百	十	万	千	百	十	元	角	分	亿	千	百	十	万	千	百	十	元	角	分
1	支付办公费	应交税费-应交增值税-进项税额								6	4	0	0											
2	支付办公费	制造费用-办公费								8	0	0	0											
3	支付办公费	管理费用-办公费							3	2	0	0	0											
4	支付办公费	库存现金																		4	6	4	0	0

图 4-3-2　[业务 4-3]记账凭证页面

【业务 4-4】　1 月 15 日,取得原始凭证 1 张。

表 4-4-1 是库存现金盘点表,应作为确认库存现金盘盈盘亏的记账依据。该原始凭证的内容表明,“账存金额”是 4 682.00 元,“实存金额”是 4 632.00 元,“盘亏”是 50.00 元,表明本公司 2019 年 1 月 15 日库存现金短款 50.00 元,进行会计核算时,“盘亏”50.00 元应分别记入“库存现金”科目的贷方和“待处理财产损溢——待处理流动资产损溢”科目的借方。

表 4-4-1

库存现金盘点表

2019 年01 月 15 日　　编号201802

账存金额	实存金额	盘盈	盘亏	备注
4682.00	4632.00		50.00	

监盘人(签章):钱晓明　　盘点人(签章):朱珊珊

根据上述分析,该笔业务在 T+系统中的操作流程如下:

(1) 现金盘点:以账套主管袁世民“201006”身份于 2019-01-15 登录,“出纳管理”——“业务处理”单击“现金盘点单”,账号名称选择“现金”,单据编号、单据日期、账面金额自动生成,盘点人选择“朱珊珊”,在明细中录入张数,其中 100 元“44”、50 元“3”、20 元“2”,10 元

"3",5元为"1",1元为"7",备注中录入:监盘:钱晓明,盘点人选择"朱珊珊",保存并审核,如图 4-4-1 所示。

图 4-4-1　[业务 4-4]现金盘点单页面

(2) 科目设置:以账套主管袁世民"201006"身份于 2019-01-15 登录,"总账"——"日常业务"单击"科目设置",在差异科目扩展设置中选现金盘点单,科目设置为"待处理财产损溢——待处理流动资产损溢"科目。

(3) 生成凭证:以资产会计李本勇"201008"身份于 2019-01-15 登录,"总账"——"日常业务"单击"单据生凭证",单据选择"现金盘点单",单击"下一步",进入"选择查询条件"页面,默认,单击"下一步",得到"查询结果",单击"生成凭证"按钮,凭证编号改为"65",摘要改为"盘亏现金",选择现金流量项目"07",保存,如图 4-4-2 所示。

图 4-4-2　[业务 4-4]记账凭证页面

需要说明的是,现金盘点业务除现金盘亏外,还有现金盘盈,均由系统自动判定。

【业务 4-5】　1月15日,取得原始凭证1张。

表 4-5-1 是现金盘盈盘亏处理结果表,应作为确认现金盘亏损失以及责任主体的记账依据。该原始凭证的内容表明,库存现金"盘亏"50.00 元,"处理意见"是由朱珊珊赔偿,进行会计核算时,"盘亏"50.00 元应分别记入"其他应收款——职工往来——朱珊珊"科目的借方和"待处理财产损溢——待处理流动资产损溢"科目的贷方。

表 4-5-1

现金盘盈盘亏处置结果表

2019 年 01 月 15 日

账存金额	实存金额	盘盈	盘亏
4682.00	4632.00		50.00

财务部门意见:
应由朱珊珊赔偿
袁世民

公司领导意见:
同意
赵卫宇

根据上述分析,该笔业务在 T+系统中的操作流程如下:

以资产会计李本勇"201008"身份于 2019-01-15 登录,"总账"——"日常业务"单击"填制凭证",凭证类别、凭证编号录入"64",附单据数录入"1",第一行摘要录入"盘亏现金批准处理",科目名称录入"122101"自动显示科目名称,双击辅助项,弹出辅助项录入窗口,项目选择"朱珊珊",方向选择"借方",金额录入"50.00",单击"确定",第一行录入完成,回车到第二行,摘要自动生成,科目名称录入"190101",贷方金额录入"50",保存,如图 4-5-1 所示。

图 4-5-1 [业务 4-5]填制记账凭证页面

(二) 金融商品业务会计电算化处理

【业务 4-6】 1 月 14 日,取得原始凭证 4 张。

表 4-6-1 是本公司形成的经理办公会议纪要,应作为购买金融商品并对其进行分类的依据。该原始凭证注明,本公司拟以每股不高于 9.5 元的价格买入井神股份 30 000 股,并划分为交易性金融资产。

表 4-6-2 是买入证券交割单,应作为付款方支付款项的记账依据。该原始凭证注明,"股东姓名"是本公司,"资金账户"是 2503848737,"操作"内容是买入,"证券名称"是井神股份,"成交金额"是 285 000.00 元,含税"手续费"是 85.50 元,"结算金额"是 285 085.50 元,

表 4-6-1

经理办公会议纪要

企业拟以不高于每股9.5元的价格买入井神股份发行在外的30000股股票，划分为交易性金融资产。

参加人员： 袁世民　崔浩朴　赵卫宇　傅世惠

2019年01月12日

表 4-6-2

交 割 单

营业部名：江苏华兴证券服务股份有限公司
股东姓名：常州亚兴有限公司
资金账户：2503848737
当前币种：人民币

成交日期	操作	证券代码	证券名称	成交数量	成交均价	成交金额	手续费	印花税	其他费用	结算金额	账户	交易市场
2019-01-13	买入	603299	井神股份	30000	9.50	285000.00	85.50	0.00	0.00	285085.5	2503848737	上海证券

这表明本公司通过账号2503848737的证券资金账户支付285 085.50元买入了30 000股井神股份。

表4-6-3是江苏增值税专用发票的第二联抵扣联，此联应作为购买方抵扣进项税额的依据。该抵扣联不能作为记账凭证的附件，专门用于在规定期限内到税务机关办理认证或在平台办理勾选确认，并在认证通过或勾选确认的次月申报期内，向主管税务机关申报抵扣进项税额。

表 4-6-3

表 4-6-4 是江苏增值税专用发票的第三联发票联,此联应作为购买方的记账依据。该原始凭证注明,"购买方"是本公司,"销售方"是江苏华兴证券服务股份有限公司,"货物或应税劳务、服务名称"是直接收费金融服务,"金额"是 80.66 元,"税额"是 4.84 元,"价税合计"是 85.50 元,这表明本公司接受了江苏华兴证券服务股份有限公司的金融服务。根据表 4-6-1、表 4-6-2 和表 4-6-4 进行会计核算时,"成交金额"285 000 元应记入"交易性金融资产——股票成本——井神股份"科目的借方,"金额"80.66 元应以负数记入"投资收益——交易手续费"科目的贷方,"税额"4.84 元应记入"应交税费——应交增值税——进项税额"科目的借方,"结算金额"285 085.50 元应记入"其他货币资金——存出投资款——华兴证券 2503848737"科目的贷方。

表 4-6-4

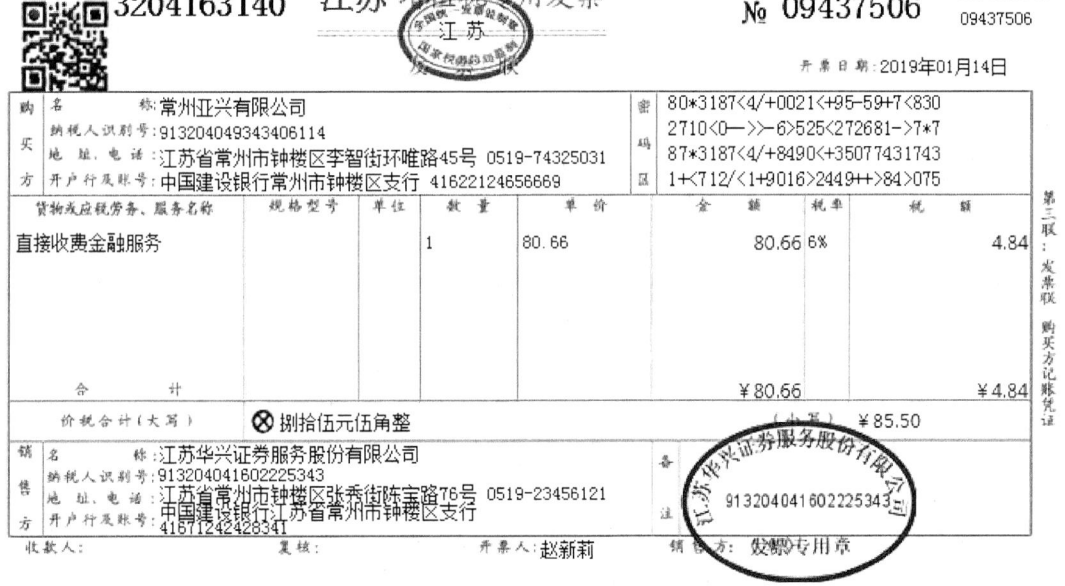

根据上述分析,该笔业务在 T+系统中的操作流程如下:

(1) 项目及费用设置:以出纳朱珊珊"201009"身份于 2019-01-14 登录,"基础设置"——"基本信息"单击"项目",在项目分类"X101"中增加项目编码"X10101"及项目名称"井神股份";"基础设置"——"收付结算"单击"费用"→单击"新增",录入编码"04"及名称"金融资产购入",费用类型选择"其他费用"→在"04 金融资产购入"费用分类下新增编码"0401"名称"成交均价"以及编码"0402"名称"手续费"。

(2) 录入费用单:以出纳朱珊珊"201009"身份于 2019-01-14 登录,"往来现金"——"单据"单击"费用单",业务类型选择"现金费用",项目选择"井神股份",第一行,费用名称选择"成交均价",税率录入"0",金额录入"285 000.00",第二行,费用名称选择"手续费",税率(%)录入"6%",金额录入"80.66",现结金额自动计算,结算方式选择"其他",账号名称选择为"证券交易结算户",保存并审核,如图 4-6-1 所示。

需要说明的是:①费用单的票据类型有三种:专用发票、普通发票和收据,其中专用发票和普通发票填制自动计算的增值税额,在自动生成凭证时均记入"应交税费——应交增值

图 4-6-1 [业务 4-6]费用单页面

税——进项税额"科目;如果业务中不涉及或不允许抵扣税额的,一般使用"收据"这种票据类型;其中有项目允许抵扣增值税额的,使用"专用发票",并对每个费用项目设置具体税率。②费用单可以用于各种费用的支付业务,也可以用于以货币资金取得交易性金融资产、持有至到期投资、可供出售金融资产及长期股权投资的业务,还可以用于缴纳税费、支付职工薪酬等业务。

(3) 设置科目:以资产会计李本勇"201008"身份于 2019-01-14 登录,"总账"——"日常业务"单击"科目设置",在费用科目扩展设置中增加一行,费用类型为"其他费用",费用项目"成交均价",项目分类"交易性金融资产",增设科目为"交易性金融资产——股票成本";增加一行,费用类型选择"其他费用",费用项目选择"交易手续费",项目分类选择"交易性金融资产",科目设置为"投资收益——交易手续费"。

(4) 生成凭证:以资产会计李本勇"201008"身份于 2019-01-14 登录,"总账"——"日常业务"单击"单据生凭证",单据选择"费用单",单击"下一步",进入"选择查询条件"页面,默认,单击"下一步",得到"查询结果",单击"生成凭证"按钮,凭证编号改为"63",附单据数改为"3",摘要改为"购入交易性金融资产",对交易性金融资产科目录入数量"30 000",对投资收益科目,金额移至贷方,金额改为-80.66,对其他货币资金科目录入现金流量项目"14",保存,如图 4-6-2 所示。

图 4-6-2 [业务 4-6]记账凭证页面

【业务 4-7】 1 月 15 日,取得原始凭证 4 张。

表 4-7-1 是本公司形成的经理办公会议纪要,应作为出售金融商品的依据。该原始凭证注明,本公司拟以每股不低于 10.5 元的价格出售井神股份 20 000 股。

表 4-7-1

经理办公会议纪要

企业拟以不低于每股10.50元的价格出售井神股份的股票20000股。

参加人员： 袁世民　崔浩朴　赵卫宇　傅世惠

2019年01月14日

表 4-7-2 是出售证券交割单，应作为收款方收取款项的记账依据。该原始凭证注明，"股东姓名"是本公司，"资金账户"是 2503848737，"操作"内容是卖出，"证券名称"是井神股份，"成交金额"是 210 000.00 元，含税"手续费"是 63.00 元，"印花税"是 210.00 元，"结算金额"是 209 727.00 元，这表明本公司通过账号 2503848737 的证券资金账户卖出了 20 000 股井神股份，收款 209 727.00 元。

表 4-7-2

交 割 单

营业部名：江苏华兴证券服务股份有限公司
股东姓名：常州亚兴有限公司
资金账户：2503848737
当前币种：人民币

成交日期	操作	证券代码	证券名称	成交数量	成交均价	成交金额	手续费	印花税	其他费用	结算金额	账户	交易市场
2019-01-15	卖出	603299	井神股份	20000	10.50	210000.00	63.00	210.00	0.00	209727.00	2503848737	上海证券

表 4-7-3 是江苏增值税专用发票的第二联抵扣联，此联应作为购买方抵扣进项税额的依据。该抵扣联不能作为记账凭证的附件，专门用于在规定期限内到税务机关办理认证或在平台办理勾选确认，并在认证通过或勾选确认的次月申报期内，向主管税务机关申报抵扣进项税额。

表 4-7-4 是江苏增值税专用发票的第三联发票联，此联应作为购买方的记账依据。该原始凭证注明，"购买方"是本公司，"销售方"是江苏华兴证券服务股份有限公司，"货物或应税劳务、服务名称"是直接收费金融服务，"金额"是 59.43 元，"税额"是 3.57 元，"价税合计"是 63.00 元，这表明本公司接受了江苏华兴证券服务股份有限公司的金融服务。

根据表 4-7-1、表 4-7-2 和表 4-7-4 进行会计核算时，"税额"3.57 元应记入"应交税费——应交增值税——进项税额"科目的借方，"结算金额"209 727.00 元应记入"其他货币资金——存出投资款——华兴证券 2503848737"科目的借方，"成交数量"20 000 乘以[业务4-6]中该股票购入时买价 9.50 元为 190 000.00 元应记入"交易性金融资产——股票成本——井神股份"科目的贷方，借贷差额 19 730.57 元应记入"投资收益——出售金融资产收益——出售金融商品收益"科目的贷方。

根据上述分析，该笔业务在 T+系统中的操作流程如下：

（1）收入设置：以出纳朱珊珊"201009"身份于 2019-01-15 登录，"基础设置"——"收付结算"单击"收入"→单击"新增"，录入编码"02"名称"出售金融资产"→在此收入分类下新增收入编码"0201"名称"成交均价"、编码"0202"名称"手续费"和编码"0203"名称"印花税"等。

表 4-7-3

表 4-7-4

(2) 录入收入单:以出纳朱珊珊"201009"身份于 2019-01-15 登录,"往来现金"——"单据"单击"收入单",业务类型选择"现金收入",票据类型选择"专用发票",项目选择"井神股份",在第一行,收入名称选择"成交均价",税率(%)录入"0",金额录入"210000",在第二行,收入名称选择"手续费",税率(%)录入"6%",金额录入"-59.43",在第三行,收入名称选择"印花税",税率(%)录入"0",金额录入"-210.00",现结金额中结算方式选择"其他",账号

名称选择“证券交易结算户”，保存并审核，如图 4-7-1 所示。

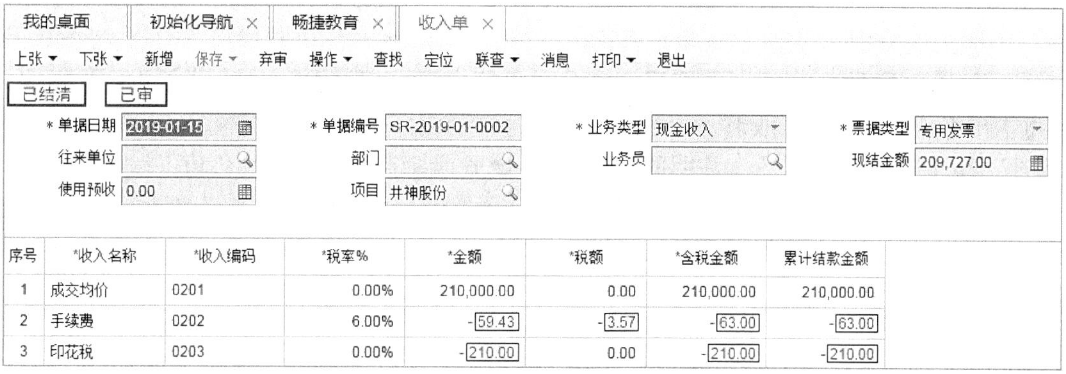

我的桌面　初始化导航 ×　畅捷教育 ×　收入单 ×

上张▾　下张▾　新增　保存▾　弃审　操作▾　查找　定位　联查▾　消息　打印▾　退出

已结清　已审

* 单据日期 2019-01-15　* 单据编号 SR-2019-01-0002　* 业务类型 现金收入　* 票据类型 专用发票

往来单位　部门　业务员　现结金额 209,727.00

使用预收 0.00　项目 井神股份

序号	*收入名称	*收入编码	*税率%	*金额	*税额	*含税金额	累计结款金额
1	成交均价	0201	0.00%	210,000.00	0.00	210,000.00	210,000.00
2	手续费	0202	6.00%	-59.43	-3.57	-63.00	-63.00
3	印花税	0203	0.00%	-210.00	0.00	-210.00	-210.00

图 4-7-1　[业务 4-7]收入单页面

（3）查询“井神股份”项目科目明细账：以资产会计李本勇“201008”身份于 2019-01-15 登录，“总账”——“明细账表”单击“科目项目明细账”，选择查询条件：项目“井神股份”，勾选“包含未记账凭证”，得到“交易性金融资产——成本”持有数量“30 000”，金额“285 000.00”，单价“9.50”。

（4）科目设置：以资产会计李本勇“201008”身份于 2019-01-15 登录，“总账”——“日常业务”单击“科目设置”，对于收入科目中收入类型为“出售金融资产”，项目分类“交易性金融资产”，设置科目“交易性金融资产——股票成本”。

（5）生成凭证：以资产会计李本勇“201008”身份于 2019-01-15 登录，“总账”——“日常业务”单击“单据生凭证”，单据选择“收入单”，单击“下一步”，进入“选择查询条件”页面，默认，单击“下一步”，得到“查询结果”，单击“生成凭证”按钮，凭证编号改为“64”，附单据数改为“3”，摘要改为“出售交易性金融资产”，对其他货币资金科目录入现金流量项目“08 收回投资收到的现金”，对“应交税费”科目改为“应交税费——应交增值税——进项税额”，方向改为“借方”，金额改为“3.57”，对“交易性金融资产”科目录入数量“20 000”，单价“9.5”，增加一行，科目选择“投资收益——出售金融资产收益——出售金融商品收益”，保存，如图 4-7-2 所示。

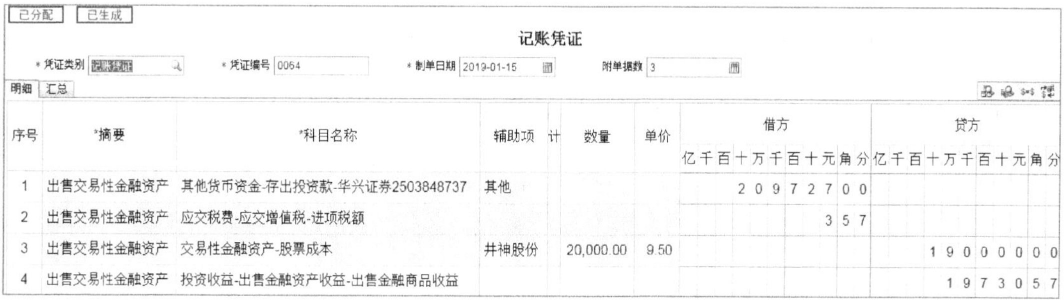

已分配　已生成

记账凭证

* 凭证类别 记账凭证　* 凭证编号 0064　* 制单日期 2019-01-15　附单据数 3

明细　汇总

序号	*摘要	*科目名称	辅助项	计	数量	单价	借方（亿千百十万千百十元角分）	贷方（亿千百十万千百十元角分）
1	出售交易性金融资产	其他货币资金-存出投资款-华兴证券2503848737	其他				2 0 9 7 2 7 0 0	
2	出售交易性金融资产	应交税费-应交增值税-进项税额					3 5 7	
3	出售交易性金融资产	交易性金融资产-股票成本	井神股份		20,000.00	9.50		1 9 0 0 0 0 0 0
4	出售交易性金融资产	投资收益-出售金融资产收益-出售金融商品收益						1 9 7 3 0 5 7

图 4-7-2　[业务 4-7]记账凭证页面

【业务 4-8】　1 月 31 日，取得原始凭证 1 张。

表 4-8-1 是公允价值变动单，应作为确认金融资产公允价值变动的记账依据。[业务

4-6]购入的井神股份属于交易性金融资产,本期末持有数量为10 000股,表4-8-1注明的内容表明,该股票期末市值比账面价值增加5 500.00元,进行会计核算时,"公允价值变动"5 500.00元应分别记入"交易性金融资产——公允价值变动——井神股份"科目的借方以及"公允价值变动损益——交易性金融资产公允价值变动"科目的贷方;2018年12月31日,"可供出售金融资产——股票——宏远股份"科目有余额,本期末持有数量3 000股,账面价值37 635.81元,而表4-8-1注明的内容表明,该股票期末市值比账面价值下跌10 455.81元,进行会计核算时,"公允价值变动"10 455.81元,应分别记入"其他综合收益——可供出售金融资产公允价值变动"科目的借方以及"可供出售金融资产——公允价值变动——宏远股份"科目的贷方。

表 4-8-1

公允价值变动单

2019-01-31

单位:元

证券代码	证券名称	持有数量	账面价值	收盘价	市值	公允价值变动
603299	井神股份	10000	95000.00	10.05	100500	5500.00
300425	宏远股份	3000	37635.81	9.06	27180	-10455.81
合计			132635.81		127680.00	-4955.81

审核: 袁世民   编制: 钱晓明

根据上述分析,该笔业务在T+系统中的操作流程如下:

(1)填制交易性金融资产公允价值变动凭证:以资产会计李本勇"201008"身份于2019-01-31登录,"总账"——"日常业务"单击"填制凭证",凭证编号改为"98",附单据数录入"1",第一行摘要录入"结转交易性金融资产公允价值变动",科目名称录入"110103"自动显示科目名称,双击辅助项,弹出辅助项录入窗口,项目选择"井神股份",方向选择"借方",金额录入"5 500",单击"确定",第一行录入完成,回车到第二行,摘要自动生成,科目名称录入"610101",贷方金额录入"5 500.00",单击"保存"按钮,如图4-8-1所示。

序号	摘要	科目名称	辅助项	借方	贷方
1	结转交易性金融资产公允价值变动	交易性金融资产-公允价值变动	井神股份	5500.00	
2	结转交易性金融资产公允价值变动	公允价值变动损益-交易性金融资产公允价值变动			5500.00

图4-8-1 [业务4-8]交易性金融资产公允价值变动凭证页面

(2) 填制可供出售金融资产公允价值变动凭证：以资产会计李本勇"201008"身份于2019-01-31登录，"总账"——"日常业务"单击"填制凭证"，凭证编号改为"99"，第一行摘要录入"可供出售金融资产期末公允价值变动"，科目名称录入"400301"自动显示科目名称，双击辅助项，弹出辅助项录入窗口，项目选择"宏远股份"，方向选择"借方"，金额录入"10 455.81"，单击"确定"，第一行录入完成，回车到第二行，摘要自动生成，科目名称录入"150306"，双击辅助项，弹出辅助项录入窗口，项目选择"宏远股份"，方向选择"贷方"，金额录入"10 455.81"，单击"确定"，然后单击"保存"按钮，如图4-8-2所示。

序号	摘要	科目名称	辅助项	借方	贷方
1	可供出售金融资产期末公允价值变动	其他综合收益-可供出售金融资产公允价值变动	宏远股份	10 455.81	
2	可供出售金融资产期末公允价值变动	可供出售金融资产-公允价值变动	宏远股份		10 455.81

图 4-8-2 ［业务 4-8］可供出售金融资产公允价值变动凭证页面

（三）其他应收款计提坏账准备业务

【业务 4-9】 1月31日，取得原始凭证1张。

表4-9-1是坏账准备计提表，此表应作为期末计提坏账准备的记账依据。该原始凭证的内容注明，"应收款项期末余额"是1 050.00元，"计提比例（％）"是5％，"坏账准备期初余额"是100.00元，"应冲减金额"是47.50元。这表明本月应冲减其他应收款坏账准备金额是47.50元。进行会计核算时，"应冲减金额"47.50元应以负数分别记入"资产减值损失——坏账损失"科目的借方和"坏账准备——其他应收款坏账准备"科目的贷方。

表 4-9-1

坏账准备计算表

2019-01-31

单位：元

项目	应收款项期末余额	计提比例（％）	坏账准备期初余额	本期确认坏账损失	已确认坏账本期收	应补提金额	应冲减金额
其他应收款坏账准	1050.00	5%	100.00	0.00	0.00	0.00	47.50
合计	1050.00		100.00	0.00	0.00	0.00	47.50

审核：袁世民　　　　　　　编制：钱晓明

根据上述分析，该笔业务在T＋系统中的操作流程如下：

（1）自定义结转设置：以资产会计李本勇"201008"身份于2019-01-31登录，在"总账——期末处理"单击"自定义结转"→单击"转账设置"命令，选择"63"编号的设置页面，转账说明及摘要均改为"计提坏账准备"，增加一行，科目选择"123102"，方向选择"贷方"，金额公式录入"QM("1221","RMB","年","月")＊0.05－QM("123102","RMB","年","月")"，保存，如图4-9-1所示。

（2）生成凭证：以资产会计李本勇"201008"身份于2019-01-31登录，在自定义结转页面，单击"刷新"，勾选"计提坏账准备"及"包含未记账凭证"，单击"生成凭证"按钮，凭证编号

序号	*摘要	*科目编码	辅助项	方向	金额公式
1	计提坏账准备	670101		借方	CE()
2	计提坏账准备	123101		贷方	QM("1122","RMB","年","月")*0.05-QM("123101","RMB","年","月")
3	计提坏账准备	123102		贷方	QM("1221","RMB","年","月")*0.05-QM("123102","RMB","年","月")

图 4-9-1　[业务 4-9]补充计提其他应收款坏账准备自定义结转设置页面

改为"100",摘要改为"计提其他应收款坏账准备",保存,如图 4-9-2 所示。

序号	*摘要	*科目名称	借方	贷方
1	计提其他应收款坏账准备	资产减值损失-坏账损失	47.50	
2	计提其他应收款坏账准备	坏账准备-其他应收款坏账准备		47.50

图 4-9-2　[业务 4-9]计提其他应收款坏账准备生成凭证页面

二、长期资产业务会计电算化处理

(一) 拟长期持有的对外股权投资取得业务会计电算化处理

【业务 4-10】　1 月 15 日,取得原始凭证 3 张。

表 4-10-1 是本公司形成的股东会决议,应作为受让方受让被投资企业股权的依据。该原始凭证注明,本公司拟以 400 000 元的价格从常州今创集团受让其持有的常州长生有限公司 5%的股权,准备长期持有。

表 4-10-1

股东会决议

时间：2019年01月13日
应到会股东人数：2人　实际到会股东人数：2人

　　企业拟用货币资金400000.00元（人民币肆拾万元整）受让常州今创集团持有常州长生有限公司5%的股权，不能控制被投资企业并准备长期持有。

股东签名：　宋玉生　白占立

2019年01月13日

表 4-10-2 是股权转让协议,也应作为受让被投资企业股权的记账依据。该原始凭证注明,本公司拟以 400 000.00 元的价格从常州今创集团受让其持有的常州长生有限公司 5% 的股权,股权转让行为即日生效。

表 4-10-2

股权转让协议

转让方:常州今创集团
受让方:常州亚兴有限公司

一、根据《中华人民共和国公司法》第七十二条的规定,并经公司股东会会议决议,股东 常州今创集团 同意将其在 常州长生有限公司 5% 股权以 货币资金 ¥ 400000.00 元(人民币 肆拾万元整)转让给受让方 常州亚兴有限公司 。

二、依照本协议转让的股权于 2019 年 01 月 15 日实施,即受让方 通过网银将股权收购款支付给 转让方。

三、转让方自本协议规定的股权转让之日起,不再享受任何股东权利,同时也不对 常州长生有限公司 承担任何责任。

四、受让方自本协议规定的股权转让之日起,应当依法以其受让的股权为限,享受股东权利,同时也承担股东责任。

五、如有一方违反本协议的,应协商解决;协商不成时,另一方有权向有管辖权的人民法院依法起诉。

六、本协议经双方当事人签名、盖章后生效。

转让方(签字、盖章):
法定(授权)代表人 黄海洋

受让方(签字、盖章):
法定(授权)代表人 姜亚兴
本协议签订日期:2019 年 01 月 15 日

表 4-10-3 是中国建设银行客户回单借方回单联,此联应作为付款人支付款项的记账依据。该原始凭证注明,"付款人"是本公司,"付款账号"是 41622124656669,"收款人"是常

表 4-10-3

中国建设银行客户专用回单

币别:人民币   2019 年 01 月 15 日   流水号 320420027J0500811822

付款人	全称	常州亚兴有限公司	收款人	全称	常州今创集团
	账号	41622124656669		账号	41622125687204
	开户行	中国建设银行常州市钟楼区支行		开户行	中国建设银行常州市武进区支行
	金额	(大写)人民币肆拾万元整			(小写)¥400000.00
	凭证种类	网银		凭证号码	
	结算方式	转账		用途	股权转让款

汇划日期:2019-01-15   汇划款项编号:40830020
报文顺序号:29909542   汇出行行号:1050054111   打印柜员:320425584257
汇出行行名:中国建设银行常州市钟楼区支行   打印机构:中国建设银行常州市钟楼区支行
业务类型:9256   原凭证金额:400000.00   打印卡号:41622124656669
原始凭证种类:5227   原凭证号码:
附言:

打印时间:2019-01-15   交易柜员:320425584268   交易机构:320461526

第一联借方(回单)专用章

州今创集团,"用途"是股权转让款,"金额"是 400 000.00 元,这表明本公司通过账号为 41622124656669 的基本户支付给股权转让方今创集团股权受让款 400 000.00 元。进行会计核算时,"金额"400 000.00 元应分别记入"可供出售金融资产——股权成本——常州长生有限公司"科目的借方和"银行存款——建行 41622124656669"科目的贷方。

根据上述分析,该笔业务在 T+系统中的操作流程如下:

(1) 填制费用单:以出纳朱珊珊"201009"身份于 2019-01-15 登录,"往来现金"——"单据"单击"费用单",单据日期、单据编号自动生成,业务类型选择"现金费用",票据类型选择"收据",项目单击搜索图标,在项目分类"X10303"中增加项目其编码"X1030301"名称为"常州长生有限公司",并选择之;明细中,单击第一行费用名称处,选择搜索图标,单击新增按钮,增加费用分类"06 取得股权支出",并在此分类下增加费用编码"0601"及名称"转让支出",并选择之,录入金额"400 000",现结金额根据表 4-10-3 选择结算方式"网银"、结算票据号录入"00811822",保存并审核,如图 4-10-1 所示。

图 4-10-1 [业务 4-10]费用单页面

(2) 生成凭证:以资产会计李本勇"201008"身份于 2019-01-15 登录,"总账"——"日常业务"单击"科目设置",在费用科目扩展设置中增设费用类型"其他费用",项目分类为"X10303 股权",科目为"150303 股权成本"→"总账"——"日常业务"单击"单据生凭证",单据选择"费用单",单击"下一步",进入"选择查询条件"页面,默认,单击"下一步",得到"查询结果",单击"生成凭证"按钮,凭证编号改为"67",附单据数改为"3",摘要改为"现金费用/股权转让取得",第一行科目数量录入"5",第二行设置银行存款辅助结算及现金流量"14",保存,如图 4-10-2 所示。

图 4-10-2 [业务 4-10]记账凭证页面

(二) 长期持有对外股权投资期间取得收益业务会计电算化处理

【业务 4-11】 1 月 15 日,取得原始凭证 1 张。

表 4-11-1 是中国建设银行客户回单贷方回单联,此联应作为收款人收取款项的记账依据。该原始凭证注明,"收款人"是本公司,"收款账号"是 41622124656669,"付款人"是江苏远景有限公司,"用途"是股利,"金额"是 216 000.00 元,而 2018 年 12 月 31 日"应收股利——江苏远景有限公司"科目借方余额为 216 000.00 元,这表明本公司本公司账号为 41622124656669 的基本户收取了江苏远景有限公司支付的股利。进行会计核算时,"金额"216 000.00 元应分别记入"银行存款——建行 41622124656669"科目的借方和"应收股利——江苏远景有限公司"科目的贷方。

表 4-11-1

中国建设银行客户专用回单

币别:人民币　　　　2019 年 01 月 15 日　　流水号 320420027J0500811858

付款人	全称	江苏远景有限公司	收款人	全称	常州亚兴有限公司
	账号	41622124127093		账号	41622124656669
	开户行	中国建设银行常州市新北区支行		开户行	中国建设银行常州市钟楼区支行
金 额	（大写）人民币贰拾壹万陆仟元整			（小写）￥216000.00	
凭证种类	网银		凭证号码		
结算方式	转账		用途	股利	

打印柜员:320425584257
打印机构:中国建设银行常州市钟楼区支行回单
打印卡号:41622124656669

打印时间:2019-01-15　　交易柜员:320425584268　　交易机构:320443941

根据上述分析,该笔业务在 T+系统中的操作流程如下:

(1)填制收入单:以出纳朱珊珊"201009"身份于 2019-01-15 登录,"往来现金"——"单据"单击"收入单",单据日期、单据编号自动生成,业务类型选择"现金收入",票据类型选择"收据",项目单击搜索图标,选择"江苏远景有限公司";明细中,单击第一行费用名称处,选择搜索图标,单击新增按钮,增加收入编码"03"及名称"股利收入",并选择之,录入金额"216 000",现结金额根据表 4-11-1 录入结算方式"网银"、结算票据号"00811858",保存并审核,如图 4-11-1 所示。

图 4-11-1 　[业务 4-11]收入单页面

(2) 生成凭证：以资产会计李本勇"201008"身份于 2019-01-15 登录，"总账"——"日常业务"单击"科目设置"，在收入科目扩展设置中增设收入"股利收入"，项目分类为"长期股权投资"，科目为"1131 应收股利"→"总账"——"日常业务"单击"单据生凭证"，单据选择"收入单"，单击"下一步"，进入"选择查询条件"页面，默认，单击"下一步"，得到"查询结果"，单击"生成凭证"按钮，凭证编号改为"68"，摘要改为"现金收入/收到股利"，第一行银行存款科目选择现金流量"09"，单击"保存"按钮，如图 4-11-2 所示。

序号	*摘要	*科目名称	辅助项	借方	贷方
1	现金收入/收到股利	银行存款-建行41622124656669	网银 00811858…	216000 00	
2	现金收入/收到股利	应收股利	江苏远景有限公司		216000 00

图 4-11-2　[业务 4-11]生成凭证页面

三、需计提折旧/摊销长期资产业务会计电算化处理

（一）需计提折旧/摊销长期资产取得业务会计电算化处理

【业务 4-12】　1 月 15 日，取得原始凭证 9 张。（资产编号：F01G0401）

表 4-12-1 是经理办公会议纪要，应作为购买房屋的依据。该原始凭证注明，本公司拟购买新北区蔡会街房屋 1 套。

表 4-12-1

经理办公会议纪要

因业务拓展需要，拟购买江苏省常州市新北区蔡会街赵小路59号3#办公楼一套。

参加人员：　袁世民　赵卫宇　崔浩朴　傅世惠

2019年01月13日

表 4-12-2 是税收缴款书，应作为付款人支付款项的记账依据。该原始凭证注明，购置蔡会街房屋应缴纳契税，"实缴金额"是 39 600.00 元。

表 4-12-3 是印花税票销售凭证第二联，此联应作为付款方支付款项的记账依据。该原始凭证注明，"购买单位"是本公司，"印花税票总计"是 660.00 元，这表明本公司因购置房屋而交纳了印花税。

表 4-12-4 是常州市政府非税收入一般缴款书的第二联收据联，此联应作为付款方支付款项的记账依据。该原始凭证注明，"缴款人名称"是本公司，土地登记费和房屋登记费"金额"是 200.00 元，这表明本公司因办理房屋产权证书而交纳了土地登记费和房屋登记费。

表 4-12-2

中华人民共和国税收缴款书（契税专用）

地

04690916

填发日期 2019 年 01 月 15 日　税务机关 常州市新北区税务局契税所

纳税人识别号	913204049343406114		纳税人名称	常州亚兴有限公司	
土地、房屋	3#办公楼		成交面积	120平方米	用途 办公
地址	江苏省常州市新北区蔡会街赵小路59号				
税种	品目名称	计税依据	税率或单位税额	减免税额	税款所属时期 / 实缴金额
契税	房屋买卖	1320000.00	3%		2019-01-15 / 39600.00
金额合计（大写）人民币 叁万玖仟陆佰元整					￥39600.00

税务机关征税专用章（盖章）

填票人 吴江华 （盖章）

契税征收
(013)000000164564
房地产交易契税申报
10103066395482877 0000
人民银行新北区市级金库

第一联（收据）交纳税人作完税凭证

表 4-12-3

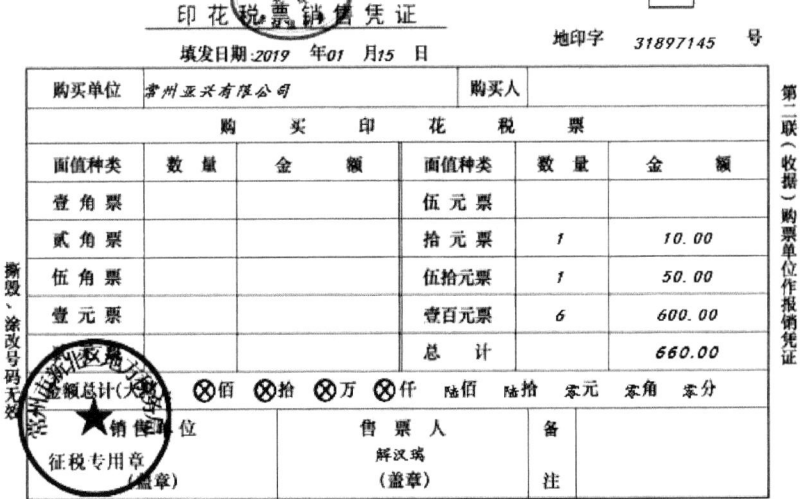

表 4-12-4

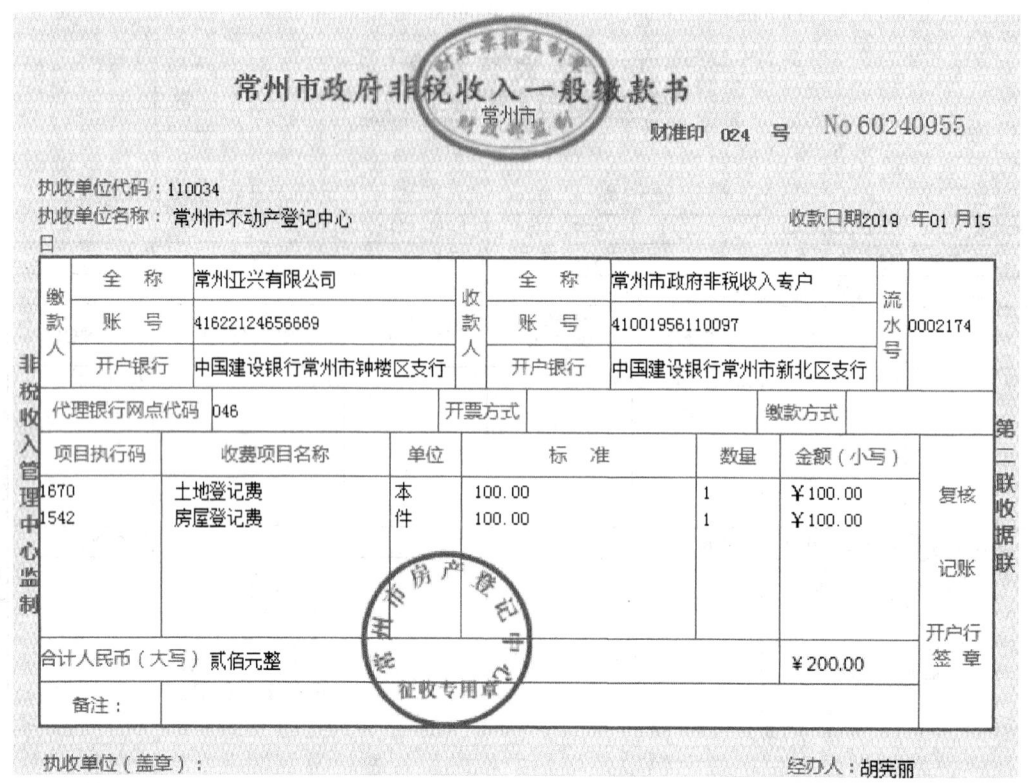

表 4-12-5 是中国建设银行转账支票存根，应作为付款方支付款项的记账依据。该原始凭证注明，"收款人"是常州大名城房地产开发有限公司，"用途"是支付税费，这表明本公司已通过账号 41622124656669 的基本户向常州大名城房地产开发有限公司支付了购买不动产应支付的税费（包括契税"实缴金额"39 600.00 元、"印花税票总计"660.00 元、土地登记费和房屋登记费"金额"200.00 元），进行会计核算时，"金额"40 460.00 元应记入"银行存款——建行 41622124656669"科目的贷方。

表 4-12-5

表 4-12-6 是江苏增值税专用发票的第二联抵扣联,此联应作为购买方抵扣进项税额的依据。该抵扣联不能作为记账凭证的附件,专门用于在规定期限内到税务机关办理认证或在平台办理勾选确认,并在认证通过或勾选确认的次月申报期内,向主管税务机关申报抵扣进项税额。

表 4-12-6

表 4-12-7 是江苏增值税专用发票的第三联发票联,此联应作为购买方的记账依据。该原始凭证注明,"购买方"是本公司,"销货单位名称"是常州大名城房地产开发有限公司,

表 4-12-7

"货物或劳务、服务名称"是3#办公楼,"金额"是1 320 000.00元,"税额"是132 000.00元,"价税合计"是1 452 000.00元,这表明本公司从常州大名城房地产开发有限公司购买了3#办公楼。

表4-12-8是中国建设银行转账支票存根,应作为付款方支付款项的记账依据。该原始凭证注明,"收款人"是常州大名城房地产开发有限公司,"用途"是购买不动产,"金额"是1 452 000.00元,这表明本公司已通过账号41622124656669的基本户向常州大名城房地产开发有限公司支付了购买不动产的款项。进行会计核算时,"金额"1 452 000.00元应记入"银行存款——建行41622124656669"科目的贷方。

表 4-12-8

表4-12-9是新增固定资产登记表,此表作为固定资产增加的记账依据。该原始凭证注明,"资产名称"是3#办公楼,"种类"是房屋建筑物,"使用部门"是销售部,"购入日期"与"投入使用日期"均为2019年1月15日,这表明本公司购置的房屋已在销售部投入使用。进行会计核算时,根据表4-12-2至表4-12-4和表4-12-7注明的契税"实缴金额"39 600.00元、"印花税票总计"660.00元、土地登记费/房屋登记费"金额"200.00元及房屋"金额"1 320 000.00元,合计1 360 460.00元应记入"固定资产——3#办公楼"科目的借方,而表4-12-7中的增值税"税额"132 000.00元的60%即79 200.00元应记入"应交税费——应交增值税——进项税额"科目的借方,40%即52 800.00元应记入"应交税费——待抵扣进项税额"科目的借方。

表 4-12-9

新增固定资产登记表

2019 年 01 月 15 日

资产名称	种类	单位	数量	购入日期	投入使用日期	使用部门
3#办公楼	房屋及建筑物	平方米	120	2019-01-15	2019-01-15	销售部

制表人:钱晓明　　　　　　　　　　　　复核人:袁世民

根据上述分析,该笔业务在T+系统中的操作流程如下:

（1）新增资产：以资产会计李本勇“201008”身份于 2019-01-15 登录，“资产管理”——“业务处理”单击“新增资产”→选择固定资产“房屋建筑物”，卡片日期、资产分类编码、资产属性自动生成，录入资产编码“F01G0401”、资产名称“3＃办公楼”，数量录入“1”，计量单位选择“幢”，使用状况选择“在用”，使用部门选择“销售部”，增加方式选择“购入”，入账日期、预计使用年限等自动生成，录入原值“1 360 460.00”，进项税额改为“132 000.00”，往来单位增加“常州大名城房地产开发有限公司”档案并选择，保存，如图 4-12-1 所示。

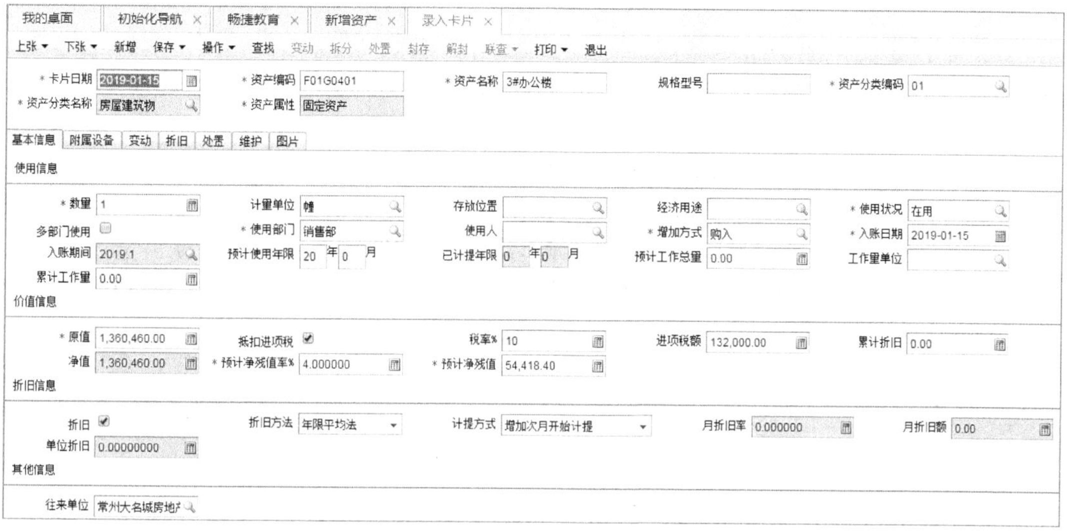

图 4-12-1　[业务 4-12]录入固定资产卡片页面

（2）编辑现金日记账：以出纳朱珊珊“201009”身份于“2019-01-15”登录。“出纳管理”→“业务处理”，单击“现金银行日记账编辑”（银行存款日记账），选择“基本结算户”账户，增行，摘要录入“购置房屋支付税费”，结算方式选择“转账支票”，票号录入“17025809”，贷（支出）金额录入“40 460.00”，经办部门选择“销售部”，对方单位选择“常州大名城房地产开发有限公司”，保存；再增行，摘要录入“支付房屋购置款”，结算方式选择“转账支票”，票号录入“17025810”，贷（支出）金额录入“1 452 000.00”，经办部门选择“销售部”，对方单位选择“常州大名城房地产开发有限公司”，保存，如图 4-12-2 所示。

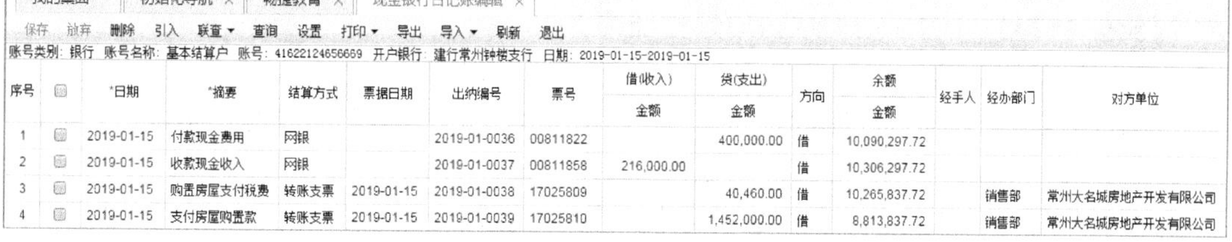

账号类别：银行　账号名称：基本结算户　账号：41622124656669　开户银行：建行常州钟楼支行　日期：2019-01-15-2019-01-15

序号		*日期	*摘要	结算方式	票据日期	出纳编号	票号	借(收入) 金额	贷(支出) 金额	方向	余额 金额	经手人	经办部门	对方单位
1		2019-01-15	付款现金费用	网银		2019-01-0036	00811822		400,000.00	借	10,090,297.72			
2		2019-01-15	收款现金收入	网银		2019-01-0037	00811858	216,000.00		借	10,306,297.72			
3		2019-01-15	购置房屋支付税费	转账支票	2019-01-15	2019-01-0038	17025809		40,460.00	借	10,265,837.72		销售部	常州大名城房地产开发有限公司
4		2019-01-15	支付房屋购置款	转账支票	2019-01-15	2019-01-0039	17025810		1,452,000.00	借	8,813,837.72		销售部	常州大名城房地产开发有限公司

图 4-12-2　[业务 4-12]现金银行日记编辑页面

需要说明的是：在资产管理中新增资产时，即使选择了往来单位，也无法形成应付账款债务（只有采购管理系统采购发票保存并审核才能形成），无法在往来现金的付款单中进行付款并核销的处理操作；在资产管理中增加的资产也不能在往来现金的费用单中重复填制；

因而新增资产时的付款业务只能由出纳在出纳管理的“现金银行日记账编辑”中增加付款记录。

（3）科目设置：以资产会计李本勇“201008”身份于 2019-01-15 登录，“总账”——“日常业务”单击“科目设置”，在资产对方科目扩展设置中增设增减方式为“购入”，科目为“220202 供应商”，日记账对方科目扩展设置中，增设往来单位分类为“供应商”的，科目为“220202”。

（4）生成凭证：以资产会计李本勇“201008”身份于 2019-01-15 登录，“总账”——“日常业务”单击“单据生凭证”，单据选择“资产卡片”和“现金银行日记账”，单击“下一步”，进入“选择查询条件”页面，默认，单击“下一步”，得到“查询结果”，采用合并生成凭证方式，单击“生成凭证”按钮，凭证编号改为“69”，附单据数改为“8”，第二行科目“22210101”的金额改为“79 200”，插分，录入科目“222113”，录入借方金额“52 800.00”，第四行摘要改为“购置房屋支付税费”，辅助核算项双击，贷方金额录入“40 460.00”，结算方式选择“转账支票”，票据号录入“17025809”，第五行科目仍然是银行存款，摘要改为“购置房屋支付房款”，贷方金额录入“1 452 000.00”，结算方式选择“转账支票”，票据号录入“17025810”，所有“银行存款”科目现金流量均选择为“13”，保存，如图 4-12-3 所示。

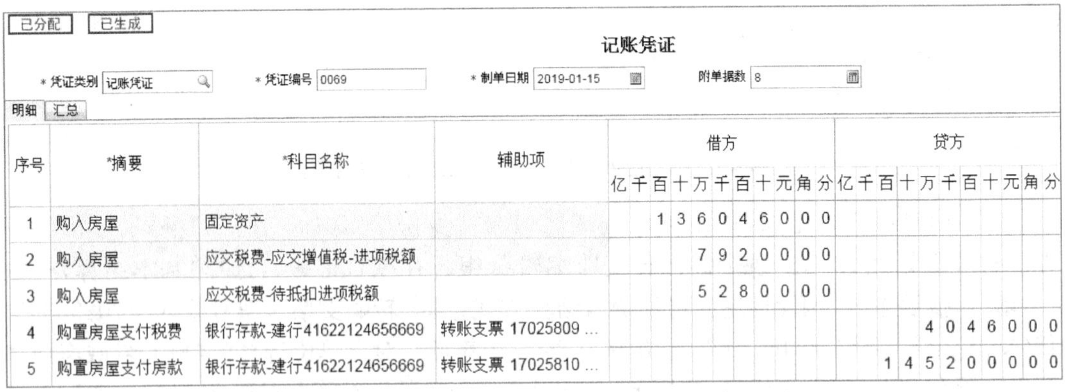
已分配　已生成

记账凭证

* 凭证类别 记账凭证　* 凭证编号 0069　* 制单日期 2019-01-15　附单据数 8

明细　汇总

序号	*摘要	*科目名称	辅助项	借方	贷方
				亿千百十万千百十元角分	亿千百十万千百十元角分
1	购入房屋	固定资产		136046000	
2	购入房屋	应交税费-应交增值税-进项税额		7920000	
3	购入房屋	应交税费-待抵扣进项税额		5280000	
4	购置房屋支付税费	银行存款-建行41622124656669	转账支票 17025809 …		4046000
5	购置房屋支付房款	银行存款-建行41622124656669	转账支票 17025810 …		145200000

图 4-12-3　[业务 4-12]记账凭证页面

（二）需计提折旧/摊销长期资产处置业务会计电算化处理

【业务 4-13】　1 月 15 日，取得原始凭证共 1 张。

表 4-13-1 是固定资产处置申请单，此联应作为处置固定资产的记账依据。该原始凭证注明，“固定资产名称”是设备 B，“资产编号”是 M01M0501_2，“处置原因”是毁损，“原值”是 128 000.00 元，截至上月月末“累计折旧”是 107 520.00 元，“月折旧额”是 1 024.00 元，财务部、公司领导均批准同意处理。这表明本公司将处置设备 B。进行会计核算时，需要计提当月折旧 1 024.00 元，其分录与本月计提折旧/摊销的分录合并完成，连同截至上月月末“累计折旧”107 520.00 元后为合计 108 544.00 元，应记入“累计折旧”科目的借方，“原值”128 000.00 元应记入“固定资产——设备 B”科目的贷方，借贷差额 19 456.00 元，应记入“固定资产清理——设备 B”科目的借方。

表 4-13-1

固定资产处置申请单

2019 年 01 月 15 日

固定资产名称	设备B	单位	台	型号		数量	1
资产编号	M01M0501_2	停用时间	2019-01-15	投入使用时间	2010-03-16	使用部门	生产车间
已提折旧月数	105	原值	128000.00	累计折旧	107520.00		
有效使用年限	10年	月折旧额	1024.00	净值	20480.00		

处置原因：毁损

财务部门意见：	公司领导意见：
同意处理　　　　袁世民　　　　2019 年 01 月 15 日	同意处理　　　　赵卫宇　　　　2019 年 01 月 15 日

编制人：　梁初瑜　　　　　使用部门负责人：　柳世杰

根据上述分析，该笔业务在 T+ 系统中的操作流程如下：

(1) 进行项目、费用设置：以账套主管袁世民"201006"身份于 2019-01-15 登录，对于非流动资产处置，需要设置的项目、收入、费用及与之对应的科目如表 4-13-2 所示，在"基础设置"的"项目""收入""费用"中进行详细设置，并在相关设置及"总账——日常业务"中的"科目设置"中增设收入及费用扩展科目。

表 4-13-2　　　　固定资产处置项目、收入、费用等档案及科目设置一览表

名称	编码	名称	具体项目	具体项目	收入/费用科目设置
一级项目	X12	非流动资产处置			无
二级项目	X1201	二手处置	X120101	设备 W	
	X1202	其他处置	X120201	设备 B	设置"固定资产清理"科目该科目必须按项目进行辅助核算
收入			04	非流动资产处置收入	
费用	07	固定资产清理支出	0701	清理运费	

其中，二手处置是指能按原用途使用的非流动资产进行的处置；其他处置是指不能按原用途使用的非流动资产处置。

本教材只考虑固定资产的处置，因此设置的科目是固定资产清理。如果是无形资产处置，则需要另行处理。

(2) 拆分资产：以资产会计李本勇"201008"身份于 2019-01-15 登录，"资产管理"——"业务处理"单击"资产拆分"→单据日期、单据编号自动生成，拆分原因选择"部分清理"，选择固定编码"M01M0501"，自动显示需拆分资产信息，勾选按数量拆分，勾选本月计提，在表体中将资产编码依次改为"M01M0501_1"和"M01M0501_2"，单击"保存"，如图 4-13-1

所示。

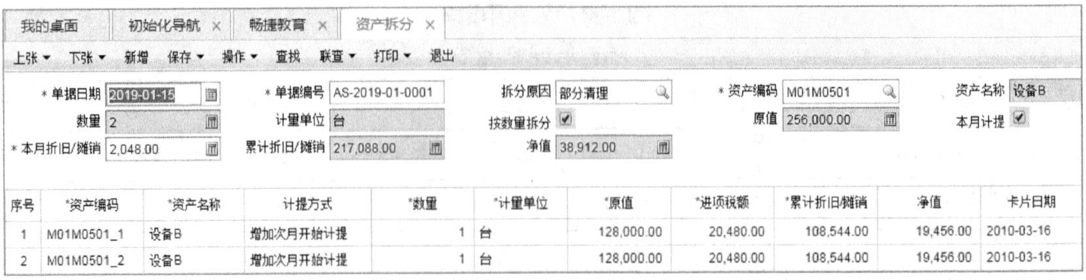
我的桌面 初始化导航 × 畅捷教育 × 资产拆分 ×

上张 ▾ 下张 ▾ 新增 保存 ▾ 操作 ▾ 查找 联查 ▾ 打印 ▾ 退出

* 单据日期 2019-01-15　* 单据编号 AS-2019-01-0001　拆分原因 部分清理　* 资产编码 M01M0501　资产名称 设备B

数量 2　计量单位 台　按数量拆分 ☑　原值 256,000.00　本月计提 ☑

* 本月折旧/摊销 2,048.00　累计折旧/摊销 217,088.00　净值 38,912.00

序号	*资产编码	*资产名称	计提方式	*数量	*计量单位	*原值	*进项税额	*累计折旧/摊销	净值	卡片日期
1	M01M0501_1	设备B	增加次月开始计提	1	台	128,000.00	20,480.00	108,544.00	19,456.00	2010-03-16
2	M01M0501_2	设备B	增加次月开始计提	1	台	128,000.00	20,480.00	108,544.00	19,456.00	2010-03-16

图 4-13-1 [业务 4-13]资产拆分页面

(3) 资产处置:以资产会计李本勇“201008”身份于 2019-01-15 登录,“资产管理”——“业务处理”单击“资产处置”→单据日期、单据编号自动生成,处置方式选择“毁损”,在表体中选择资产编码“M01M0501_2”,自动显示需处置资产信息,本月计提处选择“是”,单击“保存”,显示提示“是否同时封存资产卡片? ……”,单击“否”,如图 4-13-2 所示。

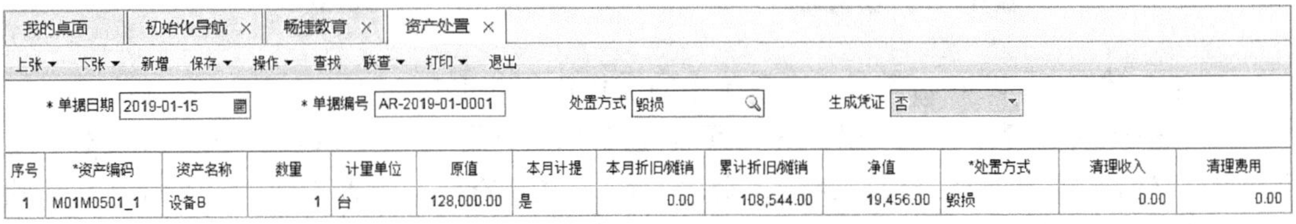
我的桌面 初始化导航 × 畅捷教育 × 资产处置 ×

上张 ▾ 下张 ▾ 新增 保存 ▾ 操作 ▾ 查找 联查 ▾ 打印 ▾ 退出

* 单据日期 2019-01-15　* 单据编号 AR-2019-01-0001　处置方式 毁损　生成凭证 否

序号	*资产编码	资产名称	数量	计量单位	原值	本月计提	本月折旧/摊销	累计折旧/摊销	净值	*处置方式	清理收入	清理费用
1	M01M0501_1	设备B	1	台	128,000.00	是	0.00	108,544.00	19,456.00	毁损	0.00	0.00

图 4-13-2 [业务 4-13]资产处置页面

(4) 科目设置:以资产会计李本勇“201008”身份于 2019-01-15 登录,“总账”——“日常业务”单击“科目设置”,在资产对方科目扩展设置中增行单据类型选择“处置单”,资产属性选择“固定资产”,科目为“1606 固定资产清理”。

(5) 生成凭证:以资产会计李本勇“201008”身份于 2019-01-15 登录,“总账”——“日常业务”单击“单据生凭证”,单据选择“处置单”,单击“下一步”,进入“选择查询条件”页面,默认,单击“下一步”,得到“查询结果”,单击“生成凭证”按钮,凭证编号改为“70”,摘要改为“设备毁损转入清理”,固定资产清理科目选择辅助项“设备 B”,保存,如图 4-13-3 所示。

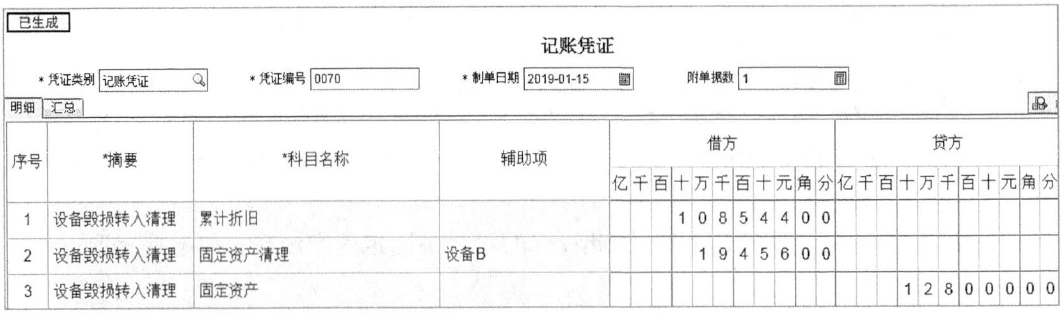
已生成

记账凭证

* 凭证类别 记账凭证　* 凭证编号 0070　* 制单日期 2019-01-15　附单据数 1

明细 汇总

序号	*摘要	*科目名称	辅助项	借方	贷方
1	设备毁损转入清理	累计折旧		10854400	
2	设备毁损转入清理	固定资产清理	设备B	1945600	
3	设备毁损转入清理	固定资产			12800000

图 4-13-3 [业务 4-13]生成凭证页面

【业务 4-14】 1 月 15 日,取得原始凭证 3 张。

表 4-14-1 是江苏增值税专用发票的第二联抵扣联,此联应作为购买方抵扣进项税额

的依据。该抵扣联不能作为记账凭证的附件，专门用于在规定期限内到税务机关办理认证或在平台办理勾选确认，并在认证通过或勾选确认的次月申报期内，向主管税务机关申报抵扣进项税额。

表4-14-1

表4-14-2是江苏增值税专用发票的第三联发票联，此联应作为购买方的记账依据。该原始凭证注明，"购买方"是本公司，"销售方"是常州安福服务有限公司，"货物或应税劳

表4-14-2

务、服务名称"是运费,"金额"是2 000.00元,"税额"是220.00元,该设备于2009年3月16日投入使用,这表明本公司处置该设备时从常州安福服务有限公司接受了运输服务,不属于简易计税对象。进行会计核算时,"金额"2 000.00元应记入"固定资产清理——设备B"科目的借方,"税额"200.00元应记入"应交税费——应交增值税——进项税额"科目的借方。

表4-14-3是转账支票存根,此联应作为付款方支付款项的记账依据。该原始凭证的内容表明,"收款人"是常州安福服务有限公司,"付款行账号"是41622124656669,"金额"是2 200.00元,这表明本公司通过账号为41622124656669基本户支付了清理运费2 200.00元,进行会计核算时,"金额"2 200.00元应记入"银行存款——建行41622124656669"科目的贷方。

表4-14-3

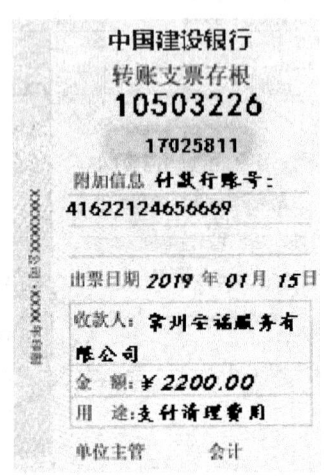

根据上述分析,该笔业务在T+系统中的操作流程如下:

(1) 填制费用单:以出纳朱珊珊"201009"身份于2019-01-15登录,"往来现金"——"单据"单击"费用单",单据日期、单据编号自动生成,业务类型选择"现金费用",票据类型选择"专用发票",项目单击搜索图标,在项目选择"设备B";明细中,单击第一行费用名称选择"清理运费",税率录入"10",录入金额"2 000.00",现结金额根据表4-14-3,结算方式选择"转账支票"、结算票据号录入"17025811",保存并审核,如图4-14-1所示。

图4-14-1 [业务4-14]费用单录入页面

(2) 生成凭证:以资产会计李本勇"201008"身份于2019-01-15登录,"总账"——"日常业务"单击"单据生凭证",单据选择"费用单",单击"下一步",进入"选择查询条件"页面,默认,单击"下一步",得到"查询结果",然后单击"生成凭证"按钮,附单据数改为"2",摘要改为"毁损设备清理支出",对银行存款科目录入现金流量项目"16 支付的其他与投资活动有关的现金",保存,如图 4-14-2 所示。

序号	摘要	*科目名称	辅助项	借方	贷方
1	毁损设备清理支出	固定资产清理	设备B	2 0 0 0 0 0	
2	毁损设备清理支出	应交税费-应交增值税-进项税额		2 0 0 0 0	
3	毁损设备清理支出	银行存款-建行41622124656669	转账支票 17025811…		2 2 0 0 0 0

图 4-14-2 [业务 4-14]记账凭证页面

【业务 4-15】 1 月 15 日,取得原始凭证 2 张。

表 4-15-1 是江苏增值税专用发票的第一联记账联,此联应作为销售方的记账依据。该原始凭证注明,"销售方"是本公司,"购买方"是常州市物资回收有限公司,"货物或应税劳务、服务名称"是设备 B 部件,"金额"是 1 500.00 元,"税额"是 240.00 元。这表明本公司将毁损的设备 B 部件出售给常州市物资回收有限公司。进行会计核算时,"金额"1 500.00 元应记入"固定资产清理——设备 B"科目的贷方,"税额"240.00 元应记入"应交税费——应交增值税——销项税额"科目的贷方。

表 4-15-1

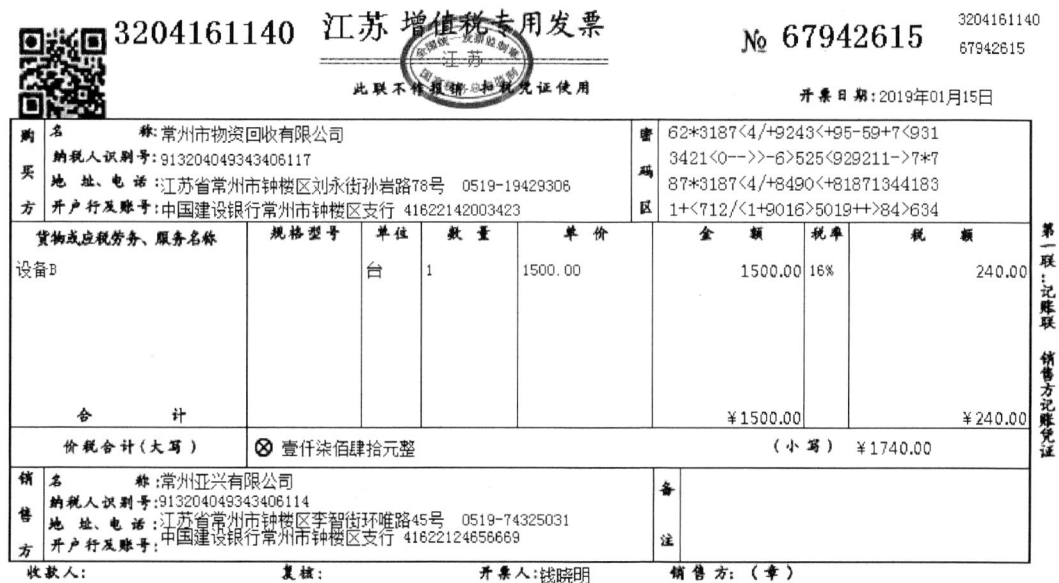

表 4-15-2 是中国建设银行客户专用回单贷方回单联,此联应作为收款方收取款项的记账依据。该原始凭证注明"收款人"是本公司,"收款人开户行"是 41622124656669,"付款人"是常州市物资回收有限公司,"金额"是 1 740.00 元,表明本公司账号为 41622124656669

的基本户收到了销售给常州市物资回收有限公司设备 B 部件的全部款项。进行会计核算时,"金额"1 740.00 元应记入"银行存款——建行 41622124656669"科目的借方。

表 4-15-2

中国建设银行客户专用回单

币别:人民币			2019 年 01 月 15 日	流水号 320420027J0500811971	
付款人	全称	常州市物资回收有限公司	收款人	全称	常州亚兴有限公司
	账号	41622142003423		账号	41622124656669
	开户行	中国建设银行常州市钟楼区支行		开户行	中国建设银行常州市钟楼区支行
金额	(大写)人民币 壹仟柒佰肆拾元整			(小写)¥1740.00	
凭证种类	网银		凭证号码		
结算方式	转账		用途	支付回收设备B货款	

打印柜员:320425584257
打印机构:中国建设银行常州市钟楼区支行
打印卡号:105377667657

打印时间:2019-01-15   交易柜员:320425584268   交易机构:320410500541111607

根据上述分析,该笔业务在 T+系统中的操作流程如下:

(1)填制收入单:以出纳朱珊珊"201009"身份于 2019-01-15 登录,"往来现金"——"单据"单击"收入单",单据日期、单据编号自动生成,业务类型选择"现金收入",票据类型选择"专用发票",项目选择"设备 B";明细中,收入名称选择"非流动资产处置收入",税率录入"16",录入金额"1 500.00",现结金额中,结算方式选择"网银"、结算票据号录入"00811971",保存并审核,如图 4-15-1 所示。

图 4-15-1 [业务 4-15]收入单页面

(2)生成凭证:以资产会计李本勇"201008"身份于 2019-01-15 登录,"总账"——"日常业务"单击"单据生凭证",单据选择"收入单",单击"下一步",进入"选择查询条件"页面,默认,单击"下一步",得到"查询结果",然后单击"生成凭证"按钮,附单据数改为"2",摘要改为"取得毁损设备清理收入",对银行存款科目手工选择现金流量项目"16 支付的其他与投资活动有关的现金(流量项目金额为"−1 755.00")",保存,如图 4-15-2 所示。

已分配 已生成

记账凭证

* 凭证类别 记账凭证　* 凭证编号 0072　* 制单日期 2019-01-15　附单据数 2

明细 汇总

序号	*摘要	*科目名称	辅助项	借方											贷方										
				亿	千	百	十	万	千	百	十	元	角	分	亿	千	百	十	万	千	百	十	元	角	分
1	取得毁损设备清理收入	银行存款-建行41622124656669	网银 00811971...						1	7	4	0	0	0											
2	取得毁损设备清理收入	固定资产清理	设备B																	1	5	0	0	0	0
3	取得毁损设备清理收入	应交税费-应交增值税-销项税额																			2	4	0	0	0

图 4-15-2 [业务 4-15]生成凭证页面

【业务 4-16】 1 月 15 日，取得原始凭证 1 张。

表 4-16-1 是固定资产处置结果表，应作为确认固定资产处置净损益的记账依据。该原始凭证注明，毁损的设备 B 在清理结束时出现的“出售净损益”是－19 956.00 元，这表明本公司毁损设备 B 处置后应确认净损失，进行会计核算时，净损失 19 956.00 元应分别记入“营业外支出——非流动资产处置损失”科目的借方以及“固定资产清理”辅助项“设备 B”科目的贷方。

表 4-16-1

固定资产处置结果表

2019 年 01 月 15 日

固定资产名称	设备B	原价	128000.00	已提折旧	108544.00
净值	19456.00	出售价格（不含税）	1500.00	清理费用	2000.00
出售净损益	-19956.00				
财务部门意见： 净损益按《企业会计准则》处理。 袁世民 2019 年 01 月 15 日			公司领导意见： 同意 赵卫宇 2018 年 01 月 15 日		

根据上述分析，该笔业务在 T＋系统中的操作流程如下：

填制凭证：以资产会计李本勇“201008”身份于 2019-01-15 登录，“总账”——“日常业务”单击“填制凭证”，附单据数录入“1”，摘要录入“结转清理 B 设备净损益”，第一行科目选择“营业外支出——非流动资产处置损失”，借方金额录入“19 956.00”，第二行选择科目“固定资产清理”，辅助项选择“设备 B”，保存，如图 4-16-1 所示。

记账凭证

* 凭证类别 记账凭证　* 凭证编号 0073　* 制单日期 2019-01-15　附单据数 1

明细 汇总

序号	*摘要	*科目名称	辅助项	借方											贷方										
				亿	千	百	十	万	千	百	十	元	角	分	亿	千	百	十	万	千	百	十	元	角	分
1	结转清理B设备净损益	营业外支出-非流动资产处置损失						1	9	9	5	6	0	0											
2	结转清理B设备净损益	固定资产清理	设备B																1	9	9	5	6	0	0

图 4-16-1 [业务 4-16]填制凭证页面

【业务 4-17】 1月15日,取得原始凭证1张。

表 4-17-1 是固定资产处置申请单,此联作为处置固定资产的依据。该原始凭证注明,"固定资产名称"是设备 W,"资产编号"是 M01M0508,"处置原因"是出售,"原值"是 200 000.00 元,截至上月月末"累计折旧"是 192 000.00 元,"月折旧额"是 1 600.00 元,财务部、公司领导均批准同意处理,这表明本公司将出售设备 W。进行会计核算时,连同截至上月月末"累计折旧"192 000.00 元,应记入"累计折旧"科目的借方,"原值"200 000.00 元应记入"固定资产——设备 W"科目的贷方,借贷差额 8 000.00 元,应记入"固定资产清理——设备 W"科目的借方。

表 4-17-1

固定资产处置申请单

2019 年 01 月 15 日

固定资产名称	设备W	单位	台	型号		数量	1
资产编号	M01M0508	停用时间	2019-01-15	投入使用时间	2008-12-21	使用部门	生产车间
已提折旧月数	120	原值	200000.00	累计折旧		192000.00	
有效使用年限	10	月折旧额	1600.00	净值		8000.00	
处置原因:出售							

财务部门意见:	公司领导意见:
同意出售 袁世民 2019 年 01 月 15 日	同意出售固定资产 赵卫宇 2019 年 01 月 15 日

| 编制人: 梁初瑜 | 使用部门负责人: 柳世杰 |

根据上述分析,该笔业务在 T+系统中的操作流程如下:

(1) 资产处置:以资产会计李本勇"201008"身份在 2019-01-15 登录,"资产管理"——"业务处理"单击"资产处置"→单据日期、单据编号自动生成,处置方式选择"出售",选择资产编码"M01M0508",自动显示需处置资产信息,本月计提处选择"是",单击"保存",如图 4-17-1 所示。

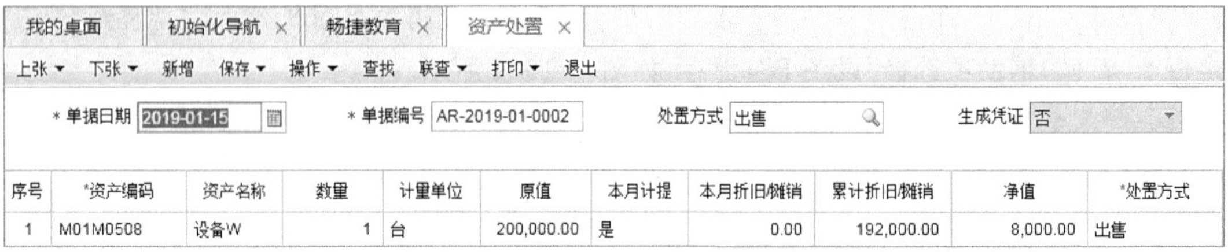

图 4-17-1 [业务 4-17]资产处置页面

(2) 生成凭证:以资产会计李本勇"201008"身份在 2019-01-15 登录,"总账"——"日常业务"单击"单据生凭证",单据选择"处置单",单击"下一步",进入"选择查询条件"页面,默认,单击"下一步",得到"查询结果",然后单击"生成凭证"按钮,摘要改为"设备出售转入清理",保存,如图 4-17-2 所示。

序号	摘要	科目名称	辅助项	借方	贷方
1	设备出售转入清理	累计折旧		19200.00	
2	设备出售转入清理	固定资产清理	设备W	800.00	
3	设备出售转入清理	固定资产			20000.00

图 4-17-2 [业务 4-17]生成凭证页面

【业务 4-18】 1 月 15 日,取得原始凭证 2 张。

表 4-18-1 是江苏增值税专用发票的第一联记账联,此联应作为销售方的记账依据。该原始凭证注明,"销售方"是本公司,"购买方"是常州福田有限公司,"货物或应税劳务、服务名称"是设备 W,"金额"是 30 000.00 元,因为表 4-17-1 中注明设备 W"使用日期"是 2008-12-21,出售时适用简易计税,所以"税率"是 3%,"税额"是 900.00 元,这表明本公司将设备 W 作为二手设备出售给常州福田有限公司。进行会计核算时,"金额"30 000.00 元应记入"固定资产清理——设备 W"科目的贷方,"税额"900.00 元,应记入"应交税费——简易计税"科目的贷方。

表 4-18-1

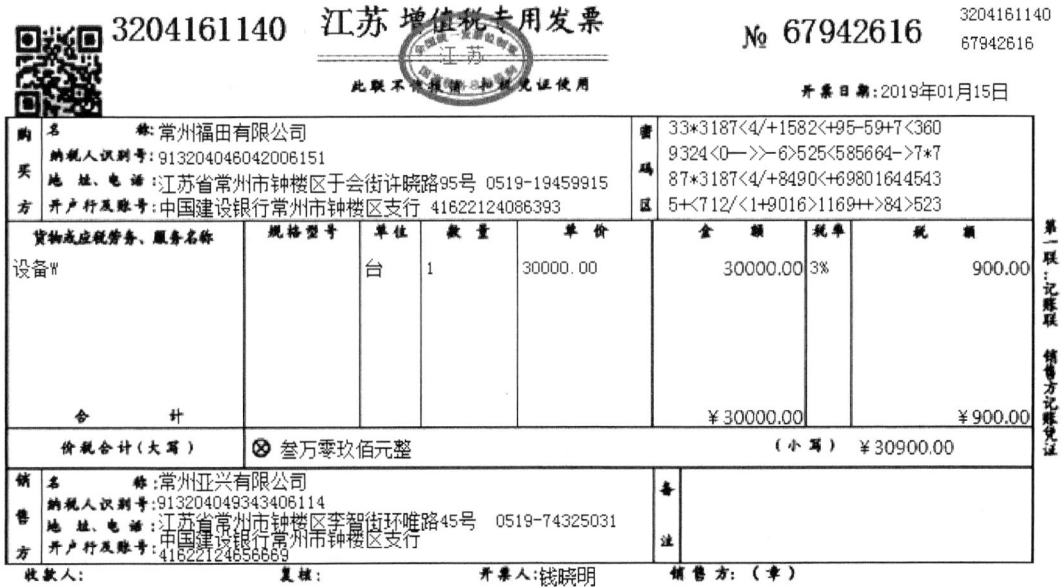

表 4-18-2 是中国建设银行客户专用回单贷方回单联,此联应作为收款方收取款项的记账依据。该原始凭证注明"收款人"是本公司,"收款人开户行"是 41622124656669,"付款人"是常州福田有限公司,"金额"是 30 900.00 元,这表明本公司账号为 41622124656669 的

基本户收到了销售给常州福田有限公司设备W的全部款项。进行会计核算时,"金额"30 900.00元应记入"银行存款——建行41622124656669"科目的借方。

表 4-18-2

中国建设银行客户专用回单

币别:人民币			2019 年 01 月 15 日	流水号 320420027J0500812049	
付款人	全称	常州福田有限公司	收款人	全称	常州亚兴有限公司
	账号	41622124086393		账号	41622124656669
	开户行	中国建设银行常州市钟楼区支行		开户行	中国建设银行常州市钟楼区支行
金额		(大写)人民币叁万零玖佰元整		(小写)¥30900.00	
凭证种类		网银	凭证号码		
结算方式		转账	用途	转账	

打印柜员:320425584257
打印机构:中国建设银行常州市钟楼区支行
打印卡号:105077803702

(中国建设银行专用章)

打印时间:2019-01-15　交易柜员:320425584268　交易机构:320410500541111603

根据上述分析,该笔业务在T+系统中的操作流程如下:

(1)填制收入单:以出纳朱珊珊"201009"身份于2019-01-15登录,"往来现金"——"单据"单击"收入单",单据日期、单据编号自动生成,业务类型选择"现金收入",票据类型选择"专用发票",项目选择"设备W";收入名称选择"非流动资产处置收入",税率(%)录入"3%",录入金额"30 000.00",现结金额中,结算方式选择"网银"、结算票据号录入"00812049",保存并审核,如图4-18-1所示。

图 4-18-1 [业务 4-18]收入单页面

(2)生成凭证:以资产会计李本勇"201008"身份于2019-01-15登录,"总账"——"日常业务"单击"单据生凭证",单据选择"收入单",单击"下一步",进入"选择查询条件"页面,默认,单击"下一步",得到"查询结果",然后单击"生成凭证"按钮,附单据数改为"2",摘要改为"取得出售设备款",对银行存款科目录入现金流量项目"10","22210102"科目改为"222112",保存,如图4-18-2所示。

图 4-18-2 [业务 4-18]生成凭证页面

序号	摘要	科目名称	辅助项	借方	贷方
1	取得出售设备款	银行存款-建行41622124656669	网银 00812049...	30 900.00	
2	取得出售设备款	固定资产清理	设备W		30 000.00
3	取得出售设备款	应交税费-简易计税			900.00

凭证类别：记账凭证　凭证编号：0075　制单日期：2019-01-15　附单据数：2

【业务 4-19】 1月15日，取得原始凭证1张。

表 4-19-1 是固定资产处置结果表，应作为确认固定资产处置净损益的记账依据。该原始凭证注明，出售的设备 W 在清理结束时出现的"出售净损益"是 22 000.00 元，这表明本公司出售设备 W 后应确认净利得，进行会计核算时，净利得 22 000.00 元应分别记入"固定资产清理——设备 W"科目的借方以及"资产处置损益——非流动资产处置利得"科目的贷方。

表 4-19-1

固定资产处置结果表

2019 年 01 月 15 日

固定资产名称	设备W	原价	200000.00	已提折旧	192000.00
净值	8000.00	出售价格（不含税）	30000.00	清理费用	
出售净损益	22000.00				
财务部门意见： 净损益按《企业会计准则》处理。 袁世民 2019 年 01 月 15 日			公司领导意见： 同意 赵卫宇 2019 年 01 月 15 日		

根据上述分析，该笔业务在 T+系统中的操作流程如下：

填制凭证：以资产会计李本勇"201008"身份于 2019-01-15 登录，"总账"——"日常业务"单击"填制凭证"，附单据数录入"1"，摘要录入"结转出售设备净损益"，第一行科目选择"固定资产清理"，辅助项选择"设备 W"，借方金额录入"22 000.00"，第二行科目选择"资产处置损益——非流动资产处置利得"，保存，如图 4-19-1 所示。

需要说明的是：对于 2009 年前购置设备进行处置的，取得处置收入时，可按 3%税率开具增值税普通发票，并减按 2%缴纳增值税，若开具的是增值税专用发票，则不享受减按 2%缴纳增值税的政策；从 2019-01-01 起，对于非流动资产（包括固定资产、无形资产等）处置的方式不同，对应的核算科目也不相同，如表 4-19-2 所示。

记账凭证

序号	摘要	*科目名称	辅助项	借方	贷方
1	结转出售设备净损益	固定资产清理	设备W	2200000	
2	结转出售设备净损益	资产处置损益-非流动资产处置利得			2200000

图 4-19-1　[业务 4-19]填制记账凭证页面

表 4-19-2　　　　　　　　　非流动资产不同处置方式一览表

处置方式	特点	处置结果	对应科目
二手处置	保持原使用价值的资产特性，处置方式往往是出售	净收益	资产处置损益——非流动资产处置利得
		净损失	资产处置损益——非流动资产处置损失
其他处置	不再具有原资产使用价值，处置方式往往是报废、毁损等	净收益	营业外收入——非流动资产处置利得
		净损失	营业外支出——非流动资产处置损失

【业务 4-20】　1 月 15 日，取得原始凭证 2 张。

表 4-20-1 是江苏增值税专用发票的第一联记账联，此联应作为销售方的记账依据。该原始凭证注明，"销售方"是本公司，"购买方"是常州天达有限公司，"货物或应税劳务、服务名称"是 1 月房屋租赁费，"金额"是 30 000.00 元，"税额"是 3 000.00 元。这表明本公司向常州天达有限公司提供了租赁服务，提供租赁服务是本公司的非主营业务，进行会计核算时，"金额" 30 000.00 元应记入"其他业务收入——出租固定资产"科目的贷方，"税额" 3 000.00 元应记入"应交税费——应交增值税——销项税额"科目的贷方。

表 4-20-1

表 4-20-2 是中国建设银行客户专用回单贷方回单联,此联应作为收款方收取款项的记账依据。该原始凭证注明"收款人"是本公司,"收款人开户行"是 41622124656669,"付款人"是常州天达有限公司,"金额"是 33 000.00 元,表明本公司账号为 41622124656669 的基本户收到了出租给常州天达有限公司房屋的本月租金。进行会计核算时,"金额"33 000.00元应记入"银行存款——建行 41622124656669"科目的借方。

表 4-20-2

根据上述分析,该笔业务在 T+系统中的操作流程如下:

(1) 填制收入单:以出纳朱珊珊"201009"身份于 2019-01-15 登录,"往来现金"——"单据"单击"收入单",单据日期、单据编号自动生成,业务类型选择"现金收入",票据类型选择"专用发票",明细中,单击第一行收入名称,在搜索图标处单击,使用新增方式增加收入编码"05"名称"租金收入"及下级收入编码"0501",名称"投资性房地产租金",并选择"投资性房地产租金",税率(%)录入"10%",录入金额"30 000.00",现结金额根据表 4-20-2,结算方式选择"网银"、结算票据号录入"00812157",保存并审核,如图 4-20-1 所示。

图 4-20-1 [业务 4-20]收入单页面

(2) 生成凭证:以资产会计李本勇"201008"身份于 2019-01-15 登录,"总账"——"日常业务"单击"单据生凭证",单据选择"收入单",单击"下一步",进入"选择查询条件"页面,默认,单击"下一步",得到"查询结果",单击"生成凭证"按钮,附单据数改为"2",摘要改为"取得房屋租金",对银行存款科目录入现金流量项目"03",保存,如图 4-20-2 所示。

序号	摘要	*科目名称	辅助项	借方	贷方
1	取得房屋租金	银行存款-建行41622124656669	网银 00812157…	3 300 000	
2	取得房屋租金	应交税费-应交增值税-销项税额			300 000
3	取得房屋租金	其他业务收入-出租固定资产			3 000 000

图 4-20-2 [业务 4-20]记账凭证页面

(三) 其他长期资产计提折旧与摊销业务会计电算化处理

【业务 4-21】 1 月 31 日,取得原始凭证 1 张。

表 4-21-1 是计提折旧/摊销一览表,此表应作为期末计提固定资产及投资性房地产折旧、无形资产及长期待摊费用摊销的记账依据。该原始凭证注明,"用途"为出租的"投资性房地产"摊销 6 000.00 元,"长期待摊费用"摊销 12 000.00 元;"部门"为管理部门的"固定资产"计提折旧 12 906.66 元,"无形资产"摊销 5 995.00 元;"部门"为生产车间的"固定资产"计提折旧 32 074.67 元。进行会计核算时,"用途"为出租的"投资性房地产"摊销 6 000.00 元应分别记入"其他业务成本——出租固定资产"科目的借方和"投资性房地产累计折旧"科目的贷方,"长期待摊费用"摊销 12 000.00 元应分别记入"其他业务成本——投资性房地产装修支出"科目的借方和"长期待摊费用——投资性房地产装修支出"科目的贷方;"部门"为管理部门的"固定资产"计提折旧 12 906.66 元应分别记入"管理费用——折旧费"科目的借方和"累计折旧"科目的贷方,"无形资产"摊销 5 995.00 元应分别记入"管理费用——无形资产摊销"科目的借方和"累计摊销"科目的贷方;"部门"为生产车间的"固定资产"计提折旧 32 074.67 元,应分别记入"制造费用——折旧费"科目的借方和"累计折旧"科目的贷方。

表 4-21-1　　　　　　　　　计提折旧/摊销一览表
2019 年 01 月 31 日

部门/用途	投资性房地产	固定资产	无形资产	长期待摊费用	合计
出租	6 000			12 000	18 000
管理部门		12 906.66	5 995		18 901.66
生产车间		32 074.67			32 074.67
合计	6 000	44 981.33	5 995	12 000	68 976.33

编制:李本勇　　　　　　　　　　　　　　　　　　　　　　审核:袁世民

根据上述分析,该笔业务在 T+系统中的操作流程如下:
(1) 计提折旧/摊销:以资产会计李本勇"201008"身份于 2019-01-31 登录,"资产管理——业务处理"单击"计提折旧与摊销",勾选单据日期"2019.01.01—2019.01.31",单击"快速计提"命令按钮。计提折旧与摊销的详细资料,如图4-21-1和图4-21-2所示。

序号	资产编码	资产名称	原值	期初累计折旧/摊销	本月折旧/摊销	月折旧率/摊销率	期末累计折旧/摊销
1	C01G0101	投资性房地产…	720,000.00	288,000.00	12,000.00	0.016667	300,000.00
2	E01G0101	空调P	47,000.00	30,079.92	1,253.33	0.026667	31,333.25
3	E01G0102	电脑E	182,000.00	116,479.92	4,853.33	0.026667	121,333.25
4	E01M0501	空调T	58,000.00	47,946.77	1,546.67	0.026667	49,493.44
5	E01M0502	电脑H	18,000.00	9,600.00	480.00	0.026667	10,080.00
6	F01G0101	1#办公楼	800,000.00	278,400.00	3,200.00	0.004000	281,600.00
7	F01M0501	厂房	4,000,000.00	1,392,000.00	16,000.00	0.004000	1,408,000.00
8	L01G0101	专利权L	154,200.00	46,260.00	1,285.00	0.008333	47,545.00
9	M01M0501	设备B	256,000.00	215,040.00	2,048.00	0.008333	217,088.00
10	M01M0501_1	设备B	128,000.00	108,544.00	0.00	0.000000	108,544.00
11	M01M0503	设备F	1,000,000.00	648,000.00	8,000.00	0.008000	656,000.00
12	M01M0507	设备G	500,000.00	328,000.00	4,000.00	0.008000	332,000.00

图4-21-1 计提折旧/摊销一览表(一)

13	Q01G0101	土地使用权	2,106,000.00	351,000.00	3,510.00	0.001667	354,510.00
14	S01G0101	专有技术P	144,000.00	28,800.00	1,200.00	0.008333	30,000.00
15	T05G0101	2#办公楼	1,500,000.00	300,000.00	6,000.00	0.004000	306,000.00
16	Y01G0401	大众轿车	180,000.00	97,200.00	3,600.00	0.020000	100,800.00

图4-21-2 计提折旧/摊销一览表(二)

(2) 科目设置:以资产会计李本勇"201008"身份于2019-01-31登录,"总账——日常业务"单击"科目设置",在折旧/摊销对方科目项进行科目扩展设置,如图4-21-3所示。

折旧/摊销对方科目扩展设置

序号	部门	资产属性	资产分类	科目编码	科目名称
1	管理部门	固定资产		660215	折旧费
2	生产车间	固定资产		510112	折旧费
3		无形资产		660205	无形资产摊销费
4		投资性房地产		640201	出租固定资产
5		长期待摊费用		640203	投资性房地产…

图4-21-3 折旧/摊销对方科目扩展设置

(3) 生成凭证:以资产会计李本勇"201008"身份于2019-01-31登录,"总账"——"日常业务"单击"单据生凭证",单据选择"折旧/摊销清单",单击"下一步",进入"选择查询条件"

页面,默认,单击“下一步”,得到“查询结果”,然后单击“生成凭证”按钮,保存,如图 4-21-4 和图 4-21-5 所示。

已生成

记账凭证

*凭证类别 记账凭证　*凭证编号 0101　*制单日期 2019-01-31　附单据数 1

明细　汇总

序号	*摘要	*科目名称	借方											贷方										
			亿	千	百	十	万	千	百	十	元	角	分	亿	千	百	十	万	千	百	十	元	角	分
1	计提折旧/摊销	制造费用-折旧费					3	2	0	7	4	6	7											
2	计提折旧/摊销	其他业务成本-出租固定资产						6	0	0	0	0	0											
3	计提折旧/摊销	其他业务成本-投资性房地产装修...					1	2	0	0	0	0	0											
4	计提折旧/摊销	管理费用-无形资产摊销费						5	9	9	5	0	0											
5	计提折旧/摊销	管理费用-折旧费					1	2	9	0	6	6	6											
6	计提折旧/摊销	投资性房地产累计折旧																	6	0	0	0	0	0

图 4-21-4 [业务 4-21]生成凭证页面(一)

7	计提折旧/摊销	累计折旧																4	4	9	8	1	3	3
8	计提折旧/摊销	累计摊销																	5	9	9	5	0	0
9	计提折旧/摊销	长期待摊费用-投资性房地产装修...																1	2	0	0	0	0	0

图 4-21-5 [业务 4-21]生成凭证页面(二)

第五章 薪酬及税费业务会计电算化处理

一、薪酬发放业务会计电算化处理

【业务5-1】 1月15日,取得原始凭证2张。

表5-1-1是工资发放明细表,此表应作为支付工资和扣取相关款项的记账依据。该原始凭证注明,"应付工资"是126 500.00元,"代扣三险一金"分别是"养老保险"10 120.00元、"医疗保险"2 650.00元、"失业保险"632.50元、"住房公积金"12 650.00元,"代扣个人所得税"是686.02元,这表明本公司已从个人工资总额中扣除了个人应承担的社会保险费、住房公积金和个人所得税等,因此"实发工资"总额是99 761.48元。

表 5-1-1　　　　　　　　　　工资发放明细表

2019-01-15

单位:元

姓名	部门	岗位	应付工资	代扣三险一金				计税基础	代扣个人所得税	代扣款合计	实发工资
				代扣医疗保险	代扣养老保险	代扣失业保险	代扣住房公积金				
姜亚兴	办公室	法定代表人	8000	165.00	640.00	40.00	800.00	6360.00	181.00	1826.00	6174.00
赵卫宇	办公室	总经理	7500	155.00	600.00	37.50	750.00	5962.50	141.25	1683.75	5816.25
孙凯愉	办公室	办公室主任	6000	125.00	480.00	30.00	600.00	4770.00	38.10	1273.10	4726.90
魏东明	办公室	办公室职员	4500	95.00	360.00	22.50	450.00	3577.50	2.33	929.83	3570.17
孙民里	办公室	物资管理员	4200	89.00	336.00	21.00	420.00	3339.00	0.00	866.00	3334.00
袁世民	财务部	财务经理	5800	121.00	464.00	29.00	580.00	4611.00	33.33	1227.33	4572.67
钱晓明	财务部	会计	4800	101.00	384.00	24.00	480.00	3816.00	9.48	998.48	3801.52
李本勇	财务部	会计	5300	111.00	424.00	26.50	530.00	4213.50	21.41	1112.91	4187.09
朱珊珊	财务部	出纳	4300	91.00	344.00	21.50	430.00	3418.50	0.00	886.50	3413.50
崔浩朴	采购部	采购经理	5500	115.00	440.00	27.50	550.00	4372.50	26.18	1158.68	4341.32
邹萌红	采购部	采购员	4200	89.00	336.00	21.00	420.00	3339.00	0.00	866.00	3334.00
傅世惠	销售部	销售经理	6500	135.00	520.00	32.50	650.00	5167.50	61.75	1399.25	5100.75
李丽洁	销售部	销售员	4400	93.00	352.00	22.00	440.00	3498.00	0.00	907.00	3493.00
柳世杰	生产车间	生产车间主任	5600	117.00	448.00	28.00	560.00	4452.00	28.56	1181.56	4418.44
杨帆进	生产车间	车间核算员	5300	111.00	424.00	26.50	530.00	4213.50	21.41	1112.91	4187.09
周密语	生产车间	质检	4600	97.00	368.00	23.00	460.00	3657.00	4.71	952.71	3647.29
梁初瑜	生产车间	车间工人	4800	101.00	384.00	24.00	480.00	3816.00	9.48	998.48	3801.52
王春红	生产车间	车间工人	5200	109.00	416.00	26.00	520.00	4134.00	19.02	1090.02	4109.98
余凡民	生产车间	车间工人	4700	99.00	376.00	23.50	470.00	3736.50	7.10	975.60	3724.40
孙雪洁	生产车间	车间工人	4300	91.00	344.00	21.50	430.00	3418.50	0.00	886.50	3413.50
赵倩雯	生产车间	车间工人	4800	101.00	384.00	24.00	480.00	3816.00	9.48	998.48	3801.52
洪杰明	生产车间	车间工人	5600	117.00	448.00	28.00	560.00	4452.00	28.56	1181.56	4418.44
周昌皓	生产车间	车间工人	6200	129.00	496.00	31.00	620.00	4929.00	42.87	1318.87	4881.13
马江昆	生产车间	车间工人	4400	93.00	352.00	22.00	440.00	3498.00	0.00	907.00	3493.00
合计			126500.00	2650.00	10120.00	632.50	12650.00	100567.50	686.02	26738.52	99761.48

审核:袁世民　　　　　　　　　　　　　　编制:钱晓明

表5-1-2是中国建设银行转账支票存根,应作为付款方支付款项的记账依据。该原始

凭证注明,"收款人"是本公司,"付款行账号"为41622124656669,"金额"是99 761.48元,"用途"是支付工资,这表明本公司已经按照"实发工资"总额支付了职工工资。进行会计核算时,"金额"99 761.48元应记入"银行存款——建行41622124656669"科目的贷方。

表 5-1-2

根据表5-1-1和表5-1-2,进行会计核算时,"应付工资"126 500.00元应记入"应付职工薪酬——工资"科目的借方,"养老保险"10 120.00元应记入"其他应付款——设定提存计划——养老保险"科目的贷方,"医疗保险"合计2 650.00元应记入"其他应付款——社会保险费——医疗保险"科目的贷方,"失业保险"合计632.50元应记入"其他应付款——设定提存计划——失业保险"科目的贷方,"住房公积金"合计12 650.00元记入"其他应付款——住房公积金"科目的贷方,"代扣个人所得税"合计686.02元应记入"应交税费——应交个人所得税"科目的贷方。

根据上述分析,该笔业务在T+系统中的操作流程如下:

(1)进行费用和科目设置:[业务5-1]至[业务5-8],根据费用单特性对薪酬、税费等设置的费用,如表5-1-3所示,以账套主管袁世民"201006"身份于2019-01-15登录,在"基础设置——收付结算"单击"费用"。根据表5-1-3新增费用大类编码"08",费用大类名称为"工资费用",费用类型选择"其他费用",然后在"08 工资费用"大类下新增其下属的各具体费用→新增费用大类编码"09",费用大类名称为"税费",费用类型选择"其他费用",然后在"09 税费"大类下新增其下属的各具体费用。

表 5-1-3　　　　　　　　　　薪酬、税费费用设置一览表

费用大类编码	费用大类名称	费用编号	费用名称	费用类型
08	工资费用	0801	工资总额	其他费用
		0802	个人养老保险	
		0803	个人失业保险	
		0804	个人医疗保险	
		0805	个人住房公积金	

(续表)

费用大类编码	费用大类名称	费用编号	费用名称	费用类型
08	工资费用	0806	公司养老保险	
		0807	公司失业保险	
		0808	公司医疗保险	
		0809	公司工伤保险	
		0810	公司生育保险	
		0811	公司住房公积金	
09	税费	0901	增值税	其他费用
		0902	城市维护建设税	
		0903	教育费附加	
		0904	地方教育费附加	
		0905	企业所得税	
		0906	个人所得税	
		0907	房产税	
		0908	土地使用税	
		0909	印花税	

根据表5-1-3,对各具体费用增设费用科目扩展设置的科目,如表5-1-4所示。以账套主管袁世民"201006"身份于2019-01-15登录,在"总账——日常业务"单击"科目设置",在费用科目扩展设置单击"设置",增加一行,费用类型选择"其他费用",费用名称选择"工资总额",在科目名称处录入"221101"→新增一行,根据表5-1-4依次录入各具体费用的科目,保存,退出科目设置。

表5-1-4　　　　薪酬、税费费用设置与科目设置一览表

费用科目设置	费用编号	费用名称	科目设置
工资费用科目设置	0801	工资总额	221101　应付职工薪酬——工资
	0802	个人养老保险	22410101　其他应付款——设定提存计划——养老保险
	0803	个人失业保险	22410102　其他应付款——设定提存计划——失业保险
	0804	个人医疗保险	22410201　其他应付款——社会保险费——医疗保险
	0805	个人住房公积金	224103　其他应付款——住房公积金
	0806	公司养老保险	22110201　应付职工薪酬——设定提存计划——养老保险
	0807	公司失业保险	22110202　应付职工薪酬——设定提存计划——失业保险
	0808	公司医疗保险	22110301　应付职工薪酬——社会保险费——医疗保险
	0809	公司工伤保险	22110303　应付职工薪酬——社会保险费——工伤保险

(续表)

费用科目设置	费用编号	费用名称		科目设置
工资费用科目设置	0810	公司生育保险	22110302	应付职工薪酬——社会保险费——生育保险
	0811	公司住房公积金	221104	应付职工薪酬——住房公积金
税费科目设置	0901	增值税	222116	应交税费——未交增值税
	0902	城市维护建设税	222102	应交税费——应交城市维护建设税
	0903	教育费附加	222103	应交税费——应交教育费附加
	0904	地方教育费附加	222111	应交税费——应交地方教育费附加
	0905	企业所得税	222109	应交税费——应交企业所得税
	0906	个人所得税	222110	应交税费——应交个人所得税
	0907	房产税	222105	应交税费——应交房产税
	0908	城镇土地使用税	222106	应交税费——应交城镇土地使用税
	0909	印花税	222115	应交税费——应交印花税

(2) 填制费用单:以出纳朱珊珊"201009"身份于 2019-01-15 登录,"往来现金"——"单据"单击"费用单",单据日期、单据编号自动生成,业务类型选择"现金费用",票据类型选择"收据",分别录入费用及金额如下:"工资总额""126 500.00""个人养老保险""－10 120.00 元""个人医疗保险""－2 650.00""个人失业保险""－632.50""个人住房公积金""－12 650.00""个人所得税""－686.02";现结金额根据表 5-1-2,结算方式选择"转账支票"、结算票据号录入"17025812",保存并审核,如图 5-1-1 所示。

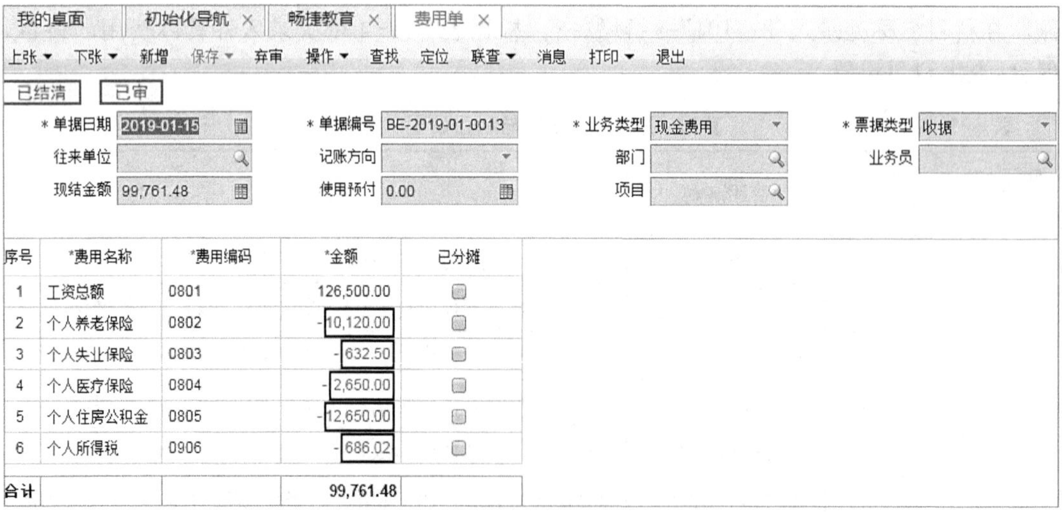

图 5-1-1 [业务 5-1]费用单页面

(3) 生成凭证:以资产会计李本勇"201008"身份于 2019-01-15 登录,"总账"——"日常业务"单击"单据生凭证",单据选择"费用单",单击"下一步",进入"选择查询条件"页面,默认，单击“下一步”，得到“查询结果”，然后单击“生成凭证”按钮，附单据数改为“2”，摘要改为“支付工资及代扣款项”，对于“其他应付款”及“应交税费”科目，将其金额从借方负数改为贷方正数，对于“银行存款”科目选择现金流量项目“05 支付给职工及为职工支付的现金”，保存，如图 5-1-2 所示。

记账凭证

*凭证类别 记账凭证　*凭证编号 0078　*制单日期 2019-01-15　附单据数 2

明细　汇总

序号	*摘要	*科目名称	辅助项	借方（亿千百十万千百十元角分）	贷方（亿千百十万千百十元角分）
1	支付工资及代扣款项	应付职工薪酬-工资		126500000	
2	支付工资及代扣款项	应交税费-应交个人所得税			68602
3	支付工资及代扣款项	其他应付款-设定提存计划-养老...			1012000
4	支付工资及代扣款项	其他应付款-设定提存计划-失业...			63250
5	支付工资及代扣款项	其他应付款-社会保险费-医疗保险			265000
6	支付工资及代扣款项	其他应付款-住房公积金			1265000
7	支付工资及代扣款项	银行存款-建行41622124656669	转账支票 17025812...		9976148

图 5-1-2 [业务 5-1]生成凭证页面

【业务 5-2】 1 月 15 日，取得原始凭证 1 张。

表 5-2-1 是中国建设银行客户专用回单，此联应作为付款方支付款项的记账依据。该原始凭证注明，“付款人”是本公司，“付款人账号”是 41622124656669，这表明本公司已通过账号为 41622124656669 的基本结算户支付了款项。进行会计核算时，“金额”50 467.00 元应记入“银行存款——建行 41622124656669”科目的贷方；“征收机关名称”是常州市钟楼区地方税务局，“税(费)种名称”是医疗保险本金、养老保险本金、失业保险本金、生育保险本金、工伤保险本金，“所属时期”均为 20190101—20190131，“实缴金额”分别为 12 770.00 元、34 155.00 元、1 897.50 元、632.50 元、1 012.00 元，同时 2018 年 12 月 31 日“应付职工薪酬——社会保险费——医疗保险”“应付职工薪酬——设定提存计划——养老保险”“应付职工薪酬——设定提存计划——失业保险”“应付职工薪酬——社会保险费——生育保险”“应付职工薪酬——社会保险费——工伤保险”科目的贷方余额分别为 10 120.00 元、24 035.00 元、1 265.00 元、632.50 元、1 012.00 元；结合[业务 5-1]，本公司在发放工资时已扣取应由个人承担的医疗保险、养老保险、失业保险，金额分别为 2 650.00 元、10 120.00 元、632.50 元。这表明本公司已向常州市钟楼区地方税务局上交了本月应交的医疗保险、养老保险、失业保险、生育保险、工伤保险，进行会计核算时，应按期初余额分别记入“应付职工薪酬——社会保险费——医疗保险”“应付职工薪酬——设定提存计划——养老保险”“应付职工薪酬——设定提存计划——失业保险”“应付职工薪酬——社会保险费——生育保险”“应付职工薪酬——社会保险费——工伤保险”科目的借方，同时个人应承担的医疗保险、养老保险、失业保险，把 2 650.00 元、10 120.00 元、632.50 元分别记入“其他应付款——社会保险费——医疗保险”“其他应付款——设定提存计划——养老保险” “其他应付款——设定提存计划——失业保险”科目的借方。

表 5-2-1

中国建设银行客户专用回单

转账日期：2019 年 01 月 15 日

凭证字号：2019011468353983

纳税人全称及纳税人识别号：常州亚兴有限公司913204049343406114	
付款人全称：常州亚兴有限公司	
付款人账号：41622124656669	征收机关名称：常州市钟楼区地方税务局
付款人开户银行：中国建设银行常州市钟楼区支行	收缴国库（银行）名称：国家金库常州市钟楼区支库
小写（合计）金额 ￥50467.00	缴款书交易流水号：201801150945090
大写（合计）金额 人民币 伍万零肆佰陆拾柒元整	税票号码：04201801155624867613 08

税（费）种名称	所属时期	实缴金额
医疗保险本金	2019-01-01至2019-01-31	￥12770.00
养老保险本金	2019-01-01至2019-01-31	￥34155.00
失业保险本金	2019-01-01至2019-01-31	￥1897.50
生育保险本金	2019-01-01至2019-01-31	￥632.50
工伤保险本金	2019-01-01至2019-01-31	￥1012.00

根据上述分析，该笔业务在 T+系统中的操作流程如下：

（1）填制费用单：以出纳朱珊珊"201009"身份于 2019-01-15 登录，"往来现金"——"单据"单击"费用单"，单据日期、单据编号自动生成，业务类型选择"现金费用"，票据类型选择"收据"，费用及金额，分别录入，"个人养老保险""10 120.00""个人失业保险""632.50""个人医疗保险""2 650.00""公司养老保险""24 035.00""公司医疗保险""10 120.00""公司失业保险""1 265.00""公司工伤保险""1 012.00""公司生育保险""632.50"，现结金额中结算方式选择"其他"、结算票据号录入"68353983"，保存并审核，如图 5-2-1 所示。

图 5-2-1 [业务 5-2]费用单页面

（2）生成凭证：以资产会计李本勇"201008"身份于 2019-01-15 登录，"总账"——"日常业务"单击"单据生凭证",单据选择"费用单",单击"下一步",进入"选择查询条件"页面,默认,单击"下一步",得到"查询结果",然后单击"生成凭证"按钮,摘要改为"上缴社保",对于银行存款科目选择现金流量项目"05",保存,如图 5-2-2 和图 5-2-3 所示。

序号	摘要	科目名称	辅助项	借方	贷方
1	上缴社保	应付职工薪酬-设定提存计划-养老保险		240 350 0	
2	上缴社保	应付职工薪酬-设定提存计划-失业保险		12 650 0	
3	上缴社保	应付职工薪酬-社会保险费-医疗保险		101 200 0	
4	上缴社保	应付职工薪酬-社会保险费-生育保险		6 325 0	
5	上缴社保	应付职工薪酬-社会保险费-工伤保险		10 120 0	

图 5-2-2 [业务 5-2]生成凭证页面(一)

6	上缴社保	其他应付款-设定提存计划-养老保险		101 200 0	
7	上缴社保	其他应付款-设定提存计划-失业保险		6 325 0	
8	上缴社保	其他应付款-社会保险费-医疗保险		26 500 0	
9	上缴社保	银行存款-建行41622124656669	其他 68353983...		504 670 0

图 5-2-3 [业务 5-2]生成凭证页面(二)

【业务 5-3】 1月15日,取得原始凭证1张。

表 5-3-1 是中国建设银行客户专用回单的借方回单,此联应作为付款方支付款项的记账依据。该原始凭证注明,"付款人全称"是本公司,"付款人账号"是 41622124656669,这表明本公司已通过账号为 41622124656669 的基本户支付了款项,进行会计核算时,"金额"

表 5-3-1

中国建设银行客户专用回单

25 300.00 元应记入“银行存款——建行 41622124656669”科目的贷方;“收款人全称”是常州市住房公积金管理中心,“金额”为 25 300.00 元,同时 2018 年 12 月 31 日“应付职工薪酬——住房公积金”科目的贷方余额为 12 650.00 元,结合[业务 5-1],本公司在发放工资时已扣取应由个人承担的住房公积金,金额为 12 650.00 元。这表明本公司已向常州市住房公积金管理中心上交了本月应交的住房公积金。进行会计核算时,应按期初余额记入“应付职工薪酬——住房公积金”科目的借方,同时个人应承担的医疗保险 12 650.00 元记入“其他应付款——住房公积金”科目的借方。

根据上述分析,该笔业务在 T+系统中的操作流程如下:

(1) 填制费用单:以出纳朱珊珊“201009”身份于 2019-01-15 登录,“往来现金”——“单据”单击“费用单”,单据日期、单据编号自动生成,业务类型选择“现金费用”,票据类型选择“收据”,费用名称及金额,分别为“个人住房公积金”“12 650.00”,“公司住房公积金”“12 650.00”,现结金额中结算方式选择“其他”、结算票据号录入“00812271”,保存并审核,如图 5-3-1 所示。

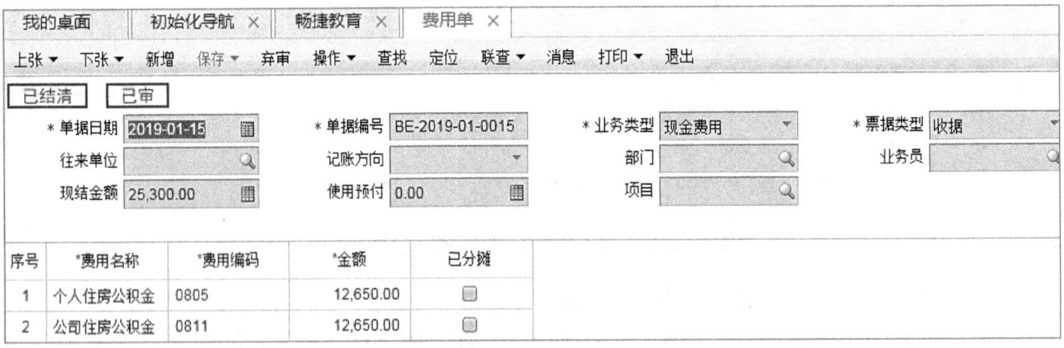

序号	*费用名称	*费用编码	*金额	已分摊
1	个人住房公积金	0805	12,650.00	
2	公司住房公积金	0811	12,650.00	

图 5-3-1 [业务 5-3]费用单页面

(2) 生成凭证:以资产会计李本勇“201008”身份于 2019-01-15 登录,“总账”——“日常业务”单击“单据生凭证”,单据选择“费用单”,单击“下一步”,进入“选择查询条件”页面,默认,单击“下一步”,得到“查询结果”,然后单击“生成凭证”按钮,摘要均改为“上缴住房公积”,对于“银行存款”科目设置现金流量项目“05”,保存,如图 5-3-2 所示。

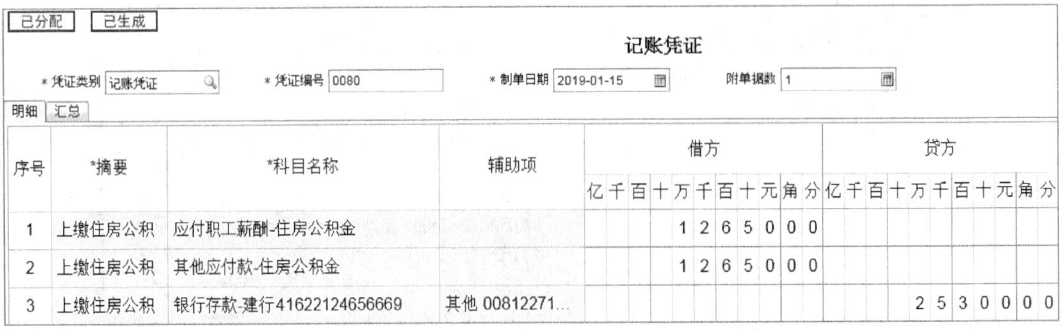

序号	*摘要	*科目名称	辅助项	借方 亿	千	百	十	万	千	百	十	元	角	分	贷方 亿	千	百	十	万	千	百	十	元	角	分
1	上缴住房公积	应付职工薪酬-住房公积金						1	2	6	5	0	0	0											
2	上缴住房公积	其他应付款-住房公积金						1	2	6	5	0	0	0											
3	上缴住房公积	银行存款-建行41622124656669	其他 00812271...																2	5	3	0	0	0	0

图 5-3-2 [业务 5-3]生成凭证页面

二、税费缴纳业务会计电算化处理

【业务 5-4】 1 月 15 日,取得原始凭证 1 张。

表 5-4-1 是中国建设银行客户专用回单,此联应作为付款方支付款项的记账依据。该原始凭证注明,"付款人全称"是本公司,"付款人账号"是 41622124656669,"征收机关名称"是常州市钟楼区国家税务局,"金额"为 387 000.00 元,"税(费)种名称"是增值税,"所属时期"是 20181201—20181231,"实缴金额"为 387 000.00 元,同时,2018 年 12 月 31 日"应交税费——未交增值税"科目的贷方余额为 387 000.00 元,这表明本公司已通过账号为 41622124656669 的基本户向常州市钟楼区国家税务局缴纳了上月应交未交的增值税。进行会计核算时,"金额"387 000.00 元应分别记入"应交税费——未交增值税"科目的借方和"银行存款——建行 41622124656669"科目的贷方。

表 5-4-1

中国建设银行客户专用回单

转账日期:2019 年 01 月 15 日
凭证字号:2019011535023027

纳税人全称及纳税人识别号:常州亚兴有限公司913204049343406114	
付款人全称:常州亚兴有限公司	征收机关名称:常州市钟楼区国家税务局
付款人账号:41622124656669	收缴国库(银行)名称:国家金库常州市钟楼区支库
付款人开户银行:中国建设银行常州市钟楼区支行	缴款书交易流水号:201801157463024
小写(合计)金额 ¥387000.00	税票号码:042018179306335253
大写(合计)金额 人民币 叁拾捌万柒仟元整	
税(费)种名称 所属时期	实缴金额
增值税 20181201-20181231	¥387000.00

(中国建设银行 电子回单 专用章)

根据上述分析,该笔业务在 T+系统中的操作流程如下:

(1)填制费用单:以出纳 201009 身份于 2019-01-15 登录,"往来现金"——"单据"单击"费用单",单据日期、单据编号自动生成,业务类型选择"现金费用",票据类型选择"收据",费用名称选择"增值税",金额录入"387 000.00",结算方式选择"其他",结算票据号录入"35023027",保存并审核,如图 5-4-1 所示。

(2)生成凭证:以资产会计李本勇"201008"身份于 2019-01-15 登录,"总账"——"日常业务"单击"单据生凭证",单据选择"费用单",单击"下一步",进入"选择查询条件"页面,默认,单击"下一步",得到"查询结果",然后单击"生成凭证"按钮,摘要均改为"扣缴上月增值税",对于"银行存款"科目设置现金流量项目"06 支付的各项税费",然后单击"保存"按钮,如图 5-4-2 所示。

图 5-4-1 [业务 5-4]费用单页面

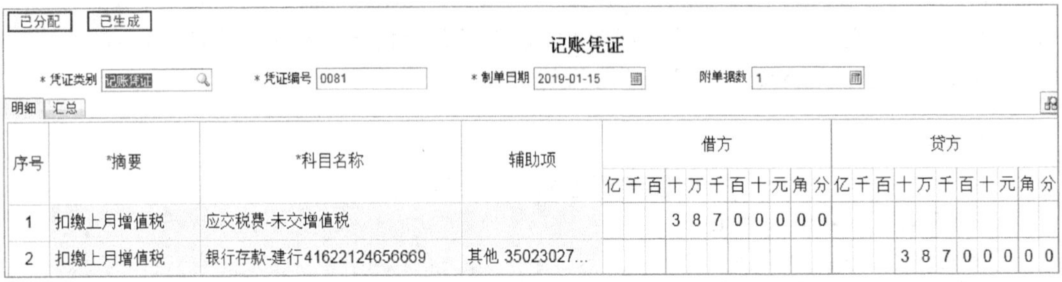

图 5-4-2 [业务 5-4]生成凭证页面

【业务 5-5】 1月15日,取得原始凭证1张。

表 5-5-1 是中国建设银行客户专用回单,此联应作为付款方支付款项的记账依据。该原始凭证注明,"付款人全称"是本公司,"付款人账号"是 41622124656669,"征收机关名称"是常州市钟楼区国家税务局,"金额"为 203 984.09 元,"税(费)种名称"是企业所得税,"所属时期"是 20181201—20181231,"实缴金额"为 203 984.09 元,同时,2018 年 12 月 31 日"应交税费——应交企业所得税"科目的贷方余额为 203 984.09 元,这表明本公司已通过账号

表 5-5-1

中国建设银行客户专用回单

转账日期: 2019 年 01 月 15 日

凭证字号: 2019011535023030

纳税人全称及纳税人识别号:常州亚兴有限公司913204049343406114

付款人全称:常州亚兴有限公司

付款人账号: 41622124656669

付款人开户银行: 中国建设银行常州市钟楼区支行

小写(合计)金额 ¥203984.09

大写(合计)金额 人民币

贰拾万叁仟玖佰捌拾肆元零玖分

税(费)种名称　　所属时期

企业所得税　　　20181201-20181231

征收机关名称:常州市钟楼区国家税务局

收缴国库(银行)名称:国家金库常州市钟楼区支库

缴款书交易流水号: 201801152836997

税票号码: 0420188

实缴金额

¥203984.09

为 41622124656669 的基本户向常州市钟楼区国家税务局缴纳了上月应交未交的企业所得税。进行会计核算时,"金额"203 984.09 元应分别记入"应交税费——应交企业所得税"科目的借方和"银行存款——建行 41622124656669"科目的贷方。

根据上述分析,该笔业务在 T+系统中的操作流程如下:

(1) 填制费用单:以出纳朱珊珊"201009"身份于 2019-01-15 登录,"往来现金"——"单据"单击"费用单",单据日期、单据编号自动生成,业务类型选择"现金费用",票据类型选择"收据",费用名称选择"企业所得税",金额录入"203 984.09",现结金额中,结算方式选择"其他",结算票据号录入"35023030",保存并审核,如图 5-5-1 所示。

图 5-5-1 [业务 5-5]费用单页面

(2) 生成凭证:以资产会计李本勇"201008"身份于 2019-01-15 登录,"总账"——"日常业务"单击"单据生凭证",单据选择"费用单",单击"下一步",进入"选择查询条件"页面,默认,单击"下一步",得到"查询结果",然后单击"生成凭证"按钮,摘要均改为"扣缴上月企业所得税",对于银行存款科目设置现金流量项目"06",然后单击"保存"按钮,如图 5-5-2 所示。

图 5-5-2 [业务 5-5]生成凭证页面

【业务 5-6】 1 月 15 日,取得原始凭证 1 张。

表 5-6-1 是中国建设银行客户专用回单,此联应作为付款方支付款项的记账依据。该原始凭证注明,"付款人全称"是本公司,"付款人账号"是 41622124656669,"征收机关名称"是常州市钟楼区地方税务局,"金额"为 686.02 元,"税(费)种名称"是个人所得税,"所属时期"是 20181201—20181231,"实缴金额"为 686.02 元,同时,2018 年 12 月 31 日"应交税费——应交个人所得税"科目的贷方余额为 686.02 元,这表明本公司已通过账号为

41622124656669 的基本户向常州市钟楼区地方税务局缴纳了上月应交的个人所得税。进行会计核算时,"金额"686.02 元应分别记入"应交税费——应交个人所得税"科目的借方和"银行存款——建行 41622124656669"科目的贷方。

表 5-6-1

中国建设银行客户专用回单

转账日期:	2019 年 01 月 15 日		
凭证字号:	2019011535023078		
纳税人全称及纳税人识别号:	常州亚兴有限公司913204049343406114		
付款人全称:	常州亚兴有限公司	征收机关名称:	常州市钟楼区地方税务局
付款人账号:	41622124656669	收缴国库(银行)名称:	国家金库常州市钟楼区支库
付款人开户银行:	中国建设银行常州市钟楼区支行	缴款书交易流水号:	201801152198825
小写(合计)金额:	¥686.02	税票号码:	0420186481760066666
大写(合计)金额:	人民币陆佰捌拾陆元贰分		
税(费)种名称	所属时期	实缴金额	
个人所得税	20181201-20181231	¥686.02	

(中国建设银行电子回单专用章)

根据上述分析,该笔业务在 T+系统中的操作流程如下:

(1) 填制费用单:以出纳朱珊珊"201009"身份于 2019-01-15 登录,"往来现金"——"单据"单击"费用单",单据日期、单据编号自动生成,业务类型选择"现金费用",票据类型选择"收据",费用名称选择"个人所得税",金额录入"686.02",现结金额中结算方式选择"其他"、结算票据号录入"35023078",保存并审核,如图 5-6-1 所示。

图 5-6-1 [业务 5-6]费用单页面

(2) 生成凭证:以资产会计李本勇"201008"身份于 2019-01-15 登录,"总账"——"日常业务"单击"单据生凭证",单据选择"费用单",单击"下一步",进入"选择查询条件"页面,默认,单击"下一步",得到"查询结果",然后单击"生成凭证"按钮,摘要均改为"扣缴上月个人所得税",对于"银行存款"科目设置现金流量项目"05",然后单击"保存"按钮,如图 5-6-2 所示。

图 5-6-2 [业务 5-6]生成凭证页面

【业务 5-7】 1月15日,取得原始凭证1张。

表 5-7-1 是中国建设银行客户专用回单,此联应作为付款方支付款项的记账依据。该原始凭证注明,"付款人全称"是本公司,"付款人账号"是 41622124656669,"金额"为 46 440.00 元,这表明本公司已通过账号为 41622124656669 的基本结算户支付了款项。进行会计核算时,"金额"46 440.00 元应记入"银行存款——建行 41622124656669"科目的贷方;"征收机关名称"是常州市钟楼区地方税务局,"税(费)种名称"是城市维护建设税、教育费附加、地方教育费附加,"所属时期"均是 20181201—20181231,"实缴金额"分别为 27 090.00 元、11 610.00 元、7 740.00 元,同时,2018 年 12 月 31 日"应交税费——应交城市维护建设税""应交税费——应交教育费附加""应交税费——应交地方教育费附加"科目的贷方余额分别为 27 090.00 元、11 610.00 元、7 740.00 元,这表明本公司已向常州市钟楼区地方税务局上交了上月应交的城市维护建设税、教育费附加、地方教育费附加,进行会计核算时,应按期初余额分别记入"应交税费——应交城市维护建设税""应交税费——应交教育费附加""应交税费——应交地方教育费附加"科目的借方。

表 5-7-1

中国建设银行客户专用回单

转账日期: 2019 年 01 月 15 日
凭证字号: 2019011535023050

纳税人全称及纳税人识别号:常州亚兴有限公司91320404934340611 4	
付款人名称:常州亚兴有限公司	
付款人账号:41622124656669	征收机关名称:常州市钟楼区地方税务局
付款人开户银行:中国建设银行常州市钟楼区支行	收缴国库(银行)名称:国家金库常州市钟楼区支库
小写(合计)金额 ¥46440.00	缴款书交易流水号:201801159116920
大写(合计)金额 人民币 肆万陆仟肆佰肆拾元整	税票号码:042018497713435480
税(费)种名称 所属时期	实缴金额
城市维护建设税 20181201-20181231	¥27090.00
教育费附加 20181201-20181231	¥11610.00
地方教育费附加 20181201-20181231	¥7740.00

根据上述分析,该笔业务在 T+系统中的操作流程如下:
(1)填制费用单:以出纳朱珊珊"201009"身份于 2019-01-15 登录,"往来现金"——"单

据"单击"费用单",单据日期、单据编号自动生成,业务类型选择"现金费用",票据类型选择"收据",费用及金额分别录入,"城市维护建设税""27 090""教育费附加""11 610""地方教育费附加""7 740"现结金额中结算方式选择"其他"、结算票据号录入"35023050",保存并审核,如图5-7-1所示。

图5-7-1 [业务5-7]费用单页面

(2)生成凭证:以资产会计李本勇"201008"身份于2019-01-15登录,"总账"——"日常业务"单击"单据生凭证",单据选择"费用单",单击"下一步",进入"选择查询条件"页面,默认,单击"下一步",得到"查询结果",然后单击"生成凭证"按钮,摘要均改为"扣缴上月税金及附加",对于银行存款科目设置现金流量项目"06 支付的各项税费",然后单击"保存"按钮,如图5-7-2所示。

序号	摘要	科目名称	辅助项	借方	贷方
1	扣缴上月税金及附加	应交税费-应交城市维护建设税		27090.00	
2	扣缴上月税金及附加	应交税费-应交教育费附加		11610.00	
3	扣缴上月税金及附加	应交税费-应交地方教育费附加		7740.00	
4	扣缴上月税金及附加	银行存款-建行41622124656669	其他 35023050...		46440.00

图5-7-2 [业务5-7]生成凭证页面

【业务5-8】 1月15日,取得原始凭证1张。

表5-8-1是中国建设银行客户专用回单,此联应作为付款方支付款项的记账依据。该原始凭证注明,"付款人全称"是本公司,"付款人账号"是41622124656669,"征收机关名称"是常州市钟楼区地方税务局,"金额"为13 680.00元,"税(费)种名称"是房产税,"所属时期"是20181201—20181231,"实缴金额"为13 680.00元,同时,2018年12月31日"应交税费——应交房产税"科目的贷方余额为13 680.00元,这表明本公司已通过账号为41622124656669的基本户向常州市钟楼区地方税务局缴纳了上月应交的房产税。进行会

计核算时,"金额"13 680.00 元应分别记入"应交税费——应交房产税"科目的借方和"银行存款——建行 41622124656669"科目的贷方。

表 5-8-1

中国建设银行客户专用回单

转账日期: 2019 年 01 月 15 日
凭证字号: 20190115035023062

纳税人全称及纳税人识别号: 常州亚兴有限公司913204049343406114
付款人全称: 常州亚兴有限公司
付款人账号: 41622124656669
付款人开户银行: 中国建设银行常州市钟楼区支行
小写(合计)金额 ¥13680.00
大写(合计)金额 人民币
壹万叁仟陆佰捌拾元整
税(费)种名称   所属时期
房产税   20181201-20181231

征收机关名称: 常州市钟楼区地方税务局
收缴国库(银行)名称: 国家金库常州市钟楼区支库
缴款书交易流水号: 201801150891192
税票号码: 042018729461139012
实缴金额   ¥13680.00

根据上述分析,该笔业务在 T+系统中的操作流程如下:

(1) 填制费用单:以出纳朱珊珊"201009"身份于 2019-01-15 登录,"往来现金"——"单据"单击"费用单",单据日期、单据编号自动生成,业务类型选择"现金费用",票据类型选择"收据",费用名称选择"房产税",金额录入"13 680.00",现结金额中结算方式选择"其他"、结算票据号录入"35023062",保存并审核,如图 5-8-1 所示。

图 5-8-1 [业务 5-8]费用单页面

(2) 生成凭证:以资产会计李本勇"201008"身份于 2019-01-15 登录,"总账"——"日常业务"单击"单据生凭证",单据选择"费用单",单击"下一步",进入"选择查询条件"页面,默认,单击"下一步",得到"查询结果",然后单击"生成凭证"按钮,摘要均改为"扣缴上月房产税",对于"银行存款"科目设置现金流量项目"06 支付的各项税费",然后单击"保存"按钮,如图 5-8-2 所示。

图 5-8-2 [业务 5-8]生成凭证页面

【业务 5-9】 1月15日,取得原始凭证1张。

表 5-9-1 是中国建设银行客户专用回单,此联应作为付款方支付款项的记账依据。该原始凭证注明,"付款人全称"是本公司,"付款人账号"是 41622124656669,"征收机关名称"是常州市钟楼区地方税务局,"金额"为 53 960.00 元,"税(费)种名称"是土地使用税,"所属时期"是 20181201—20181231,"实缴金额"为 53 960.00 元,同时,2018 年 12 月 31 日"应交税费——应交土地使用税"科目的贷方余额为 53 960.00 元,这表明本公司已通过账号为 41622124656669 的基本户向常州市钟楼区地方税务局缴纳了上月应交的土地使用税。进行会计核算时,"金额"53 960.00 元应分别记入"应交税费——应交土地使用税"科目的借方和"银行存款——建行 41622124656669"科目的贷方。

表 5-9-1

中国建设银行客户专用回单

根据上述分析,该笔业务在 T+系统中的操作流程如下:

(1)填制费用单:以出纳朱珊珊"201009"身份于 2019-01-15 登录,"往来现金"——"单据"单击"费用单",单据日期、单据编号自动生成,业务类型选择"现金费用",票据类型选择"收据",费用名称选择"土地使用税",金额录入"53 960.00",现结金额中结算方式选择"其他",结算票据号录入"35023086",保存并审核,如图 5-9-1 所示。

第五章 薪酬及税费业务会计电算化处理 311

图 5-9-1 [业务 5-9]费用单页面

(2) 生成凭证:以资产会计李本勇"201008"身份于 2019-01-15 登录,"总账"——"日常业务"单击"单据生凭证",单据选择"费用单",单击"下一步",进入"选择查询条件"页面,默认,单击"下一步",得到"查询结果",然后单击"生成凭证"按钮,摘要均改为"扣缴上月土地使用税",对于银行存款科目设置现金流量项目"06 支付的各项税费",然后单击"保存"按钮,如图 5-9-2 所示。

图 5-9-2 [业务 5-9]生成凭证页面

【业务 5-10】 1月15日,取得原始凭证1张。

表 5-10-1 是中国建设银行客户专用回单,此联应作为付款方支付款项的记账依据。该原始凭证注明,"付款人全称"是本公司,"付款人账号"是 41622124656669,"征收机关名称"是常州市钟楼区地方税务局,"金额"为 15 315.00 元,"税(费)种名称"是印花税,"所属时期"是 20181201—20181231,"实缴金额"为 15 315.00 元,同时,2018 年 12 月 31 日"应交税费——应交印花税"科目的贷方余额为 15 315.00 元,这表明本公司已通过账号为 41622124656669 的基本户向常州市钟楼区地方税务局缴纳了上月应交的印花税。进行会计核算时,"金额"15 315.00 元应分别记入"应交税费——应交印花税"科目的借方和"银行存款——建行 41622124656669"科目的贷方。

根据上述分析,该笔业务在 T+系统中的操作流程如下:

(1) 填制费用单:以出纳朱珊珊"201009"身份于 2019-01-15 登录,"往来现金"——"单据"单击"费用单",单据日期、单据编号自动生成,业务类型选择"现金费用",票据类型选择"收据",费用名称选择"印花税",金额录入"15 315.00",现结金额中结算方式选择"其他",结算票据号录入"35023041",保存并审核,如图 5-10-1 所示。

表 5-10-1

中国建设银行客户专用回单

转账日期： 2019 年 01 月 15 日

凭证字号： 2019011535023041

纳税人全称及纳税人识别号： 常州亚兴有限公司913204049343406114

付款人全称： 常州亚兴有限公司

付款人账号： 41622124656669

付款人开户银行： 中国建设银行常州市钟楼区支行

小写（合计）金额 ¥15315.00

大写（合计）金额 人民币

壹万伍仟叁佰壹拾伍元整

征收机关名称： 常州市钟楼区地方税务局

收缴国库（银行）名称： 国家金库常州市钟楼区支库

缴款书交易流水号： 201801155053066

税票号码： 042018872400545891

税（费）种名称	所属时期	实缴金额
印花税	20181201-20181231	¥15315.00

中国建设银行 电子回单 专用章

我的桌面	初始化导航 ×	畅捷教育 ×	费用单 ×

上张 ▾ 下张 ▾ 新增 保存 ▾ 弃审 操作 ▾ 查找 定位 联查 ▾ 消息 打印 ▾ 退出

已结清 已审

* 单据日期	2019-01-15	* 单据编号	BE-2019-01-0022	* 业务类型	现金费用	* 票据类型	收据
往来单位		记账方向		部门		业务员	
现结金额	15,315.00	使用预付	0.00	项目			

序号	*费用名称	*费用编码	*金额	已分摊
1	印花税	0909	15,315.00	☐

图 5-10-1 [业务 5-10]费用单页面

(2) 生成凭证:以资产会计李本勇“201008”身份于 2019-01-15 登录,“总账”——“日常业务”单击“单据生凭证”,单据选择“费用单”,单击“下一步”,进入“选择查询条件”页面,默认,单击“下一步”,得到“查询结果”,然后单击“生成凭证”按钮,摘要均改为“扣缴上月印花税”,对于银行存款科目设置现金流量项目“06 支付的各项税费”,然后单击“保存”按钮,如图 5-10-2 所示。

已分配 已生成

记账凭证

* 凭证类别 记账凭证 * 凭证编号 0087 * 制单日期 2019-01-15 附单据数 1

明细 汇总

序号	*摘要	*科目名称	辅助项	借方										贷方									
				亿	千	百	十	万	千	百	十	元	角	分	亿	千	百	十	万	千	百	十	元	角	分
1	扣缴上月印花税	应交税费-应交印花税						1	5	3	1	5	0	0										
2	扣缴上月印花税	银行存款-建行41622124656669	其他 35023041...															1	5	3	1	5	0	0

图 5-10-2 [业务 5-10]生成凭证页面

三、薪酬期末计提业务会计电算化处理

【业务 5-11】 1月15日,取得原始凭证3张。

表 5-11-1 是生产工时明细表,此表应作为期末计算分配人工费用和制造费用等的记账依据。该原始凭证的内容表明,本月生产的 X201、Y202 耗用的生产工时分别为 3 000 小时和 2 000 小时。

表 5-11-1

产品工时明细表

2019年1月31日

生产车间	产品	生产工时（小时）
生产车间	X201	3000
生产车间	Y202	2000
合计		5000.00

审核：袁世民　　编制：钱晓明

表 5-11-2 是工资明细表,此表应作为期末计算分配工资费用的记账依据。该原始凭证注明的内容表明,本公司1月份"应付工资"合计是 126 500.00 元。

表 5-11-2 　　　　　　　　　　　　工资明细表

2019 年 1 月 31 日

姓名	部门	职务	应付工资	姓名	部门	职务	应付工资
姜亚兴	办公室	董事长	8 000.00	李丽洁	销售部	业务	4 400.00
赵卫宇	办公室	总经理	7 500.00	柳世杰	生产车间	车间主任	5 600.00
孙凯愉	办公室	主任	6 000.00	杨帆进	生产车间	核算员	5 300.00
魏东明	办公室	开票	4 500.00	周密语	生产车间	质监	4 600.00
孙民里	办公室	仓管	4 200.00	梁初瑜	生产车间	生产	4 800.00
袁世民	财务部	经理	5 800.00	王春红	生产车间	生产	5 200.00
钱晓明	财务部	存货会计	4 800.00	余凡民	生产车间	生产	4 700.00
李本勇	财务部	资产会计	5 300.00	孙雪洁	生产车间	生产	4 300.00
朱珊珊	财务部	出纳	4 300.00	赵倩雯	生产车间	生产	4 800.00
崔浩朴	采购部	经理	5 500.00	洪杰明	生产车间	生产	5 600.00
邹萌红	采购部	业务	4 200.00	周昌皓	生产车间	生产	6 200.00
傅世惠	销售部	经理	6 500.00	马江昆	生产车间	生产	4 400.00
					合计		126 500.00

编制：李本勇　　　　　　　　　　　　　　　　　　　　　　　　　　　　审核：袁世民

表 5-11-3 是工资费用分配表,此表也应作为期末计算分配工资费用的记账依据。该原始凭证注明的内容表明,本月应支付给职工的工资总额是 126 500.00 元,进行会计核算时,应记入"应付职工薪酬——工资"科目的贷方;同时,管理部门、生产车间分别应承担工资费用 71 000.00 元和 15 500.00 元,进行会计核算时,应分别记入"管理费用——工资"和"制造费用——工资"科目的借方;生产 X201、Y202 产品分别应承担工资费用 24 000.00 元和 16 000.00 元,进行会计核算时,应分别记入"生产成本——基本生产成本——直接人工——X201"和"生产成本——基本生产成本——直接人工——Y202"科目的借方。

表 5-11-3　　　　　　　　　　　工资费用分配表

2019 年 1 月 31 日

应借账户	直接计入	分配计入			合计
		生产工时	分配率	分配金额	
生产成本——基本生产成本——X201		3 000.00		24 000.00	24 000.00
——基本生产成本——Y202		2 000.00		16 000.00	16 000.00
合　计		5 000.00	8.00	40 000.00	40 000.00
制造费用	15 500.00				15 500.00
管理费用	71 000.00				71 000.00
合　计	86 500.00			40 000.00	126 500.00

编制:李本勇　　　　　　　　　　　　　　　　　　　　　　　审核:袁世民

根据上述分析,该笔业务在 T+系统中的操作流程如下:

以资产会计李本勇"201008"的身份于 2019-01-31 登录后,在"总账"——"日常业务"中"填制凭证",填制内容,如图 5-11-1 所示。

记账凭证

* 凭证类别 记账凭证　　* 凭证编号 0102　　* 制单日期 2019-01-31　　附单据数 3

明细 | 汇总

序号	摘要	*科目名称	辅助项	借方	贷方
1	计提工资	生产成本-基本生产成本-直接人工	X201产品	2 4 0 0 0 0 0	
2	计提工资	生产成本-基本生产成本-直接人工	Y202产品	1 6 0 0 0 0 0	
3	计提工资	制造费用-工资		1 5 5 0 0 0 0	
4	计提工资	管理费用-工资		7 1 0 0 0 0 0	
5	计提工资	应付职工薪酬-工资			1 2 6 5 0 0 0 0

图 5-11-1　[业务 5-11]填制凭证页面

【业务 5-12】 1 月 15 日,取得原始凭证 1 张。

表 5-12-1 是五险一金计算表,此表应作为期末计算分配五险一金的记账依据。该原始凭证注明的内容表明,本月管理部门、生产车间分别应承担五险一金费用 27 903.00 元和

6 091.50元,进行会计核算时,应分别记入"管理费用——五险一金"和"制造费用——五险一金"科目的借方;同时,生产 X201、Y202 产品分别应承担五险一金费用 9 432.00 元和 6 288.00元,进行会计核算时,应分别记入"生产成本——基本生产成本——直接人工——X201"和"生产成本——基本生产成本——直接人工——Y202"科目的借方;此外,应上交的养老保险、医疗保险、失业保险、生育保险、工伤保险、住房公积金各项目金额分别是 24 035.00元、10 120.00 元、1 265.00 元、632.50 元、1 012.00 元和 12 650.00 元,进行会计核算时,应分别记入"应付职工薪酬——设定提存计划——养老保险""应付职工薪酬——社会保险费——医疗保险""应付职工薪酬——设定提存计划——失业保险""应付职工薪酬——社会保险费——生育保险""应付职工薪酬——社会保险费——工伤保险"和"应付职工薪酬——住房公积金"科目的贷方。

表 5-12-1　　　　　　　　　五险一金计算表
2019 年 1 月 31 日

应借账户	养老保险	医疗保险	失业保险	生育保险	工伤保险	住房公积金	合计
生产成本——基本生产成本——X201	4 560	1 920	240	120	192	2 400	9 432.00
——基本生产成本——Y202	3 040	1 280	160	80	128	1 600	6 288.00
合　计	7 600	3 200	400	200	320	4 000	15 720.00
制造费用	2 945	1 240	155	77.5	124	1 550	6 091.50
管理费用	13 490	5 680	710	355	568	7 100	27 903.00
合　计	24 035.00	10 120.00	1 265.00	632.50	1 012.00	12 650.00	49 714.50

编制:李本勇　　　　　　　　　　　　　　　　　　　　　　　　　　审核:袁世民

根据上述分析,该笔业务在 T+系统中的操作流程如下:

以资产会计李本勇"201008"的身份于 2019-01-31 登录后,在"总账"——"日常业务"中"填制凭证",填制内容,如图 5-12-1 和图 5-12-2 所示。

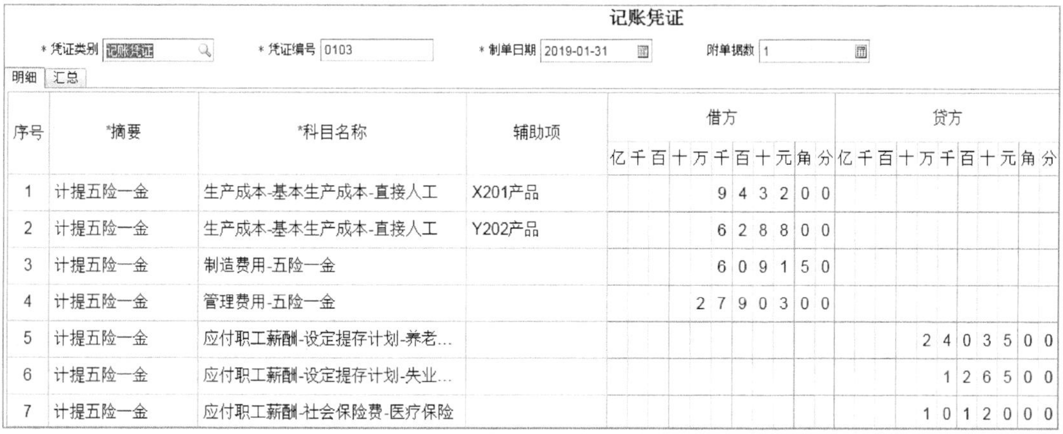

图 5-12-1　[业务 5-12]填制凭证页面(一)

8	计提五险一金	应付职工薪酬-社会保险费-生育保险		63250
9	计提五险一金	应付职工薪酬-社会保险费-工伤保险		101200
10	计提五险一金	应付职工薪酬-住房公积金		1265000

图 5-12-2 [业务 5-12]填制凭证页面(二)

【业务 5-13】 原始凭证共 1 张，于 2019-01-31 取得。

表 5-13-1 是职工教育经费计算表，此表应作为期末计算分配职工教育经费的记账依据。该原始凭证注明的内容表明，本月管理部门、生产车间分别应承担职工教育经费 1 775.00元和 387.50 元，进行会计核算时，应分别记入“管理费用——职工教育经费”和“制造费用——职工教育经费”科目的借方；同时，生产 X201、Y202 产品分别应承担职工教育经费 600.00 元和 400.00 元，进行会计核算时，应分别记入“生产成本——基本生产成本——直接人工——X201”和“生产成本——基本生产成本——直接人工——Y202”科目的借方；此外，应计提的职工教育经费总额是 3 162.50 元，进行会计核算时，应记入“应付职工薪酬——职工教育经费”科目的贷方。

表 5-13-1 职工教育经费计算表

2019 年 1 月 31 日

应借账户	应付工资	职工教育经费
生产成本——基本生产成本——X201	24 000	600
——基本生产成本——Y202	16 000	400
合 计	40 000	1 000
制造费用	15 500	387.5
管理费用	71 000	1 775
合 计	126 500	3 162.5

编制：李本勇　　　　审核：袁世民

根据上述分析，该笔业务在 T+系统中的操作流程如下：

以资产会计李本勇“201008”的身份于 2019-01-31 登录后，在“总账”——“日常业务”中“填制凭证”，填制内容，如图 5-13-1 所示。

记账凭证

* 凭证类别 记账凭证　* 凭证编号 0104　* 制单日期 2019-01-31　附单据数 1

明细 汇总

序号	*摘要	*科目名称	辅助项	借方	贷方
1	计提职工教育经费	生产成本-基本生产成本-直接人工	X201产品	60000	
2	计提职工教育经费	生产成本-基本生产成本-直接人工	Y202产品	40000	
3	计提职工教育经费	制造费用-职工教育经费		38750	
4	计提职工教育经费	管理费用-职工教育经费		177500	
5	计提职工教育经费	应付职工薪酬-职工教育经费			316250

图 5-13-1 [业务 5-13]填制记账凭证页面

【业务 5-14】 1 月 15 日，取得原始凭证 1 张。

表 5-14-1　　　　　　　　　　**工会经费计算表**

2019 年 1 月 31 日

应借账户	应付工资	工会经费
生产成本——基本生产成本——X201	24 000	480
——基本生产成本——Y202	16 000	320
合　计	40 000	800
制造费用	15 500	310
管理费用	71 000	1 420
合　计	126 500	2 530

编制：李本勇　　　　　　　　　　审核：袁世民

表 5-14-1 是工会经费计算表，此表应作为期末计算分配工会经费的记账依据。该原始凭证注明的内容表明，本月管理部门、生产车间分别应承担工会经费 1 420.00 元和 310.00元，进行会计核算时，应分别记入“管理费用——工会经费”和“制造费用——工会经费”科目的借方；生产 X201、Y202 产品分别应承担职工教育经费 480.00 元和 320.00 元，进行会计核算时，应分别记入“生产成本——基本生产成本——直接人工——X201”和“生产成本——基本生产成本——直接人工——Y202”科目的借方；此外，应付的工会经费总额是 2 530.00元，进行会计核算时，应记入“应付职工薪酬——工会经费”科目的贷方。

根据上述分析，该笔业务在 T+系统中的操作流程如下：

以资产会计李本勇“201008”的身份于 2019-01-31 登录后，在“总账”——“日常业务”中“填制凭证”，填制内容，如图 5-14-1 所示。

记账凭证

* 凭证类别 记账凭证　* 凭证编号 0105　* 制单日期 2019-01-31　附单据数 1

明细 汇总

序号	*摘要	*科目名称	辅助项	借方	贷方
1	计提工会经费	生产成本-基本生产成本-直接人工	X201产品	48000	
2	计提工会经费	生产成本-基本生产成本-直接人工	Y202产品	32000	
3	计提工会经费	制造费用-工会经费		31000	
4	计提工会经费	管理费用-工会经费		142000	
5	计提工会经费	应付职工薪酬-工会经费			253000

图 5-14-1　[业务 5-14]填制记账凭证页面

四、税费期末计算业务会计电算化处理

【业务 5-15】 1 月 15 日，取得原始凭证 1 张。

表 5-15-1 是应交增值税计算表，此表应作为期末计算应交增值税的记账依据。该原

始凭证注明的内容表明,本公司本月"销项税额"是 1 986 117.74 元,其中包含本月出售井神股份股票因卖出价大于买入价而应计缴的转让金融商品应交增值税 1 132.08 元,进行会计核算时,应分别记入"投资收益——出售金融资产收益——出售商品金融资产"以及"应交税费——转让金融商品应交增值税"科目的贷方;"简易征收办法计算的应纳税额"900 元已在[业务 4-18]中进行了会计核算,此处不需要再作会计处理;同时,采用一般计税办法形成的"应纳税额"663 027.33 元扣减转让金融商品应交增值税 1 132.08 元后的余额 660 995.25 元,进行会计核算时,应分别记入"应交税费——应交增值税——转出未交增值税"科目的借方以及"应交税费——未交增值税"科目的贷方。

表 5-15-1　　　　　　　　　　应交增值税计算表
2019 年 1 月 31 日

项　目	金　额
销项税额	1 986 117.74
进项税额	1 356 566.41
上期留抵税额	
进项税额转出	32 576.00
应纳税额	663 027.33
期末留抵税额	
简易征收办法计算的应纳税额	900.00
应纳税额减征额	
应纳税额合计	663 027.33

编制:李本勇　　　　　　　　　　　　　　　　　　　　　　　审核:袁世民

根据上述分析,该笔业务在 T+系统中的操作流程如下:

以资产会计李本勇"201008"的身份于 2019-01-31 登录后,在"总账"——"日常业务"中"填制凭证",填制结转未交增值税凭证,填制内容,如图 5-15-1 所示;保存新增,填制结转转让金融商品应交增值税凭证,填制内容,如图 5-15-2 所示。

序号	摘要	科目名称	借方	贷方
1	结转未交增值税	应交税费-应交增值税-转出未交增值税	660 995.25	
2	结转未交增值税	应交税费-未交增值税		660 995.25

图 5-15-1　[业务 5-15]结转未交增值税凭证页面

记账凭证

序号	摘要	科目名称	借方	贷方
			亿千百十万千百十元角分	亿千百十万千百十元角分
1	结转转让金融商品应交增值税	投资收益-出售金融资产收益-出售金融商品收益	1 1 3 2 0 8	
2	结转转让金融商品应交增值税	应交税费-转让金融商品应交增值税		1 1 3 2 0 8

凭证类别：记账凭证　凭证编号：0110　制单日期：2019-01-31

图 5-15-2　[业务 5-15]结转转让金融商品应交增值税页面

【业务 5-16】 1 月 15 日,取得原始凭证 1 张。

表 5-16-1 是城市维护建设税、教育费附加、地方教育费附加计算表,此表应作为企业期末计算城市维护建设税及教育费附加的记账依据。该原始凭证注明,城市维护建设税、教育费附加、地方教育费附加的计缴依据是本月合计应交增值税额 663 027.33 元,"城市维护建设税"的"本期应纳税费"是 46 411.91 元,"教育费附加"的"本期应纳税费"是 19 890.82 元,"地方教育费附加"的"本期应纳税费"是 13 260.55 元,这表明本公司本月发生了税金及附加费用,进行会计核算时,"本期应纳税费"金额应分别记入"税金及附加——城市维护建设税""税金及附加——教育费附加""税金及附加——地方教育费附加"科目的借方以及"应交税费——应交城市维护建设税""应交税费——应交教育费附加"和"应交税费——应交地方教育费附加"科目的贷方。

表 5-16-1　　城市维护建设税、教育费附加、地方教育费附加计算表

2019 年 1 月 31 日

税(费)种	增值税	税率(征收率)	本期应纳税费	本期已缴税费	本期应补(退)税费
城市维护建设税(市区)	663 027.33	7%	46 411.91	0	46 411.91
教育费附加	663 027.33	3%	19 890.82	0	19 890.82
地方教育费附加	663 027.33	2%	13 260.55	0	13 260.55
合　计	—	—	79 563.28	0	79 563.28

编制:李本勇　　　　　　　　　　　　　　　　　　　　　　　　　　　审核:袁世民

根据以上分析,该笔业务在 T+系统中的操作流程如下:

以资产会计李本勇"201008"的身份于 2019-01-31 登录,在"总账"——"日常业务"中"填制凭证",填制内容,如图 5-16-1 所示。

记账凭证

序号	摘要	科目名称	借方	贷方
			亿千百十万千百十元角分	亿千百十万千百十元角分
1	结转本月应交税金及附加	税金及附加-城市维护建设税	4 6 4 1 1 9 1	
2	结转本月应交税金及附加	税金及附加-教育费附加	1 9 8 9 0 8 2	
3	结转本月应交税金及附加	税金及附加-地方教育费附加	1 3 2 6 0 5 5	
4	结转本月应交税金及附加	应交税费-应交城市维护建设税		4 6 4 1 1 9 1
5	结转本月应交税金及附加	应交税费-应交教育费附加		1 9 8 9 0 8 2
6	结转本月应交税金及附加	应交税费-应交地方教育费附加		1 3 2 6 0 5 5

凭证类别：记账凭证　凭证编号：0111　制单日期：2019-01-31　附单据数：1

图 5-16-1　[业务 5-16]填制凭证页面

【业务 5-17】 1月15日,取得原始凭证1张。

表 5-17-1 是房产税计算表(从租计征),此表应作为企业期末计算从租计征房产税的记账依据。该原始凭证注明,"本期应纳税额"是3 600.00元,这表明本公司本月发生了从租计征的应交房产税3 600.00元。进行会计核算时,应分别记入"税金及附加——房产税"科目的借方以及"应交税费——应交房产税"科目的贷方。

表 5-17-1 房产税计算表(从租计征)
2019年1月31日

房产编码	每月租金收入	税率	本期应纳税额	本期已缴税额	本期应补(退)税额
C01G0101	30 000.00	12%	3 600.00	0	3 600.00
合计	30 000.00		3 600.00	0	3 600.00

编制:李本勇　　　　　　　　　　　　　　　　　　　　　　　　审核:袁世民

根据以上分析,该笔业务在T+系统中的操作流程如下:

以资产会计李本勇"201008"的身份于2019-01-31登录,在"总账"——"日常业务"中"填制凭证",填制内容,如图5-17-1所示。

记账凭证

* 凭证类别：记账凭证　　* 凭证编号：0112　　* 制单日期：2019-01-31　　附单据数：1

序号	摘要	科目名称	借方	贷方
1	计提房产税	税金及附加-房产税	3 600.00	
2	计提房产税	应交税费-应交房产税		3 600.00

图 5-17-1　[业务 5-17]填制凭证页面

【业务 5-18】 1月15日,取得原始凭证1张。

表5-18-1是印花税计算表,此表应作为企业期末计算印花税的记账依据。该原始凭证注明,"本期应纳税额"是5 141.60元,这表明本公司本月发生了应交印花税5 141.60元。进行会计核算时,应分别记入"税金及附加——印花税"科目的借方以及"应交税费——应交印花税"科目的贷方。

根据以上分析,该笔业务在T+系统中的操作流程如下:

以资产会计李本勇"201008"的身份于2019-01-31登录,在"总账"——"日常业务"中"填制凭证",填制内容,如图5-18-1所示。

表 5-18-1　　　　　　　　　　印花税计算表

2019 年 1 月 31 日

纳税人信息	名称	常州亚兴有限公司		√单位　　□个人				
	登记注册类型	纳税号		所属行业		制造业		
	身份证件号码	913204049343406114		联系方式		0519-74325031		

应税凭证名称	计税金额或件数	核定征收		适用税率	本期应纳税额	本期已缴税额	本期减免税额		本期应补（退）税额
		核定依据	核定比例				减免性质代码	减免额	
	1	2	4	5	6＝1×5＋2×4×5	7	8	9	10＝6－7－9
购销合同	13 297 000			0.3‰	3 989.1				3 989.1
加工承揽合同	86 000			0.5‰	43				43
货物运输合同	62 000			0.5‰	31				31
产权转移书据	1 720 000			0.5‰	860				860
营业账簿（记载资金）	854 100	—		0.5‰	427.1			213.6	213.5
营业账簿（其他账簿）	4			5	20			20	0
权利、许可证照	1	—		5	5				5
合　计	—	—		—	5 375.2				5 141.6

编制：李本勇　　　　　　　　　　　　　　　　　　　　　　　　　　　　　　审核：袁世民

凭证类别	记账凭证	凭证编号	0113	制单日期	2019-01-31	附单据数	1

序号	摘要	科目名称	借方	贷方
1	计提印花税	税金及附加-印花税	5 141.60	
2	计提印花税	应交税费-应交印花税		5 141.60

图 5-18-1　[业务 5-18]填制凭证页面

【业务 5-19】 1 月 15 日，取得原始凭证 1 张。

表 5-19-1 是应交所得税计算表，此表应作为期末计算本期所得税费用的记账依据。该原始凭证注明的内容表明，本公司本月"利润总额"与"实际利润额"均是 4 159 404.47 元，按照适用税率计算得出"应纳所得税额"是 1 039 851.12 元，这表明本公司本月发生了应交企业所得税 1 039 851.12 元。进行会计核算时，"应纳所得税额"1 039 851.12 元应分别记入"所得税费用——当期所得税费用"科目的借方以及"应交税费——应交企业所得税"科目的

贷方。

表 5-19-1　　　　应交所得税计算表

2019 年 1 月 31 日

项　　目	本期金额
营业收入	12 415 910.34
营业成本	7 910 358.52
利润总额	4 159 404.47
加:特定业务计算的应纳税所得额	
减:不征税收入和税基减免应纳税所得额	
固定资产加速折旧(扣除)调减额	
弥补以前年度亏损	
实际利润额	4 159 404.47
税率(25%)	25%
应纳所得税额(9 行×10 行)	1 039 851.12
减:减免所得税额(请填附表 3)	
实际已预缴所得税额	
特定业务预缴(征)所得税额	
应补(退)所得税额	1 039 851.12
减:以前年度多缴在本期抵缴所得税额	
本月(季)实际应补(退)所得税额	1 039 851.12

编制:李本勇　　　　审核:袁世民

根据以上分析,该笔业务在 T+系统中的操作流程如下:

以资产会计李本勇"201008"的身份于 2019-01-31 登录,在"总账"——"日常业务"中"填制凭证",填制内容,如图 5-19-1 所示。

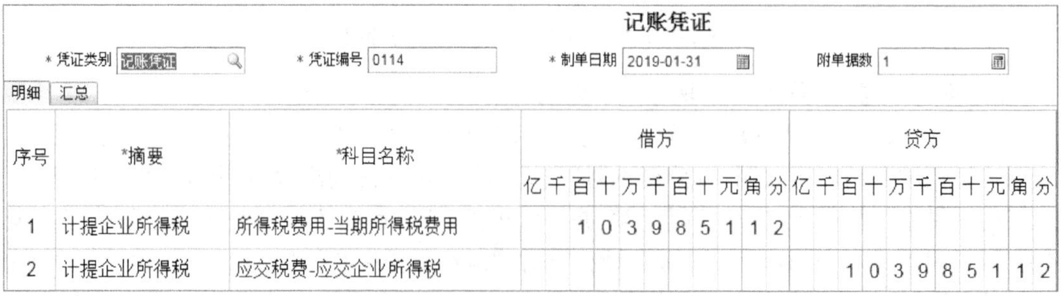

记账凭证

*凭证类别 记账凭证　*凭证编号 0114　*制单日期 2019-01-31　附单据数 1

明细　汇总

序号	*摘要	*科目名称	借方											贷方										
			亿	千	百	十	万	千	百	十	元	角	分	亿	千	百	十	万	千	百	十	元	角	分
1	计提企业所得税	所得税费用-当期所得税费用			1	0	3	9	8	5	1	1	2											
2	计提企业所得税	应交税费-应交企业所得税														1	0	3	9	8	5	1	1	2

图 5-19-1　[业务 5-19]填制记账凭证页面

第六章 财务报表业务会计电算化处理

一、期末处理业务

【业务 6-1】 1月31日,取得原始凭证1张。

表 6-1-1 是损益类科目发生额表,此表应作为期末结转损益类科目的记账依据。该原始凭证注明的内容表明,本公司本月收入类科目发生额合计为 12 491 928.17 元,期末结转时,应从"主营业务收入""其他业务收入""投资收益""公允价值变动损益""营业外收入""资产处置损益"各明细科目的借方转入"本年利润"科目的贷方。

表 6-1-1 损益类科目发生额汇总表
2019 年 1 月 31 日

账户名称	借方发生额合计	贷方发生额合计
主营业务收入		12 379 500.00
其他业务收入		36 410.34
投资收益		18 517.83
公允价值变动损益		5 500.00
营业外收入		30 000.00
资产处置损益		22 000.00
主营业务成本	7 890 858.52	
其他业务成本	19 500.00	
税金及附加	88 304.88	
销售费用	16 200.00	
管理费用	148 563.66	
财务费用	37 468.14	
资产减值损失	111 672.50	
营业外支出	19 956.00	
所得税费用	1 039 851.12	
合 计	9 372 374.82	12 491 928.17

编制:李本勇　　　　　　　　　　　　　　　　　　　　　　　　审核:袁世民

同时,本公司本月费用类科目发生额合计为 9 372 374.82 元,应分别从“主营业务成本”“其他业务成本”“税金及附加”“销售费用”“管理费用”“财务费用”“资产减值损失”“营业外支出”“所得税费用”各明细科目的贷方转入“本年利润”科目的借方。

因此,该笔业务在 T+系统中的操作流程如下:

(1) 定义期间损益结转:以资产会计“201008”的身份于“2019-01-31”登录。选择“总账”→“期末处理”单击“期间损益结转”,出现期间损益结转页面,其中结转期间、凭证类别、设置方式自动生成,本年利润科目选择“本年利润”,勾选“包含未记账凭证”和“收入支出分别结转”,把“合成生成利润分录”复选框的√取消,如图 6-1-1 所示。

(2) 生成凭证:以资产会计“201008”的身份于“2019-01-31”登录。选择“总账”→“期末处理”单击“生成凭证”按钮,生成二张凭证,在出现的第一张结转收入凭证中附单据数录入“1”,单击“保存”按钮,如图 6-1-2 和图 6-1-3 所示;单击“下张”按钮,进入结转支出凭证,单击“保存”按钮,如图 6-1-4 至图 6-1-7 所示。

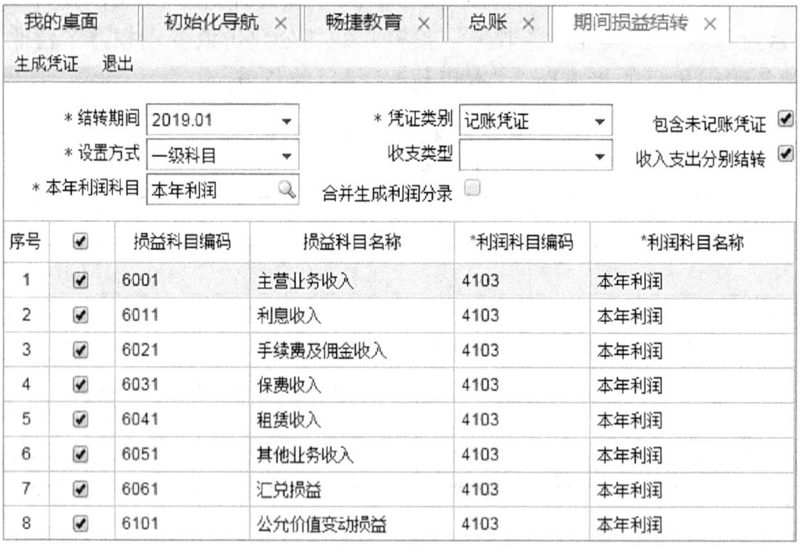

序号	☑	损益科目编码	损益科目名称	*利润科目编码	*利润科目名称
1	☑	6001	主营业务收入	4103	本年利润
2	☑	6011	利息收入	4103	本年利润
3	☑	6021	手续费及佣金收入	4103	本年利润
4	☑	6031	保费收入	4103	本年利润
5	☑	6041	租赁收入	4103	本年利润
6	☑	6051	其他业务收入	4103	本年利润
7	☑	6061	汇兑损益	4103	本年利润
8	☑	6101	公允价值变动损益	4103	本年利润

图 6-1-1　期间损益结转定义页面

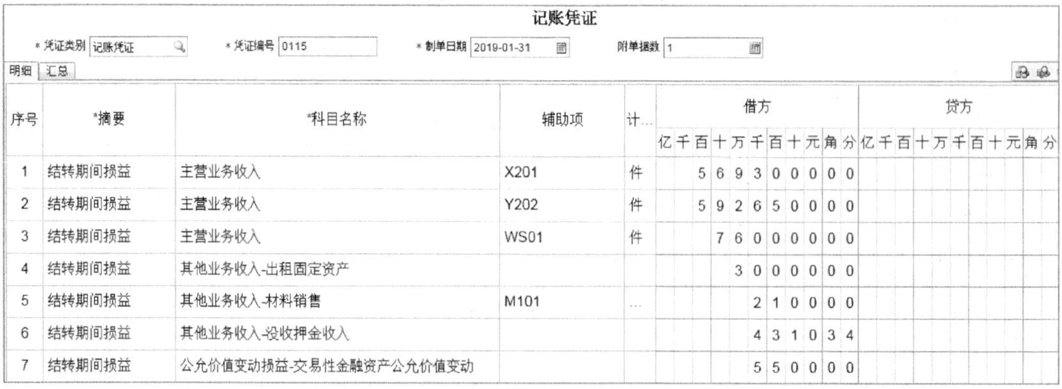

序号	*摘要	*科目名称	辅助项	计…	借方(亿千百十万千百十元角分)	贷方(亿千百十万千百十元角分)
1	结转期间损益	主营业务收入	X201	件	5693000000	
2	结转期间损益	主营业务收入	Y202	件	5926500000	
3	结转期间损益	主营业务收入	WS01	件	760000000	
4	结转期间损益	其他业务收入-出租固定资产			3000000	
5	结转期间损益	其他业务收入-材料销售	M101	…	210000	
6	结转期间损益	其他业务收入-没收押金收入			431034	
7	结转期间损益	公允价值变动损益-交易性金融资产公允价值变动			550000	

图 6-1-2　收入凭证页面(一)

第六章 财务报表业务会计电算化处理

序号	摘要	科目名称	借方	贷方
8	结转期间损益	投资收益-交易手续费		8066
9	结转期间损益	投资收益-出售金融资产收益-出售金融商品收益		185984
10	结转期间损益	营业外收入-无法偿付的应付款项		3000000
11	结转期间损益	资产处置损益-非流动资产处置利得		2200000
12	结转期间损益	本年利润	124919281 7	

图 6-1-3　收入凭证页面(二)

记账凭证

凭证类别：记账凭证　凭证编号：0116　制单日期：2019-01-31　附单据数：

序号	摘要	科目名称	辅助项	计...	借方	贷方
1	结转期间损益	本年利润			93723748 2	
2	结转期间损益	主营业务成本	WS01	件		3880000 0
3	结转期间损益	主营业务成本	X201	件		3676836 00
4	结转期间损益	主营业务成本	Y202	件		3826022 52
5	结转期间损益	其他业务成本-出租固定资产				60000 0
6	结转期间损益	其他业务成本-材料销售	M101	...		15000 0
7	结转期间损益	其他业务成本-投资性房地产装修支出				1200000

图 6-1-4　结转支出凭证页面(一)

序号	摘要	科目名称	借方	贷方
8	结转期间损益	税金及附加-城市维护建设税		464119 1
9	结转期间损益	税金及附加-教育费附加		198908 2
10	结转期间损益	税金及附加-地方教育费附加		132605 5
11	结转期间损益	税金及附加-房产税		36000 0
12	结转期间损益	税金及附加-印花税		51416 0
13	结转期间损益	销售费用-包装费		162000 0
14	结转期间损益	管理费用-低耗品摊销		23400 0
15	结转期间损益	管理费用-无形资产摊销费		59950 0

图 6-1-5　结转支出凭证页面(二)

序号	摘要	科目名称	借方	贷方
16	结转期间损益	管理费用-工资		7100000
17	结转期间损益	管理费用-职工福利费		226200 0
18	结转期间损益	管理费用-五险一金		279030 0
19	结转期间损益	管理费用-工会经费		14200 0
20	结转期间损益	管理费用-职工教育经费		17750 0
21	结转期间损益	管理费用-办公费		3200 0
22	结转期间损益	管理费用-差旅费		15000 0
23	结转期间损益	管理费用-折旧费		129066 6

图 6-1-6　结转支出凭证页面(三)

序号	摘要	科目名称	借方	贷方
24	结转期间损益	管理费用-盘盈利得	100000	
25	结转期间损益	管理费用-盘亏损失		17840 0
26	结转期间损益	财务费用-利息支出		6633 9
27	结转期间损益	财务费用-利息收入	9652 5	
28	结转期间损益	财务费用-现金折扣		377700 0
29	结转期间损益	资产减值损失-坏账损失		1116725 0
30	结转期间损益	营业外支出-非流动资产处置损失		199560 0
31	结转期间损益	所得税费用-当期所得税费用		1039851 12

图 6-1-7　结转支出凭证页面(四)

【业务 6-2】 资料共 3 份,进行银行对账业务。

表 6-2-1 是基本结算户对账单,表 6-2-2 是承兑保证金专户对账单,表 6-2-3 是证券交易结算资金户对账单。通过以上对账单可知,其对账单发生额的方向与银行日记账发生额方向相反,因此,对账单余额方向也与银行日记账的余额方向相反,在贷方。出纳应根据上述对账单以及出纳管理系统完成期末银行对账工作。

表 6-2-1　　　　　　　　　　　　基本结算户对账单

中国建设银行股份有限公司活期存款明细账

账　　号:41622124656669　　　2019-01-01 至 2019-01-31
户　　名:常州亚兴有限公司　　　币种:人民币

日期	对方户名	摘要	结算方式	票号	借方	贷方	余额
2019-01-02	常州智慧有限公司	转出	转账支票	17025801	116 000.00		8 584 719.86
2019-01-02	常州恒利有限公司	转出	网银	00810019	69 600.00		8 515 119.86
2019-01-03	盐城达康有限公司	转出	电汇	00810042	579 400.00		7 935 719.86
2019-01-03	常州维达有限公司	转出	网银	00810071	500 000.00		7 435 719.86
2019-01-03	常州金田五金制造有限公司	转出	网银	00810088	380 000.00		7 055 719.86
2019-01-03	常州智雅有限公司	转入	电汇	00810096		10 000.00	7 065 719.86
2019-01-04		划出	转账支票	17025802	409 500.00		6 656 219.86
2019-01-04		划入	其他	00810147		351 965.25	7 008 185.11
2019-01-04	南京中山有限公司	划出	其他	00810183	351 000.00		6 657 185.11
2019-01-05	南京大华有限公司	转出	网银	00810214	234 000.00		6 423 185.11
2019-01-06	常州振华有限公司	转出	转账支票	17025803	278 400.00		6 144 785.11
2019-01-06	泰州维扬有限公司	转出	网银	00810311	285 650.00		5 859 135.11
2019-01-07	连云港云飞有限公司	转出	网银	00810418	1 589 200.00		4 269 935.11
2019-01-08	常州快运物流有限公司	转出	转账支票	17025804	33 000.00		4 236 935.11
2019-01-08	常州飞达有限公司	转出	转账支票	17025805	111 360.00		4 125 575.11
2019-01-08	常州祥瑞有限公司	转出	转账支票	17025806	1 392 000.00		2 733 575.11
2019-01-08	常州国兴有限公司	转出	网银	00810474	928 000.00		1 805 575.11
2019-01-10	常州奇志有限公司	转入	转账支票	1436369		46 400.00	1 851 975.11
2019-01-12		划入	其他	3838		157 286.61	2 009 261.72
2019-01-12	常州红锦有限公司	转出	转账支票	17025807	99 760.00		1 909 501.72
2019-01-12		转出	转账支票	17025808	22 000.00		1 887 501.72
2019-01-12	常州博爱有限公司	转入	银行汇票	50137277		1 228 500.00	3 116 001.72
2019-01-12	常州快运物流有限公司	转出	网银	00810589	2 200.00		3 113 801.72
2019-01-12	常州万都有限公司	转入	网银	00810681		1 487 700.00	4 601 501.72
2019-01-12	无锡英华有限公司	转入	电汇	00810724		2 204 000.00	6 805 501.72
2019-01-12	苏州吴里有限公司	转入	网银	00810788		2 765 880.00	9 571 381.72

(续表)

日期	对方户名	摘要	结算方式	票号	借方	贷方	余额
2019-01-12	常州兰陵有限公司	转入	网银	00810866		56 160.00	9 627 541.72
2019-01-12	南京六合有限公司	转入	网银	00810935		300 000.00	9 927 541.72
2019-01-13		划出	其他	184124		2 436.00	9 929 977.72
2019-01-13	南京六合有限公司	转入	网银	00811075		382 080.00	10 312 057.72
2019-01-13	无锡范园有限公司	转出	网银	00811123	167 920.00		10 144 137.72
2019-01-13	无锡大禹有限公司	转出	网银	00811207	139 200.00		10 004 937.72
2019-01-14		划出	现金支票	26522369	3 000.00		10 001 937.72
2019-01-14	南京六合有限公司	转出	网银	00811312	10 440.00		9 991 497.72
2019-01-14	苏州蓝联有限公司	转入	网银	00811404		382 800.00	10 374 297.72
2019-01-15	常州大名城房地产开发有限公司	转出	转账支票	17025809	40 460.00		10 333 837.72
2019-01-15	常州大名城房地产开发有限公司	转出	转账支票	17025810	1 452 000.00		8 881 837.72
2019-01-15		转出	转账支票	17025811	2 200.00		8 879 637.72
2019-01-15		支付工资	转账支票	17025812	99 761.48		8 779 876.24
2019-01-15		上缴增值税	其他	35023027	387 000.00		8 392 876.24
2019-01-15		上缴企业所得税	其他	35023030	203 984.09		8 188 892.15
2019-01-15		上缴印花税	其他	35023041	15 315.00		8 173 577.15
2019-01-15		上缴税费及附加	其他	35023050	46 440.00		8 127 137.15
2019-01-15		上缴房产税	其他	35023062	13 680.00		8 113 457.15
2019-01-15		上缴个人所得税	其他	35023078	686.02		8 112 771.13
2019-01-15		上缴土地使用税	其他	35023086	53 960.00		8 058 811.13
2019-01-15		上缴社保	其他	68353983	50 467.00		8 008 344.13
2019-01-15		转出	网银	00811822	400 000.00		7 608 344.13
2019-01-15		转入	网银	00811858		216 000.00	7 824 344.13
2019-01-15		转入	网银	00811971		1 740.00	7 826 084.13
2019-01-15		转入	网银	00812049		30 900.00	7 856 984.13
2019-01-15		转入	网银	00812157		33 000.00	7 889 984.13
2019-01-15		上缴住房公积	其他	00812271	25 300.00		7 864 684.13

表 6-2-2　　　　　　　　　　　　**承兑保证金专户对账单**
中国建设银行股份有限公司定期存款明细账

账　　号:41392887676703　　　2019-01-01 至 2019-01-31
户　　名:常州亚兴有限公司　　　币种:人民币

日期	摘要	结算方式	票号	借方	贷方	余额
2019-01-04	划入	转账支票	17025802		409 500.00	2 136 920.00
2019-01-04	利息收入划入	其他			965.25	2 137 885.25
2019-01-04	划出	其他	00810147	351 965.25		1 785 920.00

表 6-2-3　　　　　　　　　　　　**证券交易结算资金户对账单**
中国建设银行股份有限公司活期存款明细账

账　　号:2503848737　　　　2019-01-01 至 2019-01-31
户　　名:常州亚兴有限公司　　　币种:人民币

日期	摘要	结算方式	票号	借方	贷方	余额
2019-01-14	转出	其他		285 085.50		70 914.50
2019-01-15	转入	其他			209 727.00	280 641.50

T+软件中,出纳工作是在往来现金系统及出纳管理系统中对公司发生的货币资金收付业务进行全方位的处理,而不是通过传统的凭证系统。因此,银行对账业务是期末出纳管理系统与银行对账单之间进行对账。其对账步骤如下所述。

1. 银行对账期初

以出纳"201009 朱珊珊"身份于 2019-01-31 登录,在"基础设置——收付结算"单击"账号",对银行类型为"银行"的进行修改,将对账单余额方向从"借方"改为"贷方"。银行对账期初是在"初始化"——"期初余额"中的"银行对账期初"在录入"现金银行期初"后自动生成数据。如图 6-2-1 所示,银行对账期初的余额与期初对应科目的余额一致但方向不一致。

序号	账号名称	账号	对账启用日期	日记账余额	*对账单余额	对账单余额方向
1	承兑保证金专户	41392887676703	2019-01-01	1,719,920.00	1,719,920.00	贷方
2	基本结算户	41622124656669	2019-01-01	8,700,719.86	8,700,719.86	贷方
3	证券交易结算资金户	2503848737	2019-01-01	356,000.00	356,000.00	贷方

图 6-2-1　银行对账期初录入页面

2. 银行对账单的录入

以出纳"201009 朱珊珊"身份于 2019-01-31 登录,"出纳管理"——"银行对账"单击"银行对账单",弹出"查询条件"对话框,账户中勾选"基本结算户",其他默认,单击"确定"按钮,进入银行对账单页面,根据表 6-2-1 依次录入,然后保存,如图 6-2-2 至图 6-2-4 所示。

账号名称：基本结算户　账号：41622124656669　日期：2019-01-01-2019-01-31　期初余额：8,700,719.86

序号		*日期	对方单位	摘要	结算方式	票号	借方	贷方	余额
1	☐	2019-01-02	常州智慧有限…	转出	转账支票	17025801	116,000.00		8,584,719.86
2	☐	2019-01-02	常州恒利有限…	转出	网银	00810019	69,600.00		8,515,119.86
3	☐	2019-01-03	盐城达康有限…	转出	电汇	00810042	579,400.00		7,935,719.86
4	☐	2019-01-03	常州维达有限…	转出	网银	00810071	500,000.00		7,435,719.86
5	☐	2019-01-03	常州金田五金…	转出	网银	00810088	380,000.00		7,055,719.86
6	☐	2019-01-03	常州智雅有限…	转入	电汇	00810096		10,000.00	7,065,719.86
7	☐	2019-01-04		划出	转账支票	17025802	409,500.00		6,656,219.86
8	☐	2019-01-04		划入	其他	00810147		351,965.25	7,008,185.11
9	☐	2019-01-04	南京中山有限…	划出	其他	00810183	351,000.00		6,657,185.11
10	☐	2019-01-05	南京大华有限…	转出	网银	00810214	234,000.00		6,423,185.11
11	☐	2019-01-06	常州振华有限…	转出	转账支票	17025803	278,400.00		6,144,785.11
12	☐	2019-01-06	泰州维扬有限…	转出	网银	00810311	285,650.00		5,859,135.11
13	☐	2019-01-07	连云港云飞有…	转出	网银	00810418	1,589,200.00		4,269,935.11
14	☐	2019-01-08	常州快运物流…	转出	转账支票	17025804	33,000.00		4,236,935.11
15	☐	2019-01-08	常州飞达有限…	转出	转账支票	17025805	111,360.00		4,125,575.11
16	☐	2019-01-08	常州祥瑞有限…	转出	转账支票	17025806	1,392,000.00		2,733,575.11
17	☐	2019-01-08	常州国兴有限…	转出	网银	00810474	928,000.00		1,805,575.11
18	☐	2019-01-10	常州奇志有限…	转入	转账支票	1436369		46,400.00	1,851,975.11

图 6-2-2　基本结算户对账单（一）

19	☐	2019-01-12		划入	其他	3838		157,286.61	2,009,261.72
20	☐	2019-01-12	常州红锦有限…	转出	转账支票	17025807	99,760.00		1,909,501.72
21	☐	2019-01-12		转出	转账支票	17025808	22,000.00		1,887,501.72
22	☐	2019-01-12	常州博爱有限…	转入	银行汇票	50137277		1,228,500.00	3,116,001.72
23	☐	2019-01-12	常州快运物流…	转出	网银	00810589	2,200.00		3,113,801.72
24	☐	2019-01-12	常州万都有限…	转入	网银	00810681		1,487,700.00	4,601,501.72
25	☐	2019-01-12	无锡英华有限…	转入	电汇	00810724		2,204,000.00	6,805,501.72
26	☐	2019-01-12	苏州吴里有限…	转入	网银	00810788		2,765,880.00	9,571,381.72
27	☐	2019-01-12	常州兰陵有限…	转入	网银	00810866		56,160.00	9,627,541.72
28	☐	2019-01-12	南京六合有限…	转入	网银	00810935		300,000.00	9,927,541.72
29	☐	2019-01-13		划出	其他	184124		2,436.00	9,929,977.72
30	☐	2019-01-13	南京六合有限…	转入	网银	00811075		382,080.00	10,312,057.72
31	☐	2019-01-13	无锡范园有限…	转出	网银	00811123	167,920.00		10,144,137.72
32	☐	2019-01-13	无锡大禹有限…	转出	网银	00811207	139,200.00		10,004,937.72
33	☐	2019-01-14		划出	现金支票	26522369	3,000.00		10,001,937.72
34	☐	2019-01-14	南京六合有限…	转出	网银	00811312	10,440.00		9,991,497.72
35	☐	2019-01-14	苏州蓝联有限…	转入	网银	00811404		382,800.00	10,374,297.72
36	☐	2019-01-15	常州大名城房…	转出	转账支票	17025809	40,460.00		10,333,837.72

图 6-2-3　基本结算户对账单（二）

37	☐	2019-01-15	常州大名城房…	转出	转账支票	17025810	1,452,000.00		8,881,837.72
38	☐	2019-01-15		转出	转账支票	17025811	2,200.00		8,879,637.72
39	☐	2019-01-15		支付工资	转账支票	17025812	99,761.48		8,779,876.24
40	☐	2019-01-15		上缴增值税	其他	35023027	387,000.00		8,392,876.24
41	☐	2019-01-15		上缴企业所得税	其他	35023030	203,984.09		8,188,892.15
42	☐	2019-01-15		上缴印花税	其他	35023041	15,315.00		8,173,577.15
43	☐	2019-01-15		上缴税费及附加	其他	35023050	46,440.00		8,127,137.15
44	☐	2019-01-15		上缴房产税	其他	35023062	13,680.00		8,113,457.15
45	☐	2019-01-15		上缴个人所得税	其他	35023078	686.02		8,112,771.13
46	☐	2019-01-15		上缴土地使用税	其他	35023086	53,960.00		8,058,811.13
47	☐	2019-01-15		上缴社保	其他	68353983	50,467.00		8,008,344.13
48	☐	2019-01-15		转出	网银	00811822	400,000.00		7,608,344.13
49	☐	2019-01-15		转入	网银	00811858		216,000.00	7,824,344.13
50	☐	2019-01-15		转入	网银	00811971		1,740.00	7,826,084.13
51	☐	2019-01-15		转入	网银	00812049		30,900.00	7,856,984.13
52	☐	2019-01-15		转入	网银	00812157		33,000.00	7,889,984.13
53	☐	2019-01-15		上缴住房公积	其他	00812271	25,300.00		7,864,684.13

图 6-2-4 基本结算户对账单(三)

承兑保证金专户对账单与证券交易结算资金户对账单录入方式与上相同,如图 6-2-5 和图 6-2-6 所示。

图 6-2-5 承兑保证金专户对账单页面

图 6-2-6 证券交易结算资金账号对账单页面

3. 银行对账

以基本结算户银行对账为例进行银行对账步骤说明。

步骤 1:以 201009 身份于 2019-01-31 登录,"出纳管理"——"银行对账"单击"银行对账",弹出"查询条件"对话框,账户中勾选"基本结算户",起始日期选择"2019-01-01",其他默认,单击"确定"按钮,进入银行对账页面,如图 6-2-7 所示。

步骤 2:单击"自动对账"命令,弹出"查询条件"默认,单击"确定"按钮,完成自动对账,自动对账后大部分业务均能对账完成,显示页面,如图 6-2-8 所示。

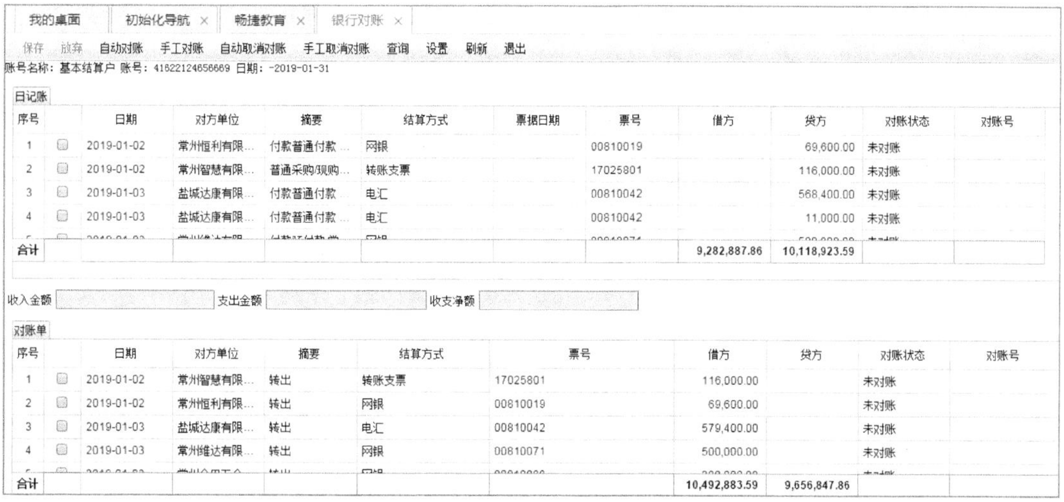

图 6-2-7 基本结算户银行对账页面

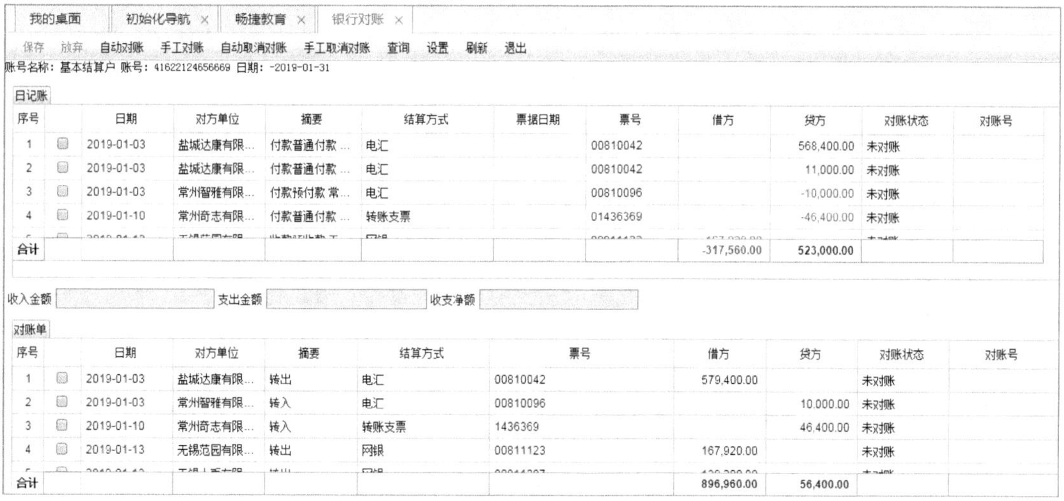

图 6-2-8 自动对账后页面

需要说明的是:有两种情况无法默认自动对账:一是"盐城达康有限公司"等在银行存款日记账中分两次记录(采购及支付采购运费),但在银行对账单是一笔记录(支付货款及运费),两次操作金额之和与银行对账单金额是一致的(此种情况也可以进行自动对账,在自动对账条件中勾选"总金额相等");二是一些购销中的特殊业务,在银行存款日记账中是用红字记录的,但在银行对账单中是蓝字记录,但金额与收支的含义是相等的。这两种情况,可以使用手工对账的命令完成操作。

步骤3:手工对账,单击"手工对账"命令(必要的第一步骤,否则无法进行手工对账),银行日记账中勾选"盐城达康有限公司"两行记录,银行对账单中勾选"盐城达康有限公司"一行记录,单击"保存"命令,则完成同一公司多行记录的对账工作(每次手工对账,只能针对同一公司);针对红蓝字记录以同样的操作依次按同一公司分别完成手工对账工作。所有对账工作完成后,对账记录为空。

步骤 4:依次完成承兑保证金专户和证券交易结算资金户对账工作。

4. 银行对账余额调节表

以 201009 身份于 2019-01-31 登录,"出纳管理"——"银行对账"单击"余额调节表",显示所有账号银行对账结果,如图 6-2-9 所示,各账号差额均为 0;勾选"基本结算户",单击"余额调节表"命令,则出现基本结算户余额调节表细项,如图 6-2-10 所示。

序号	账号名称	账号	使用部门	启用日期	截止日期	日记账余额	调整后日记账余额	对账单余额	调整后对账单余额	差额
1	承兑保证金专户	41392887676703		2019-01-01	2019-01-31	1,778,420.00	1,778,420.00	1,778,420.00	1,778,420.00	0.00
2	基本结算户	41622124656669		2019-01-01	2019-01-31	7,864,684.13	7,864,684.13	7,864,684.13	7,864,684.13	0.00
3	证券交易结算资金户	2503848737		2019-01-01	2019-01-31	280,641.50	280,641.50	280,641.50	280,641.50	0.00

图 6-2-9 余额调节表页面

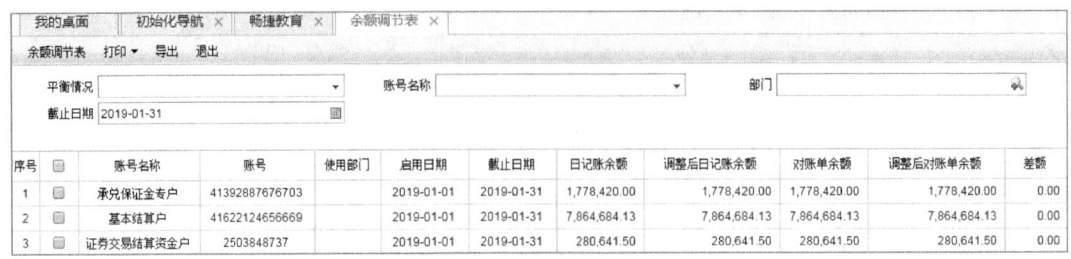

图 6-2-10 基本结算户余额调节表页面

【业务 6-3】 查询日记账与总账对账情况及出纳签字。

1. 查询日记账与总账对账情况

以 201009 身份于 2019-01-31 登录,"出纳管理"——"业务处理"单击"日记账与总账对账",弹出查询对话框,日期选择从"2019-01-01"到"2019-01-31",科目选择"100201",勾选"包含未记账",单击"确定"按钮,出现如图 6-3-1 所示的页面,虽然结论是账账不符,但期初、期末余额是相等的,发生额差额是由于生成凭证时调整了银行存款科目的方向及金额造成的,但借方发生与贷方发生的金额是相等的,两者实质无差额。

2. 出纳签字

(1)以出纳"201009 朱珊珊"身份于 2019-01-31 登录。"总账"→"凭证管理",出现查询条件,默认,单击"确定"按钮,进入"凭证管理"页面,如图 6-3-2 所示,是从 2019-01-01 起,按凭证顺序号排列;

图 6-3-1 基本结算户总账与日记账对账查询页面

(2) 单击"待出纳签字"按钮,勾选序号右侧的复选框,凭证第一页凭证全部选中,单击"操作——出纳签字",自动完成第一页凭证的出纳签字工作;单击"待出纳签字"按钮,勾选序号右侧的复选框,单击"操作——出纳签字",自动完成此页凭证的出纳签字工作;若凭证已全部出纳签字,单击"待出纳签字"按钮,显示"数据不存在"的提示。若取消出纳签字,需要勾选取消出纳签字的凭证,单击"操作——取消出纳签字"。

图 6-3-2 凭证管理页面

【业务 6-4】 凭证审核。

(1) 以账套主管"201006 袁世民"身份于 2019-01-31 登录。"总账"→"日常业务"单击"凭证管理",出现查询条件,默认,单击"确定"按钮,进入"凭证管理"页面。

(2) 单击"待审核"按钮,在该页对凭证逐笔审核无误后,勾选序号右侧的复选框,凭证第一页凭证全部选中,单击"审核"命令,自动完成第一页凭证的审核签字工作;单击"待审核"按钮,勾选序号右侧的复选框,单击"审核",自动完成此页凭证的审核签字工作;依次类推,若凭证已全部审核完成,单击"待审核"按钮,显示"数据不存在"的提示。

【业务 6-5】 凭证记账。

(1) 以账套主管"201006 袁世民"身份于 2019-01-31 登录。"总账"→"日常业务"单击"凭证管理",出现查询条件,默认,单击"确定"按钮,进入"凭证管理"页面。

(2) 单击"待记账"按钮,勾选序号右侧的复选框,凭证第一页凭证全部选中,单击"记账"命令,自动完成第一页凭证的审核签字工作;单击"待记账"按钮,勾选序号右侧的复选框,单击"记账",自动完成此页凭证的审核签字工作;依次类推,若凭证已全部审核,单击"待记账"按钮则显示"数据不存在"的提示。

需要注意的是:诸如反出纳签字、反审核等操作,由专责操作员在凭证管理中找到指定凭证并勾选之,可以用"操作——取消××"命令进行处理;但要对某已记账的凭证进行反记账,在凭证管理中找到并勾选该记账凭证,必须使用组合键"Ctrl+Alt+H",根据提示完成反记账的操作流程。

【业务 6-6】 结账。

(1) 业务结账:以账套主管"201006 袁世民"身份于 2019-01-31 登录。"系统管理"→"基本设置"单击"业务结账",弹出如图 6-6-1 所示的业务结账对话框,单击"期末结账"按钮,系统自动进行 2019-01 的业务结账,提示"期末结账成功",单击"确定"按钮,则期间"1",期末结账栏出现"是"字样。

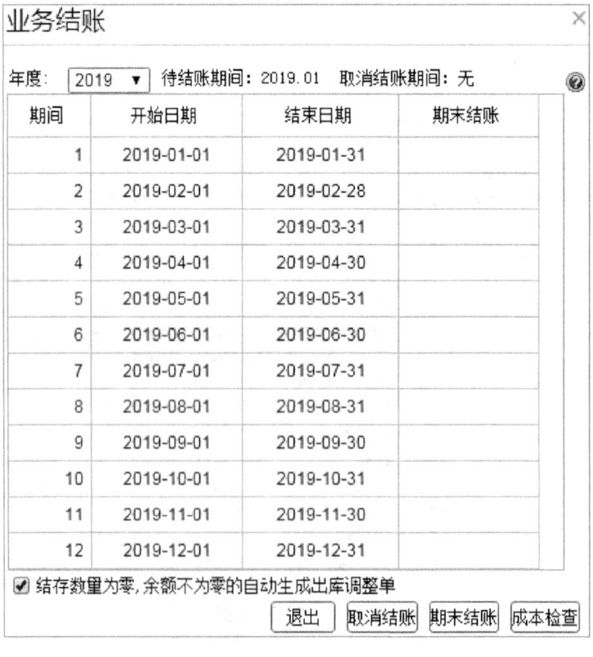

图 6-6-1 业务结账页面

(2) 财务结账:以账套主管"201006 袁世民"身份于 2019-01-31 登录。"系统管理"→"基本设置"单击"财务结账",弹出财务结账对话框,如图 6-6-2 所示。单击"下一步"按钮,系统自动进行对账工作;单击"下一步"按钮,出现月度工作报告,如图 6-6-3 所示。虽然总账与日记账对账不符,但不影响财务结账工作;单击"下一步"按钮,提示"2019 年 1 月通过工作检查,可以结转"字样,单击"结账"按钮,提示"本期财务结账成功",单击"退出"按钮,则返回财务结账页面,在期间为"1",期末结账栏出现"是"字样。

图 6-6-2　财务结账界面

图 6-6-3　月度工作报告页面

二、财务报表编制

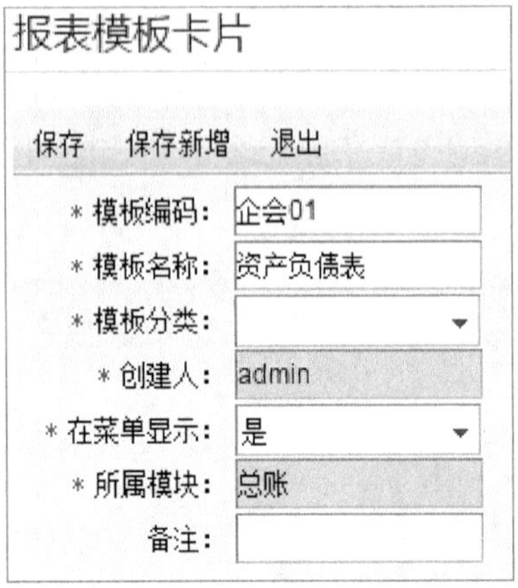

【业务 6-7】 编制 2019-01-31 资产负债表。

模板设计,以账套主管"201006 袁世民"身份于 2019-01-31 登录。

步骤 1:复制资产负债表模板:"T-UFO"——"TUFO"单击"模板设计",打开模板设计页面,系统已预置一系列报表,在系统模板中,但属于 2017 年之前的报表模板,根据财政部财会(2017)30 号《关于修订印发一般企业财务报表格式的通知》的要求,必须建立新的模板,选择企会 01 资产负债表,单击"复制"按钮,弹出报表模板卡片对话框,如图 6-7-1 所示。模板编码改为"企会 01_1",模板名称为"资产负债表_1",模板分类自动为"自定义模板",其他均默认,单击"保存"按钮,返回模板设计页面。

图 6-7-1 报表模板卡片对话框

步骤 2:编辑资产负债表格式:在模板设计页面,"自定义模板"中双击"资产负债表_1",打开该资产负债表,在格式上编辑,使之符合财会(2017)30 号文件附录中资产负债表格式要求,单击"保存"按钮。

步骤 3:编辑资产负债表单元格公式编辑。在资产负债表格式符合 2017 年财政部要求的格式后,进行公式的调整,一般有以下几种情况:原项目公式不变,但表中位置发生变化,只需要把原公式复制后,设置到新的对应单元格中,表内计算的项目,根据调整后单元格调整表内计算公式;有些是新增加的项目,如其他综合收益,根据"其他综合收益"科目的年初或期末余额填列,按这个填制方法,设置"年初余额"栏及"期末余额"栏的单元公式;有些项目原单元公式有误,如"应收账款"项目,其期末余额和年初余额均应该是"应收账款的余额——应收账款坏账准备余额","其他应收款"项目,其期末余额和年初余额均应该是"其他应收款的余额——其他应收款坏账准备余额";"投资性房地产"项目,公式中只有"投资性房地产"科目,而没有"投资性房地产累计折旧"科目,因此在其对应的单元格公式中把"投资性房地产累计折旧"科目的"年初"或"期末"余额调整计算进去;还有如"应交税费——待抵扣进项税额"是本期发生的,应作为流动资产类的"其他流动资产"项目处理,其期末余额在借方,但"应交税费"科目属负债,余额方向定义在贷方,因此其金额公式为"-QM("222113","","年","月")",列入"其他流动资产"项目的期末余额栏,"应交税费"科目的期末余额公式调整为"QM("2221","","年","月")-QM("222113","","年","月")"。所有单元格公式设置完成后,单击"保存"按钮。

步骤 4:生成资产负债表数据:"T-UFO"——"TUFO"单击"报表数据",打开报表数据页面,在左侧自定义模板中展开,选中"资产负债表_1",单击"生成报表"命令按钮,弹出报表生成对话框,其中已有信息默认,单击"确定"按钮,系统自动计算编辑后的资产负债表数据,单击"保存"按钮,生成资产负债表。2019 年 1 月 31 日常州亚兴有限公司资产负债表,如表 6-7-1 所示。

表 6-7-1　　　　　　　　　　　　　　　资产负债表

单位:常州亚兴有限公司　　　　　2019 年 1 月 31 日

会企 01 表
单位:元

资　　产	期末余额	年初余额	负债及所有者权益（或股东权益）	期末余额	年初余额
流动资产:			流动负债:		
货币资金	9 928 377.63	10 778 339.86	短期借款		
以公允价值计量且其变动计入当期损益的金融资产	100 500.00		以公允价值计量且其变动计入当期损益的金融负债		
应收票据	2 448 840.00	859 950.00	应付票据	1 778 420.00	851 000.00
应收账款	5 641 100.00	4 007 480.00	应付账款	1 117 008.00	2 243 700.00
预付款项	563 700.20	563 700.20	预收款项		850 000.00
应收利息			应付职工薪酬	236 951.50	231 259.00
应收股利		216 000.00	应交税费	1 791 869.35	721 065.11
其他应收款	997.50	1 900.00	应付利息		
存货	2 306 605.15	2 291 000.00	应付股利		
持有待售资产			其他应付款		5 000.00
一年内到期的非流动资产			持有待售负债		
其他流动资产	52 800.00		一年内到期的非流动负债		
流动资产合计	21 042 920.48	18 718 370.06	其他流动负债		
非流动资产:			流动负债合计	4 924 248.85	4 902 024.11
可供出售金融资产	427 180.00	37 635.81	非流动负债:		
持有至到期投资			长期借款		
长期应收款			应付债券		
长期股权投资	2 544 000	2 544 000	其中:优先股		
投资性房地产	1 194 000	1 200 000	永续债		
固定资产	5 174 276.06	3 886 253.39	长期应付款		
在建工程			专项应付款		
工程物资			预计负债		
固定资产清理			递延所得税负债		
生产性生物资产			其他非流动负债		
油气资产			非流动负债合计		
无形资产	1 972 145.00	1 978 140.00	负债合计	4 924 248.85	4 902 024.11

(续表)

资　　产	期末余额	年初余额	负债及所有者权益（或股东权益）	期末余额	年初余额
开发支出			所有者权益(或股东权益):		
商誉			实收资本(或股本)	19 800 000.00	19 000 000.00
长期待摊费用	420 000.00	432 000.00	其他权益工具		
递延所得税资产			其中：优先股		
其他非流动资产			永续债		
非流动资产合计	11 731 601.06	10 078 029.20	资本公积	1 708 625.00	1 661 825.00
			减：库存股		
			其他综合收益	−2 855.66	7 600.15
			盈余公积	226 740.00	226 740.00
			未分配利润	6 117 763.35	2 998 210
			所有者权益(或股东权益)合计	27 850 272.69	23 894 375.15
资产总计	32 774 521.54	28 796 399.26	负债及所有者权益(或股东权益)总计	32 774 521.54	28 796 399.26

公司法定代表人：姜亚兴　　　　　主管会计工作负责人：赵卫宇　　　　　会计机构负责人：袁世民

【业务 6-8】 编制 2019-01 利润表。

模板设计，以账套主管"201006 袁世民"身份于 2019-01-31 登录。

步骤 1：复制利润表模板。"T-UFO"——"TUFO"单击"模板设计"，打开模板设计页面，系统已预置一系列报表，在系统模板中，但属于 2017 年之前的报表模板，根据财政部财会(2017)30 号《关于修订印发一般企业财务报表格式的通知》的要求，必须建立新的模板，选择企会 02 利润表，单击"复制"按钮，弹出报表模板卡片对话框，模板编码改为"企会 02_1"，模板名称为"利润表_1"，模板分类自动为"自定义模板"，其他均默认，单击"保存"按钮，返回模板设计页面。

步骤 2：编辑利润表格式。在模板设计页面，"自定义模板"中双击"利润表_1"，打开该资产负债表，在格式上编辑，使之符合财会(2017)30 号文件附录中利润表格式要求，单击"保存"按钮。

步骤 3：编辑利润表单元格公式编辑。在利润表格式符合 2017 年财政部要求的格式后，进行公式的调整，一个是"资产处置收益"项目本期金额，按"资产处置损益"科目的净发生额填列(贷方为正数，借方为负数，方向默认)；"营业利润"项目本期金额，单元公式"B5−B6−B7−B8−B9−B10+B11+B12+B14+B15"，"持续经营的净利润"与"净利润"项目的公式相同，"可供出售金融资产公允价值变动损益"项目的单元公式是"其他综合收益——可供出售金融资产公允价值变动"科目的净发生额乘以 75%，"其他综合收益的税后净额"项目和"以后将重分类进损益的其他综合收益"项目的金额与"可供出售金融资产公允价值变动损益"项目金额一致；"综合收益总额"项目的金额等于"净利润"项目的金额+"其他综合收益的税后净额"项目的金额。

步骤4:生成利润表数据。"T-UFO"——"TUFO"单击"报表数据",打开报表数据页面,在左侧自定义模板中展开,选中"利润表_1",单击"生成报表"命令按钮,弹出报表生成对话框,其中已有信息默认,单击"确定"按钮,系统自动计算编辑后的利润表数据,单击"保存"按钮。2019年1月常州亚兴有限公司利润表,如表6-8-1所示。

表6-8-1　　　　　　　　　　　　　　利润表

会企02表

单位:常州亚兴有限公司　　　　2019年1月　　　　　　　　　　　　　单位:元

项　　目	本期数	上年同期数
一、营业收入	12 415 910.34	
减:营业成本	7 910 358.52	
税金及附加	88 304.88	
销售费用	16 200.00	
管理费用	148 563.66	
财务费用	37 468.14	
资产减值损失	111 672.50	
加:公允价值变动收益(损失以"－"填列)	5 500.00	
投资收益(损失以"－"填列)	18 517.83	
其中:对联营企业和合营企业的投资收益		
资产处置收益(损失以"－"号填列)	22 000.00	
其他收益		
二、营业利润(亏损以"－"号填列)	4 149 360.47	
加:营业外收入	30 000.00	
减:营业外支出	19 956.00	
其中:非流动资产处置损失		
三、利润总额(亏损总额以"－"号填列)	4 159 404.47	
减:所得税费用	1 039 851.12	
四、净利润(净亏损以"－"号填列)	3 119 553.35	
(一)持续经营净利润(净亏损以"－"号填列)	3 119 553.35	
(二)终止经营净利润(净亏损以"－"号填列)		
五、其他综合收益的税后净额	－7 841.86	

(续表)

项　　目	本期数	上年同期数
(一) 以后不能重分类进损益的其他综合收益		
1. 重新计量设定受益计划净负债或净资产的变动		
2. 权益法下在被投资单位不能重分类进损益的其他综合收益中享有的份额		
……		
(二) 以后将重分类进损益的其他综合收益	-7 841.86	
1. 权益法下在被投资单位以后将重分类进损益的其他综合收益中享有的份额		
2. 可供出售金融资产公允价值变动损益	-7 841.86	
3. 持有至到期投资重分类为可供出售金融资产损益		
4. 现金流量套期损益的有效部分		
5. 外币财务报表折算差额		
……		
六、综合收益总额	3 111 711.49	
七、每股收益		
(一) 基本每股收益		
(二) 稀释每股收益		

公司法定代表人:姜亚兴　　　　　主管会计工作负责人:赵卫宇　　　　　会计机构负责人:袁世民

需要说明的是,所有报表均根据T+建账后总账或明细账的余额或发生额等数据资料编辑单元格公式由T+软件自动生成的,而T+数据是从2019年1月1日开始初始化,因而在2019年1月生成的报表中均无2017年及以前年份的数据,上年同期数需要导出利润表后手工录入。

【业务6-9】 编制2019-01现金流量表。

现金流量表编制前的基础工作有:

(1) 设置现金流量相关科目,一般对于货币资金科目要设置成现金科目、银行科目等,此工作在第一章已完成,如图1-2-25所示账号对应的科目设置。

(2) 在业务发生生成凭证后,对这些账号的科目手工分配现金流量项目;但这个工作也可在期末一次完成,即生成凭证时不进行手工分配现金流量项目,当全部凭证完成后,在出纳签字前,集中设置。具体操作是:由账套主管袁世民"201006"在"总账"——"现金流量/往来管理"单击"现金流量录入",在"现金流量录入"页面集中对每张有现金流量项目的凭证,选择合适的现金流量项目,然后单击"分配",以及"保存"按钮。

(3) "其他货币资金——承兑保证金"核算定期存款,不属于现金流量项目,通过"不影响现金流量的项目"进行处理,不能在现金流量表上反映。

现金流量表的模板系统中已存在,需要根据表 6-9-1 调整格式,单元公式调整项目需要调整"加:期初现金及现金等价物余额"项目,应在原公式基础上减去"其他货币资金——承兑保证金"科目期初余额。

生成现金流量表数据:以账套主管袁世民"201006 袁世民"身份于 2019-01-31 登录,"T-UFO"——"TUFO"单击"报表数据",打开报表数据页面,在左侧系统模板中展开,选中"现金流量表",单击"生成报表"命令按钮,弹出报表生成对话框,其中已有信息默认,单击"确定"按钮,系统自动计算编辑后的现金流量表数据,单击"保存"按钮,生成现金流量表。2019 年 1 月常州亚兴有限公司现金流量表,如表 6-9-1 所示。

表 6-9-1 现金流量表

单位:常州亚兴有限公司　　　　　2019 年 1 月

会企 03 表
单位:元

项　目	本期数	上年同期数
一、经营活动产生的现金流量		
销售商品、提供劳务收到的现金	8 817 202.61	
收到的税费返还		
收到其他与经营活动有关的现金	43 446.00	
经营活动现金流入小计	8 860 648.61	
购买商品、接受劳务支付的现金	6 903 634.00	
支付给职工以及为职工支付的现金	176 214.50	
支付的各项税费	720 379.09	
支付其他与经营活动有关的现金	189 970.00	
经营活动现金流出小计	7 990 197.59	
经营活动产生的现金流量净额	870 451.02	
二、投资活动产生的现金流量		
收回投资收到的现金	209 727.00	
取得投资收益收到的现金	216 000.00	
处置固定资产、无形资产和其他长期资产收回的现金净额	30 900.00	
处置子公司及其他营业单位收到的现金净额		
收到其他与投资活动有关的现金	965.25	
投资活动现金流入小计	457 592.25	
购建固定资产、无形资产和其他长期资产所支付的现金	1 492 460.00	

(续表)

项 目	本期数	上年同期数
投资支付的现金	685 085.50	
取得子公司及其他营业单位支付的现金净额		
支付其他与投资活动有关的现金	460.00	
投资活动现金流出小计	2 178 005.50	
投资活动产生的现金流量净额	−1 720 413.25	
三、筹资活动产生的现金流量		
吸收投资收到的现金		
取得借款收到的现金		
收到其他与筹资活动有关的现金	351 000.00	
筹资活动现金流入小计	351 000.00	
偿还债务支付的现金		
分配股利、利润或偿付利息支付的现金		
支付其他与筹资活动有关的现金	409 500.00	
筹资活动现金流出小计	409 500.00	
筹资活动产生的现金流量净额	−58 500.00	
四、汇率变动对现金及现金等价物的影响		
五、现金及现金等价物净增加额	−908 462.23	
加:期初现金及现金等价物余额	9 058 419.86	
六、期末现金及现金等价物余额	8 149 957.63	

公司法定代表人:姜亚兴　　　　主管会计工作负责人:赵卫宇　　　　会计机构负责人:袁世民

【业务6-10】 编制2019年1月所有者权益变动表。

步骤1:编辑所有者权益变动表格式:以201006身份在2019-01-31登录,在模板设计页面,"系统模板"中双击"所有者权益变动表",打开该所有者权益变动表,在格式上编辑,分别在本年和上年增加一栏"其他综合收益"。

步骤2:编辑所有者权益变动表单元格公式编辑:根据2019-01发生的业务以及报表栏目,分别设置本年的上年年末余额等栏目单元公式,所有公式设置完成,单击"保存"按钮。

步骤3:生成所有者权益变动表数据:"T-UFO"——"TUFO"单击"报表数据",打开报表数据页面,在左侧系统模板中展开,选中"所有者权益变动表",单击"生成报表"命令按钮,弹出报表生成对话框,其中已有信息默认,单击"确定"按钮,系统自动计算编辑后的所有者权益变动表数据,单击"保存"按钮,生成资产负债表。2019年1月份常州亚兴有限公司所有者权益变动表,如表6-10-1所示。

表 6-10-1

所有者权益变动表

2019 年 1 月

单位:常州亚兴有限公司　　　　　　　　　　　　　　　　　　　　　　　　　　　　　会工 04 表
　　单位:元

项目	本期金额								上期金额							
	实收资本（或股本）	资本公积	减:库存股	其他综合收益	盈余公积	未分配利润		所有者权益合计	实收资本（或股本）	资本公积	减:库存股	其他综合收益	盈余公积	未分配利润		所有者权益合计
一、上期期末金额	19 000 000	1 661 825		7 600.15	226 740	2 998 210		23 894 375.15								
加:会计政策变更																
前期差错更正																
二、本期期初余额	19 000 000.00	1 661 825.00		7 600.15	226 740.00	2 998 210.00		23 894 375.15								
三、本期增减变动金额（减少以"-"号填列）	800 000.00	46 800.00		-10 455.81		3 119 553.35		3 955 897.54								
（一）综合收益总额				-10 455.81		3 119 553.35		3 109 097.54								
（二）所有者投入和减少资本	800 000.00	46 800.00						846 800.00								
1. 所有者投入资本	800 000.00	46 800.00						846 800.00								
2. 股份支付计入所有者权益的金额																
3. 其他																
（三）利润分配																
1. 提取盈余公积																
2. 对所有者（或股东）的分配																

(续表)

项目	本期金额							上期金额						
	实收资本（或股本）	资本公积	减:库存股	其他综合收益	盈余公积	未分配利润	所有者权益合计	实收资本（或股本）	资本公积	减:库存股	其他综合收益	盈余公积	未分配利润	所有者权益合计
3. 其他（盘盈固定资产）														
（四）所有者权益内部结转														
1. 资本公积转增资本（或股本）														
2. 盈余公积转增资本（或股本）														
3. 盈余公积弥补亏损														
4. 其他														
四、本期期末余额	19 800 000.00	1 708 625.00		−2 855.66	226 740.00	6 117 763.35	27 850 272.69							

公司法定代表人:姜亚兴　　主管会计工作负责人:赵卫宇　　会计机构负责人:袁世民